谢林著作集

先刚 主编

启示哲学（下卷）

Philosophie der Offenbarung

〔德〕谢林 著 王丁 译

图书在版编目（CIP）数据

启示哲学.下卷 /（德）谢林著；王丁译. —北京：北京大学出版社，2022.6
（谢林著作集）
ISBN 978-7-301-32987-0

Ⅰ.①启… Ⅱ.①谢… ②王… Ⅲ.①谢林（Schelling, Friedrich Wilhelm Joseph von 1775—1854）—哲学思想 Ⅳ.① B516.34

中国版本图书馆 CIP 数据核字（2022）第 071188 号

书　　　名	启示哲学（下卷） QISHI ZHEXUE（XIAJUAN）
著作责任者	（德）谢　林（F.W.J.Schelling）著　王　丁 译
责任编辑	王晨玉
标准书号	ISBN 978-7-301-32987-0
出版发行	北京大学出版社
地　　　址	北京市海淀区成府路 205 号　100871
网　　　址	http://www.pup.cn　新浪微博：@北京大学出版社
电子信箱	pkuwsz@126.com
电　　　话	邮购部 010-62752015　发行部 010-62750672　编辑部 010-62757065
印 刷 者	北京中科印刷有限公司
经 销 者	新华书店
	890 毫米 ×1240 毫米　16 开本　27 印张　342 千字 2022 年 6 月第 1 版　2022 年 6 月第 1 次印刷
定　　　价	108.00 元

未经许可，不得以任何方式复制或抄袭本书之部分或全部内容。
版权所有，侵权必究
举报电话：010-62752024　电子信箱：fd@pup.pku.edu.cn
图书如有印装质量问题，请与出版部联系，电话：010-62756370

目　录

中文版"谢林著作集"说明 …………………………………… 1

那已经写完但永无止境的故事——谢林和他的 demon（代序）………… 7

启示哲学（下卷）(1844) ……………………………………… 1

人名索引 ………………………………………………………… 399

主要译名对照 …………………………………………………… 405

中文版"谢林著作集"说明

如果从谢林于1794年发表第一部哲学著作《一般哲学的形式的可能性》算起,直至其1854年在写作《纯粹唯理论哲学述要》时去世,他的紧张曲折的哲学思考和创作毫无间断地延续了整整60年,这在整个哲学史里面都是一个罕见的情形。① 按照人们通常的理解,在德国古典哲学的整个"神圣家族"(康德—费希特—谢林—黑格尔)里面,谢林起着承前启后的关键作用。诚然,这个评价在某种程度上正确地评估了谢林在德国古典哲学的发展过程中的功绩和定位,但另一方面,它也暗含着贬低性的判断,即认为谢林哲学尚未达到它应有的完满性,因此仅仅是黑格尔哲学的一种铺垫和准备。这个判断忽略了一个基本事实,即在黑格尔逐渐登上哲学顶峰的过程中,谢林的哲学思考始终都处于与他齐头并进的状态,而且在黑格尔于1831年去世之后继续发展了二十多年。一直以来,虽然爱德华·冯·哈特曼(Eduard von Hartmann)和海德格尔(Martin Heidegger)等哲学家都曾经对"从康德到黑格尔"这个近乎

---

① 详见先刚:《永恒与时间——谢林哲学研究》,第1章"谢林的哲学生涯",北京:商务印书馆,2008年,第4—43页。

僵化的思维模式提出过质疑,但真正在这个领域里面给人们带来颠覆性认识的,乃是瓦尔特·舒尔茨(Walter Schulz)于1955年发表的里程碑式的巨著《德国唯心主义在谢林后期哲学中的终结》。①从此以后,学界对于谢林的关注度和研究深度整整提高了一个档次,越来越多的学者都趋向于这样一个认识,即在某种意义上,谢林才是德国古典哲学或德国唯心主义的完成者和终结者。②

我们在这里无意对谢林和黑格尔这两位伟大的哲学家的历史地位妄加评判。因为我们深信,公正的评价必须而且只能立足于人们对于谢林哲学和黑格尔哲学乃至整个德国古典哲学全面而深入的认识。为此我们首先必须全面而深入地研究德国古典哲学的全部经典著作。进而,对于研究德国古典哲学的学者来说,无论他的重心是放在四大家的哪一位身上,如果他对于另外几位没有足够的了解,那么很难说他的研究能够多么准确而透彻。在这种情况下,对于中国学界来说,谢林著作的译介尤其是一项亟待补强的工作,因为无论对于康德、黑格尔还是对于费希特而言,我们都已经拥有其相对完备的中译著作,而相比之下,谢林著作的中译仍然处于非常匮乏的局面。有鉴于此,我们提出了中文版"谢林著作集"的翻译出版规划,希望以此推进我国学界对于谢林哲学乃至整

---

① Walter Schulz, *Die Vollendung des deutschen Idealismus in der Spätphilosophie Schellings*. Stuttgart, 1955; zweite Auflage, Pfullingen, 1975.
② 作为例子,我们在这里仅仅列出如下几部著作:Axel Hutter, *Geschichtliche Vernunft: Die Weiterführung der Kantischen Vernunftkritik in der Spätphilosophie Schellings*. Frankfurt am Main 1996; Christian Iber, *Subjektivität, Vernunft und ihre Kritik. Prager Vorlesungen über den Deutschen Idealismus*. Frankfurt am Main 1999; Walter Jaeschke und Andreas Arndt, *Die Klassische Deutsche Philosophie nach Kant: Systeme der reinen Vernunft und ihre Kritik (1785—1845)*. München, 2012。

个德国古典哲学的研究工作。

中文版"谢林著作集"所依据的德文底本是谢林去世之后不久,由他的儿子(K. F. A. Schelling)编辑整理,并由科塔出版社出版的十四卷本《谢林全集》(以下简称为"经典版")。① "经典版"分为两个部分,第二部分(第11—14卷)首先出版,其内容是晚年谢林关于"神话哲学"和"天启哲学"的授课手稿,第一部分(第1—10卷)的内容则是谢林生前发表的全部著作及后期的一些手稿。自从这套全集出版以来,它一直都是谢林研究最为倚重的一个经典版本,目前学界在引用谢林原文的时候所遵循的规则也是以这套全集为准,比如"VI, 60"就是指所引文字出自"经典版"第六卷第60页。20世纪上半叶,曼弗雷德·施罗特(Manfred Schröter)为纪念谢林去世100周年,重新整理出版了"百周年纪念版"《谢林全集》。② 但从内容上来看,"百周年纪念版"完全是"经典版"的原版影印,只不过在篇章的编排顺序方面进行了重新调整,而且"百周年纪念版"的每一页都标注了"经典版"的对应页码。就此而言,无论人们是使用"百周年纪念版"还是继续使用"经典版",本质上都没有任何差别。唯一需要指出的是,"百周年纪念版"相比"经典版"还是增加了新的一卷,即所谓的《遗著卷》(Nachlaßband)③,其中收录了谢林的《世界时代》1811年排印稿和1813年排印稿,以

---

① F. W. J. Schelling, *Sämtliche Werke*. Hrsg. von K. F. A. Schelling. Stuttgart und Augsburg: Cotta'sche Buchhandlung, 1856—1861.
② *Schellings Werke. Münchner Jubiläumsdruck, nach der Originalausgabe (1856—1861) in neuer Anordnung*. Hrsg. von Manfred Schröter. München 1927—1954.
③ F. W. J. Schelling, *Die Weltalter. Fragmente. In den Urfassungen von 1811 und 1813*. Hrsg. von Manfred Schröter. München: Biederstein Verlag und Leibniz Verlag 1946.

及另外一些相关的手稿片断。1985年,曼弗雷德·弗兰克(Manfred Frank)又编辑出版了一套六卷本《谢林选集》[1],其选取的内容仍然是"经典版"的原版影印。这套《谢林选集》因为价格实惠,而且基本上把谢林的最重要的著作都收录其中,所以广受欢迎。虽然自1976年起,德国巴伐利亚科学院启动了四十卷本"历史—考据版"《谢林全集》[2]的编辑工作,但由于这项工作的进展非常缓慢(目前仅仅出版了谢林1801年之前的著作),而且其重心是放在版本考据等方面,所以对于严格意义上的哲学研究来说暂时没有很大的影响。总的说来,"经典版"直到今天都仍然是谢林著作的最权威和最重要的版本,在谢林研究中占据着不可取代的地位,因此我们把它当作中文版"谢林著作集"的底本,这是一个稳妥可靠的做法。

目前我国学界已经有许多"全集"翻译项目,相比这些项目,中文版"谢林著作集"的主要宗旨不在于追求大而全,而是希望在基本覆盖谢林各个时期的著述的前提下,挑选其中最重要和最具有代表性的著作,陆续翻译出版,力争做成一套较完备的精品集。从我们的现有规划来看,中文版"谢林著作集"也已经有二十二卷的规模,而如果这项工作进展顺利的话,我们还会在这个基础上陆续推出更多的卷册(尤其是最近几十年来整理出版的晚年谢林的各种手稿)。也就是说,中文版"谢林著作集"将是一项长期的开放性

---

[1] F. W. J. Schelling, *Ausgewählte Schriften in 6 Bänden*. Hrsg. von Manfred Frank. Frankfurt am Main: Suhrkamp 1985.

[2] F. W. J. Schelling, *Historisch-kritische Ausgabe*. Im Auftrag der Schelling-Kommission der Bayerischen Akademie der Wissenschaften herausgegeben von Jörg Jantzen, Thomas Buchheim, Jochem Hennigfeld, Wilhelm G. Jacobs und Siegbert Peetz. Stuttgart-Band Cannstatt: Frommann-Holzboog, 1976 ff.

的工作，在这个过程中，我们也希望得到学界同仁的更多支持。

本丛书得到了国家社科基金项目"德国唯心论在费希特、谢林和黑格尔哲学体系中的不同终结方案研究"（项目批准号20BZX088），在此表示感谢。

先　刚
北京大学外国哲学研究所
北京大学美学与美育研究中心

那已经写完但永无止境的故事
——谢林和他的 demon（代序）

　　海德格尔曾经说过,每个哲学家都有自己的"主导词语",这个"主导词语"让他为之烦恼一生。从这一点看,所谓思想家大抵就是那些蹚入了思想的河流,并为河水的源头与流向而"烦"的卓越心灵。从外部来看,这种"烦"会让这些卓越的灵魂成功或失败,沉默或滔滔不绝,遭到遗忘或误解。但也正是这种切身性的、仿佛古希腊人说的谜一般的"守护精灵"(demon),让有勇气回应它的人独一无二。谢林当然就是这样的人,否则他的名字根本无须被人铭记。关于谢林在德国古典哲学脉络中的位置,以及他对当代哲学产生的种种影响,我想已经不需赘述了。在撰写本序之前,我原计划讨论两卷《启示哲学》中的具体内容,比如时间、神话、宗教等等。但在与谢林哲学长达十年的交道里,以及伴随着我年龄的增长,我越发好奇的问题是,是什么让谢林成为谢林,或者说,什么是谢林的 demon？答案无疑是哲学,毕竟他曾不止一次称哲学为"自己生命的守护精灵"。但什么是谢林理解的"哲学"？如果横向比较后康德的三位大师,可以发现就是在这位被称为"普罗透斯"的谢林那里,"哲学"的概念最为模糊:费希特自始至终都坚持哲学是"知识学",黑格尔则始终在阐发作为"科学"的"哲学"。可谢林呢?他从来没有像另外两位那样在一生中对哲学有过稳定的"规定"。如果说费希特和黑格尔对哲学的定义都带有自己基本方法的色彩,进而让"哲学"总是运行在他们已然使之与其统一的体系出发点和思辨方法中,那么在我看来,谢林对哲学的规定是"随意"但又"诚恳"的——他哲学论题和方法的多变,或许恰恰出于这种"诚恳"。哲学的最基本"定义"和"使命"就是"不致绝望的科学"——不仅不让各门具体科学绝望,而且也不让人类绝望。

各门具体科学的绝望在于,它们都跟曾经被视为近代哲学之典范与基础的数学一样,"无法把握自身……没有对自己的可能性做出解释,进而一旦它试着为自己奠基……就会失去那个它唯有基于其上才能有所产出的基础"①。而人类的绝望则在于,一方面,人不同于自然物,人类只有凭着自己的自由才会成为自己"应当是的东西"②,可作为人类之核心本质的自由却被谢林视为"最终的、充满绝望的问题"③。如果人类并不知道自己应凭着自由而需要去实现的最终目的,那么一切都会成为徒劳和虚妄——"一切都是虚妄的,因为缺乏真正目的的一切都是虚妄的"④。如果人类仅仅认为自己是自由的,如果仅从作为整个近代哲学之成果的"自由即人的本质"这一信条出发而行止,那"人类及其行为还远没有使世界

---

① 谢林:《启示哲学导论》,王丁译,北京大学出版社,2019年,第43页。
② 同上书,第46页。
③ 同上书,第48页。
④ 同上书,第47页。

变得可理解",因为"人类自己就是最不可理解的东西"。① 所以在谢林看来,只有哲学才能回应这种绝望:

> 必有一门回答这些问题,使我们摆脱这种绝望的科学,这无疑是一个紧迫的,乃至必然的要求。能做到这一点的,如果不是哲学,还会是其他科学吗?……哲学就是那门就其自身而言并且在任何时代都最值得追求的科学,因为其他一切知识甚至唯有通过哲学才获得其最高的关联和最终的支撑。……(如果没有哲学)其他一切都沉入了无底的虚无之渊。②

可见,在谢林那里构成他对哲学之理解的 demon,就像《星球大战》里古老的绝地武士团世代传承的"原力"一样,来自哲学自其开端起就对自己提出的要求和对世界的承诺——为知识奠基与寻求意义。这种 demon 既在历史之上,也在历史之中,它融铸在所有哲学史上的英雄的灵魂里。谢林感受到了"虚无主义"的来临,感受到了缺乏目的的"自由"可能面临的"虚无之渊"。但如果我们了解谢林的生平就会知道,当时鲜有人理解他的担忧,大部分人还沉浸在"哲学的终结"的喜悦中。谢林或许对此有些愤愤不平,在"启示哲学"讲座的正文里不止一次"吐槽"所谓的"哲学的终结":

---

① 谢林:《启示哲学导论》,第47页。
② 同上书,第48页。

在50年前，康德曾经认为，自己已经完全度量并且穷尽了人类认识能力的整个领域；人们后来又以逻辑的圆圈，画定了概念以及所有可能的概念运动的整个王国。可如果人们更仔细地瞧瞧，就会发现这些概念所能囊括的，恰恰只不过是那些由于当时偶然的世界观而现成存在的概念。在我们当下进行的展开中已经出现的这许多概念和概念运动，是先前的那些尝试根本就不曾预料到的。那些尝试仅仅囿于它们的开创者曾经碰巧存在于其中和认识到的世界，而在我们的这些演讲里，向我们敞开的世界是这些尝试根本就一无所知的世界，倘若不是通过一种全然的扭曲失真，这样的世界甚至根本就不可能被纳入那些尝试的概念圆圈里。对所有草率宣告哲学的终结并借此大肆鼓吹的行为来说，这不啻为一种警告。启示哲学的这一事实已经指明，仍存在一个整全的、无法被迄今为止的哲学囊括的世界。(XIV, 292-293)

尽管复杂，但从谢林的话里实际上也可以看到，他与黑格尔的争辩，乃至与自己源出其中的整个德国古典哲学的争辩，不过是"不在一个世界里"罢了。可事情也并没有这么简单，如果从谢林之后的现代哲学，尤其是现象学出来反观德国古典哲学内部产生的"不在一个世界里"的问题，就会发现这绝不仅仅是谢林与黑格尔"三观不合"导致的，而是一个由现象学所揭示的态度与世界的相关关系问题。换句话说，"哲学的终结"及其相应的哲学－生存态度，与谢林这里要讨论的"整全的、无法被迄今为止的哲学囊括的世界"及其相应的态度,不仅彼此不同,而且前者会遮蔽后者。而谢林晚期对于"否定哲学"和"肯定哲学"的区分的意图,也可以认为是在承认"否定哲学"所取得的"哲学的终结"这项成果的前提下,以"肯定哲学"的角度来破除这种单向度哲学趋向对世界产生的"遮蔽"。就像海德格尔用与关于此在之实存相关联的世界,来破除胡塞尔的那种与非实存的我思态度相关联的世界带来的遮蔽一样。同时也需注意,谢林并没有因为他代表着"哲学的终结"的"否定哲学"遮蔽了"整全的世界",而是像浪漫主义者那样把它弃置一旁,仅仅唾弃和鄙视。相反,在"启示哲学"的课程开头,他就强调"我不希望,在还没有把否定哲学体系稳固到其真正的根基上之前,就告别这个世界"①。而谢林最后的、直到临死前还在为之殚精竭虑的作品,恰恰就是他对"否定哲学"做的这种历史性"奠基",也就是考察那些历史上不断让世界得以被"封闭"和"完成"的哲学之历史的作品——《神话哲学导论之哲学导论——对纯粹唯理主义哲学的阐述》(SW, XI, 253-572)。构成一个思想家之 demon 的,恰恰是他为之生和为之死的东西,所以我们可以进一步看到,谢林的 demon 之源不是别的,正是以德国古典哲学形态复活、哲学自其开端以来的那种囊括一切的普纽玛。可谢林的 demon 要求他向我们展示什么样的世界呢?

在"启示哲学"讲座正文的第一讲和最后一讲里,有两段首尾呼应的话:

---

① 谢林:《启示哲学导论》,第139页。

从未有过一个时代像当今这样，有着如此多伴随着世界的撕裂而彻底自我撕裂的人。这种撕裂的原因主要包含在下面这种看法中，即真正的教化仿佛在于去教人生活在一个全然普遍抽象的世界里，然而这种生活境况——不仅一切自然的东西，而且一切人类的东西都要身处其中——毋宁是一种最高地，乃至无限地依赖种种条件的境况。尽管我们的时代一方面已经偏离了一切肯定性的、有条件的、被给予的东西，仿佛世界能够完全从头开始，重新得到产出似的，但不可否认的是，时代在另一方面也显示出了对现实极富生命力的强烈向往，正如从这种力求中就可以明白，大抵就是那些普遍抽象的表象在压迫着现实。在这一点上，大多数人都处在一种值得同情的错误中。我们的时代在忍受着巨大的恶疾，但真正的治愈手段并不在那些抽象的、取消着一切具体之物的概念中，反倒直接蕴含在对流传下来的东西的复兴中，而流传下来的东西之所以成了阻碍，仅仅是因为从各方面来看，它都不再被人理解了。(XIII, 178-179)

我们生活在这个有所规定的世界里，我们并不处在一个抽象或者普遍的世界中，当我们仅仅守着事物最普遍的特质不放，而不去探入它们的现实关系中时，我们就会乐于装出世界就是普遍的样子。我们也不能取消支撑着当下的无限过去。在世界上，并非一切都如许多人想象的那样直截了当简单地关联在一起；事物和世界的当下境况依赖于无限的条件。那种先前纯然落入了广袤无际普遍性中的人，或许会说我们投入的这一秩序狭窄并且受限;但世界并非以其他方式存在,世界并非一个无限制且无界限的东西,相反,世界就存在于一种有着极为特定限制的自成一体性中。(XIV, 333)

如果结合当代哲学对于现代性问题的种种诊断和批判,我们在谢林的这两段话里完全可以找到对应表达,比如整个近代世界仿佛"完全从头开始",它遗忘了自身的历史和前提。这种"完全从头开始"伴随着对作为人类之本质的自由无目的性的确立,让人陷入了机械的重复和"撕裂"中。这种"去历史性"的世界及其对之进行论证和稳定的整个近代科学-意识形态,才是谢林眼里真正的"抽象"的东西。当世界只有"当下",只有"现在",它就失落了支撑它的过去和未来,进而失去了作为真正"现实"的生命。在1827年的"世界时代体系"讲座中,谢林就已把整个近代哲学的时间维度刻画为"现在"。① 因此,谢林要求去把握的"世界",或者说"肯定哲学"要求去把握的世界,是一个充满着生命和历史的世界,而"否定哲学"要求去把握的,则是一种"去历史化"的世界。从这一点上看,可以看到谢林与胡塞尔和海德格尔殊途同归的地方:他们都看到了某种特定的取向对于整全世界遮蔽的危险,也同样想要去揭示从"历史性"向"非历史性"的颓堕,以及从后者重新回到前者之中的救赎之可能性。按谢林的说法,要重新去把握那个更广阔的世界,需要"叙事",需要"故事",需要以得到了拓展的哲学话语去重

---

① 参见拙文《存在,历史与自由——谢林晚期哲学的基本问题》,载《哲学研究》2020年第9期。

新理解"流传下来的东西",唯有如此,才能揭示作为人类之本质的自由反倒遗忘了自身的历史,从而使人也一并"遗忘"了自身的生命－历史的真正危机:

> 必须承认,人具有一个超于世界之上的本原;因为,倘若在人的内部没有一个先于时间的开端的本原,为什么在所有的被造物里面,唯有人能追溯那条漫长的发展道路? 从现在直到过去的最深的黑夜,唯有人能够上升至时间的开端?①

> (我)可能跃出了一个已经深思熟虑过的尝试,为科学的那个未来的客观呈现做一些准备。也许还会出现一个吟唱最伟大的英雄史诗的人,他如同远古的通灵者们所颂扬的那样,在一个无所不包的精神中吟唱那个过去曾经存在、现在存在着、未来将要存在的东西。但这个时代还没有来临。我们不可以错认我们的时代。②

> (在现时代的)生活和公众看法里面,性格、美德、力量变得越来越无关紧要,与此相反,本来应当以那些东西为基础的所谓"人道"却成了衡量一切事物的准绳……这个世界仅仅是一幅肖像,甚至是肖像之肖像,无之无,阴影之阴影,而人也仅仅是一些肖像,仅仅是阴影的迷梦。③

---

① 谢林:《世界时代》,先刚译,北京大学出版社,2018年,第4页。
② 同上书,第11页。
③ 同上书,第481页。

我想谢林自己已经说得很清楚了：要让那个讲述着神话和人类自由之历史的世界得到开启，要让那个世界来重新提升人的自身理解，它是我们当下阴影的过去，也是我们的未来。从那个开启了人类生命历史的世界的亘古悠远中吹来的普纽玛，让德国古典哲学的理性体系建构历程最终转入了对自身的批判，和对被现代性所遮蔽的世界的重新认识，这就是谢林的 demon。在"启示哲学"具体的论述中，谢林尽可能地搜集了当时他认为最好的比较神话学和比较宗教学材料——不管是神话还是宗教，都是那些已经讲完，但远比囿于"现在"的世界叙事更能提供永不枯竭意义的故事——想要"有根有据地"为我们呈现那个"远古通灵者"的世界。这种不合时宜与不合身份，也为他漫长、耀眼却多难的人生带去了最后的失败。如果有人深爱某样东西，那他注定会失败。世俗的幸福讲究"中道"而非"执着"，尽管一般人看来谢林是一个在世俗上非常成功的人，但他不一定取得了自己所期许的成就。他的担忧和预警在现时代也不太可能得到普遍承认，但无论如何，他遵循着自己 demon 的要求过完了一生。正如深受谢林影响的保罗·蒂里希说的，正因为知道某些事情终将失败，我们才会产生最终的、无条件的勇气。反讽的是，正如在古希腊语境里被认为是"守护精灵"的 demon 后来刻意被理解成了"恶魔"，召唤着谢林的那种源自哲学开端，并在历史中历久弥新的 demon，在当今也被许多人视作过时的、会把人碾死在时代车轮上的"魔鬼"。这就像《星球大战》里的绝地武士被自己守护的共和国宣告为叛徒，但当天行者的子嗣卢克第一次看到安纳金遗留下来的光剑时，欧比旺对他说："这是一种更高雅的武器,属于那个更文明的时代",尽管那个"更文明的时代"已然蕴含着堕落的危机。

  最后,我再次感谢先刚教授对我的信任,感谢责编王晨玉女士对我的长期关照和帮助。感谢人生道路上的一切人和事,并预先感谢读者。

王 丁

2022. 2. 16

谢林著作集

启示哲学（下卷）

1844

F. W. J. Schelling, *Philosophie der Offenbarung, zweiter Teil,* in ders. *Sämtliche Werke*, Band XIV, S. 1-334. Stuttgart und Augsburg 1856—1861.

目 录①

第二十四讲	论启示哲学的特点	3
第二十五讲	论启示哲学的方法	34
第二十六讲	论启示的基本构想	60
第二十七讲	论基督的事工与逻各斯	89
第二十八讲	论前创世的逻各斯	117
第二十九讲	论《旧约》与摩西律法	144
第三十讲	论道成肉身	181
第三十一讲	论基督的肉身	210
第三十二讲	论基督之死	246
第三十三讲	论圣灵降临与撒旦(I)	272
第三十四讲	论撒旦(II)	305
第三十五讲	论天使	333
第三十六讲	论基督教的发展	352
第三十七讲	论教会的三种形式：彼得、保罗、约翰	374
人名索引		399
主要译名对照		405

---

① 各讲标题系译者自拟，序号承接《启示哲学（上卷）》。——译者注

第二十四讲　论启示哲学的特点

我认为,除了对我们到目前为止所考察的对象和现在要向之演进的目标间的特殊区分进行一般性反思之外,再也没有什么其他方式能更好地开启这一关于启示哲学的主题演讲了。也就是说,尽管各个本原为神话奠定了基础并说明了神话,并且一般地来看,也就是纯然在材料上来看,必定**也是**启示宗教的本原——之所以如此,是因为出自神话的种种宗教(野蛮生长的宗教)和启示宗教两者都是**宗教**,但两者间的**那一**巨大的区分还是得认识到:神话的种种表象是一个**必然**进程的产物,这一进程是自然的、纯然如脱缰野马般放任自己的意识的运动——只要这个运动开始了,就没有任何意识**之外**的自由原因能够对之施加进一步的影响;相反,启示则明确被设想为某种以意识之外的**现实活动**和关系为前提的东西,这种关系以并非必然,而是彻底出于自由意志的方式,把作为最自由原因的神赋予或者说已经赋予了人类意识。神话和启示两者间的关系,就如显白进程和内在历史之间的关系。在显白进程中只有纯然的必然性,而在内在历史中则存在着自由。神话尽管在自身中也孕育了隐微性的东西(在秘仪中),但这只是外在进程的产物。当科学从神话过渡到启示之际,它因而也就借此过渡到了另一个全然不同的领域。在神话中,科学处理的是一个必然进程,而在启示中,它处理的是某种只有作为绝对的自由意愿之后果才实存的东西。

如此一来,这自然就产生了一个问题:某一领域内的知识跟另一个领域内的知识关系如何?

为了能找到这个问题的答案,我们还得从另一方面来考察上述区分。

我们要讨论的是**启示哲学**。但现在大多数人把哲学理解为**理性**纯粹且纯然从自身出发而产生的科学,根据这一概念,大多数人所理解的启示哲学,自然就是一种要把启示宗教的种种理念阐述或者还原为纯粹理性必然真理的尝试。但事实恰恰相反,真正的启示信仰关联着启示概念和下述观点:从启示的对象中,不仅无法**拥有**任何科学,而且**如果没有**启示,人们只会彻底一无所知。在这一点上,我们切不可不公允,也要保持正直真诚,这是一切科学中最基本的东西,但要是这种最基本的东西都成了问题,成了像当今这样每一个人都必须要求自己做到的东西,那这就让人没法讨论启示了;但既然我已经开始讨论启示了,那就该保持正直真诚,并且还要单就在启示自身而言如何能被理解的**那种**意义上来谈论它。启示的存在是为了什么?启示这个概念究竟是为了什么目的,终究还是被保留了下来?如果通过这个概念,我们在知识上最终并无进展,或者说,我们最终意识到,没了它我们照样在从自身出发进行着知识,或者说能够进行知识,那保留这个概念究竟是为了什么呢?

那些想把启示还原为纯然理性真理,进而还要彻底取消启示的内容和他们所谓"理性之物"间区分的人——这些人自己若不用一些极为强制的手段去进行强制性的把握,也根本不可能设想出所谓的"理性之物",这些人对神话的许多说明也根本上与之类似,正是这些人,把神话特有的,并使之能与所谓"理性之物"相区分的东西,弄成了纯然偶然的东西,他们把这些神话特有的东西胡诌为一定要努力去脱弃的纯然伪装或者外壳,也就是说,当这些把启示**始终具有的本质性**内容视为纯然理性真理的人,当这些人无论如何也要为"启示"这个词之所以得到保留而找到一个原因的时候(比如基督教的创立者至少可以被描述为一个天赋英才、非凡的教师),他们自己也会承认,在基督教中存在着某种特有的、只能算是天意的行为,这就产生了一个问题:为什么需要这种天意的特别行为呢?答案只可能是:人类以此方式**早就**据有了某些更加纯粹和完善的观点。但既然这些人也借此发挥,并断言说关于启示的各种观点在最初的,或者说在其先前的传播中,仍然被包裹在非本质性的、遮掩性的昏昧外壳中,而根据这些人一个世纪以来的看法,必须脱弃这样的外壳,那么他们恰恰以此也就再次放弃了那种特别的天意行为,也就是某种真理在**先前**得以广泛传播的唯一优势,如果这些人的推论是一以贯之的,那么他们还得反过来把天命的这一特别行为恰恰视为人类理性纯粹展开过程之所以被阻滞的原因**之一**;他们甚至必定还会把自己所谓的那种"启示"视为这种迟滞——这一被阻滞的展开过程——最主要和最有力的原因。因而很容易看清,启示这个概念要么没有任何意义,进而必定被全然放弃，要么不得不承认，启示的内容必定是那种**若无**启示，不仅不会被认识到，而且根本就**不可能**被认识到的内容。①

因而在这一点上，启示首先被规定为某种有其本己性的特殊认识源泉。但既然如此，难道不该有一个**普遍的**概念，使启示能够作为某种特殊的东西被归置其中吗？每一个人，甚至那种只追求认识所可能具有的最高统一性的人也承认，不能用相同的方式去认识一切事物，尤其是那种理性绝非其**唯一**认识源泉的事物。与纯粹理性相对立的乃是**经验**，或者说经验仍始终环伺在纯粹理性之侧。容易看清的是，通过启示而达成的科学，属于我们通过经验而获得的知识这个范畴。但还存在另外一种我们唯有通过经验，或者如人们习惯说的，唯有从后天出发才能进行知识的东西。至于哲学以哪种方式进展到对神**存在**之实情的认识，或者说以哪种

---

① 某位先生在他的著作中说："神秘主义在真正意义上是历史学性质的东西，所以在当今可以被称为'错误的'。"（他自己倒也跟我一直以来完全一样，宣称神秘主义这个概念仅仅在历史学的性质上是真的）他在著作的第 36 页明确说："倘若一种启示所包含的内容，除了人类从纯然的理性那里就能知道的东西以外再无其他，那它恰恰也会以此终止作为启示而存在了。如果人们想说，启示的贡献仅仅在于，在一定程度上预示了理性认识，而天命则把启示用作理性认识的手段，以之率先宣告出人类的某种真理，而当理性在自行展开之际，又能从自身出发获得对这些真理的认识，倘若如此，那人们其实根本就没有以此获得任何东西。因为既然这一说明是跟下面这个断言联合登场的：最初的启示已经覆上了非本质性的硬壳，这些硬壳要好几个世纪之后才能被脱落下来，所以启示所谓的优先性也就伴随这一断言被取消了，因为很清楚，在这种观点看来，启示并没有被视为人类理性展开过程中的加速手段，反而毋宁被视为导致其延缓的主要事情。要么'启示'这个词根本就没有任何意义，进而人们必须彻底放弃它的概念，要么人们必须承认它拥有这样一种内容，倘若没有启示，这一内容根本就不可能被认识到。"他随即在致谢中说道（第 67 页）："神秘神学的特质在于沉思和思辨。在此不可忽视的是，神秘神学跟新近建立在波墨基础上的德意志哲学的类似性，尤其是跟新近出现的极富想象力的自然哲学的类似性，是不可忽视的。"——作者原注

方式进展到能够揭示出,在神之中存在着一种使他成为另一种不同于自己的存在的产生者,即成为创世者的可能性,我现在不想再重复一遍,但哲学究竟何以总会进展到下面这个洞见,即神**就是**创世者,对这一点,除了通过下述这些**实情**,我们绝不可能想到还会有什么其他方式能让自己知道这一点,即神确实已经通过行动,通过一种不同于他自己的存在的现实在场而创造了世界。尽管我们基于哲学的这一立场——我们在此仍把这一不同于神的存在视为一种纯然可能的,因而未来的存在——可以搜集罗列许多理由,根据它们,我们会觉得比起不把世界设定入现实,神或许更倾向于把世界设定入现实,但如果做一番更细致的探究,这些理由一方面就会表现为出自神之特性、我们自身恰恰只能从后天出发才认识得到的东西(τό γνωστόν τοῦ θεοῦ [神所知道的] 已然为自身预设了一种道德的自然本性;如果要区分肯定性的和否定性的特性,那么一些特性就是先天的,而另一些则是后天的),而另一方面,这些被预先设定动因似乎从来没有以任何一种方式为我们提供确凿性,而唯有世界自身存在的事实才提供了这种确凿性。从这一点出发,我们才真正踏上了必定向前进展的道路。一旦潜能阶次的张力由于创世的决心被设定,进而一个同时表现为宇宙演化进程的神谱进程也一道被设定,那么在此之后,我们身处的尽管是一个只有相对且假定的必然性的领域,但是我们仍处在一条在此意义上必然向前进展的路线上。我们可以认为,那一进程,确切说一旦它被设定为进程,就必然会穿过这些和那些环节;从我们先前在这一进程中得到的**一般**概念的立场来看,我们关于其中个别环节的知

XIV, 7

识仿佛是一种先见,一种先天知识。因此,进程自身的这种内在必然性也就再一次地把我们引到了这样一个点上,在这里,一切都表现为是由一桩自由行动确立起来的。这一进程最终的必然产物是一个有稳定本质的能动者,一个能够去存在且不去存在者,即原初的人类,而那个经由创世而屈从于原初人类之下的存在,是永恒且不可消解地与神性者相联结,还是成为独立自为的,进而以此方式异化疏远于神性存在,则都取决于原初的人类。在这一点上,一切先天知识又再次终止了;唯有后果,即我们在其中合经验地发现人类意识所处的这个状况,才展示给我们发生了**什么**,比如那个本该对人类亲密、隶属和屈从于人类的存在,现在成了一种对人类而言外在的存在,甚至还反过来让人类**主动**屈服于自己。

这个在先的神谱进程,间接地也是宇宙演化进程,而与**之**类似的,乃至在人类意识中对它进行着重演的进程,就是我们已经在神话中已经认识到的生产性运动。然而**这一**彻底主观的、**纯然**在意识中发生的运动,仍会在自身中通过某些必然环节而向前推进。但这一运动自身是一种假设性的运动,只有在某些特定的前提下它才是可能的。也就是说,要在这一运动中假定,那个起中介作用的潜能阶次——通过它,在第一次创世的过程中,那个吞噬着一切的存在已然成了受造物的**根据**——在进程中始终续存。因为倘若没有这个潜能阶次,一切属人类意识的东西就会被吞没,进而作为属人的东西被消灭。但我们只有从神话进程的**事实**出发,才得以推论出这个潜能阶次的持存。但这个起中介作用的潜能阶次究竟**为什么**在意识中持存?为什么在与人类意识为敌的力量再次自行提升之际，人类意识并没有毫无抵抗地土崩瓦解？**各位**从这一点出发可以看到，神话又把我们指向了另一种不同的秩序，但神话的实存并非是纯然不言自明的，尽管通过神话哲学，神话可以在内容上得到把握，但它的实存并不能由此得到**说明**，哲学又为神话自身指引了一个更高的关联脉络，并要求这一关联脉络，只有它才会在最终的统一体中说明神话自身。要觅得这一更高的关联脉络，不**能**还继续停留在神话哲学中，它只可能在启示哲学中觅得，也就是说，启示哲学包含并把握着神话哲学自身。并没有任何现存的**必然性**可以保证，人类意识在其分崩离析之际仍能保持自己，仍能挺住而不摧毁自己。这种对人类意识的保持，只可能是自由**意志**的工作，它不意愿人类意识失落，或者说不愿意让它消逝，这一能够保持和拯救人类意识的自由意志，只可能在那个遭受这一颠覆的危险之际，仍然意愿着世界的意志中觅得。从这一意志出发来看，神话无论如何都只可能是一个**偶然的**后果，绝不可能是本真的**目的**。使徒说，神已经**预见**到了无明（异教）的时代，也就是说，神并不把异教时代视为目的，而是把在其中发生的事情仅仅视为某种**伴生性**事件，并任之发生（作为某种更高之物的伴生性事件）。所以神话尽管是结果，但它绝非神性意志（即人类意识不应失落）的本真**启示**。这一神性意志超越于神话**之上**，因而也只有在从时代顺序来看紧随异教时代之后的时代中才得以启示。我们当然也可以从神话出发推论出神性意志（神话中的神性意志或许可以用下述方式指明，即异教徒中的那些思考最深、受到了最高感召的人曾经猜测过，在神话背后存在着另一种完全不同的、自己无力探究的奥秘），也就是说，我们固然可以做此推论，但是这一意志在真正意义上**产生的影响**并非神话。

那么这个意志能如何得到认识呢？毕竟在真正意义上来说，它其实并不是神话的原因，因而在神话中其实也没法得到认识，然而为了能够把神话回溯到其最终的根据上，这一意志对我们来说也仍是不可或缺的。

在我们之前已经把由于那个本已在自然中屈从的本原（它以强力支配着已然现实存在的人类意识）再次自行提升而引发的巨大危机**认作**以神性意志为目标而发生的危机之后，那么下面这种想法当然也就是**自然而然**的了，即当神从他将一切都置于其上的存在那里**自行抽身而去**之际，神也在这一瞬间萌生了要重建这一存在的构想，甚至我们先前就已经注意到，既然神必定已经预见到了那个巨大危机，那我们也必定要假定，在为世界建基之前，神就已经萌生了这个构想并有了相应决断。更进一步说：神的这一构想和决断必定是与这个在秩序之外的特别事件相应的，而从人类的立场出发可以说，没有任何理性可以预见这一事件，甚至也不可能把它视为可能的。毕竟怎么会有理性认为"创世者为一个受造物赋予了让自己的作品再度变得可疑的力量"这件事情是可能的呢？注意：我说的是一个**受造物**，而不是某个受造物，否则人们还会以为我指的是这个小小的地球呢，有些神经过敏的哲学家就是这么以为的，他们以为，人类不可能先天地就已经够坏和够恶劣（当然后天来看是大大地坏），而且这帮哲学家通常也只爱盯着那些出类拔萃的人物，在一些小说里，这类人已经提得够多了，但这类人并非严肃的哲学家考察的对象,也就是说,谁一旦承认了**这种秩序之外的特别情况**(每个人都可以从自己之内和之外的更深层次经验中,发现一些迫使自己不得不如此承认的充分理由),谁当然也就不会再对超出秩序,进而在此程度上也超出属人理解力之外的神性决断感到稀奇了。为了承认这个头等重要的事情,这个人必须放弃任何一种与其他理由处在对立关系中、导致不信神的理由,无论这个理由向来多么奇特美妙。关于我们对创世者和巨大危机的预设,就谈到这里。不过那个神性意志——我们无论如何都不得不把它设想为伴随着那一最初的颠覆而设定和萌生的——在**没有**启示的情况下,这一神性意志之为现实的,就是最高意义上的彻底不可知之物,这个意志是 κατ᾽ ἐξοχήν[最卓异的]奥秘,是最高意义上的启示,对于它我们只能说,它是这一神性意志的启示。但除了通过行动,通过实行,意志并没有其他方式来启示自己。因而最高的启示恰恰就在于那一同时伴随着人类的巨大危机而萌生的意志,或者说神性决断的**实行**中。

只要一个意志仅仅是意志并且没有过渡到行动中,那它就仍是奥秘,但行动乃是意志的外显,也就是说,意志通过行动才不再是奥秘,进而不仅可以被认识,而且甚至还可以通过反思与整合得到**把握**。所以如果人们以为,即便在启示宗教的种种真理与事实已经得到启示,亦即得到公开之后,它们仍需保留为奥秘,也就是说,仍始终是不可认识的,或者至少也可以说,不可把握的,那这种观点显然是被错误地强加到启示宗教之奥秘上的。使徒保罗谈到过神自若干个世界时代以来都**缄口不言**的计划,但这个计划现在由基督启示了出来,在保罗的表达中,对下面这回事情至真至诚的欢心喜悦随处可见:对先前的全部时代,甚至对祖辈们来说隐而不现的东西,神和基督的奥秘,亦即在曾经横亘在父亲与基督之间的秘密,现在通过基督的**显现**被启示给了全世界。

所以依据所有这些来看,下面这点当然也就清楚了:**启示**哲学并不像神话哲学那样呈现了一个必然的**进程**,毕竟启示毋宁是一种全然自由设定的东西,唯有从最自由的意志的决断和行动出发才能把握它。既然启示的最终目的是赎回人类,并由此最终赎回整个创世,也就是如《新约》中所说的,是一次全新的或者说第二次创世,那么一次全新的或者说第二次的创世进程,当然就能通过**启示**得到开启,正如那些神学家自己也谈到过一个重生的进程,但启示自身并非必然进程,而是至纯至诚、最为自由的意志的事情。因此那些在谈论启示的时候,只知道把它意淫为某种仿佛可以先天地把握的东西的人,只不过是些愚蠢的宵小之辈。相反,启示哲学首先是谦朴自知的,它知道,自己关于启示所说的一切,仅仅是在现实的发生事件结果中说的。启示哲学把自己任务限制在下面这点上,即去指明,启示并非必然的事件,而是神性者最为自由,甚至可以说最具人格性的意志之外显。这是一个方面。但与此同时,尽管确实**没有任何**哲学能够证明,神**必定**已经创造了一个世界,可无论如何,如果认识到创世可能是最自由的决断的作品,而某种哲学可能也会认为自己有能力去思想这一决断的各种动因,有能力去把握行动和实行自身,那么当然也可以设想这样一种哲学:尽管它**谦朴合矩**,并不认为自己能够先天地认识在启示中已得实行的神性意志,并在此意义上从**纯粹**理性出发来认识它,但反过来看,这种哲学仍把下面这回事情视为可能的,即这一神性意志,在它已然得到宣告和启示**之后**,在一定程度上是可以得到把握的,也就是说,在它实行过程的一些本质性部分中,它是可以得到理解的,不过在这一点上,这一意志就其自身而言也超越了人类的概念把握活动。它超出了人类的概念,但就它的广度等同于神的广度这一点来说,它仍是可以把握的,正如神在此关联中所自道的:我并非某个人类,我的想法并非你们的想法,你们的道路并非我的道路,我的道路高于你们,我的想法高于你们,正如天远高于地。从这一视角出发,人类就必须把自己的一切行为,把自己想法中偏狭小气的东西,拓展到神的所想所行的广度上。

到目前为止的所有这些补充性说明的目的,根本上来说首先就是为了把**诸位**带上路,带到构成启示哲学之前提的观点上。出于相同的目的,我现在还要在下面再做一系列类似的细节上的补充。

柏拉图有句名言[①]:惊讶(τό θαυμάζειν)是让哲思得以开始的情绪(τό πάθος τοῦ φιλοσόφου)。如果这话确实是真切深刻的,那么与其说哲学被限制在某种纯然必须去观入的东西上,不如说哲学感受到了一种促动,促使它从它能够作为某种必然去观入的东西(这个东西因而也就不会引起任何惊讶)中,进展到外在并且超越于一切必然洞见和认识的东西那里;甚至在进展到绝对值得惊

---

① 《泰阿泰德》,155d。——作者原注

讶的东西之前,哲学都会一直不得安宁。①一切运动实际上都是一种对于静息的寻觅,即便科学中的运动也是如此,所以,只要精神能在其中得到绝对静息的东西尚未觅得,那么运动就会一直继续下去,而这个能让精神在其中得到静息的东西,通过它**自然本性**就会扬弃一切进一步的思想,因为它是一切思想的超越者。某种关于永不终止的进步的理念,其实是关于某种无目标的进程的理念,但没有目标的东西也就没有意义,因此,关于这种无限进程的构想,同时也是最无望和空疏的构想。所罗门王,或者说假托所罗门王之名以传达自己种种经验的世间智慧说:我专心探究事物的原因以及天下发生的一切。人类在世间所受的艰辛历练,是神叫人所受的不幸困苦。但尽管我已经以此方式考察了太阳底下发生的一切,可我却发现,一切都是徒劳,都是在**徒耗精神**。②因为在他所知晓的一切之中,他没有在任何东西里找到静息的目标,所以说无特定目标地存在或发生的一切,都是徒劳的,因而每一种没有发现作为目标的终点的思想,也就不过是精神对自身的徒劳虚耗。

  知识活动的最终目标,只可能是去达成某种知识能由以得到静息的东西。只要仍有运动发生,怀疑就始终会发生,因为处在运动之中的东西,始终既存在又不存在,它作为运动的环节**是存在的**,但正因为仅仅是环节,仅仅是中继点,因而必定会再度成为过去,所以也是**不存在的**。故而只有在最终之物那里,一切怀疑才会

---

① 见作者1812年的著作《对雅各比先生关于神性之物一文的思想纪要》(*Denkmal der Schrift an der göttlichen Dingen usw. Des Herrn Friedrich Heinrich Jacobi*),第191页。——编者注

② 《旧约·传道书》,1: 13, 14。——作者原注

终止，而关于它我也只能说，它是始终存在的。如果人们想把一切思想的**这种**静息境况，把恰恰借此使知识活动的一切**劳作**获得终点的确凿无疑称为**信仰**，当然也是可以的，但是 1) 不可以随即就把信仰视为某种自身尚未得到奠基的认识。那个一切知识活动**在其中静息**的最终之物，不可能**没有**根据地存在，但这又与下面这点矛盾，即既然是最终之物，那么它反过来也要为一切奠定最终的根据；只不过它自身不可能又成为向前进展活动的根据，否则就不是终点了。这个最终之物，正是科学在其进展过程中的辛劳之所系，也就是说，当科学达到了某个可能看起来像是终点的地方（并且在每一种不断前进的运动中，这一前进序列上的每个点曾经都是终点），它尽管马上就会欢呼雀跃，进而以为这里就是它能够驻留持存于其中的瞬间，可是当它细细打量所达到或者说发现的东西之际，科学的辩证法就会以此方式**再度**揭示这个徒有其表的终点身上的某种非存在，某种只有通过之后进行的设定才能再度被扬弃的否定，而在之后进行的设定中，辩证法或许会再次做出相同的揭示，即揭示出一种新的前进过程的可能，乃至颠覆。辩证法不可隐瞒这种可能性。因为一切可能性必定成为现实，以便一切得到开显，变得明晰和确然，以便不留下暗处的敌人，进而也克服最终的敌人。

为了能更贴近**现实**地指明这一点，或许也可以说，除了神自身静息的那个环节，也就是产生出人类的那个环节，科学无法达到比之更高的地方。但不需太久，科学也会恰恰以同样的方式在下面这点上窥见某种彻底颠覆的最高危险：神之作品的命运，被设定在了某个受造物的自由中。但理性——如果人们说的"理性"是指所谓的"通常理性"——在这一点上始终都已然倾向于让创世者被介入干扰,进而总是抛出一些**实际上**一再被抛出的问题:为什么神没有阻止这一颠覆?但神比我们设想得更伟大,也不需惧怕任何东西,他早已预知能用另一种最极端状况来迎击可能发生的**最极端情况**,因此,世界并不会因为这种最极端情况而失落,相反,既然世界通过纯然受造物的意志无法得到保持,那它就要在某个更高的层次上,通过一桩取消着**一切**怀疑的行动,通过一桩既超越受造物,同时也属人的意志之行动,也就是通过第二人类①得到保持和固定。

信仰——现在回到这一点上——因而也不可以被设想为某种未得奠基的知识,相反,信仰是为一切进行最终奠基的东西,因为唯有它才拥有那个**一切**怀疑在其中都被战胜的要素,信仰是某种绝对肯定性的东西,所以一切朝向他者的进一步过渡都被斩断了。不过从这一点出发,下面这回事情也就清楚了:2)不能像许多人教唆和劝导的那样,以信仰来**开启**科学。因为取消一切怀疑的确凿无疑(只有它才能被称为信仰)仅仅是科学的**终点**。只有先有律法才会有福音。理性等同于律法,信仰等同于福音。但正如使徒所言,律法乃是基督的监工,所以不论我们是否首先通过信仰,即通过据有取消**一切**怀疑的确凿无疑才**称义**,也就是在真正意义上得到完满,科学的严格都必须先行于信仰。使徒说:智慧的全部财富都隐藏在基督之中,这其实是说:它们被接纳和包含在基督之中,

---

① 这里指基督。——译者注

也就是说，只有当基督之中一切认识的财富得到把握之际，**基督**才会得到把握。"**寻求**，你们就会寻到。"因此，信仰并不取消寻求，而是要求它，这正是因为信仰是寻求的终点。寻求必定有一个**终点**。

人们诚然可以在**某种**意义上说（这种意义就是，每一个开端或者说每一个开启的行动，其实就是一种对于尚未见到的**终点**的信仰，因为如果我不信仰，那么甚至也绝不会开始），科学的开端是信仰；但**这种**信仰自身所力求的是知识，进而恰恰是在现实的知识中证明自己的，所以最富信仰者也是最高意义上的求知者，反之亦然，在大多数情况下，最信奉知识者也是最富信仰者。因此就这一点来说，既存在着一种作为**开端**的信仰（但这种信仰自身只不过是对**知识**的信仰），也存在着一种作为**终点**的信仰，但这种信仰也只不过是得到了静息的知识。针对后一种信仰人们或许会反驳说：经验表明，甚至《圣经》也明确说，信仰并非人人都有的东西，所以上述的后一种信仰肯定也还不是我们已经断言的那种取消一切怀疑者。然而我们是在这种意义上断言的这一点吗？我们只是在**下述**意义上断言的这一点，即在其自身中，也就是客观来看，上述的后一种信仰并非可怀疑之物（并不包含继续向前进展的根据）。假定一切怀疑的取消者并不就意味着众多可怀疑的东西就根本不能存在了。诚然，当有人努力走到最终的认识那里，随即就会出现下面的问题，即这个人是否能够攫握和接纳这一最终的知识，他是否拥有通向这种知识的**心性**，毕竟由于这种知识的对象澎湃宏大，所以它所要求的那种心性**必须**也澎湃宏大，以便能取消一切怀疑。在人生中有许多时候——尽管罕见，但确实还是有过这种时候——

在这个瞬间，人好像在某种突如其来、不可预料的幸运极乐中，开始怀疑眼前不可攫握的东西，并且有勇气去否认它们的确凿无疑。也就是说，在这个时候怀疑就在两个方面中产生了，一方面是事情的宏大，另一方面则是心智的逼仄；因为一些灵魂怯懦逼仄，而另一些则心智宏阔，有英雄气概，比如席勒，如果我没弄错，他曾经就对那种逼仄猥琐的怀疑者大呼道：

信仰，
你那逼仄的小心灵根本承受不起。

可见在这里，信仰毕竟还是某种主观的东西，是信赖、坚信、心性，和要去把握人们所怀疑之物的**勇气**，因为人们所怀疑的东西，已经超越了我们惯常的概念。所举的这个例子表明，怀疑不仅能加诸看不见的事物，而且也能加诸看得见的事物。在关于费奇诺①的生平中，有这么一则记载（约翰纳斯·穆勒②也引用过这则材料）：他跟他的朋友波利齐亚诺③（有一些人借助当时公众对柏拉图的崇敬，建立了与美第奇④宫廷的紧密友谊，他算其中之一）约好，谁要

---

① 马尔西利奥·费奇诺（Marsilius Ficinus），1433—1499，文艺复兴时期著名的柏拉图学者。——译者注
② 约翰纳斯·穆勒（Johannes Müller），1801—1858，德国生理学家，生理心理学创始人。——译者注
③ 本名安格诺波·安布罗吉尼（Agnolo Ambrogini），波利齐亚诺（Politicus）是他的外号，1454—1494，文艺复兴时期佛罗伦萨的著名诗人和语文学家。——译者注
④ 当时美第奇家族的首领是洛伦佐·迪·皮耶罗·德·美第奇（Lorenzo di Piero de' Medici），1449—1492，是当时佛罗伦萨共和国的实际统治者，赞助了许多学者和艺术家。——译者注

是先死，就要给另一个人一个他死后永生的信号，结果是波利齐亚诺先死，而且还真的对未亡的那个显灵并对他唤道：真的要信，真的要信，这事是确确实实的。也就是说，波利齐亚诺（假设这个故事是真的）已经预设，他的朋友是否看得到和觉知得到他，是需要信仰的。因此，**这种**意义上的信仰当然就不是人人都有的了。在这种意义上，启示自身呼唤着人类：真的要信，真的要信，也就是说，勇敢地把这视为真的吧！在这个意义上，甚至科学——一旦它触到了更高的领域——也要求信仰，也就是说，正如科学主动承认的，它要求那种能够甚至把秩序外的特殊情况也视为真实的勇气和能力。

一些灵魂直接被赋予了这种信仰（我们必须这么设想），他们自己把所获得的这种信仰视为福气和没来由的神恩。而另一些灵魂无处得到静息的人，则会通过生活的经历达到这种天赋的水平。但在**这一点上**，这种信仰是和科学相关联的，也就是说与我们在另一方面对自然、神性和属人事物的认识处在一种关联脉络中。

但既然每个人都能看清，并且经验也表明了，并非从任何一种哲学出发就能找到这种关联脉络，所以为了进一步的讨论，我还是得首先对下面这种哲学所具有的特性做几点强调，而这种哲学，正如莱布尼茨所言，应当传达出从科学到启示，从自然王国，也就是必然王国向神恩王国的过渡。而我们在这里谈的其实就是这点。

曾经有一个时期，并且它还持续了相当长的时间，人们认为哲学能得到更纯粹和完满的阐述，要是能把一切被称为客体的东西撇到一边，从纯然的主体出发来展开哲学，那它就会愈发纯粹了。

比如我们在这个讲座的一开始就已经看到了，费希特就是以下面的方式开启这种哲学的，即把自然或者说非－我（这是他的说法，现在法国人也继承了他的这种说法，并且看起来对"自我"和"非我"这样的术语很是熟稔），彻底设定为非－实存的，只有在后来，在实践哲学中（在这里，"非我"作为理性运作的必要对象是不可或缺的），才仿佛"特别加恩地"又把它引了进来。雅各比说得好，康德已经在理论哲学中让自在之物"荣休"了，让它"光荣退役"了。不过在这个时期，只要人们去读一读康德的《纯然理性限度内的宗教》或者费希特的《试评一切启示》，确实可能对这种哲学轻而易举地感到信服，不过关联于启示来看，这种哲学处在名副其实的"远日点"上，离神的王国最远。人们已经开始认识到，另一个时期早就到来了，哲学只能在**现实**那里展开自身，只有在现实世界那里哲学才能据有它本己的展开与攀升过程的素材和手段。当然，这件事情也不可能一蹴而就。作为生命和运动的第一要素而必须被采纳到哲学之中的，就是作为一切现实之物中最古老者的**自然**。但当在一切现实之物中，首先只有自然被采纳到哲学的运动中，一部分人就已然在其中预见到了一切宗教的没落，乃至预见到了其中包含的无神论，而这个时期的另一部分人则仿佛本能般地预见到了相反的后果。自然哲学甫一出场就遭到了许多方面的攻讦，因为人们害怕它可能引回宗教，甚至引回对历史的另一种观点。不过，倘若那种主体性哲学已经误解了自然自身，无视它始终固有的相对于人类的独立性，那么历史也会遭受同样的厄运：人们会说，在历史中存在的仅仅是见证——而且这话说得也已经够客气了！

人肯定会说:要相信,在历史中我们只看到并且只能看到人类自由,亦即无所限制、不受任何规则约束的人类任意的涂鸦。但如果哲学把目光**朝向**历史,那么它在这里必定还是要从最初最古老的东西出发,也就是说,仍还是要从着眼于历史**这一**方面而言最初最古老的东西出发,而这个东西就是已经被完完全全撇到一边的神话,若无神话,既不可能为历史找到一个开端,也不可能找到向基督教的过渡。下面就来讨论这一点。

即便在历史中,也存在着许多可以用莎士比亚的名言描述的现象:太阳底下有许多东西是我们书本上的智慧做梦都想不到的,而书本上的智慧也就是来自昨天的智慧,但对于过去来说,除了当下再无其他尺度,或者说,所谓的书本智慧就是要把人类现在的种种情况视为永恒且始终已然存在过的。所以如果一种真正的历史哲学一方面首先要认识到古代和现代的巨大对立,另一方面也必须说明这一对立,那么进行这种说明的钥匙,唯有在神话生于其中的深渊中才能找到。但蕴藏在神话中的,并不纯然只有解开过去,解开根本上距我们日益遥远的古代的钥匙,而且既然当下只能建立在过去的基础上,那么对于人类当下精神状况的规定来说,神话就是一种不可越过和排除的必然环节。毫无疑问,人类意识的当下境况根本上来说是由基督教规定的。① 但即便是基督教,也还是一个历史性现象。即使假定,就其源泉和最终的本源而言,基督教要回溯到某种一般来说根本不可把握的观点上,只不过它确实也有公开的、外在于自身的**影响**而已,即便是这种做法,也无法让

---

① 读者应同情理解作者作为一个欧洲人的世代局限性。——译者注

基督教摆脱历史性的说明,也就是说,基督教必须得到历史性的说明。同样,如果人们没有在异教的自然本性**中**,亦即在由神话自身中揭示出使基督教的影响得以畅行,进而使它能够内在地消解和摧毁异教的原因,那人们还会想着要去把握基督教带来的那种令人惊讶无比、仿佛突如其来的天翻地覆(这种世界的颠倒翻转是本已发生的,所以仿佛在基督教甫一**出现**之际,异教就开始黯然失色、颓然无力了,仿佛在屈辱的十字架事件之前,异教傲慢的权力

XIV, 20　就已经自行屈服了,异教的庙宇被推倒,它的神谕沉默)吗?会想着要去把握这个一切革命中最宏大的革命吗?基督教首要的、最显赫、最直接的影响,甚至被特别视为基督教**唯一**影响的,正是把人类从黑暗的强力中解救了出来,而异教中的这种黑暗强力的统治曾经遍及世界。不过,这一事实的结论就是,基督教的实在性(之所以在这里必须强调"实在性",是因为每一个人,甚至最狭隘的人,都会认为基督教具有某种**观念上的**意义,而如今的人们则不再认为基督教具有这种意义了),我要说的是,倘若异教的实在性没有首先以某种方式得到认识,那基督教的实在性则根本不可能得到认识。因为正如我先前已经说过的,某种解救行动的实在性,取决于它令被解救对象所摆脱的那个东西的实在性,**因此**,若无神话哲学的先行,对基督教的真正把握(倘若基督教还没有得到把握,那么支持或者反对它又有何益呢?)就是根本不可能的。有人或许即刻就会对此发表高见说"这是神学家的事情嘛"。但事情绝非如此。基督教不仅是神学家的事情,同样也是真正的历史研究者的事情;甚至可以说,在神学家的课堂上,基督教早就被降格为

了庸常现象,反倒是一些伟大的历史研究者还在保持着它崇高的历史性意义,比如约翰纳斯·穆勒就在平庸浅薄的启蒙时代里做着这件事。

对**作为**把自身给予基督教以为其前提的神话(以便基督教能宣称自己为异教的解放者)进行探究的**普遍**重要性,特别出自下面这点,即神话**绝不是**过去时代的纯然现象,因为它当今也仍在续存,确切说,仍现实存在于大量人口中。多神教徒(也就是把他们的宗教建立在某种神话上的人)的数量,不仅始终远超信奉基督教和犹太教的人的数量,而且也远超一神教徒本身的数量(如果也把伊斯兰教徒的数量算进去)。根据最新的统计结果,一神教徒,也就是犹太教、基督教和伊斯兰教教徒的总数是 3.34 亿,而多神教徒的数量是 6.56 亿。就算这个统计有误——据一些最新的说法,比如巴比斯①的说法,地球上的人口总量已经达到了 10 亿之巨,我们的结论也仍然站得住脚,多神教徒的数量还是远超一神教徒。无论如何,仍保留下来的异教是在其根源上已然耗尽、枯萎僵死、不再产出任何新东西的异教,信奉异教的族群仿佛已经在历史上死亡了,不再以生机勃发、积极昂扬的姿态介入历史之中,不再是历史的环节。但那个仍焕发生机的能动者,只能通过一个持续向前的进程过渡到另一个族群上,不过僵死和不再能运动的东西仍在进行抵抗,并且这种抵抗是不可克服的,而这恰恰是因为,这是一种纯然消极的抵抗,因此,为了不再把异教作为僵死,甚至不可克

---

① 乔瓦尼·巴蒂斯塔·巴比斯(Giovanni Battista Balbis),1765—1831,意大利植物学家、医生和政治家。——译者注

服的难咽团块来对待，人们还是得再度让神话活起来，或者说至少要知道在其中找到并揭示出那个神话由之仍会与名副其实的真正宗教相关联的点。我们时代颇值得注意的道德现象之一，无疑是对传教活动大规模的资助，也就是那种要让仍然固执于异教的族群产生基督教的观点，并把他们引向对基督教的信认的尝试。但如果这项最值得褒奖、各方面都值得认可的事业以对于神话，也就是异教之**源泉**的更深洞见为支撑，那它必定会事半功倍，获得全然不同的成就，而据迄今为止绝大部分传教活动的经验来看，这方面都做得很失败。正如一些人承认的，大多数传教者根本就没法在深处改变一个异教徒的灵魂，比如根本就无法在深处改变一个印度婆罗门的三观，如果这些传教的人只能在异教徒的观念里看到**癫狂**和**谎言**，那他们同样也不可能找到通向这些异教徒产生这些观念的能力的入口，因为对异教徒来说，教会正统信仰的成文正式内容，是某种绝对陌生的东西，并且必定始终都是如此。所以特别是如果机敏有才的印度教徒拒不接受以一些套话来佯装信认，那根本就没什么好懊恼的，毕竟这些东西跟**他们自己的**信仰、世界观、哲学和智慧根本就没有任何关联。

　　从历史这个方面来看，一种无视现实自身的意义，也没有为它保留一席之地的哲学最终会进展到捏造历史这种过分的程度，仿佛这是它应该做的，而这种被捏造出来的历史只有一种与现实历史否定性、拒斥性的关系。比如像基督教这样的东西压根就不该存在；因而基督教必定会被阐述为在**真正的**历史**之外**存在着的，也就是说必定会被阐述为非存在着的，亦即必定会被阐述为一个仅仅源于理智的缺乏、任意或者非任意的混淆而产生的现象。这种对于历史的阐述,似乎想要无视真实发生的事件,想要把过去——只要它没有符合这种阐述方式的最高概念(其实都是些偶然概念)——设定为非-实存的,也就是设定为对于当下根本就没有任何影响和意义的东西。通过取消世界塑造过程自身的连续性,抽走当下的根据和根基,同时让未来变得完全可疑,这种对于历史的处理方式也就超出了纯然理论观点的限制。我们根本不可能让世界重新开始,否则在处理随之而来的种种后果时,必定得回溯到原始时代的橡木崇拜为止。① 我们也不可能以人为的矫揉造作来无所不用其极地不让基督教从世界中产生。我们既不能无视基督教自身,也不能无视基督教出现**之后**发生的,世界曾见证过的最大最深刻的变革。我们必须承认,基督教是**存在着的**,正如我们必须也同样承认自然中发生的一切构型活动都是存在着的。我们不能把基督教逐出事物的序列,正如我们同样也不能从植物的庞大家族中剔除任何一个,当然,植物家族数量纷繁,少了任何一种我们人类也不会即刻就有所察觉,我们的理智或许也不会即刻就注意到,它们中任何一种的缺失都会形成一个漏洞。

我现在并不想谈论那些人——对于他们来说,一切存在都是理性,甚至神也只不过是存在着的理性——我在这个演讲的一开始就已经对这种观点做了充分的说明,我现在只是想强调,如果理性

---

① 橡木在古代日耳曼和凯尔特神话中都具有神圣地位,在19世纪的德国常被用作象征国家的符号,在讲授这门课程的时候,谢林正在普鲁士首府柏林,这种橡木-国家神话的风气十分兴盛,谢林在此是想揶揄那些国家神话的捏造者。——译者注

就是**一切**存在（所以反过来也可以说，一切存在都是理性），那么捏造出对说明现实世界而言不可或缺的"非理性"，就根本不费吹灰之力了。毕竟每一个人都看得到，除了看起来诚然以某种方式支配着事物的强而有力的理性，一切存在中还混杂着更多和更为强大的非理性。但理性永远只可能是理性；它不可能让自己成为一个有别于**自己**的他者，甚或成为自己的对立物。理性首要的特质就是不可变化，就是与自身等同。那么它把自己转换到其对立面中的能力又是从哪而来的呢？当然是理性的他者，但如果理性适可而止，不要去说神的存在只不过是理性的存在，起码不要想着去捣鼓出一个**理性的**神，也就是不要妄图不让神**超越**于理性之上，那理性就会发现这个他者。据此可以说，只要理性承认人类也能**超越**理性而行事，那么理性也就同样要承认神。说一个人"理性"固然是个好话，然而每个人都能感受到，这其实并没有说出什么来。即便人们在下面这点上**一致**，即跟信仰一样，英雄主义也**不**是人人都有的，但理性恰恰是每个人都具有的。像"不仅不要恨你的仇敌，不要迫害他，反倒要对他好，甚至**爱他**"这样的要求，就是**超越**理性的。如果人类不能**超越**理性而行事，那么即便是大度且尊重人类的伦理学说的各种最高诫命，也根本难以满足。既然如此，那为什么神就不可以超越理性行事呢？在这个意义上，下面这番话绝不是非理性的：基督教的奥秘，或者毋宁说唯一的奥秘，也就是启示的对象（因而也包括启示的唯一原因），亦即关联于已然疏远于神的人类的神之意志，是**超越**于理性的。但神的**那个**在启示中**开显**的决断，并非由于超越于理性而**不可把握**；而是因为这一决断完全处在与秩序外的特殊事件的关系中（这一决断就是关联于这一事件而存在的），也同样处在与神的宏大无筹的关系中。

"非理性"这种反驳，完全可以用在那种根本上来说是否被**视**为，或者说是否愿意被视为"理性的"东西上，但是无法用在那种表明自身**超越于**一切理性的东西上，倘若某个内容还没有对人开启，也就是说没有通过现实对人呈现，那它根本就不可能出现在人的构想中，甚至是那些显而易见的**愚拙行径**，也只是在关联于人评价方式的某个特定立场时才会被判定为愚拙。最为可悲的莫过于那些唯理主义者的勾当，他们偏要把那些明明超越于理性的东西弄成理性的。在这方面，那位人们可以在他身上同时认识到一种深刻辩证法的使徒最为大胆，他直截了当地谈到了神的愚拙和赢弱，不过他说，即便如此，神的愚拙和赢弱也远比人类自诩的智慧和强大更为强大有力。① 人们可以跟哈曼一道以下面的方式，回应作为一个理性之神应有之义的那种所谓"好心肠"：那些人是否从来没有注意到，神是个天才，他可从来不会去问，**他们把什么称为理性的或者非理性的**。并非每个人都有天赋能把握到神所有行动方式中的那种深刻反讽，谁要是没有从一开始，亦即在创世过程中就把握到这种反讽，那他当然也把握不了后面的东西，比如救恩学说。下面这点同样**也**不是每一个人都有的庸常思想可以理解的，并且它的出现也必定会让普通人大惊小怪，即相同者 uno eodemque actu [通过相同的行动] 同时肯定和否定了某个东西，这与人人都理解的矛盾律相悖，然而这恰恰是创世过程中神的情况，神所设定

---

① "因为神的愚拙总比人智慧，神的赢弱总比人刚强"，《哥林多前书》，1: 25。——作者原注

的,恰恰是他自身又会直接去否定的东西。我们不得不说,神是不同于作为 B 的设定者和肯定者的自身的他者,也是不同于作为 B 的否定者的自身的他者;不过我们并不是说,神作为这样或那样的神是另一个**神**,而是说,神之神性(也就是绝对的自由)恰恰在于这种矛盾的力量,这种同时作为肯定者和否定者的荒谬——如果人们想这么说——并不在此导致神的分崩离析,而是让他始终保持为他之所是。其实这种情况并不仅仅在神之中存在,甚至在人之中也一样,比如在某个人突发灵感、被赋予了创造力的时候,我们就会发现跟在神那里存在同样的情况、同样的矛盾,即一方面是盲目的、据其自然本性而言无限制的生产力量,另一方面是深思的、限制性和塑造性的力量,因而后者在真正意义上就是在同一个主体中对立于否定性力量的力量。精神的每一件作品甚至都在向训练有素的敏锐行家们表明,自己是上述两种活动和谐平衡的产物,还是某一个压倒了另一个的产物。在形式显得弱于内容,内容在一定程度上压倒形式的时候,生产性的活动就占据上风。而在形式压制内容,作品欠饱满的时候,发生的情况就是相反的。并非在许多不同的瞬间,而是在同一个瞬间既迷醉又清醒,才是真正的诗之奥秘。阿波罗式的和纯然狄奥尼索斯式的灵感也由此而得到区分。把无限的内容——实际上抵制着形式、似乎要否定一切形式的内容——呈现在最为完满,亦即最有限的形式中,才是艺术最高的使命。

神绝非有限性的**对立物**,他也并非如人们所设想的,仅仅落在无限性之中,相反,他通过下面这点展示出了自己最高的、极富艺术性的自然本性,即他寻求着有限者,并且一定要把一切带入最可理解、最可把握和最有限的形式中,否则绝不罢休。许多人都谈到了,基督教的狭隘之处恰恰在于目的和意图。

在下面这点中,依然能够看到一种神的愚拙,即神竟然允许且承认世界,毕竟在他永恒的自身极乐中,他可能已经通过对由他才得以可能的世界的纯然直观而感到十分愉悦了。不过神的羸弱——τό ἀσθενές τοῦ θεοῦ——可能被人们在自己羸弱的时候认为是属人的。但即便在其羸弱之际,神仍比人类强大。神的心胸宏阔无极,足以做**一切**事情。在创世过程中,他首先仅仅展示了自己**精神**的力量,在救恩中,他才展示出**心胸**的宏阔。这指的就是我所说的启示,或者说,那个作为启示之内容的**独一无二**的行动,是神亲自做出的最具人格性的行动。因为如果我们只知道某个人的精神层面,我们不会觉得认识到了这个人真正意义上的"自身"(因为某个人的精神越是强而有力,在一定程度上非个体性的东西和独立于他意志的东西就会越多),而当我们了解到了某个人心胸的外在表达之际,我们才会认为认识到了这个人的"**自身**",同样,对人类而言,神唯有在启示中才会在真正意义上具有名副其实的"人格"。在启示中,神才如同一个人一样立于人前,正如神并不是通过各种不同面貌和梦境与摩西交谈,而是面对面交谈,这可以算作一般意义上的启示,在启示中,人神关系是直接且具有人格性的。

说一桩行动是宏大的,就意味着它根本不可能由于人们说它超出一切人类的概念而遭到损贬。启示的内容也同样不可能由于这一点而遭到损贬。甚至有许多人类的行动和活动也不是人人都理解的。比如说,其实有许多人都可以像苏格拉底那样去死。但人们完全可以凭着相当程度的确凿性假定,对苏格拉底同时代的绝大部分人来说,起诉他的是一些比他更理性的家伙,不过要是这样的人处在类似的境况下,比如在被判死刑的时候,肯定就会在审判团面前哭哭啼啼、感到天旋地转,完全不像苏格拉底那样泰然自若。还有比如说,再次战败之后,大流士①向亚历山大开了许多丰厚的条件以企望和平,比如愿意割让自己王国中直到托罗斯山脉②的可观领土,还把女儿嫁给他,等等,帕曼纽③觉得,他要是亚历山大他就接受这些条件。亚历山大答曰:如果我是帕曼纽我也会这么做 [Et ego, si parmenio essem]。亚历山大的行事方式超出了他平常最信任的朋友帕曼纽的概念范围。但是较之于一个人由于心性的宏阔而相对于另一个人的超然,神相对于人类的超然则是无限的。因此单从**这种**意义上来说,神在启示中的行动超越一切人类概念的把握,并非我们完全不可能把握它们,而是说为了能把握它们,我们必须努力去触及一种超出一切惯常人类尺度的尺度。所以正如我已经强调的,值得惊讶的东西并不会由于这种概念性的把握而失去其超越性的特质。并且唯有这种绝对值得惊讶的东西,才会让人类精神长久以来的不安静息下来。我们唯一要做的,就是把那个根本不可能有的更伟大的事件(quo majus nil fieri

---

① 这里指的是大流士三世,前 380—前 330,波斯阿契美尼德帝国最后一任皇帝,败于亚历山大大帝之后被手下杀死。——译者注
② 土耳其中南部主要山脉,平均海拔 2000 米以上。——译者注
③ 帕曼纽(Parmenion),约前 400—前 330,亚历山大大帝麾下的著名将领,是亚历山大军中的第二号人物,后因其子被控诉谋反,被株连处死。——译者注

potest)，认作**已然发生的**，**只有它**才给我们带来安宁。这个事件必定是一个发现且揭示着终点的事件[finis quaerendi et inveniendi]，必定是一个永不止息的精神在其上能得到静息的**目标**；否则一切知识都是徒劳的，亦即无目的的。也就是说，在事物的展开过程中（在此过程中，人类的知识在自身中也包含着一种继续向前进展和运动的无限冲动）必定会出现某个东西——而且也必须承认这个东西——它能够不再向前进展，因而知识也在其中沉默。

因此，启示哲学的真正对象，一方面只有在考察本身被提升**那个**处在一切**必然**知识之上的**唯一**立场之际才是可能的（这就是这场关于启示哲学这个特殊部分的第一讲的核心观点）；我希望我能成功让**诸位**普遍信服这一立场；而另一方面，启示哲学的观点也只有在下面这一点上才得以可能，即作为一切启示真正意义上的对象进而也是其唯一原因的那一**决断**，尽管不可能得到先天的奠基论证（因为倘若这一决断并不是已然**在此**，已然是**显白**的，那么势必不可能有任何理性会把它视为可能的，理性不会有这个胆子，甚至也不可能有这个胆子），但完全能在它已然在此**之后**来理解它，这种理解一方面可以一般性地进行，另一方面也可以在它的实行过程中进行。所以这就是启示哲学中的第二个要点。但我已经充分表明了，人们肯定也不可能无条件地、在任何前提下都采取这种办法。

并非任何一种哲学都能把握启示哲学。而启示哲学的核心前提并非一种纯然观念的、由理性中介过的人神关系，而是一种实在的人神关系。倘若人之于神，除了认识关系再无其他关系，那么启示的最终意图当然只会是某种**训诫教导**了。不过从已然为大众接受的观点来看，启示的**整个**目标就限制在这一点上。然而训诫教导仅仅关于已然**始终存在**，已然持存的关系才是可能的，只不过是把这种关系启明出来，更加清楚地呈现而已。倘若启示纯然只存在于训诫教导中，那么在人神关系中，不可能发生任何改变。但倘若启示的意图是以另一种或者新的人神关系来取代先前的，那么先前的关系必须首先得到设定，进而新的关系只有通过一种现实的活动，一桩宏大或者说明确的行动才可能发生。所以启示根本**不**可能只存在于纯然的训诫教导中，而这一活动，这个行动自身当然也就是启示的首要事情。因此所有这些把启示的意图设定到纯然训诫教导中的观点，演进到下面这一步也并非任意，即这一训诫教导的内容是在一切启示**之先**就始终持存的东西，因此自然而然地也勾画制定了所谓的"人神关系"。无法独立产出或者说创设任何新关系的训诫教导，只**能**去不断重复本已现成存在的所谓普遍宗教，只不过是可以把它阐述得更加明白、清楚和**有说服力**罢了；但如此一来，启示自身也将不再是一项特殊的内容。**这一**对已然持存的关系和普遍宗教内容的某种新颖且更有说服力的阐述之目的，似乎在普遍的天意的诸道路中就已然可以达成了。也就是说，如果人们想把启示作为某种特殊的东西保持下来，而不是在某个即便十分亮眼，但仍然平庸的历史性事件中消解它，那就必须为它奠立一个**具有实际性的**而非纯然理念式的或者辩证法式的目标。但一个具有实际性的目标，必定要以一种原本就具有实际性的人类意识之于神的关系为前提。假若一般来说，除了纯粹的**认识关**

XIV, 29

系，人与神之间建立关联脉络的方式再无其他，那么人们试图在启示中来给出的神之于人的特殊实在性关系，就会全然无根无据且不可把握。不过现在，一种人之于神的实在性关系已然在一切启示之先通过神话哲学得到了说明和证实，进而在一片宽广的地基上得到了奠基，所以我可以坚定不移地把这一关系保持下来。如此一来，启示哲学的首要根据也就得到了奠定，而启示也就根本不再是不可把握的了。而尤其要注意的是，即便在实行过程中，启示也只有通过下面这一点才能得到把握，即人之于神的原初关系是一种**被中介化了的**关系。父亲并非直接地，而是**通过**儿子创造了世界。在启示中，相同关系不过是在更高的层次上，在一种更加明确和具有人格性的意义上重演了而已。但这一单单**通过**儿子被创造，并由此也唯有通过儿子才能被带回，或者说重建的存在，已经通过先前的讨论为我们所了解了，所以我们可以直接走向对启示哲学的阐发。

第二十五讲　论启示哲学的方法

启示的内容不是其他,正是一种更高的历史,它同时回溯事物的开端,也指向它们的终点。启示哲学的意图不是其他,正是说明这一更高的历史,把它回溯到那些从另一方面已经为它所知晓并获得的本原上。正如已经说过的,启示哲学要做的绝非树立任何真正意义上的**学说**,也绝非某种思辨性的教义;因为启示哲学根本就没有想成为教义性的东西。至于在此过程中,启示哲学如何与其他那些对启示内容全然教义性的阐述相一致,则并不在考察范围内。而启示哲学自身在何种程度上要放弃作为学说而存在,我们还得让自己置身于在一切与已然得到树立或者发挥着影响的学说的冲突之外来设想。既然我们自己并不会以教义性的方式来行事,那我们也不可能意在去树立起某个针对早已得到确定或者假定的教义的反题。我们的事情就是启示自身,它比任何教义更加古老;我们所着眼的仅仅是事情,而不是各种各样的主观理解方式,也不是它们在这个或者那个时代产生过的影响。每个人都知道,教会一直致力于把基督教启示的内容划归到某种特定的条条框框上,既不允许它右倾,也不允许它左倾。谁要是知道教会何以不得不弄出这些条条框框,谁也就知道,这些条条框框从来都不可以看作教会**日子好过**的象征或者标志。这些每一个时期都会有的条条框框，只可能是去应合**这个**时期的科学意识的，教会不得不这么做，而且别无他法。但既然启示通过它整全的内容把一种人神关系预设为了前提，那么就没有任何一种先前的哲学，能够据其当时被赋予的手段来把握这一关系。但如果启示的内容被贬抑到另一种完全不同于它原本应得的立场上，进而使得沛然无际的宏大事情被彻底抽象化，使它被贬抑为只能用于**有限**关系和事物的概念规定，那么这一内容必定会被扭曲，以致在某个根本就不适用于它的立场上变得全然不可理解。说启示学说是一种奥秘，这种托词对于这种不可理解性根本于事无补。因为，要么它实实在在地是奥秘，那么我们尽管肯定会慎谈它，但至少还是会想着把它纳入稳固的概念规定中，**要么**它是一种已得开显的奥秘，也就是一种对我们来说已然不再是奥秘的奥秘，那么为了能够成为某种**对我们而言实实在在**已得开显的东西，它必定还得是**可理解的**。先前时代的科学或者哲学除了像对待自然，甚至像对待总体现实那样对待启示的内容之外，也没有其他能力来设定自己与启示之内容的关系。在那种关系中，先前时代的科学或者哲学怎样寻求某些普遍概念（它们觉得自己光凭这些作为**外部工具**的普遍概念，就能把控自然），它们也就以同样的方式去寻求能够道出和理解启示内容的手段，但它们并不是在启示自身中，而是在它之外，在庸常的哲学中去寻求，所以这就导致了教义神学直到现在仍然跟各种来自经院哲学的规定纠缠在一起，而这些规定早就过时，不再属于我们这个世纪了。真正意义上的经院哲学，早就把神学从它自然的、历史性的根基中**彻底**撕扯了出来,把它转化为一种几乎彻底非历史性的教条。根本上来看,历史性精神伴随着宗教改革运动才再次苏醒,从启示这一方面看尤其如此,而之所以如此是因为,宗教改革运动回溯到了源泉,并把它承认为唯一的权威。不过在此期间,宗教改革也不可能即刻就摆脱所有的经院-教义性规定;但伴随着历史性的精神不间断地愈发轻视经院形式,逐渐产生了对彻底独立于这些形式的要求,神学就在这种情况中受了刺激,萌发了另外一种在对立意义上极端的、缺乏精神性的处理方式,也就是说,当人们对于那种深刻的-内在性的历史性方法(它同时也是真正的科学方法)毫无概念之际,神学就会走向一种纯然**外部**历史性的,就此而言缺乏**任何**科学的极端处理方式。这种纯然外部历史性的处理方法约莫是以下述方式进行的:人们说,有一些文本是由某个叫"耶稣"、自称"基督"的人的门徒所撰。对于他们的真实性,也就是对于他们作为直系弟子的身份,是不可以怀疑的。同样,既不可以怀疑使徒所做的见证的真实性,而根据他们为我们记叙的其导师的特质,也不可以怀疑基督自身的真实性,而基督断言,能够成为神的全权代言者,甚至能与神相联系的,不能是人类,只能是自身具有神性的个人。也就是说,我们必须相信使徒和基督的见证。但这种证明方式,说白了不过就是那种通常在法院或者律师那用的证明。倘若我们达到了这一点,证实了使徒和基督是可以相信的,那么个别的具体学说要做的,无非只是以语文学-语法学的方式来表明,在《新约》文本的这一处或那一处,包含着这个或那个学说;只要可以说"这个说法就**在这**",人们就觉得可以了;但如果还想让自己把握某个地方,或者仅仅只是把它搞明白,就只好听凭每个人自己的发挥了。

除了1)经院式的和2)纯然外在历史的这两种处理方式外,还有第三种处理方式,在其中得到宣告的是某种真实且内在理解的必要性,这种方式也就是**神秘主义**。神秘主义在何种程度上走到了事情自身的内核上,它当然也就能以同样的程度超越前两者。但一方面,神秘主义并没有以清晰、科学的认识道路来寻求这个内核,反倒一再变本加厉地走在某种以虔诚的姿态被激起,但无力控制自身的感觉所引起的偶然启明的道路上,对这种感觉的表达并没有以客观说明的方式来进行,对开解的开解反倒是以神秘的方式进行的,因此这种方式并不是清晰的,至少无法得到普遍的信服;另一方面,神秘主义神学过于忽视探究的外在和历史性方面,仿佛可以在没有任何外在手段的情况下,纯粹从内在的启明中端出启示的内容。然而基督教归根到底首先是一桩事实,所以必须像其他事实那样以纯粹理性的方式得到查验。对一切实际上应当包含着启示体系的阐述来说,最基本的就是渊博学识和广博的探究。而只有在素材通过严格精确的批判考订得到确保之际,人们才可以去想着发现启示的体系,在真正属基督教的原典中,任何地方都是以这个体系为前提的,但它从未得到完备的陈述。因为这个体系唯有在下述情况中才会是真正的体系,即在同时不排除《圣经》中所有个别暗示或明示的情况下,把它们相互统一起来,进而恰恰通过这个统一活动来说明它们。不过在此过程中,人们除此以外仍需去试着尽可能地体会这些表达的质朴性,而不是像许多

XIV, 33

神秘主义者那样,把某种对基督教而言全然陌生的浮夸强行塞到基督教里去。神秘主义跟唯理主义一样,都不理解历史性的东西;神秘主义所导致的,只是一些谜一般的寓意性说明,而事关宏旨的毋宁是如其所是地把握历史性的东西。一些有真知灼见的人,比如帕斯卡早就注意到,基督和使徒只是在最质朴和自然的表述中来谈论那些最崇高的事物。一位人们绝不能指责他缺乏惊人天赋和深思的著作家(他在先前的时候通过自己对苏格拉底的辩护助长了唯理主义的风气),在一部新近关于原初基督教精神的著作中提出了这样的构想,即基督教这个现象,是作为某种调和东方和西方教化的中间手段而出现的,其方法在于,消除所有东方式的浮夸,以阿提卡式的质朴明晰来宣告东方的理念。实际上,在《新约》的绝大多数部分里,这种表达上的明晰和自然而然的肃穆,都是与那种表面上看起来高深莫测的深刻性相互统一的,所有这些部分就其表现出的文学性质来看,都会让人想到古典时期经典作品中静谧深沉的源头活水。正如最崇高的东西在基督和使徒的话中是自然而然浮现的,真正的启示哲学的意图,恰恰只可能是把启示的内容(在科学的阐述中,这一内容不仅仅表现为超自然的,而且通常也同时表现为非自然的),以同样自然且可把握的方式阐述为可能的。然而这一点只有在一种更为宏大的关联脉络中可能发生,在其中尽管基督教是最高最卓越的现象,但仍仅仅是最终的、完结着一切的环节。而对于基督教,不应该问:"我该如何说明它,才能使它与某种哲学协调一致?"而是应该反过来问:"为了也能把基督教纳入自身中并把握它,哲学该采取怎样的方式?"我在这里仍需明确声明：事关宏旨的不是对基督教做某种证实，而是要对它进行**说明**，我们要把基督教**预设**为事实，而且无论如何都必须把它预设为整个历史最高且最具决定性的事实，而这原本就是人所共知的。然而考察作为**事实**的基督教，绝不意味着把它作为**学说**来谈论；现在我要来对基督教进行考察的方式根本不是别的，就是我先前对神话进行考察的方式，也就是把它作为现象来考察，我先前已经尽可能从神话本己的前提出发使它得到了理解，因此我所做的，其实就是让这些前提来自行说明自身。正如已经说明的，我的目的不是去要求某种教义性的东西，所以我也就愈发希望，可以有一说一，不必担心误会，并能尽快通达事情本身。

XIV, 35

随着启示内容的逐步提升加强，它呈现出来的各种现实化过程也就越多，所以我也就越是要把自己限制在从**主要事情**出发来开启展开过程，并且首先要有所保留地道明基督教的基本构想，随后才可能对基督教的各个细节规定进行说明和指证。对于启示（我们把它视为神话或者异教的对立面），我们尤其不会把它理解为除了基督教以外的其他任何东西；因为《旧约》中的启示仍不过是处在预感和预言中的基督教；因此，《旧约》中的启示唯有在基督教中并且通过基督教才可能得到把握。基督教的本真内容，根本上来说就是基督这个**人格**；这一人格同时也是联结《旧约》和《新约》的纽带。因为唯一堪当《旧约》最终内容的是弥赛亚。因此可以说：启示哲学要讨论的唯一课题，或者也可以说最优先的课题，就是把握基督这一人格。基督并非如人们惯常说的那样是一名教师，也不是基督教的创立者，基督就是基督教的**内容**。

每一个还没有养成对《新约》中的那些最为清晰的表达进行暴力解读习惯的人，必定都会承认，根本上来说，《新约》中基督这个人格所具有的意义，比纯然属人的或者**一般**历史性的意义更高。从另一方面来看，每个人都必定会为下面这件事情感到困惑，即存在着一个在它显现出人类的形象的那一瞬间之前，并不为人所知的人格，对**每个人**来说，光是认为这一人格具有一种历史学意义就已经很令人困惑了，但如果**除此以外**还要认为，这一人格拥有一种在人类之先，乃至在世界之先的实存，那这造成的困惑可不就是一般的大了；每个人都会自然地倾向于把上述说法仅仅视为一种表象，借由这一表象，在基督教这个宏大宗教的进一步发展中，其创始人本人就会愈发得到膜拜和神圣化。谁要是对**超**历史性的历史一无所知，谁就缺乏能够容纳理解某个诸如基督这样的人格性的心灵广度。但我们是从一个在这种人格可以得到理解和把握的世界中出发的。从世界的各个时代出发，我们**认识到了**一个德穆革式(demiurgische) 的人格，也就是对创世进行着中介的潜能阶次，在创世的终点，它才把自己实现为存在的主宰，并以此方式实现为神性人格。通过人类，这个潜能阶次又被设定在这一现实化过程之外，被剥夺了神圣性。尽管它并不由此就终止作为**在自身中**具有神性的人格而存在，内在地看，它并无丝毫改变，它的意志，它的意识始终如一，但相对于新被激起的本原(应不存在者)它也就再次处在了否定和受难的境况中，相对于这个它首先必须再次自行屈从的存在，它不再是主宰，反倒首先成了纯然**自然**运作着的潜能阶次。因为应不存在者这个本原，无非是为了再次屈从于德穆革式的潜能阶次才被提升的,也就是通过一个德穆革式潜能阶次不能从中抽身的进程而再次屈从于它,而恰恰因为这个潜能阶次处在人类的形象中,它也就身不由己地必须如此运作,否则它必定就会使人类意识彻底放弃自己、消灭自己和摧毁自己,但这又与它本己的意志相悖(这一意志尽管是隐而不现的,但仍始终具有神性),也同样与父亲的意志相悖,因为世界的失落并非父亲所愿。而当这一潜能阶次再次在人类意识中使自己成为存在之主宰的那一刻,它也就在这一环节中重新获得了荣耀,故而**在此程度上**也再次(在外部)成了神性位格。但它作为神性位格所主宰的存在,**并非父亲**所赋予它的存在,这一存在是它独立于父亲而据有的。由此,它自身也就**独立**于父亲,并由此在这个环节中据其**存在**而言必须被规定为神性之外的 — 神性位格:它之所以为神性的,是因为它是存在的主宰,它之所以是神性之外的,是因为它所据有的存在,并非作为由神赋予的它的存在,也就是独立于父亲的存在,因而借着这一存在,它就能够开启它所意愿的东西,并能够将之作为独立于神的东西**持续地**据有。这一位格的自由就**在于这一点**。为了能够理解基督的**顺从**(这一点被谈的很多,而且在这一点上同时也产生了许多疑难),人们必须知道**下面这点**,即儿子**能够**独立于父亲在**他自己的**荣耀中实存,诚然,在父亲之外儿子不可能是**真正的**神,但他确实能够在父亲之外并且在没有父亲的情况下是**神**,亦即存在的主宰,尽管并非据**本质**而言,但据**现实**而言,他仍能够是神。但儿子弃绝了他独立于父亲所能拥有的**这种**荣耀,儿子之为基督就**在于这一点**。而**这**就是基督教的基本理念。

XIV, 37

现在我还是要把这个基本构想及其前提再分辨清楚；在这个过渡中，决定性的事情首先是在起中介作用的潜能阶次**作为**基督显现之际，确定它处于其中的境况；而最重要的是去把握这一潜能阶次在这一情况下，相对于神而处于其中的独立性和具有自立性的实存。

我们已经将之规定**为**第二重人格的那个神性位格，先前在创世过程**中纯然只是**潜能阶次，同样，只要创世的产物仍需去实现自己，那它就首先还只是潜能阶次。存在先前原本仅仅依于父亲，因此原本只有父亲是神，在《圣经》的全部文段中，儿子的神性都被认为是一种衍生于父亲的神性，在这个意义上，基督教神学也把父亲称为神圣的源泉与本原 [fontem et principium divinitatis]。但在创世的终点，儿子**之所是**，与父亲是相同的。因为儿子也据有了存在，尽管他对存在据有并不像父亲那样是原初地据有，但父亲仍把这一存在作为被赋予儿子的存在来据有，亦即作为**儿子**来据有。①归根到底，这个存在仍非独立于父亲的存在，仍非儿子**本己的**存在，仍非儿子在父亲**之外**仿佛单独据有的存在。②但由于人类的罪，那个在创世过程中已被克服的本原（在对它的克服中，儿子已经实现了自身）被再次唤起进而借此设定了新的张力，这一张力跟先前在创世过程中的张力之所以区分，是由于它并非**神性**的张力，而是与神性意志**相悖**、纯然由人类设定的张力。人类妄自称义，妄称自己有如神一般**独一专断**的权力去把处在万物之根基处、让一切

---

① 见上卷第 317 页及以下，第 333 页及以下。——编者注
② 见上卷第 16 讲开头。——编者注

运作起来的潜能阶次,也就是创世自身的开端,再次从内在的遮蔽状态中唤起,仿佛要把创世的奥秘再次曝光;但当人类以此方式来强行支配生育性的潜能阶次(父亲的潜能阶次)之际,人类也就**把自己虚构成了**父亲,亦即虚构为了儿子的设定者。[①] 但恰恰由于这一点,儿子处在了一种他先前从未有过的、相对于父亲的自立性存在中,被设定在了对父亲的依赖性之外。但这并非是内在的,而是外在的。不可以认为,儿子内在地、在自身之中失落了对自己神性的意识,或者说主动放弃了把自己认识为神性位格或者位格本身。不过,就算儿子内在地仍然认为自己依赖于父亲,并且除了父亲的意志不意愿任何东西,这一点对于儿子外在的独立性也没有丝毫影响。在这种独立于父亲的存在**中**,儿子首先表现为潜能阶次并且必须作为潜能阶次运作,这一潜能阶次必须做由于其自然本性的内在必然性而已然为它所预定的事情。因为正如**诸位**所知,B 和 A^2 间的关系是:如果在纯然潜能阶次的状态中设想 B,那么 A^2 就是纯粹的现实,但如果 B 自行提升,或者说已经在向现实提升,那 A^2 就会成为潜能阶次,确切说是成为直接的潜能阶次,亦即只可能拥有独一的意志,必定会通过对立者的克服活动被重建到纯粹现实中的潜能阶次。如此一来,儿子也就再次成了跟在创世过程中一样的**必须**运作者;现在被设定的是一个全新的进程,确切说,是一个在人类意识中的进程,因为现在一切都只发生在意识中,并且唯有人类意识现在才是决定性的,因为 B 只是在它之中被再次

[①] 这一表述能从《启示哲学》上卷的第 371 页(以及第 367 页)那里得到说明。——编者注

提升的。① 在这一进程的终点——神话进程的终点——起中介作用的潜能阶次已经使自己从潜能进入了现实,进而借此使自己成为存在的**主宰**了(它首先是人类意识的主宰,但由此也成了存在本身的主宰),而这正是因为它再次把自己建立在了对存在的据有,也就是荣耀中,以此方式,它也把自己重建到了自己的**神性**中;但它把自己重建于其中的,并非**真正的**神性,毕竟唯有在与父亲共有的情况下,它才可能据有真正的神性,无论如何,它总是已经与父亲分离了——在这里可以用使徒的话说,它在神的形象中 [ἐν μορφῇ θεοῦ]——它尽管并非真正的神,但至少仍在神的**形象**中存在;因为据形式来看它**是**主宰,并且能够**现实地**是神。**这一点**就是在这一潜能阶次**作为**基督而显现之前,我们必须在其中去理解和思想起中介作用的潜能阶次的那个环节。

根本上来讲,对理解基督教而言**必不可少的**一点,亦即钻探入基督教真正意义内部的必要条件是,把握儿子**断离**于父亲的状态,把握儿子的这一在其本己形象中,并由此也全然**自由**且独立于父亲的存在。若无儿子的这一先于基督(先于第二潜能阶次作为基督而显现),在父亲之外且独立于父亲被设定的存在,不仅《新约》中的一些文段和表达(接下来就要进一步来讨论它们)根本无法理解,而且《新约》中神的整个**经世计划**,乃至基督的举动的整个意义都无法理解。因为倘若基督没有一种独立于父亲的实存,没有一种他在其中能够独立于父亲实存的荣耀,没有一种他能够独立使之发挥效用的神性,那诸如基督的**功绩**,**自愿**降低为卑,完全听从

---

① 见上卷第369页和第370页。——编者注

父亲的意志,自我牺牲,以及顺从等等说法又从何谈起呢?因此,基督教的基本理念就在于,基督弃绝自己的神性与独立实存,反倒选择了十字架。而我首先要做的就是在《圣经》自身中来对这一基本理念进行指证。

关于这一点,真正意义上的经典文段是《腓利比书》的 2: 6-8,这段话对那一神圣的至深奥秘做了开解:你们每个人当以耶稣基督之所虑为己之所虑,他曾在神的形象中存在,但他不把与神**等同**(这实际上是在说:平起平坐)视为一种夺取,他反倒主动弃绝自身,以奴仆的形象示人,就像成了另一个人并且如人类一般行事,主动贬抑自身并至死顺从,乃至死在十字架上。若无我们已经假定的儿子的那种居间境况,这段话又会作何解呢?通常的说明只知道1)在儿子贬抑自身之前,他处在纯粹神性的境况中;2)处在贬抑境况中的儿子。但我们认识到了第三种境况,即他在其中被设定为神性之外的人格,但也并没有因而已然成了人类。如果这段话所谈论的是基督在他成人**之前**的情况(这是通常的教义的观点),亦即他仍处在与父亲的统一体中,并因而自身也是真正的神的情况,那如何能旋即就说:他并不把与神等同,与神**平起平坐**视为一种**夺取**,视为对神性的抢夺呢?因为人没有必要去抢夺已经据有的东西。不过,即便从纯然语言的角度来看,这段话也绝不可以像通常教义那样理解。我最终还是不得不用希腊语来举证。这段话的希腊文原文是:ὅς ἐν μορφῇ θεοῦ ὑπάρχων οὐκ ἁρπαγμὸν ἡγήσατο τό εἶναι ἴσα θεῷ。这里的表达有着典型的使徒保罗风格,这话也正是他在触到最深刻和最具奥秘的东西时,以最明晰清楚的方式所表

XIV, 40

达出的，所以通过对保罗语言用法的精细考察，就可以通达那些最晦涩文段中的意义自身。如果有人设想保罗想讨论和表达的，是那种**本质统一体**（通常的观点认为，在成人的那一刻之前，儿子和父亲就处在这种**本质统一体**中），那他为什么恰恰用的是 μορφή[形象、形态]这个词呢？这个词一般来说，尤其是在其衍生形式中，所意味的反倒恰恰是"本质"的对立面，比如在谈到基督成人的另一处①，用的是 μόρφωσις 一词，这也就是说在自己身上承荷着神之至福的外部形式和形象，但这种承载缺乏本质。μορφή 一词甚至在后文中马上又用到了：μορφὴν δούλου λαβών，即儿子所接纳的奴仆形象，并非本质性的、内寓性的形象，反倒仅仅是被接纳和假定的形象，因此它虽然具有现实性，但仍只是偶然的形象。在同一个时期，同一个词难道会在一种截然不同的意义上使用吗？如果 μορφή θεοῦ 的意思是本质性的神性，那紧随其后的 μορφὴν δούλου 的意思如何可能又成了纯然被接纳假定、暂时性的奴仆形象呢？对每一个具有解释的健全概念的人来说，这一切完全是不可设想的。相反，关于处在居间境况的儿子——在此境况中，儿子独立于父亲，同时也是距作为神的父亲最殊远的存在之主宰，具有最为伟大但同时也最为局促的特质（在某些诸如保罗的著作家那里，诠释和说明的规则必定完全是由这一特质所给出的）——不可能还有比下面这种说法更加真切的描述：儿子曾经在或者说曾经处在神的形象中 [ἐν μορφῇ θεοῦ]，也就是说尽管他并非真正的、据本质而言的是神（因为这只有在它处在与父亲的统一体中才是可能的），

---

①《提摩太后书》，3: 5。——作者原注

但从现实这个方面来看,他仍然是神,至少他拥有神的外部性要素,而这种外部性要素恰恰在于荣耀,在于对存在的支配中。这与使徒在说明这一点的时候所用的第二个词是完全一致的。使徒并没有说他就在神的形象中存在 [ὅς ἐν μορφῇ θεοῦ ὤν],而是说他接纳了在神的形象中存在 [ὅς ἐν μορφῇ θεοῦ ὑπάρχων]。无论如何,从更加精确的语言用法来看,尤其是从保罗的语言用法(包括大名鼎鼎的路加,就这种语言用法而言他跟保罗是完完全全一致的)来看,ὑπάρχειν① 这个词从来就没有用在本质性的存在上,而是仅仅用在**现实的**、就此而言偶然的存在上。比如这个词就被用以描述偶然的身体缺陷,甚至在《使徒行传》(14,8)中被用来描述一个生来瘸腿的人:χωλός ἐκ κοιλίας μητρός αὐτοῦ ὑπάρχων。ὑπάρχειν 的用法也与之相同,被用来描述转瞬即逝的境况,比如在《使徒行传》7:55中,用来描述开眼看到天国的司提反:突然进入了被圣灵充满的状态 [ὑπάρχων δέ πλήρης πνεύματος]。对于自己曾经仍是基督的迫害者的那个时期,保罗说的是:我曾无比狂热 [ζηλωτής ὑπάρχων](《加拉太书》,1:14);在《路加福音》9:48中,基督说的"你们所有人中最小的,将会成为最大的"的希腊语是:ὁ μικρότερος ἐν πᾶσιν ἡμῖν ὑπάρχων(所以在这里,ὑπάρχων 这个词是被用来描述某个并非据本质而言,而是据其所虑而言的人的存在),οὗτος ἔσται μέγας(在这里的 εἶναι② 一词被用来描述真正的、本质性的存在;其

---

① ὑπάρχειν 和前面讨论的 ὑπάρχων 是同一个动词的不同形态,它表示一种偶然的存在方式,而非某物就其自然本性而言的必然存在方式。——译者注
② εἶναι 是这里使用的 ἔσται 一词的不定式,可以看到谢林在说明有两种存在方式,εἶναι 对应的是合本性的存在方式,ὑπάρχων 对应的是偶然的存在方式。——译者注

意义在于:谁让自己成为最小的,谁就会真正成为最大的)。在《使徒行传》(17章)里,保罗对雅典人说:创造了世界的神,乃是天空和大地的主宰 [οὐρανοῦ καί γῆς κύριος ὑπάρχων],他并不住在人所建的神殿里。神在其中作为天空和大地之主宰的关系,并非本质性的关系(否则就会是必然的关系),反倒这只是一种现实的、在最高意义上偶然的关系。正如儿子本质意义上的神性已经由下面这番话得到了明确表达:已然接纳了在神的形象中存在 [ἐν μορφῇ θεοῦ ὑπάρχων],与之相应,这一表达也完全合于儿子在作为基督显现之前所拥有的、作为居间境况的独立于父亲的荣耀。**这一**境况是纯然暂时性的,在最高意义上偶然的,然而**并没有任何东西会妨碍这一境况为自己争得一种持存的特性并使自己独立生效。**

　　但情况远不止于此。仿佛料到为了不让通常解释的错误遭受任何怀疑,人们肯定会把所有的证据都拼凑在一起,所以使徒接着说, οὐκ ἁρπαγμόν ἡγήσατο:他并不将下面这点,即与神等同 [τό εἶναι ἴσα θεῷ] 视为夺取(这里用的并不是等同为 [ἴσον],此外,使徒也没有说"这个神" [τῷ θεῷ①])。假设,"不把某事视为夺取"这个表达,能够在某种**普遍**意义上用以描述人们已然据有的某物,比如人们在这个意义上说一个美丽或者富有精神的人:这个人美丽,但他并非有意为之——假设这个表达就是用于这种情况,那么就语言用法上来看,把某事视为夺取 [ἁρπαγμόν ἡγεῖσθαι τι] 就是仅仅关联于某个**偶然**被某人获得的东西来使用的。尽管对于这种

---

① 谢林在这里想强调使徒的这一表述没有给神加冠词,因此这里所说的神并不是呈现在某个特定位格中的神。——译者注

表达方法,在其他地方找不到完全相同的表达方式,但还是可以找到等价的表达,比如在赫利奥多罗斯①对某位智者的描述中,就可以发现他虽然没有用《圣经》中的夺取 [ἁρπαγμόν] 一词,但也用了同义词 ἅρπαγμα:他并不把他所享有的声誉视为 ἅρπαγμα 或者 ἕρμαιον,也就是说,既不将之视为夺取也不将之视为撞大运。这也就说明了为何撞大运 [ἕρμαιον] 通常要与另一个词 ἅρπαγμα 一同使用。ἕρμαιον 这个词也是那些最优秀的著作家的常用词,比如德摩斯梯尼②就用过:"他们把我们的困窘视为他们撞上的大运。"[ἕρμαιον νομίσαντες τὴν ἡμετέραν ἀπορίαν] 把这种用法用在我们讨论的这段话上,就可以这样来翻译它:儿子并不把自己身处其中的 μορφήν θεοῦ [神的形象],视为某种偶然撞上的东西,视为某种诸如他自己能够使用的意外所得或者偶然的利益;对这段话恰当的理解只可能按我们的观点来,这不消我多说,但**假设**,这个词也能关联于某种人们并非偶然,而是在本质上就据有的东西来使用(如此一来,在这段话里这个词就会被用以描述基督在本质上与神等同),那么使徒就不可能**像**我们现在看到**的这样**来表达这种等同性了。使徒肯定就不会说:**儿子根本就对**(οὐκ ἁρπαγμόν ἡγήσατο)自己与神平起平坐**不以为意**——因为 τό εἶναι ἴσα θεῷ 只能被翻译为"与神平起平坐";这里的不定式具有副词含义,它的意思相当于 ἴσως θεῷ [如神一般]。如果使徒想要谈的是本质意义上

XIV, 43

---

① 赫利奥多罗斯 (Heliodoros),罗马统治时期的希腊小说家,曾做过基督教会的主教,著有小说《埃塞俄比亚传奇》(10卷)。——译者注
② 德摩斯梯尼 (Demosthenes),古希腊著名演说家,现存作品六十一篇,被称为古典雄辩家的典范。——译者注

的与神等同,那他何必要选用这种无论如何看起来都极不寻常的表达方式呢？相反,这种不寻常的表达方式可以根据我们的观点得到完满的说明:毕竟使徒感觉到,即便儿子**能够**把自己独立于父亲所拥有的荣耀吸引为自己主动为之的,即便他确实这么做了,他与神的等同无论如何也绝不会是 ἴσος θεῷ,即形容词意义上的本质上的等同,反倒始终只会是 ἴσως①意义上的平起平坐,只可能得到一种与神**外在的**等同。这段话里的每个词都支持我们的说明。ἐν μορφῇ θεοῦ[在神的形象中]的意思不可能是:在这个境况中儿子是真正的神;μορφῇ θεοῦ[神的形象]跟 μορφῇ δούλου[奴仆的形象]一样,都是某种偶然的东西。而动词 ὑπάρχειν[接纳]也明确表达出了这种偶然性。而真正的神所拥有的存在,也同样不是纯然的 ἴσα θεῷ εἶναι[如神一般存在]。这一点清楚地表明了这种纯然的外在等同。②

XIV, 44　　　不过,关于"基督成人"的这段话,仍有最后一种可能的说明。在这种说明里,惹眼的是它即刻就端出了最大的矛盾:因为同一个人在相同时刻既在神性形象中也在奴仆的形象中,这是不可能的。当儿子接纳奴仆形象之际,基于上述这一矛盾,这段话说的就是在这一刻儿子已经完全与人等同了,这样一来,儿子也就恰恰因此并不存在于神性形象中了。为了摆脱这一矛盾,一些人就要把 ἐν μορφῇ θεοῦ ὑπάρχειν[接纳了在神的形象中存在]翻译为:cum in

---

① 也就是上文所说的,不定式‒副词意义上的外部等同。——译者注
② 人们可以把 ἴσα 在这里的用法跟修昔底德在《伯罗奔尼撒战争史》卷 III. 14 的用法做一番比较:ἐν ᾧ ὄν (奥林匹斯的朱庇特) τῷ ἱερῷ ἴσα καί ἱκέται ἐσμέν [寻求与奥林匹斯的朱庇特等同的权力],ἴσα 在这里的意思很明显就是:等同的权力,等同的方式。——作者原注

forma Dei esse posset [他能够在神的形象中存在]，毕竟儿子即便在作为人类之际，仍始终能够展现他神性的荣耀（divinitatem prae se ferre potuisset），只不过是儿子不愿意如此，反倒接纳了奴仆的形象而已。但是 1) 这种说明的牵强已然把自己表现为一种纯然权宜的手足无措。2) 就算在某些情况下，一些表达着某一现实活动的动词也能够表达潜能性的效用，使徒也仍不会在这种意义上用 ὑπάρχειν 这个词。毕竟"他**能够**是神"和"他**在本质上就是**神"就是等价的表达。但正如已经指明的，ὑπάρχειν 这个词恰恰是用在偶然的存在，或用在对某个人来说偶然的东西上的。但是 3) 即便这种说明确实有语文学上的可能性，但以此方式产生的，仍只是一种颠倒的意义。因为这样一来，主要的事情，即本来能够 ἐν μορφῇ θεοῦ[在神的形象中存在] 的儿子成了人，似乎被使徒忽略了，使徒似乎反倒挑选了那些根本不再包含任何**特殊性**的东西来讲（但要去成为人的意志肯定已经被预设为了前提）；因为已然做出了去成为人的决定的儿子，当然不会也决定要作为神来显摆自己；这就好比人们不会去称赞进了修道院的人不会去结婚，毕竟没人是为了结婚才进修道院的。同样，对于已经脱弃神之形象的儿子来说，这么做也不可能是为了虚名和好处，在这种脱弃的境况中，儿子并没有再去觅求或者说抓取神性，或者神的外在情状。无论如何，儿子根本就不可能这么做，否则就是自相矛盾。因此这种说明中强调的 potuisset[能够] 根本上来说只是一种骗人的把戏。儿子或许可能像一个总是行为迷糊的人那样搞出一些昨是今非的事情；但作为神性的存在物，乃至作为理性的存在物，他不可能做出这种事来。基督做所的最高的弃绝活动——使徒当然会称赞这种弃绝，因为使徒已经把基督的所思所虑树立为典范——就在于他成为人的决断。当使徒只是想劝诫他的读者，不要对已经决定的牺牲而**懊悔**，而是要坚守其中时，儿子曾经成为人，不再去抢夺神性形象这件事情，就只可能被使徒树立为一个范例。所以当使徒以儿子的成人做范例时，这件事并不是在整个关联脉络中来谈的，相反它只是在说，每一个人都要像基督那样，不可以只顾着自己，而是要顾及他人。①

我在这段话上已经逗留相当长时间了，因为从真正意义上来说，这段话是决定性的，毕竟如果不预设基督在他成人**之前**就已经是一个神的他者，也就是说，他自身并不是神，但也并不是人，因而处在一种居间境况中，在其中他并不是神自身，而是 instar Dei [**间态的神**]（μορφῇ θεοῦ 可以译作这个拉丁表述），那这段话根本就无法理解。儿子是 instar Dei，因为唯有他是与神或者说父亲最为疏远的存在之主宰。如果我们对《腓立比书》中这段话的说明是恰当的，那人们也就不得不承认，在另一处文段，也就《希伯来书》的 12, 2，也蕴含了相同的构想：ἀντὶ τῆς προκειμένης αὐτῷ χαρᾶς ὑπέμεινε σταυρόν，即基督放弃了已经摆在他面前的愉悦享乐（他本可以接受或者选择它），转而去忍受十字架的苦难。根本上来说，如果首先要把握的是关于基督成人之前他所处的境况的观点，那么通过《新约》中的许多文段，甚至通过基督自己的话，都可以找

---

① 可以参考后面第30讲的注释。——编者注

到支持这一观点的证据,比如基督对父亲最后的请求①:请以我曾在你那里拥有的**那份**荣耀来荣耀我,——要是按通常的观点,人们或许会指望基督说:用我成人以前的荣耀来荣耀我,但基督说的恰恰是,用世界存在之前我曾拥有的荣耀来荣耀我。也就是说,基督知道,**自**世界存在**以来**(因为一旦世界存在,颠覆也就存在),自这个时代**以来**,他已经不再拥有在世界存在**之前**曾拥有的**那份**荣耀(κόσμος[宇宙]要被理解为当下世界),因而这份荣耀是他曾经仍然**依于**父亲而在,也就是还没有与父亲分离的时候拥有的。**所以**基督说,父亲爱我,因为我舍了我的生命。没有任何人(也就是说,甚至神也不可以)从我这里**夺走生命,而是我自己把它从我身上舍去的。我拥有**能够舍去生命**的力量**,也拥有再次取回生命的**力量**。②倘若没有感觉到自己相对于父亲是彻底自由的,基督不可能说出这番话。这种自由不能被设想为儿子在实体上独立于父亲,**也不**能被设想为,儿子处在一种与父亲相对、具有彻底自立性的存在中。这种存在既不是他从自身中获得的,也不是从父亲那里获得的,而是从人类获得的,**所以**据这一存在而言,儿子也叫作"人子"。

凭着这一观点,基督的许多话才获得了确定的理解。比如他对犹太人说:在曾经会有(ward)亚伯拉罕以前,我就已经且始终存在(bin)了。③如果把这理解为基督**永恒的**神性存在,那这番话

---

① 《约翰福音》,17:5。——作者原注
② 《约翰福音》,10:17,18。——作者原注(在这句话里,用来描述亚伯拉罕的是过去将来时 ward,用来描述基督的是现在时 bin。——译者注)
③ 《约翰福音》,8:58。——作者原注

就会包含一种混淆性的意义；这样一来，描述基督的"已经且始终存在"和描述亚伯拉罕的"曾经会有"必定就含义相同了，但基督不可能在与他描述亚伯拉罕的相同的意义上，用"我**曾经在**(war)"来描述作为**神**的自己；在这个"已经且始终存在"中被理解的是一种独特的(在神之外的)人格性；因而当基督说："在曾经会有亚伯拉罕以前，我就已经且始终存在了"时，他以此想要说的是：我已经且始终作为我**当下**所是的而存在，作为这个被设定在神之外、具有自立性的不同于神的人格而存在，所以我当然在会有亚伯拉罕以前就已经且始终存在了。关于基督的这种神性，许多文段只知道以一种极为强硬的方式来说明。既然在刚刚提到的最后的祷告里，基督说的是：只要他们把你(父亲)认作唯一的真神，把你所派遣的耶稣认作 χριστόν (受膏者)，就会获得永恒的生命，那么可以看到，只有相对于作为 χριστόν [受膏者，基督]，即注定成为神性之外

XIV, 47　存在之主宰的儿子，不可见的神才诚然是唯一的真神——ὁ μόνος ἀληθινός θεός [唯有他才是真神]——，正如使徒保罗自己，又把唯一之神称作我们的**主**耶稣基督的神，而在所有提到 ὁ θεός καί πατήρ [神和父亲] 的地方，ὁ θεός① 这个名称则只用在父亲身上，甚至是在与儿子的对立中使用的。如果人们没有在基督的实存中区分不同环节，那么所有这些文段都会被用于**指向**基督永恒的神性，但它们所涉及的并非基督**永恒**的存在，而是他作为 χριστόν [受膏者，基督] 的存在，这种存在不可能具有一种**永恒**的关系，因为它并非是由于人类的堕落才被设定的。而基督在其中明确表明自己

---

① 在这里"神"这个词加了定冠词，相当于 the god，即指唯一的真神。——译者注

隶从于父亲的那些说法,在这一点上也是同样不言自明的,比如基督说:父亲比我更伟大。① 这其中蕴含的意思就是,尽管基督已经足够伟大,但父亲更加伟大。

就这方面来说,最具决定性的话语仅仅在《马可福音》中得到了完备的保存(在《马太福音》中,决定性的话语已经被略去了,光是这番具有决定性的话语就足以让我笃信《马可福音》是最古老的福音书了,当然,我也能给出了一些其他有根据的理由,它们在多年前就已经让我产生了这种观点,不过跟这番具有决定性的话语相比,它们纯属多余;在马太之后,没人敢再来叙述这个决定性的说法了)。在《马可福音》中②,基督说:天地都要废去。然后他紧接着继续说:但天地废去的那个日子和时辰,没有人知道,天使也不知道,**甚至儿子也不知道**,只有父亲知道。在这里,凭着对自己因之始终让自身隶从于父亲之下的这一关系的深刻感受,基督说,将要到来的世界之没落的日子和时辰,**没有任何人**得知,甚至天使和儿子自己也不曾得知。如果人们在这里仍然以为:基督只是纯然鉴于他作为人的存在才这么说,毕竟从他作为人的存在来看,他当然无从得知那个日子和时辰,如此一来,即便我们把所有其他能够让我们讨论属神和属人自然本性之关系的说法撇到一旁,光凭在这段话里对儿子地位的明显提高,就可以知道人们的这种观点是不可能成立的——毕竟不仅天使不知道日子,甚至儿子也不知道,如此一来,在这种情况下,儿子也就被设定在天使**之上**了(**人类肯**

---

① 《约翰福音》,14:28。——作者原注
② 13:31。——作者原注

定是不知道这个日子的,这一点谁都能理解,根本就不用提),但根据《新约》,在天使之上的也只有神了,这样一来,在这里儿子似乎就被设想为神了——可被设想为神的儿子怎么还是对那个日子一无所知呢!?所以在这里,下面这点已经很清楚了,即有一个观点已经被预设为前提:儿子高于天使,但仍**不是神**。此外,下面这回事情也早已安排好了,即神性之外存在的走向和终点,仅仅取决于存在依立于其上的那个东西本身,而不取决于自身与神性之外存在相关联的儿子。

在基督将要升天之前回答门徒们关于以色列王国的未来时,基督的说法也与上述所提到的说法完全类似①:父亲以自己的权能所预定的时候和日子,οὕς ὁ πατὴρ ἔθετο ἐν τῇ ἰδίᾳ ἐξουσίᾳ,即并非你们可以知道的。毫无疑问,ἰδίᾳ[自己的]这个词表明,基督在说这番话的时候也主动把自己排除在外了;ἡ ἰδία ἐξουσία τοῦ πατρός 的意思是:专属于父亲自己的权能,是父亲把儿子排除在外而独自据有的权能,尽管父亲已经把外部的存在完全让渡给了儿子,但规定这一存在,即这个世界本身的时代和日子应何时终止,恰恰是父亲为**自己**预留的。这是一切存在者**原本**依于其上的那个唯一者的特权。ἡ ἰδία ἐξουσία[自己的权能]这个表达把一切分有都排除在外了,不仅是已然成为人的儿子的分有,而且在成人之前的儿子分有,都被排除在外了。

我再重复一遍:倘若儿子没有一种在父亲之外(在父亲之旁)进而独立于父亲的实存(确切说,这一实存是从世界中获得的,因

---

① 《使徒行传》,1:7。——作者原注

为只要世界存在,颠覆就存在),整个《新约》就无法理解。不仅个别的说法,甚至《新约》的实际内容,若无这一前提都是不可理解的。我首先把这一实际内容理解为《新约》这个宏大的事实,即中介与和解的事实,我们接下来就会来讨论它。不过还是有一些个别的叙述,若无这种中介与和解的关系,仍是不可把握的。比如对**基督所受引诱**的谈论。引诱这个行为自身就能以最明亮的光芒照亮被引诱者的自然本性。唯有结果才会表明诱惑的目的是什么。对于基督被引诱的故事,或者其实可以说,对于这个以故事的方式叙述的事实之真理,我并不打算和盘道出;就算它是捏造的,至少也具有一贯性,也就是在基督教的观点的意义上具有一致性,而这种一贯性才是事关宏旨的。我同样也不可能在这里详尽道出引诱者真正意义上的自然本性;对于这个作为引诱者的敌手(也就是"撒旦",即 διάβολος[阻碍者]),《新约》中谈到了许多次,而我们也必须为它预留一种特别的探究;无论如何,我们都要把撒旦视为对那个由人类再度激起(就此而言它诚然也就是造物性的,并**始终都要预设为创世之前提**的黑暗力量)的否定着神的本原的代现,我们已经在许多形式下认识到了这一本原。现在这个敌手向基督展示了世上的万国和世间的荣耀,只要基督向他屈膝并敬他为圣,他就愿意把这些都赠与**基督**,赠与他所意愿的那个人,把它们都让给他,这就是撒旦的终极引诱。在这里可以看到,引诱者所意愿的是什么。基督该做的,就是从那个与神最为疏远,乃至最为对立的力量的手中,接过支配世界的力量与荣耀,而当基督仅仅意愿从**世界**出发接过对世界的支配力量之际,这种力量自身就会去放弃它对世界的支配权,并听任基督如此。也就是说,这一点预设了**下面这种**可能性,即基督能够独立自为地据有存在,独立自为地纳取它,进而能**以此方式**在一种完全独立于父亲的荣耀中实存,正如使徒所言,基督能够让自己与神平起平坐。引诱者知道基督的意愿。如果基督独立自为地纳取了存在,进而仿佛随即就与那个盲目的宇宙性本原缔结了契约,那么世界与神的统一体就会被永恒地撕裂,世界也不再有任何朝向神的可能的关系了。那个宇宙性的本原(=B)由以仍与神相联络的唯一纽带,正是起着中介作用的人格。如果这重人格放弃自己与父亲的联络,那就会名副其实地出现**彻底**独立于神的世界。由于堕落,人类自己从他本应侍奉的唯一主宰之中,构造出了三重主宰。人类侍奉的第一位主宰,是盲目的强力,人类能够唤起它,但不能把它再次带回到潜在状态中。这一强力甚至还妄图通过向第二位主宰,也就是基督(在基督中,这一强力**认出了**迄今一直在克服自己的胜利者,并且**预感到**他会把自己彻底撕碎),献上对一切存在的统治权,并同时只把基督认作神,只敬奉基督为圣,来使自身从真正的神那里挣脱出来。但基督只用一句话就斥退了引诱者:经文中明明白白地写着,你应敬奉神为你的主宰并**唯一地**敬奉他。因此,中介者在这里也就表明,他主动承担的天职,就是把已然堕落的存在,从众多主宰那里再次引回到唯一的主宰,也就是父亲那里。而引诱所表明的则是,即便在已然成人之后,尽管基督拥有为自己抢夺一种独立于父亲的荣耀的能力,但正因为如此,他反倒仍然更多地坚守在那份他成人**之前**就已然获得的荣耀中,也就是坚守在这种作为 μορφῇ θεοῦp[神的形象]

的荣耀的能力中。

综上，关于儿子在成人之前所具有的外部的、彻底独立于父亲的实存，就说这么多，儿子恰恰是**通过**成人而自行**弃绝**这种实存的，这并非像人们通常假定的那样，儿子是通过成人才获得**外在于**父亲的存在。唯有这个在神性之外的实存才使儿子成为真正的中介者；因为真正的中介者的自然本性就在于，它处在一个独立于有待中介的**两部分**的位置上。我们接下来的论题恰恰就是这一中介活动，即这一中介活动**在何种程度上**，并且**以怎样的方式**由第二重人格完成。

第二十六讲　论启示的基本构想

到现在为止,已经有许许多多议论被传到越来越多的人的耳朵里,我想**诸位**自己也已经注意到了,出现这些议论是不可避免的,但我绝不认为,我要跟许多近来的哲学家遭到同样的指控:我们是在用哲学对基督教学说进行演绎,但这些哲学演绎出来的根本就不是基督教学说,基督教对它们根本就一无所知——所以既然有了这些议论,我就要重新转回到哲学的关联脉络中。不过我现在还是得首先回顾一下先前的内容。

已然成为创世,尤其是人类意识之根据的那个本原,在人类之中被带向了自身,如此一来,它也就成了一个自行据有着自身、对自身有所意识,因而在本己的力量中存在着的本原,但正因为如此,它也是一个全新的可能的运动之本原。这个新产生的、自行据有着自身的本原B,能够在他由创世过程被置于其上的位置中保持不动,也能够作为本原(这个本原在这个位置中进入了潜在状态,为这个位置所据有,也就是为它所保藏,把自己让渡给了它)重新进入运作。我们说过:被人类激起和释放的本原与为创世活动进行奠基的,是同一个本原。但作为创世的先行开端,它是由神性的意志,伴随着对它进行克服和转化的预见和意图,才被设定在了自由的、自行据有自身的本质中。神**能够**做到这一点，因为神知道把这个在存在**中**不断绽脱的本原，同时也作为潜能阶次或者力量来克服，凭着不可消解的生命（这个说法也在《新约》中明确出现过：δύναμις ζωῆς ἀκαταλύτου[凭着不可消解的生命之大能]①）神绝不仅仅对自己的这一存在笃信无疑，而且同时也始终笃信，自己能够**超越**它并拥有支配它的力量。人类想效仿神的行为，想**如神一般**存在，但潜能阶次的统一体在人类中纯然是第二位的、受造物性质的，因而也就是可消解的，人类并没有能力在自己等同于潜能阶次 B 之际，也能同时是其他潜能阶次。当这个本原被人类激起和释放之际，对人类而言，它并非生命的开端，也就是说，并非持续不断的自由运动的开端，相反，对人类而言这个本原就是**死亡**。在创世之前，它并没有被宣告为应不存在者，但通过创世，它如其所是地得到了宣告，如此一来，当人类再次对它进行提升之际，人类就只能把它**作**为应**不**存在者而提升，因而人类的这一举动也就是与神性意志**相悖**的。因为这个本原现在是一个违逆神性意志被激起的本原，所以神也就不可能以自己的**意志**存在于其中，不过神仍必须存在于其中（因为这个本原并没有终止作为神性的力量而存在，倘若神根本不存在于其中，那它就会彻底化为虚无），也就是说，如果它现实地存在了（无论如何它终归已经现实地存在了），那么神并不会以自己的**意志**存在于其中，但神却会以自己的非意志存在于其中，神就以此方式存在于其中，正如人们在神学中可以了解到的，即便那种罪人借以**作恶**，罪恶借此得到实行的力量，也仍是种神性

---

①《希伯来书》, 7: 16。——作者原注

的力量。"对癫狂的人就待以癫狂。"① 人类颠覆了潜能阶次的位置，所以神也就在因颠覆而狂悖的潜能阶次中癫狂地运作，也就是说，不再作为父亲的意志，而是作为非意志在其中运作。② 这一颠覆对于人类的自然本性是摧毁性的。因此在这种情况下，如果不去寻找一种新的中介，那人类自身就会岌岌可危。尽管很容易想到：除了自开端以来就在起着中介作用的位格，这一中介不可能在其他地方找到，这一位格在创世过程中就已然发挥着这一作用，对于它来说，中介活动是一种永恒的活动。然而这一活动仍有某种对立面，下面就来讨论这点。那个其实应不存在的本原，正如已经表明的，据其实体而言是神性的非意志，但也恰恰由于这一点，它也是**应该**存在者；比如说，就其自身而言，死刑是应**不**存在者；毕竟神的律法说："你不可以杀人"；但既然在死刑中所传达出的，是被视为神圣之物的律法的非意志，那么死刑这个应不存在者也就以此方式成了正当的东西和应该存在者了。由于在这一本原中存在的是神性的非意志，这一本原——在此程度上——也就自身能行使一种神性的制裁，它也就必定据其根据而言始终保持着一种神性的正当性。它并非主动设定自身，而是由人类再次设定的。而神也完全能以充分的正当性，纯然凭着在外部战胜它的力量，以强制力量来取消任何一个以某种方式持存的东西。但既然现在所涉及的，

---

① 《诗篇》，18: 27。——作者原注
② 始终要根据人类是否处在与神的和解状态中来对人进行区分。即便在无神的境况中也存在着神，但存在的是在其神性之外的神。这个显而易见的情况表明，神之中的诸潜能阶次间的关系，何以恰恰提供了手段来说明，某些东西如何能**以物质性的方式在神之中存在**，并且在神之外仍能**如其所是地**存在。比如整个自然就是以这种方式存在的，它**现在**存在的样子正是它在神之外的**如其所是**存在。——作者原注

是起中介作用的潜能阶次的特殊关系,所以它要么继续保留与违逆神的存在的自然关联,要么不保留。如果它继续保留,那么它也必须同样从神中绽脱出来,必须主动与神脱离关系——至少是外在地脱离关系——进而从今以后**自己**也成为一个神性之外的潜能阶次,否则它不可能保留这一关联。但如果它放弃这一关联,那么根本上也就再也谈不上什么中介活动了。因此,一种中介活动能在其中得到设想的唯一条件就是,起中介作用的潜能阶次跟着存在一道从神中异化而出了,潜能阶次追踪着这一存在,以使它不会失落。如果我们要接受这个起中介作用的本原,如果我们接纳那个起中介作用的潜能阶次在神性之外的存在,那么只要这一潜能阶次,也就是那个相对抗的本原(为了能把它刻画为应不存在者,我们也可以把它称为**非本原**,正如非本质也是本质,也就是应不存在者这个本质)——处在其神性之外的状态中,处在对神性统一体的疏远异化中,在**违逆**神性意志而设定的张力中故步自封地硬挺,那么这个非本原就在此期间有存在的正当性,毕竟在这一张力中,作为真正主宰的既不是那个潜能阶次,也不是这个非本原。所以在神话进程中,非本原当然能被那个自身在神性之外设定的潜能阶次克服,并且被它终止外部效用,这是我们已经看到的,但在神话进程中,非本原无法在其**正当性**中被取消。起中介作用的潜能阶次自身在其中作为在神性之外、纯然**自然的**潜能阶次而运作的进程,自身就是非神性的进程,它并非**真正的**和解过程,因为它仅仅在其运作上,而没有在其根源上,在其潜能阶次中取消违逆神的本原,所以这一本原的**正当性**始终得到了保留,正如我能够搁置某种我所应有的权力的效用,但我的这种权力也因而仍始终得到了保留。① 对于整个展开过程来说,这是最重要的一点。通过接下来的分辨,**诸位**可以更清晰地认识这一点。

我说过,在对由神设定的统一体的背离中——我们把这种背离称为堕落,也就是在其堕落中,人类从他本应侍奉的唯一主宰中,制造出了三个主宰,而人类也被迫去次第侍奉他们。人类被迫去侍奉的第一个主宰,就是那个应不存在的本原,或者我们也可以用一个独一无二的词来称呼它,即那个**非本原**,而这一本原**真正意义上**在做的,就是不断对神进行否定,也就是说,在意识中对神性统一体进行着撕裂。这个我们已经接受的非本原,在意识**中**将会由**更高的**潜能阶次(意识因而也就在它身上获得了第二位主宰)逐步克服。我们对于整个神话的说明,就建立在这种逐步展开的克服上;因此也可以反过来说,神话的实存就是对这一克服进程实际性的、事实性的证明。意识中的非本原就是现实的克服活动之对**象这一实情**,因而也就被我们认作了**事实**。但这一克服过程在何种程度上**是可能的**,或者说这一非本原在何种程度上能被更高的潜能阶次克服,这一点我们还没有说明。也就是说,尽管我们无论如何都要承认,对这一非本原的**现实**克服需要一个进程,毕竟神话不可能以其他方式得到说明,但这个本原是如何或者说通过什么能被更高的潜能阶次克服,并没有借此得到说明。尽管可能在表

---

① 这里的"权力"和"正当性"是同一个词 das Recht,之所以分为两种译法是因为在论及潜能阶次时,谢林是在"应不存在者"和"应该存在者"这个框架下讨论的,即涉及它的存在合法性,所以译为"正当性"。——译者注

面上看来,这一克服过程出自我们先前对于神的宇宙进程的说明,出自我们先前关于创世的学说,毕竟在那里,这个本原确实被更高的潜能阶次克服了,因而在之前的讨论里,更高的潜能阶次看起来似乎一劳永逸地被赋予了超出那一本原的比重。但困难恰恰就在这里。诚然,即便自然也不是其他,正是被逐步克服,也就是被再次带回到**本质**之中的非本质。也就是说,在创世过程中,更高的潜能阶次确实有明确的更高比重,但它之所以如此,是因为创世者把自己**真正的**、**本真的**意志置入了**这一潜能阶次**中,因为在非本原中的(唯有作为自己创世活动的先行开端,神才可能意愿非本原),并非神真正的意志,相反,在其中存在的仅仅是神表面上的意志,仅仅是一种神性的伪装,非本原正是凭这一伪装而存在的,但真正的神性意志存在于更高的潜能阶次中,因为设定非本原**不过**是**为了**克服它。但相同的情况不再能适用于**第二个**进程了。因为这个进程是在**缺乏**,甚至**违逆**神性意志的情况下被设定的。先前在一切之中推动着一切而运作的神性,把自己从各潜能阶次中撤了回来,进而神性与**现在**这个被遗落下来的存在的关系,既然这一关系不再能够是神性意志的关系,那就只可能是一种神性的**非**意志的关系了。也就是说,如果那个更高的潜能阶次据其**自然本性**(因为除了带回设定在自己之外的东西,它根本就没有其他任何功能),仿佛除了把那个非本原带入非存在,就不可能意愿其他任何东西,那么从这一点出发仍不能得出,在这一进程中,这一潜能阶次得到了如此行事的**许可**;因为这一非本原就是至高无上者的**惩罚**,人类意识就是因为它而遭到了损害。非本原正是由于这种神性的非意志(在先前已经说明的意义上)是**应该**存在者。他是神**必须**运起的愤怒之本原。既然神不可能有朝向这一本原的出自自己**意愿**的关系,所以神必须把它**宣称**为自己的非意愿,否则自己就不会再有朝向这一本原的任何关系了,这一本原也就会被**彻底**设定在神的力量之外,而这是不可设想的。① 然而神的这一非意志是一种对**神自身**而言陌生异在、由人的行动而被招惹到神身上的意志。但恰恰因为这是一个对神自身而言陌生异在的意志,因而在真正意义上来看,它也是一个独立于神自身、被招惹到神身上的恼怒意志,所以神也不能从自身出发来取消它。从神自身出发,一切必定照常持存;神不能从自身出发或者说直接取消这一非意志,正如他也不能亲自设定这一意志。从这一点出发也就清楚了,整个神话哲学所留下的**那个唯一**未得到回答的问题,就是意识的那一非本原究竟如何能被更高的潜能阶次克服的问题(对此我至少也是给过暗示的②)。既然我们在此间已经把这一克服活动接纳为事实(尽管它首先是作为未得到说明的事实),那我们就还要重复下面这点:从根本上来说,除了通过**这样一种**在意识中发生的与第一进程(也就是创世进程)相类似的进程,神话不可能以其他方式得到说明,因此我们或许就是以这种方式在意识中克服这个非本原的,特别是,**如果**人类意识不该彻底失落自己,这种类比推论或许无疑是好的,乃至是必要的。但这种做法对于与神的**真正**和解这一问题,以及意识与神自身的**原初**关系得到恢复这一问题所涉及的东西,根

---

① 见上卷第373页。——编者注
② "神话哲学",第324页。——编者注

本就无所助益。因为**真正**主宰的,既非那个非本原,也非在神性统一体之外被设定的(第二)潜能阶次;即便是这个潜能阶次,也只有当它在神之**中**存在时才是**神**,作为在神性之外的潜能阶次,尽管它 ἐν μορφῇ θεοῦ[在神的形象中],但不是神,进而可以说,作为被排除在神性之外的潜能阶次,即便它并无罪孽,但仍同样遭遇着神性的非意志带来的不幸,只要它自身(更高的潜能阶次)还要求作为神性之外的潜能阶次存在,那么非本原也就在此程度上,**以这种方式**,拥有作为疏异本原而在其私己性中继续持存的正当性,甚至它——rebus sic stantibus [随着时过境迁]—— 还会有继续持存的更高正当性;或许**从外部来看**,它会主动放弃自身,但**内在地看**,它的正当性始终持存。

甚至最高的宗教意识——它是在纯然的自然进程道路上产生的——据其内容而言也是徒劳的,因为只有在与神和真正属神生命的分裂中才会产生宗教意识。整个(神话中的)神谱运动是一个纯然显白的过程,一种纯然宇宙性的自然过程,正因为如此,它产生的就是一种自然宗教(这里何谓"自然的",我已经对这个词的意义进行了说明)。意识在神话进程中处在纯然必然的关系里。犹太教和异教尽管有着完全不同的面相,但在下面这点上是相同的,即两者都处在**律法**之下——正如使徒所言[1],直到基督出现以前,神都把一切划定在罪和律法之下。异教的世界处在必然进程的律法下;但即便在犹太教中,人与神的关系也只是一种纯然外在、强制结合的关系,而非一种内在性的、童真般自由的关系;处在表面

---

[1]《加拉太书》,3: 22, 23。——作者原注

上的外部和解之**根底**处的,始终都是内在的与神敌对的状态。但处在律法之下的乃是奴仆,而非孩子(《加拉太书》,4),因为他们并没有**在精神**中——在自由的认识中——通达父亲的入口(《以弗所书》,2: 18);他们与神的关系是盲目的,正因为如此,他们没有朝向精神性的、超越一切的父亲的任何关系。

如此一来,与这种纯然表面上的外部和解对立的真正内在的中介和解,即真正意义上的与神和解又是如何可能的呢?

我们说过:起中介作用的位格在异教中的运作是纯然自然的。也就是说,一旦**这一位格**被对抗着,即违逆神的本原否定而置入张力(所以这个本原在这个程度上是与它对立的),它就会去克服它;因而这种克服活动的发生是由于纯然的自然意志——每种力量已然在自然而然地试图去克服与它对立的力量了。在这种情况下,这一位格自身仍然停留在外在于神性的状态中驻足不前。但当它以此方式成了那个非本原的主宰,并且对立于**这一本原**而在神的形象中 [ἐν μορφῇ θεοῦ] 存之后,现在存在的就应该是一种真正的和解了,而最重要的一点就在于,这一位格甚至也**主动**取消了自身,因为在它外在于神性的状态中,它跟对立性的本原一样,都没有去存在的正当性,唯有通过在其独立于神的状态中**主动放弃自身**,它才能内在地且在其正当性中取消那一非本原,这样一来就不仅打破了这一本原的运作活动,而且也打碎了它的力量,唯有**以这种方式**,神性的非意志自身才能得到和解,通向真正的父亲的道路才能被觅得。而这也就是神话进程中对非本原的克服活动据其**最终根据**才会说明的东西。

然而神话——我们已经基于起中介作用的潜能阶次同与神相抵触的存在的自然关系,对它进行了说明——唯有凭着某个超越于神话的意志或者决断(诚然,在神话自身中它并没有得到开显)才是可能的。起中介作用的潜能阶次自身只能进行自然的、施加在违逆着神的存在身上的运作,我们把这一运作归给神话,甚至这一运作——它是作为自身在神性之外纯然自然的潜能阶次施加到存在身上的——若无父亲的**意志**,也就是说,**若无这种去进行和解和再次去赢获的意志**,也是不可能实行的。但这一潜能阶次由以赢获神性意志的那个东西,不可能是它身上外在于神性的东西,反倒恰恰只可能是它身上的**神性要素**。但它之中的这一神性要素不可能纯然只是去克服这一存在的意志,相反,它只可能是一种远远超出**这一**纯然自然意志的绝对超自然意志,而这一意志才是真真正正的神性意志,这一意志不仅要把存在重新带回到其本质中,而且还要主动献祭作为神性之外的神的自身;唯有这一意志才有足够的**能力支配**神性意志,唯有它才足够坚固,能取消神施加在一切存在以及人类自己身上的惩罚。

这一点当然暂时只可能以最为一般的方式来谈一谈,所以到目前为止,我们也只是道出了启示的**基本构想**。我们要补充的是,首要的事情,也就是对对抗性本原外在的自然克服如何就是异教的过程和内容,另一件事情(亦即这个在异教中**不断获胜的**潜能阶次最终要献祭作为神性之外者的**自己**)也就如何是启示和基督教的内容,不论有多少特别的东西仍始终有待说明,有多少缺漏仍需单独填补,我仍然以这种方式一般性地道出了真实的构想(不过比先前的要更加明确)。

当我们指明,基督教不再能从某个必然进程出发,而是**只能**从某种自由的意愿和自由的行动出发得到说明之际,我们才能以此方式达到那条我们从一开始就是在其上发现基督教的最高主线。而这一自由行动则落在起中介作用的潜能阶次中。在基督的自身献祭中,这个起中介作用的潜能阶次不可能还像在神话进程中那样是纯然的潜能阶次,而是在其中把自己从纯然的潜能阶次提升为自由位格。这一行动就是从作为潜能阶次的中介者的存在,向作为自由人格的存在真正的事实性过渡。这一行动只可能是一种被自由意愿的行动。他①必定自由表达了**那个真真正正的神性意志**。他之所以**能够**表达这一意志,是因为他由于颠覆获得了自立性和自由,而且也并没有由于张力在**自身**中发生任何内在的改变和替换。这个潜能阶次并不是由于本己的运动——他纯然只是在受难——而是在**缺乏**,乃至**违逆**自己意志的情况下,也就是在没有任何罪孽的情况下,从神性统一体里被设定到新的张力中的,由于这一张力,神性统一体在外部被取消了,进而为多神教打开了大门。因此,正因为这一潜能阶次在此境况中纯然处在受难的状态里,所以他本己的意志始终未被堕落的颠覆性灾难侵扰,反倒是这一灾难才**赋予**了他本己的意志,在创世过程中他并不曾有过本己的意志,因为在那个时候,他的意志就是父亲的意志。由于这一灾难,他才获得了自立性,才成为能够独立于父亲进行意愿和行动的人格,尽管这并非他之所愿,因为这是在**没有**他的意志的情

---

① 这一段所说的"他"都指"基督"。——译者注

况下发生的,所以他**自身**并没有因此被玷污,因而始终内在地保持着自身之所是。但也正因为如此,他还保持着对原初关系的意识,进而除了重新恢复这一关系,他不可能有其他意志。所以他也就以这种方式在自身中内在地具有**神性的**思虑,据意志来看他与父亲一致,所以我们可以在下面这个面相中来发现它,即他指向与神疏异的存在,要把他扭转过来,与他同处在张力中,就此而言他自身也一并在神之外并疏异于神,但他内在地仍保藏着与不可见的父亲的关系,因而他所具有的另一个面相,就是转而朝向父亲,并且以父亲为自己所有意愿和奋斗的旨归。这样一种在神性之外,内在地具有神性,也就是内亲于父亲的位格,必定就是起中介作用的潜能阶次,否则他不可能成为真正的中介者。那个不仅要取消与神对立的存在,而且还要**主动**取消作为外在于神性者的**自身的**意志——这一潜能阶次正是**如此**行事的——现在还不是说明它的时候,但是这个也要主动取消处在神性之外状态中的自身的意志,并非纯然自然的意志(毋宁说这一潜能阶次只是凭借自然的意志取消了与**自己**对立的存在)。这一意志只可能出自它原本具有神性的自然本性,它是真正的儿子的意志,在父亲的怀抱中与父亲一致的真正的儿子的意志,也就是说,真正的儿子处在与父亲最为内在和亲密的一致性中,所以关于儿子也可以说,他**从天而降**。但这位从天而降的和被设定在神性之外的,并非两位不同的基督,而是同一位唯一的基督;从天而降的基督就存在于在神之外或者说自然的基督中,后者只是前者纯然的形式和形态,这一形式之所以存在,只不过是为了被具有神性的基督所贯通。内在地来看,在基督之中存在的并非他自身,而是父亲,正如基督所言(《约翰福音》,6:57):ζῶ διά τόν πατέρα,即我通过父亲而活着,这里连接第四格的 διά[通过] 一词表明,这里的介词"通过"并非语法工具义,而是具有因果含义;这话的意思是:我唯有从父亲出发才活着,**他是我存在的实体**,而我自己外在于神性的存在不过是**纯然的**形式。这里的 διά 指示着一种**内在性**,正如基督明确说的:在我身上持存着的父亲(ὁ πατήρ ὁ ἐν ἐμοί μενῶν)——持续在我之中作为我真正实体的父亲——才是行诸事工的那位(《约翰福音》,14: 10)。

XIV, 61 　　也就是说,凭着这一意志,儿子尽管追随着背离了父亲的存在,但这只是为了重新带回被带回者,并同时把它与自己一道交还给神,凭着这一意志,即便在与父亲的分离中,儿子仍与父亲相一致,这一意志不仅要取消对立的存在,而且**也要一并主动**取消作为神性之外存在的**自身**,**这一**意志就是下面这回事情的原因,即从堕落的时候开始,也就是从世界成为神性之外的世界(在"绝缘"意义上的之外)的时候开始,父亲就感受到了一种促动,要把**这一**存在**彻底**让渡给儿子。因此,借着这一点,所指的并非纯然是儿子与父亲共享的统治(先前仅仅在父亲那里的存在,在创世过程中为父子所共有),而在这里所谈的不再是父子共有的统治,而是把统治**全然让渡**给儿子(儿子若无一种自立性,若无一种在神**之外**的存在,这种让渡就根本不可设想),从这一点出发,之前已经提过的说法也就清楚了:神让儿子**继承**了一切存在。因为继承者有权把馈赠者先前据有的一切当作私产自由处理。光凭这一点已经足够清楚了,不过使徒保罗那里还有另一种最值得注意的说法,可以让这一关系变得无可辩驳。我指的是《哥林多前书》第十五章中的一段，使徒仿佛看见了一切时间最为遥远的未来说道：等终末到来之后（也就是当终末来临之际），他（儿子）会把国让渡给父神（ὅταν παραδῷ τὴν βασιλείαν τῷ θεῷ καὶ πατρί）。但人们只可能让渡自己独有的东西，并且被让渡的只可能是那个没有这个东西的人；也就是说，直到世界时间的终末，**王国**，也就是对一切存在的统治，独属于儿子。但在这里同时也有一个疑点，即从这些话来看，似乎存在一种假象，仿佛儿子自己不会再**保有**王国了，后文看起来似乎也更加清楚地表达了这一点："因为他（儿子）必定统治，直到神使一切仇敌都臣服在他脚下。"如此一来，这里似乎指明了儿子统治的终点，在此之后他就不再统治了。而这段文本又进一步说明道："因为他（父亲）已让一切都臣服在了他（儿子）的脚下。"但既然神说了，万物都要臣服于儿子，那么很明显，让一切臣服于儿子的父亲，是不被算在其中的。但如果一切将臣服于他（儿子）；那么即便是儿子自身也会臣服于那个让一切臣服于自己的父亲，基于这一点才可以说，神是一切中的一切。如此一来，将儿子对父亲的纯粹归服（而非相同的神性和统治）作为最终目的似乎在这里得到了传达。就这一点来说，这段文字不仅吸引了关于基督神性学说的支持者的特别注意，也吸引了反对者的特别注意，而前者中的那些最正直真诚的人要么承认，自己并不知道该如何说明这段话，要么承认，这段话肯定至少对于已经假定的关于父子关系的看法有意做了修正。尽管**我们**在这里只是用这个段落来证明，在世界时间未到终末之前，统治被独一地让渡给了儿子（否则他就不需要在时间的终末把统治交还给**父亲**了;在一开始就已经指明,单独来看,父亲的运作活动只可能持续到产生出受制于颠覆的世界那一刻为止,倘若没有已经预见到儿子,预见到可以把会由于人类的自由而疏异于**自己**的世界让渡给儿子,父亲根本就不可能产出这个世界)。因此,对于我们所断言的这种把统治让渡给儿子这一点来说,这段话是彻彻底底决定性的;不过既然我们都提到这段话了,所以我们也要在已经提到的这个关联中——根据使徒的说法,儿子的统治似乎是被限制在世界续存期间的有限统治,因而在世界时间之后就会终止——再说几点。

也就是说,被让渡给儿子的,是已然疏异于父神的存在,而这也是为了能让这一存在再次与父亲和解,亦即把这个作为神性之外,已经让父亲觉得不可接纳的不悦的存在,作为神性的、能让父亲再次接纳并与他和解了的存在交还给父亲。而这唯有在世界时间的终末才会彻底实现,即那个在父亲**之外**、彻底与他相疏异的存在,在世界时间的终末将会重新在父亲**之中**存在,不过它仍是作为通过儿子才得以与父亲重新和解并被带回到父亲那里的存在而在父亲**之中**;因此,既然父亲唯有通过儿子的运作才再次在自身**中**拥有这一存在,既然这一运作活动并非暂时性的,而是持续不断,进而在**此**意义上永恒的,既然除了儿子的运作,这一存在根本不可能以其他的方式**进入**神,也根本不可能以其他方式持存,那么归还这一通过**儿子**而得到了转变并被带回到父亲那里的存在,从儿子那方面来看,绝非对**自己**的运作或者说对这个存在的统治的放弃,儿子移交给父亲的存在,并非是他(儿子)对之不再有支配权的存在,相反，儿子移交给父亲的是一个继续服从于他自己（儿子）的存在，因为唯有一个通过儿子持续地在其非神性状态**中**得到克服的存在，才能为父亲所据有。当父亲把这一存在作为通过儿子而掌控的存在接纳之际，他以此方式所接受的，恰恰就是一个必须与儿子共同据有的存在了；如此一来，从这段话中不能得出任何**反对**父亲与儿子共同统治的结论，相反，它所传达的恰恰是这种作为必然之终末的共同统治；它所传达的并非儿子**本身**统治的终末，而是仅仅传达了在世界时间的续存期间，儿子由父亲所交托的**独一**统治的终末；因此，这段话同时也**支持**了世界时间续存期间儿子的这种独一统治，而这正是我们断言的。

既然这段话里说（25节）：儿子必须统治，直到一切敌人都臣服于自己（臣服在他的脚下），那么在这里当然也就规定了一个终点，在此之后，儿子的统治就会终止，但终止的只是儿子的**独一**统治。违逆神性的存在**作为自身**，诚然不再由父亲支配。因为父亲原本就是存在的设定者。但既然现在这个非神性的存在是父亲所陌生的异在，并且是一个父亲并不想知道任何关于它的东西的存在，那么就此而言，父亲不可能如其所是地设定这个存在自身；这个存在仅仅由儿子支配。但儿子的这一统治，作为一种独一的统治，只可能持续到他完全克服这一存在具有的一切违逆神性的要素那刻为止；因为当这些要素被克服之际，这一存在才会以此方式被父亲再次接纳，因此它现在既属于父亲也属于儿子。在这个前提下，我们再来看那句众所周知的话：当一切都服从于儿子之际（ὅταν δέ ὑποταγῇ αὐτῷ τά πάντα），儿子自身随即也会服从于那位让一切都服从于他的父亲(τότε καί αὐτός ὁ υἱός ὑποταγήσεται τῷ ὑποτάξαντι αὐτῷ τά πάντα)。可以看到，这里用了相同的话来同时描述儿子的服从和存在的服从。如果这种服从有**这样的**意义，那么这一服从，也就是一切都隶从于**他**，隶从于儿子的先行条件和前提就是，儿子已然获得了完满的荣耀。也就是说，唯有在儿子自身是神，亦即存在的主宰的情况下，儿子才隶从于父亲。当神性之外的存在作为自身被取消之际，儿子也就不再有在神**之外**的统治了，儿子现在也退回到了神性中；因为它自己在－神－之外的存在是以那个在神性**之外**的存在为条件，也是由它所引起的；cessante causa cessat effectus［原因终止结果也就终止］；在那个存在通过儿子自身已经终止作为神性**之外**的存在之后——儿子**仅仅**关联于它才在父亲之外存在——儿子也就绝不再**可能**继续在父亲之外存在了。儿子自身必定也随着这一存在**一道**退回到了父亲之中；为儿子独有的、他迄今在神之外所拥有的统治，不再**能**被他作为**独有的**来据有了。只有在存在自身仍在父亲之外的时候，儿子才能如此。儿子在其中使一切存在服从于**自己**的时刻，正是一切存在在其中退回到父亲之中的时刻；儿子自身必定要与这一存在**一道**，也就是他自身必定也要**在**这个时刻退回到父亲之中。这样一来，对**这段话的意义**也就不会再留下任何怀疑了，人们就绝不可以把这个意思理解为，这种隶从仿佛是一种进入父亲的全然过渡，仿佛儿子消解、消失在父亲那里，所以那位最精敏的使徒补充道，**神能够是一切中的一切，正是建立在**这种隶从发生的**实情上**。刚刚这番话是《新约》中最深刻的内容之一。因为它把最明亮的光束反射到了从开端直到最终的整个过程上。我先前已经说过①：在创世的终点，儿子之所是就是父亲之所是，也就是说，儿子也是神性人格，但并非在父亲**之外**，也就是说，并不存在一种儿子**独自**据有的神性，唯有在与父亲的统一体中，儿子才可能据有神性，也就是说，儿子唯有在父亲之中才是神，他不可能凭着自己的意志是神，也不可能凭着自己的意志展开独立于父亲的运动。在这种情况下，作为**仅仅**在父亲之中的存在者，儿子当然**隶从**于父亲。唯有那个存在——在创世**期间**，它并没有从父亲中绽脱，对它进行着克服的潜能阶次也同样没有（只有在与神性原初存在这个纯粹现实的对立关系中，这一潜能阶次才在神性之外）——唯有它从神**中**绽脱之际，它才会使儿子自由且独立于父亲，儿子也就拥有一种区分于父亲（实体性）存在的本己存在（先前父亲和儿子的存在是同一个存在）；唯有神性之外的存在才使儿子拥有了**本己的意志**；唯有在这个时候，儿子才成为**独立于**父亲的位格，但它并不独立于神。当儿子**克服**了违逆神的存在之后而再度放弃这一独立的位格之际，他也就再次回转到了对父亲的隶从中，但恰恰借由这一点，儿子也就再度成了父亲**之所是**，也就是神；如此一来，他只不过是回转到了存在在颠覆之前曾经所处的**那种同样的**隶从之中（我们完全可以用使徒用以描述**终末**的话来描述**开端**，我们可以说，尽管在堕落之前儿子也是神，但他是处在父亲之下、隶从于父亲的神，也就是说，他**没有对立于父亲的自由**，这就是"隶从"的意思），但这种在终末的隶从**仍然**是另一种不同于开端的隶从；也就

① 见本书第37页。——编者注

XIV, 65

是说,儿子在终末是作为**自立的**位格回转到父亲之中的,而他在开端之际不可能如此;既然关于儿子的说法,也同样适用于第三潜能阶次,也就是精神－圣灵,那么可以说,得到了提升的三一性,也只有在这一点上才能以此方式产生在我们面前,而唯有这种三一性,才是真正意义上的基督教特有的三一性－理念。① 也就是说,存在的并非纯然是三重位格本身,神也并不纯然存在于三重位格中,相反,存在的三重位格中的**每一个**都是神。只要一切像在创世过程**中**,像在神性之外(被设定在神之外)的存在产生之前那样被封含在**父亲**之中,那么存在的就是 ἓν τό πᾶν[一且全者],亦即同时也是一切的唯一者,也就是父亲;但在刚刚讨论的这一点上,在终末,存在的反倒是 πᾶν τό ἕν[全且一者],一切,也就是说每一个,都是**唯一者**,亦即每一个都是神。所以如果使徒说:儿子主动让自己隶从于父亲,**以便**神是一切中的一切,那么他借此说的,恰恰是儿子在这一隶从中并没有终止或者说消解其自己性,否则一切仅仅只会在唯一者之中,而非一切在**一切**之中,亦即一切在每一个神之中。正因为使徒在这里说,神在终末是 πάντα ἐν πᾶσι[一切中的一切],所以那些向来以谈论并且支持泛神论来沽名钓誉的神学家,似乎就得到了最佳的时机来大谈特谈一种基督教式的或者至少可以说保罗式的泛神论。但这一最终的统一体其实不过是被提升到最高程度、最为精深高雅的一神论,我们可以把它视为我们迄今整个展开过程的结论。从这一展开过程出发也能同样得到厘清的是,最高的三一性－理念——它才是基督教的理念——既不能非

XIV, 66

---

① 见上卷第338—339页。——编者注

历史性地在没有任何中介的情况下,从纯粹逻辑出发展开,也不能因此就强行通过教义来树立,而纯然只具形式教条的所谓"正教"就是这么做的。三一性－理念经历了三重环节,它必须以**独一实体**阶段(*Tautousie*)为起点,在其中,实际上只有父亲是统治性的实体(Usia)——一切都被封含在父亲之内——它必须从独一实体阶段出发,经过**相异实体**阶段(*Heterousie*)——在整个张力期间这个阶段会持续直到最终的和解——,走向**同一实体**阶段(*Homousie*),因此这个阶段才是**最终的**环节,**若无**前两个先行环节,这一环节根本就不可理解,可能似乎只有阿塔纳修斯①才把这一环节树立为教规,但这个构想似乎并没有切实得到施行,因为它缺乏在我们这里所呈现的展开过程。在18世纪初,就有一位克里斯托弗·马特罗斯·普法夫②(他是当时最著名的神学家之一,他不仅学识渊博,而且也不迎合"正统")直言不讳地承认,尽管在三一学说中,每一个被单独拿出来的环节都可以理解,但他自己觉得,把所有这些环节和规定在脑子里来聚合为整体是不可能的。伴随着这三个环节,同时也出现了许多作为真正理念自身之**必然**环节的所谓异端。独一实体阶段(在其中父亲是一切,一切在父亲之中)对应的是撒伯里乌主义③,相异实体阶段在一定程度上对应的是阿里乌主义④(阿

XIV, 67

---

① 阿塔纳修斯(Athanasius),296—373,东方教会的代表性教父之一,曾为亚历山大里亚主教,对"尼西亚信经"的行程有巨大贡献。——译者注
② 克里斯托弗·马特罗斯·普法夫(Christoph Matthäus Pfaff),1686—1760,德国著名的新教神学家,启蒙主义神学的代表人物之一。——译者注
③ 否认神的三一性,认为三重人格不过是同一个神的面具和显现方式。——译者注
④ 同样否认三一性,认为基督是最高的受造物,而不是神,他不过是为神代言的空壳。——译者注

里乌主义仅仅建立在《新约》的一些只言片语上,仅仅抓着诸如"儿子在父亲之外作为神性之外的位格存在"这样无可置疑的说法不放)。阿里乌主义甚至还过分地把儿子说成是受造物。撇开这一点不论,人们可以说,阿里乌主义是正确观点的一个必然环节。否则它就不会直到当代还有那么多著名的拥护者了,尤其是在英格兰,艾萨克·牛顿爵士也被算在阿里乌主义者之列(我也不知道原因为何)。阿里乌主义为儿子在-神-之外的存在——这只能被视为一个特定的环节——赋予了一种绝对的、普遍的学说。它也正是由于这一点而成了异端。因为异端意味着某种想要让自己发挥普遍效用的个别意见,也就是说,异端是某种个别意见,它仅仅代现着特定的局部环节,但想把自己视为整体。

如果三一性在最终的环节里不应该成为纯然名义上的东西,那么相异实体这个环节无论如何都是必要的;如果三重之神不曾现实地彼此相互外在,**相对于彼此**都具有自立性,那么三一性就无法防止自己过渡为纯然名义上的东西。在教会的学说中,没有什么比为父子之间的实际区分找到一种下面这样的表达更大的困难了:它能防止进入一种纯然名义上的统一体的过渡,并且能从另一方面防止接近泛神论的观点。而这一困难的原因在于,传统的对三一性的展开说明对儿子(以及精神-圣灵)在神性之外的存在一无所知。但恰恰是这一**实体性**差异进行的中介活动,使得即便在**之后**产生的统一体中(它现在不再是纯然得到重建的**最初**统一体了),三重之神不仅能彼此相区分,而且还能被设想为现实地具有自立性的位格。

在 11 世纪末，当洛色林把三重位格称为 tres res sive realitates [三个东西或者实在者] 时，安瑟伦就驳斥了他，但安瑟伦的办法是把洛色林的说法替换为 tres relations in una substantia [在独一实体中的三重关系]，这样一来安瑟伦自己又遭到了质疑。困难的是要在过与不及之间——阿塔纳修斯已经标识出了这两种危险情况——守持中道。说句良心话，从根本上讲，直到现在还**不存在任何**可以得到人们一致同意的对这一关系的科学表达。如果说在这之后的若干世纪里，在这两种危险情况中触礁的人越来越少，那这也不过是因为，人们仿佛悄悄地在下面这点上达成了一致：不要再去进一步说明事情，也不要再想着去更确切地规定它。就这一点来说，我必须坦白承认，如果人们只能在过与不及的区分中二选一，那么就我的科学旨趣而言，我宁可始终选择前者，既然在缺乏一切现实复多性的情况下，纯然名义上的三重性说明不了任何东西，而所谓的**三神论**（不过仍需一提的是，这种观点无疑是不合理的）反倒始终能把握许多东西，那我就宁可选择它。也就是说，相异实体这个环节，正如我们先前提过的，是一个在特殊的观点中被单独呈现出来的环节，而人们判给它的就是"三神论"这个名称。这是因为这一观点的拥护者否认诸人格实体性的**统一体**，他们教导说，三重位格并非就**实体**而言，而是就神性而言仅仅是一，所以这种解释就让他们把"神性"这个词理解成了一个类的概念，三重位格就像许多不同的个体一样处在其中。当他们明确说出"三重位格在本质上是三，就神性而言仅是一"之际，人们就会以此方式形成下面这种理解，即会把三一性理解得就像在说雅各布、彼得和约翰这三个不同的人一样,他们本质上是三,就人性而言则是一。正如雅各布、彼得和约翰的例子就是这种说法带来的后果,人们从这种观点出发也能以同样的方式得出结论说,父亲、儿子和精神－圣灵是三个神;所以人们把这种观点的捍卫者称为三神论者。然而人们如何能够设想,诸如被人们斥责为三神论始作俑者的精敏的亚里士多德主义者约翰·菲洛普诺斯①(6世纪末的人),或者还有著名的修道院长,弗洛拉的约阿希姆②(我在后面还会再次提到他)是如此愚蠢不堪的人;同样也不能设想,著名的普瓦捷的吉尔伯特③——人们把他斥为三神论异端的第三大代表——竟会如此愚蠢。不过无论如何,无论是刚刚提过的修道院长,还是才说到的吉尔伯特,何以在持有**这种**近似三神论的看法的同时能逃过严厉的指控,至少还是可以理解的,因为他们两位曾由于自己的宣讲方式被传唤到教会大会上。如果人们要以在第四次拉特朗大公会议上针对所谓的三神论被确立的教规,以普瓦捷的吉尔伯特自己的话为基础,那么人们从所谓的三神论者的思想方式中,只可能得出诸如下面这样的观点来,即三神论强调的重点是复多性,而且我也已经强调过,不管是依循哪个方面——三神论抑或其对立面——人们都会顾此失彼,而我要做的则始终都是尽可能去切近基督教的意

---

① 约翰·菲洛普诺斯(Johannes Philoponos),490—570,拜占庭帝国时期的著名哲学家和亚里士多德评注者,有大量哲学和神学著作传世。——译者注
② 弗洛拉的约阿希姆(Joachim von Floris),1135—1202,意大利神学家,也是整个中世纪关于终末论问题最重要的思想家,他关于神性历史的构想被称为"约阿希姆主义",深刻影响了德国古典哲学的历史观。——译者注
③ 普瓦捷的吉尔伯特(Gilbert von Poitiers),1076—1154,法国的经院哲学家和逻辑学家。——译者注

义和整个建制，所以我不管在哪一方面都已经做了深入思考。实际上，三神论者做的事情，就是**先于**一切地，亦即在缺乏先行的统一体，因而排除了**我们**第一个环节（独一实体）的情况下，就即刻设定了父亲、儿子和精神－圣灵的复多性，确切说，是把他们中的每一个都设定为了一个独立持存，并且具有相对于其他两者的自立性的**本质**，但三神论者并没有把它们设定为独立持存且具有相对于其他两者的自立性的**神**。他们**确实**只说过前面这一点，从来没有任何一个他们的论敌把第二点扣到他们身上；因此我们必须设想，三神论者的论敌恰恰也否认了第二点，并且是**以下面的方式**来进行论述自己观点的：若无儿子和精神－圣灵，则父亲自己就不是神，若无父亲和精神－圣灵，儿子自己也不是神，也就是说，既然每一个唯有在与其他两者的共在中才是神，那么他们尽管是复多的本质，但仍然是唯一的神。而所谓的三神论者则是以简洁的方式来表达这一点：他们并非据实体，而是仅仅据神性而言是一。这个表达固然就其自身而言无可非议，或者至少如果人们想在里面挑刺，那么它所缺乏的，仅仅是一种表达上必要的明晰性，但持此论者根本就没考虑过这一点。三神论者的根本错误并不在于他们断言的东西，而是在于他们**排除在外**的东西，也就是那个先行的统一体，它作为**这样一种**（先行的）统一体，只能被称为实体性的统一体，不过它紧接下来，在实体性的差异绽脱登场之后，恰恰会因此而在与这一**实体性**的差异的关系中，把自己提升为**超**实体性的统一体，同样，在那些最早的以及最近的教义学者中，就有一些人——他们很可能是因为还没有那么大胆子去绝对地否认实体性

XIV, 70

的差异——在某些情况下对实体性的差异持保留意见,但又觉得必须声称,**统一体**并非实体性的,而是超实体性的(ὑπερούσιος),他们称作神之中本质的,其实并非实体意义上的本质,而是超实体性的实体 [οὐσία ὑπερούσιος]。然而他们的这个区分还是只有针对某个特定的环节时才可能被谈及,也就是说唯有在诸人格被设定在真正意义上的**实体性**差异中的时候,才可能谈及这一区分。

  关于三一性学说迄今所有的说法,唯有凭借各个环节的彼此分明,才会获得科学的规定和意义,正如近代哲学教义学者中最富精神的那位,也是以令人钦佩的坦诚,凭着常胜的辩证法,来呈现对这一教义进行整体性科学改造的必然性的。① 实际上,没有什么比对迄今为止的教义进行科学的规定更加令人绝望的事了,因为人们其实并不信服任何一条教义,当避开一处险滩就注定要撞向另一处时,没有任何教义能够确定无疑且没有危险地得到运用。

  在同一实体阶段**中**(在第三个环节中),相异实体阶段必定已经得到了把握,而且它也不会成为纯然的独一实体阶段。最严格的阿塔纳修斯的信徒甚至阿塔纳修斯本人也会承认这一点——在阿塔纳修斯本人身上我找不到在科学上被限制了的头脑,作为这样的一个人,他有的时候也喜欢表现出一种非科学性的肤浅,莱辛对他的这种行为尤其赞赏——阿塔纳修斯本人也强调:所谓相同者并非相对于相同者而言是**同一的** [οὐκ αὐτό τέ ἐστιν ἑαυτῷ ὁμοούσιον],而是仅仅相对于一个他者而言是**同一的**,相同者相对于相同者而言并非同一,而是独一。我们的展开过程也达到了这

---

① 或许指黑格尔。——译者注

一结论。在张力被完全取消之后,在儿子回到父亲之中或者说回到父亲之下的那一刻,儿子也就以此而成了父亲之**所是**(精神－圣灵也是如此),在这个时候,三重位格中的每一个都与其他两个是同一的(因为实体性的东西在每一个个体中都是相同的,只不过仿佛是这一实体性之物的级数①在每一个位格中不同),而非独一的。

如果我们站到了在此达到的立场的高度上,那么这三重位格现在也就可以被设想为次第演替的主宰,即彼此相继的时间的三重主宰了。可以说:创世**之前**的时间在特殊意义上是父亲的时间,因为在这个时间,存在仍然排他地由**父亲**掌控,而当下的时间在优先意义上是儿子的时间,正因为如此,在刚刚讨论过的段落中就谈到了对这一时间的明确标识:儿子必须统治,**直到**他使一切与他相抵触的东西成为自己的垫脚石,也就是说让它们成为**自己的**根据、基础和基体。在整个创世过程期间,作为一切应当进达其中的**未来**的第三个时间,就是精神－圣灵的时间。因而也可以把三重位格设想为在三个不同时间中次第出现的主宰,也就是在宏大的诸世界时间——宇宙的诸时代 [χρόνων αἰωνίων]——中次第出现的主宰,亦即 1)父亲独一力量的时间;2)当下正在发生的创世时间,在这里,一切存在都被让渡给了儿子,因而儿子支配一切存在的力量也是一种独一的排他力量;3)在其中不会再有时间的时间,也就是自身成为永恒的时间。人们可以把这三重时间跟那个被笼统称为"时间"的东西对立起来,后面这种"时间"自身不过是诸时间的宏大序列中的一个环节,亦即真正的绝对时间的一个环节,也就是说,这三

---

① 谢林常用的"潜能阶次"这个术语就有"级数"的意思。——译者注

重时间对立于纯然时间性的时间,后者不过是通过对那个 =A 的独一世界时间的持续重复而产生的,因而也可以被称为**永恒的**时间。因为仅凭人们通常的说法,即时间并不超越于世界,或者说时间只不过是我们感官的纯然形式,以及诸如此类的观点,对于在启示中所展现的神性的经世,进而关于启示自身,人们无法把握任何东西。人们必须抛下诸如此类的贫瘠概念,以便能探入由基督**开显**的宏大奥秘中。

7世纪的时候有一位作家,也就是得到了"希尔西斯"(Silesius)称号的著名的安格路斯①,在他的宗教格言诗中也有这样的诗句:

> 父亲**曾在**先前,儿子现在仍属时间,
> 圣灵终**将存在**,就在荣耀的那天。

尽管难以确定,这首格言诗是否在最高意义上指的是《新约》中的说法:"**我**是阿尔法,我是欧米伽,我是开端和终点,是最初也是最终",但它至少指向了下面这点,即神在开端就是绝对的未来,也就是**将在者**,这就是神绝对的名字。为了能启示自己,神无论如何都必须在自己**之中**分辨开某些东西,必须把**自己**设定为开端和终点,或者也可以更明确地如《启示录》②同样表达的那样:我是始终存在者,是曾在者和将来者,这其实也就区分出了三重时间。在

---

① 原名约翰·谢弗勒(Johann Scheffler),1627—1677,著名的德国神秘主义诗人,海德格尔常讲的"玫瑰无意绽放"之类的诗句就出自他的手笔。——译者注
② 1:8。——作者原注

对神的这种矛盾修辞中,父亲**曾在**的时间无疑被理解为《旧约》的时间,而儿子**现在存在**的时间则被理解为《新约》的时间。但这两种特殊的时间也不过是在更高和更为普遍的时间闭环中重复而已。因此这种矛盾修辞完全可以更多地在一种宗派意义上,或者毋宁说,在一批在中世纪有深刻思想的人的意义上来理解,他们恰恰从"《旧约》是父亲曾在的时间,《新约》是儿子当下存在的时间"出发得出了下面的结论,即神的第三次经世,第三重时间正在来临,这就是会带来**永恒福音**的精神-圣灵的时间。上面提过的修道院长弗洛拉的约阿希姆,就是这种关于来临中的永恒福音学说的支持者中的代表人物,而且他或许还对三一性学说做了下述发挥,即他把三重人格设想为仿佛三重前后相继的时间级数或者说潜能阶次,这就为他落下了被指控为"三神论"的口实。如果这一学说的支持者把来临中的福音称为**永恒的**,那么这无论如何会产生一种有伤教化的印象,因为凭这一说法,**似乎**同时是在说,基督的福音仅仅是暂时性的,它还不是最终和永存的福音。或许这种实际存在过的看法完全是由当时教会所处的境况所引发和产生,或许它的意义就是基督福音的某种更高展开正在来临,只有以此方式才可以过渡入精神-圣灵的福音,而仅仅通过精神上的压迫和掩饰而**在外部**得以苟延,并恰恰因此在内部也变得晦暗,进而再次成为不可理解之奥秘的基督教,也将会在得到了完满把握和理解的真理所具有的饱满光亮中得到新生,不论事实是不是这样,我在这里都得搁置这些问题。在这一点上,对我们来说,三重时间的次第相继才是更具宏阔且普遍意义的要点:一切,也就是整个创世过程,亦即事物的整个宏大展开过程,是从父亲出发,通过儿子,而走入精神－圣灵的。父亲先前曾在,也就是说,父亲曾在一切时间之先,儿子在当下时间中存在,他是在当下的创世过程期间进行着主宰的位格,而精神－圣灵则会在时间之后,成为得到了完满、已然返回到其开端中,也就是返回到父亲中的创世过程最终的统治者:父亲和儿子的统治并不会随之而终止,相反,仅仅是精神－圣灵的统治参与到了父亲和儿子的统治中。如此一来,统治才是一种得到了完满启示和实现的统治。正如约翰谈到那位独一无二的人物时说的:当精神－圣灵加入进来之际,神才会完满地寓居在人之中,这番话也适用于整体。"荣耀的那天"就是父亲、儿子和精神－圣灵共同得到荣耀的那天。

第二十七讲　论基督的事工与逻各斯

我现在重新回到关联脉络上。

唯有那个自颠覆发生以来就得到了表达的第二人格的意志——它追随着存在一道进入裂解中,但在终点它也会与这一存在一道主动取消作为神性之外者的自身——唯有这一意志才是父亲接纳中介过程,以及使儿子在此期间成为主宰的原因(《使徒行传》①就提到 κύριον αὐτόν ἐποίησεν ὁ θεός[使他成为主宰的是神],儿子在这里被称为 ὁ χριστός,即受膏者,也就是从神那里受膏而成为一切存在的主宰和国王的人)。这一**意志**也是下面这回事情的原因,即父亲赋予了儿子凌驾于盲目且违逆神的存在的**力量**,而儿子在黑暗统治的时代,在异教中就已经在行使这一力量了。唯有鉴于这一意志,父亲才可能肯定非本原(一般来说,父亲肯定会在它之上把它作为表达自己非意志的官能),并任它被起中介作用的潜能阶次克服。因而即便异教也是某种鉴于这一意志才可能的东西。尽管起中介作用的位格在异教中仅仅作为自然的潜能阶次在运作,但既然**真正的**儿子,真正意义上的基督仍然也存在于**这一潜**

---

① 2: 36。——作者原注

能阶次中,那么基督也已然在神话中存在了,不过他还没有**作为**基督存在。因此,异教徒当然就是 χωρίς χριστοῦ①,即与基督分离者,也就是与作为自身如其所是的基督分离者,不过,终会在基督中死去的潜能阶次和自然的潜能阶次是同一个,因而它也正是由于这一点醒悟到,自己唯有主动接受这一命运。因为已然使神性之外的存在无法通达自己的父亲,也**在外部**把自己撤回到了某个卑小的、不起眼的、被挤压到世界上某个角落的族群的意识中,对此塔西佗②说过,这个族群充满着对世上所有其他人类的仇视和愤恨,因此恰恰也反过来为一切族群所憎恨,所以在这一点上,这个族群也表现为一个亟待不断和解的族群。相反,基督则是异教徒的光,尽管他的运作仍是纯然自然的;**他**是异教真正意义上的潜能阶次;在异教中,基督塑造了会在今后接纳基督教种子的地基,而犹太教则太过狭隘,不足以接纳基督教的种子。异教和犹太教是两种分立的经世方式,唯有在基督教中它们才会合流。

把人类从野蛮如动物一般无法则的原初时代的生活中,引渡到有法则有人性的生活里,这难道不是一种神性的**善举**吗?不仅是对农作物的认识(比如在《以赛亚书》中就提过③),而且一切知识,甚至异教徒的知识,也源于神(见《诗篇》94):(神)教化异教徒,使他们不至遭受惩罚,教给人类他们现在**所知的**。甚至被认为具有更接近人类的生命的异教诸神,也被希腊人称为 σωτῆρες,即

---

① 《以弗所书》,2: 12。——作者原注
② 《编年史》,V, 5。——作者原注
③ 28, 24 及以下。——作者原注

拯救者。既然一般而言,唯有那个自然的潜能阶次自己——它是真正意义上运作于神话中的潜能阶次——才会获得对人类的支配权,以便人类最终能被神性所充盈,那么在异教的整个时代持续期间,基督就已然处在持续的来临中了,不过只有在时机成熟的时候,他才会现实地到来,这一点后面再来讨论。

  人们或许会认为,这一观点可以反驳"异教是粗俗的"这种看法。但是,难道在《旧约》里——且不管所有根据我们的概念进行的理解——难道就没有一些粗俗的东西吗?甚至亚伯拉罕还想着把他的独生子宰了做燔祭呢!但即便在异教中,引诱人去进行活人献祭的并非和解性的潜能阶次,而是被人类再度唤起、对人类生命怀有敌意的本原,这一本原一旦挣脱开来,当然就要把人类视为让自己气恼的东西,从而使之臣服于自己。反倒是那个更高的潜能阶次,在较为平和的时代里才首次阻绝了活人献祭这个行为本身。

  下面这番话很明显是在赞美基督:我们在他身上所有的并非一个大祭司,大祭司无法与我们共情——μὴ δυνάμενον συμπαθῆσαι ταῖς ἀσθενείαις ἡμῶν,相反,基督身上的是一个一直在被试探和诱惑的人,他经历了**一切**,乃至经历了与我们完全相同的一切,只不过他没有任何罪孽——πεπειρασμένον κατά πάντα①。这番话强而有力,也没有避讳任何东西。因而基督也经历过全部的受难和诱惑,而神话中的人类意识就曾屈从在它们之下。只不过在异教时代,基督是受难的弥赛亚——这是他在《旧约》中的形象——"受难

---

① 《希伯来书》, 4: 15, 以及 5: 2。——作者原注

的"原因是,这并非他的意愿。基督的当下存在是早就开始的,因而也早就存在于人类意识的所有境况中了,只不过他自身并没有被它们沾染。通过自己在**以人的方式的存在中**显现,通过自己作为人类的受难和死亡,基督才**完成了**中介活动,但基督是**永恒的**中介者,是自一切世界时代以来处在神人之间的中介者,因而也已经是异教中的中介者了。基督并不**在**他使异教得以产生的运作活动**中**是基督,不过当他实行这一运作活动之际,他就**已然**是基督了,因为这一运作活动(也就是对堕落了的存在的支配)对他而言是天授的,就凭这一点,他就已经是基督,即已经由神受膏者,是神所指定继承者和主宰了。起中介作用的潜能阶次进行的纯然自然运作,已经足以对神话进行充分的说明了,但正如我们已经看到的,这一运作自身还需要一种更高的说明,它自身是以**超越**了它的意志为条件的,唯有鉴于这一意志,父亲才会授予儿子**这种**支配权。

异教时代可以被称为**盲目**的时代;因为它对基督自身有眼无珠,尽管瞎子看不到太阳,但仍可以被太阳温暖,感受到它普照一切的、让一切沐浴其中的善行。关于异教徒,《圣经》上说①:不论他们是在揣摩还是在感受,他们都是在摸索着朝向神;这番话也可以用来描述异教与基督教的关系。异教徒对基督一无所知,但他们仍然通过基督的运作在接近他。倘若没有基督,人类意识就会遭到不可避免的自我摧毁。②

如果基督教不是其他,正是通常观点所认为的对异教的纯然

---

① 《使徒行传》,17:26,27。——作者原注
② 请读者注意作者的文化历史背景与上下文。——译者注

否定，那么相对于**基督教**，异教就**不过**是虚构的东西，进而在自身中**绝无**任何实际性要素了，如果基督教和异教并没任何共通的**肯定性要素**，那历史就会瓦解为两个完全彼此外在并且没有任何接触的半截，历史的一切连续性和联络就都被打断了，进而基督教也就不会作为**永恒者**而出现了，基督教是永恒的，就此而言，它必定在一切中——甚至在异教中——存在，相反，在上述的情况下，基督教只会作为一个仅**仅始自某一时代的**具体实存者而出现。但这是对基督教的降格。一切真正宗教的内容都是永恒的，因而也是不会被任何时代绝对排除在外的内容。① 某种并非出自世界，也没有穿过**一切**时代的宗教，不可能是真正的宗教。因此基督教必定也曾存在于异教中，它们具有相同的**实体性的**内容（"实体性的"这个词跟之前表达的是同一个意思：基督曾经存在于异教中，只不过并没有**作为**基督，这就意味着纯然"实体性的"，也就是并非处在其真理中）。对人类的自然本性而言，在错误中**纯然**存活千年之久根本是不可能的；一种**仅仅**满足于空洞虚无的人类意识是不可能长期存在的。难以设想，人类竟可以在与那个唯有内在于其中才有救赎的本原**没有任何**关联的情况下苟延千年之久。

谁若是思虑过《旧约》中神的屈尊，并且不把其中显现的神迹视为纯然的虚构，那么他也不否认异教中的"**神明显灵**"所具有的全部实在性。异教徒仿佛在父亲面前被驱逐了，但当基督从一开始就在他们之中仅仅作为自然的潜能阶次而运作时，父亲也就恰

---

① 请读者注意作者所谓的"宗教""基督教"并非指现成的宗教，而是指一种"哲学的宗教"，可参见上卷译者序。——译者注

恰把基督交给了他们做主宰。正是因为基督教并非对异教的绝对否定，而是它的真理，所以异教在自身中也具有相对的真理。

诸位看到，基督教——当我们以整个异教作为其宏大背景之际——就具有了一片较之于对它的真理所能做的吹毛求疵的庸常证明，而更为宏大有力的实际性地基。基督教绝非单方面源于犹太教，不管是犹太教还是异教，它都以之为自己的前提；唯有如此，基督教的产生才是一个宏大的世界历史性现象，而它向来都是被如此看待的。

在它能够据其位格性的个体意志，也就是据其真正的本质彰显之前，起中介作用的潜能阶次必定首先要让自己成为意识中对立本原的主宰，要让自己成为神的形象 [μορφῇ θεοῦ]。与神相抵触的存在必须首先在其运作中——在其现实的活动中——被克服，这就是异教的内容，而这是通过起中介作用的潜能阶次的纯然自然运作而发生的。当它发生之际，当进行着和解的潜能阶次使自己彻底成为那个据其根据而言仍始终与神相悖、对立于神性意志而被设定的存在之**潜能阶次**之际，那么在这之后来临的就是伟大牺牲的时代，在这一牺牲中，起中介作用的潜能阶次与已然屈服于**自己**的存在**一道**，在相同的事实中同时取消自己神性之外的存在，**以此方式**而建立的**真正和解**，就在不断引导着**万物**向神回归。而既然只有成为主宰，起中介作用的潜能阶次自创世起就已然表达的那一**意志**才能得到启示，所以经上说 ἐφανερώθη ὁ χριστός①[基督的启示]，只能以先前的遮蔽为前提，而基督之为**基督**就在于那

---

① 见《约翰一书》3: 8, 1: 2 和第 5 章。

一意志,毕竟一切意志唯有通过行动才会得到启示,同样,如其所是的基督自身首先也是被遮蔽的,他唯有在永恒的,亦即始终持存的和解行动中才会得到启示。犹太教和异教中都有某种和解行为。献祭的理念,尤其是赎罪祭的理念,在各个族群中都有,它在异教中的重要性和本质性一点也不比在犹太教中少。异教和犹太教中的献祭首先仅仅关联于与作为张力之原因的外在本原的和解。但真正的绝对和解并不**会**以这种方式引发,因为那一非本原仅仅是在外部,而不是在它的潜能阶次中,不是在它的**正当性**中被克服的,在其正当性中,它仍始终保有对**人类**的要求,不过伴随着对此要求的实行,它也在逐渐衰弱,进而也由于起中介作用的潜能阶次的自然运作,异教中的活人献祭以及其他残暴可怖的行为都消失了。犹太教也是如此,所以即便是异教中的牺牲,也仅仅是那个宏大的、将会呈现为永恒和解的牺牲之先兆。但**异教中的**牺牲必定会持续不断地重演,这正是因为它仅仅在外部据其运作而言,而非内在地取消了与人类为敌的本原。而只有在那首次成就一切真理的伟大献祭中,之前的所有献祭与牺牲才一劳永逸地实现,因为在它之中**一切**张力都被消解,而且张力自身也在其根基上被取消了,因为唯有这一牺牲才是与**神**和解的牺牲。这一宏大的、永恒有效的牺牲是以下述方式发生的:那个 ἐν μορφῇ θεοῦ [在神的形象中存在的],并不是神,而是**如神**一般,他主动脱弃自己的神性形象,把自己神性之外的存在作为受造的存在而主动服从在神之下(这就是"成人"的意义),并主动去遭受死亡,正是在死亡之中,自然的潜能阶次死去了,而他作为神性者自身也取消了自己神性之外的存在。当这个在创世中已然在起着中介作用的位格——尽管它始终与父亲的意志保持一致——保持着与违逆神的存在的关联时,它就接纳了一种对立于父亲而言的**本己的**存在,不管是在**创世**期间,还是在创世的**终点**,它都不曾有过这种存在,凭着这一存在,它**主动把自身**设定在神之外,进而成为一个自由且独立于父亲的位格;当它作为与父亲相对而立的位格时,它就具有对于真正的中介活动而言不可或缺的地位了。倘若不在外部放弃自己与神的本己关系,那么这一位格就不可能主动接纳违逆神的存在,不可能走**入**这个存在**之中**,不可能站在与**存在**等同的位置上,与**其**休戚与共(后来基督在彰显神迹的时候,恰恰就是如此被指责与有罪者为伍):我说的是,倘若这一位格自身没有进入张力,进而也进入与神的对立中,并主动承担神的愤怒,它就不可能保持自己朝向违逆神的存在的关系,它出于对世界纯粹的爱而**主动**成为这一存在的同罪者,因为它不愿意世界走向失落,进而以此方式让自身成为无罪的罪人,把对这一存在的惩罚引向自己。

我不认为我刚刚用的这些表述是冒失的,当然,它们确实也不是通常的表达;我在使用它们的时候,不过是坚持了它们字面的意思而已。

人们或许会指责启示哲学是一种保守的正统主义哲学(这可以代表绝大多数人的指责)。但启示哲学跟所谓的"正统"没有任何关系,我拒绝这一指责,因为这是一种对于启示哲学根本错误的观点。实际上我根本就不在乎,某种教义学树立或者断言了什么,这不是我的任务,与某种教义学去取得一致不是哲学家的任务。

对我来说,事关宏旨的就是去理解在其整全本真性中的基督教,通过我们的各种哲学理念,**我们**当然一方面已经可以较之于许多半吊子的所谓正统观点更为本真地理解基督教,而另一方面,我们同时恰恰也能够比那些自诩纯粹理性或者唯理主义的观点(它们把基督教的**实在性要素**消解得无影无踪)更理性地理解基督教。我怎样通过神话哲学教授**诸位**在其中即在字面或者说本真理解(而非托寓理解)的神话中看到真理,我也会以同样的方式通过启示哲学让**诸位**能够最为真切地理解启示中的一切说法,甚至比许多自诩正信的观点还要真切,遑论所有半吊子的或者被彻底唯理主义化的观点了。

关于基督,《圣经》上明确说:基督为了我们**主动**蒙罪,为了我们而遭受**神罚**。[①] 关于耶稣,《希伯来书》(7,22)则说道:他是更好的纽带(更好的与神的统一体)的**中保**,他为我们做了担保,一种全新的、更好的纽带将会**产生**。此外这一点也说明了,基督的中介性功能并不是随着他在肉身中的显现才开始,而是自有世界以来——伴随着堕落——早已开始运作了。

为另一个人做担保的人,自己不可以是有罪或者有所亏欠的,然而基督确实是一个有所亏欠者,因而他也是无罪的(并没有罪过的)有罪者。倘若自己不主动在外部与神分离,第二人格就不可能**接纳**违逆神的存在;由于**人类**,儿子与神相分离,就此而言,人类也叫作基督的**敌人**;因为使徒说[②],他为我们,为他的敌人而死。

---

①《加拉太书》,3: 13(同时可参见《哥林多后书》,5: 21)。——作者原注
②《罗马书》,5: 10,同时可参见第 6—8 节。——作者原注

通过使自己成为人类的中保，基督实现了对人类的保护，但他同时也因此主动承担了这一保护的**后果**。在罪孽面前，人类可以得到**保护**，但无法免去罪孽，罪孽反倒**必定会**程度更高地展开；所以当基督为保护人类**成为中保**之际，他因而同时也把人类的**一切**罪孽都接纳到了自己身上。

XIV, 82   所以，基督也就以此方式成了**永恒的**和解者。通过让自身进入张力，他也就成了自然的、宇宙性的潜能阶次，作为这一潜能阶次，他在异教中运作，并抵抗着盲目的、与神和人**为敌**的潜能阶次。在他的死亡中，他是作为宇宙性的潜能阶次而死的，和解者身上的神性要素穿透了自然性要素，进而仿佛把后者置入了死亡。唯有以这种方式，**张力**才彻底被取消。张力就是不和，"与某人不和"，"与某人关系紧张"①，说的都是与某人无法一致。我说的是，通过那一伟大的牺牲——起中介作用的潜能阶次在其中取消了作为自然潜能阶次的自己——整个张力，或者说在人类意识中被设定的张力才**完完全全**被取消，**整个**神性统一体才得到重建。我说的是"整个"。也就是说，我在这里必须强调，当 B 再次进入运作时，首先当然就是 A^2 从纯粹的现实中再次被设定了出来，进而被设定入张力，但这一张力随之也间接地同样向着第三潜能阶次，或者毋宁说第三重人格延伸（因为在创世的终点，神也以同样的方式成了三重人格，即父亲，儿子和精神－圣灵，不过这三重位格并不在父亲**之外**，或者根本上来说也不在**彼此**之外，而是彼此**内在**）。正如从

---

① 这里的"与某人关系不和"(mit jemand auf gespanntem Fuß seyn)，"与某人关系紧张"(in Spannung mit jemand leben) 里面都有一个跟张力 (Spannung) 有关的词。——译者注

神性存在中被设定出来时,精神-圣灵并没有被直接**否定**,它同样也不可能直接得到**重建**,而是通过儿子的中介,把**它**重建到**存在**中。恰恰因为第三潜能阶次不能**直接**运作,所以它在这种情况下(在这种情况下,它被引入新的进程中)仅仅表现为重建进程的驱动因,表现为"先知"(精神-圣灵就是作为应在者的未来的潜能阶次),而所谓的"先知"就是(《彼得后书》, 1: 21)受圣灵**促动**而说话的人。为了自身中的神之诞生的重建过程之故,精神-圣灵之也促动着**每一个个别的人**,所以保罗说①:所有被神的精神-圣灵所促动的,都是神的儿子;精神-圣灵并非直接在运作着,而是贯穿于一切地在运作着,是目的性的、把一切贯促到终点的原因,我们在自然中也同样把它认作贯穿于一切而运作的原因。之前②就已经强调过,精神-圣灵其实就是一切表现出合目的性的东西的原因;因为目标和目的只在**精神-圣灵**中存在。③但现在精神-圣灵由于在人类意识中重新登场的张力——也由于第二或者说起中介作用的潜能阶次——从神性统一体**中**被设定了出来,所以也就成了纯然宇宙性的潜能阶次,作为如此这般的东西,它是人类意识的**第三**主宰,这跟我们在神话中觅得它的方式是一致的。《新约》十分明确地区分了作为**这个**世界上一切**自然的**艺术与思想领域,以及一切智慧源乎其中的"世界精神"(πνεῦμα τοῦ κόσμου)和源自神

XIV, 83

---

① 《罗马书》, 8: 14。——作者原注
② 见上卷第334页。——编者注
③ 德语中"精神"与"圣灵"是一个词 Geist,故如此处理。——译者注

的精神－圣灵①,也就是神性的精神;所以使徒自道说②:我们使徒所领受的并非世界的精神(在张力中运作的精神),而是来自神的精神－圣灵,因此我们并不是凭着出自人类智慧的有说服力的话语来言谈,而是凭着**圣灵**③教给我们的话语。他又说④,我们无眼所见的东西(也就是纯然外在的世界精神无力认识的东西),是神通过他的圣灵为我们启示的,因为精神－圣灵探究一切,甚至也探入神性的深处。因此圣灵(神圣之物恰恰是与宇宙性的东西对立的)之为圣灵,也被设想为**最高的**教师,只有他才会引入**一切**真理,也就是整全的真理⑤,这位教师自身的地位在儿子**之上**,是在儿子远离世界之后,由父亲派遣的⑥;儿子把这位教师称为真正意义上的**真理的精神－圣灵**。不过在基督做完了自己全部的工作并且在自己的死亡中完成它们以前,精神－圣灵,也就是第三位格是不可能**到来**的。第三潜能阶次是能被一切排除在外的潜能阶次,但它自身并非排斥性的,这一点甚至连第二潜能阶次也不具备。即便是第二潜能阶次,只要非本原仍未被克服,它就必定会把自己保持在其殊异性中,进而据此把自己保持在与第三潜能阶次的张力中。从第二潜能阶次自身也在排斥第三潜能阶次这一点出发也就说明了,为什么《新约》这部作品在一开始,就一定要用圣灵来**荣耀**

---

① 在上卷中已经提过,"精神"和"圣灵"在德语中是一个词,即 Geist,因此在这里区分,世界中的仅仅是"精神",而出自神的则是真正意义上等同于圣灵的精神。——译者注
②《哥林多前书》,2: 12, 13。——作者原注
③ 这里的"圣灵"一词是 der heilige Geist,因此直接从简译为"圣灵"。——译者注
④《哥林多前书》,2: 9, 10。——作者原注
⑤《约翰福音》,16: 13,以及 14: 26。——作者原注
⑥《约翰福音》,14: 16, 17。——作者原注

基督,要以它来为基督受膏,为什么必定要说"圣灵感孕",如果基督先前不在圣灵**之外**,这根本就是不可能的,因为每个潜能阶次都是殊异独立的。所以只有在**洗礼**中,在迄今都处在神性之外者被天国的声音宣告为**儿子**的时候,精神－圣灵才以可见的方式降临在儿子身上。精神－圣灵在弥赛亚被宣告为神子(这里所谓的"神子"完完全全就是我已经展开的那种意思)的那一瞬间的降临表明,从这个瞬间起,在这个已然成为人类者中,整个神性将开始自行重建,从现在开始,儿子**切切实实地**就是 εἰκών θεοῦ τοῦ ἀοράτου,即不可见之神的可见形象(这是使徒对他的称呼),整个神性如今是有肉身形象的,亦即完备地(这就是肉身 [σωματικῶς] 这个词的意思①,这就正如躯体性的东西唯有通过第三维度才得以完成)居于儿子之中的。因此,精神－圣灵对儿子进行的这种荣耀是对基督甚至也曾处于其中的张力的新证明,在基督**作为**基督显现之际,这一张力才得到消解。总的来说,只有当父亲得到了完全和解,精神－圣灵才有可能到来;正如使徒约翰明确说的②,父亲只可能与儿子一道同时**住**在我们这里,也就是说,在我们结束了与他的疏异之后,他会再次与儿子一道**内在于我们**;甚至对精神－圣灵的**领受**恰恰也标志着父亲再次**内在于**我们,也就是与我们和解了,约翰的另一番话(1: 3. 24)也能说明这一点:他**持存**在我们之中,寓居在我们之中——ὅτι μένει ἐν ἡμῖν——我们 ἐκ τοῦ πνεύματος, οὗ ἡμῖν ἔδωκεν,即从父亲**赋予**我们的精神－圣灵出发认识到了这一点。

---

① 《歌罗西书》, 2: 9。——作者原注
② 《约翰福音》, 14: 23。——作者原注。同时可参见上卷第336页。——编者注

精神－圣灵由父亲**和**儿子中介，**所以**经上说，它出自父亲**和**儿子，不过这个说法应该理解为：精神－圣灵出自父亲，但要通过儿子这一中介。

概言之，只有在基督彻底被荣耀之后，也就是在他彻**底脱**去了神性之外的存在之后，或者说像以赛亚说的，摆脱**畏惧**和审判，也就是张力之后，精神－圣灵才能到来。所以《约翰福音》(7: 39)上说：精神－圣灵还没有在此存在，它尚未到来，因为基督还没有被荣耀，还没有得到神化。

诸位看到，《新约》中描述圣灵的段落，是怎样明确接续着我们为各潜能阶次所赋予的序列的，而把这些潜能阶次设想为**次第展开**，又是何等重要。

在基督向众门徒挑明自己将要到来的死亡时，门徒们哀恸不已，基督说了这番话来安慰他们①：我离去对你们是有益的。因为如果我不离去，那安慰你们的——这是对 παράκλητος，即最高和最后的教师的惯常译法——就不可能到你们这里来，但我要是去了，我就会派遣他来。也就是说，基督的死被视为向他获得荣耀，也就是彻底摆脱受难境况的过渡，自存在被颠覆以来，他就一直处在这种境况中（我们先前已经指明②，"得到荣耀"对立于 πάσχειν，即对立于受难；所以当基督请求父亲给他**在世界存在之前**自己曾在父亲那拥有的荣耀时，基督的这一行为就说明了，自世界存在以来 [自这个世界存在以来] 基督就处在受难的境况中）。也就是

XIV, 85

---

① 《约翰福音》，16: 7。——作者原注
② 上卷第 376 页。——编者注

说,基督之死是向他获得荣耀的过渡,在其中,基督彻底摆脱了张力,因而也彻底摆脱了受难的境况。所以前面所引用的话的意义就是:倘若我不被设定在张力和受难之外,那即便精神－圣灵——真正的、出自神的精神－圣灵,而非世界的精神,而是**圣灵**——也不能到来。唯有在死亡中,基督才能克服最终的对抗,与父亲的统一体才能得到重建,进而唯有在 locum Christi quasi succedens [基督的权力被消解] 的情况下,精神－圣灵才可能到来(正如基督是在升天之后才为使徒灌注圣灵)。毕竟向来只有在某一个潜能阶次已经完成了自己的工作之后,另一个接续它的才使这一工作得到完满。那种在其中没有任何真正的演替次序,只认识纯然逻辑关系,进而在其中只有一种纯然拟态演替的哲学是说明不了这种关系的,而纯然拟态的演替在终极的思想中反倒又会取消自己。

XIV, 86

不过从这一点出发,重点又回到了异教上,想必诸位已经清楚了,我为什么一直紧盯着异教,直到它得到了**最终的**展开为止。我之前说过:在异教中,各潜能阶次的外部统一体不会被恢复为朝向超越各潜能阶次的精神统一体的关系,不会被恢复为真正的神;异教所达成的一切,仅仅是统一体的拟像。① 倘若统一体能完完整整被恢复为当下现实的,那张力早就被**彻底**取消了,进而与神自身的关联也早就借此得到了重建了。但正因为张力仅仅在外部(在其现实活动中),而没有在内部被取消,所以第三潜能阶次还没有成为**当下**。即便在异教中,第三潜能阶次也始终对它保持为未来。

---

① "神话哲学导论",第212页。——编者注

在这一点上，神话进程，亦即自然进程遭遇了自己的边界；这就是说：神话进程只能到此为止，无法更进一步了！即便对于神话中可能产生的终极意识，第三潜能阶次也仍仅仅保持为未来，也就是神秘（因为纯然的未来者就此而言也是被遮蔽者）。正如我们所见，异教的完结，是由于某种被自己设定到未来之中，因而在真正意义上并非在自身中为自己所拥有的东西；异教终结了，但它是以某种预示而终结的，人们完全可以把它称作对基督教的预示。因为唯有通过基督教自身，第三潜能阶次才成为当下的。

最后我仍想请**诸位**注意，一切先前的关系如何通过基督教中发生的中介与和解得到了提升，并得到了怎样的理解。

因为基督唯有凭着自身中的神性要素，或者说凭着在他之中**存在着的**（也就是内在地存在着的）父亲，才能成为人，所以在基督的成人中，得到启示的恰恰只有基督身上的神性要素。但被**宣告**为儿子的基督，在其成人中不再像在创世中一样，是在父亲中存在和得到把握的，相反，他无疑是在父亲**之外**存在的。也就是说，当这位在父亲之外的存在者被宣称为与父亲相一致的儿子之际，那么一种较之于在创世过程中进行的更高，同时也因此更可理解的中介活动也就由此得到了设定，这一中介活动也使这个在父亲之外存在着的儿子**实现了其意图**，因为经上说：神通过基督让世界与自己和解了，因此，在父亲之外存在所具有的中介性意义比"神通过儿子创造了世界"要远为广大。在创世过程中，儿子并不在父亲**之外**，也并不是独立自为、自立运作着的位格。但在和解过程中，儿子自立运作着，在父亲**之外**存在着，尽管在另一种关联中儿子就是父亲自身,也就是在**自己**之外,设定在第二位格的父亲自身("谁看到我,谁也就看到父亲"),但父亲的意志也需要通过不同于他的儿子来完成,父亲爱着世界,所以把自己的独生子**交给**了世界——仿佛交托给了世界——使它不至失落。在这个意义使徒才可能说:神(在基督中的神)使世界与他自身(与他自己)和解了。①

诸位看到了,在这里父子关系的复返式再现被提升到了怎样的高度,从这一关系来看,父亲在创世过程中是直接作为 B 而绽脱的,但他把自己真正的意志放置在了儿子身上,进而通过这一意志克服和否定了那个作为被他设定和肯定的存在。作为**纯然的**世界之父,亦即绝对无法与背离它的存在和解的父亲,与作为儿子而同这一存在自身和解的父亲,是同一位父亲,在此中介活动**中**得到重建的,恰恰是曾经由于人类的背叛而撕裂的神与自身的最高统一体。

无论如何,以全部力量来紧紧把握住这一关系无疑需要思想的勇气,而完全把握这一关系也需要内心的坚定。

通过以上内容,我相信我已经完备道出了启示的基本构想。一切启示的原因也借此一并得到了说明。**真正的**儿子,作为**位格**的儿子,被遮蔽在纯然自然的潜能阶次中,自开端起,它就已然——与父亲一致地——具有了要把从父亲那堕落的存在带回去的**意志**,也就是说,这一潜能阶次同样也是一切启示的**原因**,正如它作为纯然**自然**的潜能阶次也同样是一切神话的原因。如果我们区分两个时代,即纯然先行意图的时代(先行意图自人类堕落开始就已经得到了表达,在神的预见中,甚至还先于创世;正如使徒把

XIV, 88

---

① 《哥林多后书》, 5:19。——作者原注

父亲不能在自身中保持的世界称为 πρόθεσις[先行预见到的]，它是通过儿子被引回到父亲那去的，而这个世界在对世界进行奠基之前就已经得到了把握，唯有鉴于儿子的这一中介活动，父亲在原初之际才可能意愿世界)，和现实行动的时代，那么在后一个时代**之前**，终会成为人的儿子，就已然是启示的本原了，不过这一本原当然只是以一种晦涩不明、纯然通过征兆和预言的方式被谈论的，比如在《旧约》中就是如此。

构成启示与自然宗教(**诸位**知道我以此所指的是什么)间区分的，并非实体性的东西(这在两者中都是相同的)，而是**运作者**。自然宗教中的运作者是纯然自然性的潜能阶次，启示中的运作者则是位格自身。但既然位格不能与自然性的潜能阶次分离，所以基督就已然内蕴在异教之中了，尽管并不是**作为**基督而内蕴其中。在《旧约》中，基督已然**作为**基督，但他仍只是在**来临**中被把握的。而在《新约》中基督**才**作为基督得到**启示**。因此他先前并不是根本不实存，只不过他已然实存的实情被遮掩了，在异教中是由双重过程遮掩的，而在犹太教中——我可以这么说——则是由单一的过程。比如耶路撒冷的圣殿前庭就被分为了两个部分，最外面的部分是属于异教徒的，这部分诚然算是一处圣所，但除此之外还有最神圣之所，只有大祭司才能进入其中，但即便是大祭司，每年只被允许在欢庆伟大和解的节日时进去一次：异教《旧约》和《新约》也是以这种方式而彼此被划分为不同层次的。

只不过是因为基督必定会实实在在地来临，也就是说，因为基督教的必然存在，所以才有犹太教。犹太教只不过是由于基督教才存在的,基督教是本质性的,犹太教只是偶然的。在基督自身能够显现之前,时代,也就是异教的时代必定已经得到了完满,必定已经到了自己的时候,在其中起中介作用的潜能阶次必定已经作为存在的主宰在实现着自己,直到把自己实现为 μορφῇ θεοῦ[神的形象]。因为唯有神性之外存在的**主宰**才能够同时把这一存在与作为神性之外者的**自己**一并取消,进而以此方式让这一存在与神再次合一。

把迄今为止纯然在一般意义上呈现的东西也在**细部**加以阐发,是我们进一步的任务。这样一来,可以首先聚焦在下面几点上:1)在他显现之前,基督在人类身上进行的事工;2)基督的成人;3)在此之后由基督完成的中介活动与和解。

因此,首先要讨论的是基督的**先行实存**(也就是在他显现在肉身中之前的实存),而要讨论这一点,除了因为这一论题向来被视为有特殊价值的神圣的《约翰福音》开头以外,就再找不出其他更完美的展开这一论题的手段了,因此我们首先就要来讨论它。而此间我们也免不了首先要对先行问题做一番说明。

因为基督在《约翰福音》的开头,并且**仅**在它的开头被刻画为逻各斯 [ὁ λόγος]。**诸位**不可能没听说过,对 λόγος 这个词有许许多多尝试说明;甚至还有人追溯到波斯传统,想在那里寻求说明。其实这还不如去认为,这个表达可能来自亚历山大里亚哲学。实际上**斐洛**① 就多次谈到神的逻各斯 [λόγος θεοῦ]。他有时候把它

---

① 斐洛·尤迪厄斯(Philo Judeaus),或称"亚历山大里亚的斐洛",公元前 25—公元 40 或 45,亚历山大里亚的著名犹太哲学家,在哲学史和宗教史上有重要地位。——译者注

视为神之中的原型世界,对世界的原初筹划,即超越于一切之上的、神对世界以及世界中的秩序与平衡的先行设想,有时候又把它视为万物 δι' οὗ,即通过它才得以生成的那个本原。就此而言,斐洛说的这个东西,跟使徒约翰说的德穆革式的潜能阶次是一致的:πάντα δί αὐτοῦ ἐγένετο[万物都是通过它而生成]。但斐洛是如何得到 λόγος 这个说法的呢?答案看起来并不难。《旧约》中就已经说过,一切都是由主的**道语**(*Wort*)创造的,在这个语境中,"道语"和"命令"是一个意思。所以或许神的道语在之前就已经被设想为某种自立性的东西了,但斐洛强调,希腊词 λόγος 同时更倾向于表达理性、理智概念,因而它跟柏拉图关于神性努斯的观点是一致的。对斐洛来说,逻各斯这个概念实际上就是指神性理智,可能是为了避免神直接与物质接触,斐洛就把逻各斯设想为受造世界和不可见的神之间的中间环节。但这种把约翰那里和斐洛那里的逻各斯等而视之的做法忽略了两点:1)斐洛绝没有像约翰那样,把逻各斯说成是绝对的,而是始终把它视为补充性的,ὁ θεῖος λόγος 和 ὁ θεοῦ λόγος 说的都是"神的逻各斯",但约翰说的就是 ὁ λόγος;2)这种溯源在历史学上其实是根本站不住脚的。根本就无法证实,ὁ θεοῦ λόγος 是一个**完全**在亚历山大里亚哲学**本身**中使用的表达。因而即便可以假设,约翰是一位十分熟悉斐洛著作的读者,逻各斯这个表达是他从这些著作中得来的——不过约翰或许即刻就把它用在了另一件完全不同的**事情**上(因为斐洛究竟是把它设想为创世过程中**进行着运作的**潜能阶次,还是**只纯然**设想为原型性的潜能阶次,仍是一个大问题,但在约翰那里,它指的是位格,而

通过 λόγος 这个词的意味，很明显也指的是德穆革式的，也就是在创世期间进行着运作的潜能阶次）就算可以这么来假设，人们还是把握不了，约翰究竟如何能被设想为一个**如此**熟悉斐洛著作的读者，仿佛对他来说，这个表达预先就已经得到了认可，并且自己已经对之无比熟稔了。但斐洛的著作无疑没有**如此普遍的**知名度和阅读量。我之所以要提这种从斐洛的逻各斯概念出发进行溯源的做法，是因为这是最新最时髦的方法。此外我同时还想提另一种方法，也就是把 λόγος 等同为理性，接着又把理性等同为智慧，而之前提过的《旧约》中的那段话说的就是等同为理性的智慧：在他全部的事工之前，主就拥有了我，在他所有的作为那里都有我；而约翰说的 χωρὶς αὐτοῦ ἐγένετο οὐδὲ ἓν ὃ γέγονεν[若没有它，已然生成的一切都将是虚无] 则是与之完全呼应的。根据这种方法，要么通过考察各种俗语认为，智慧可能就是从神性的第二位格出发来理解的（这是老观点，认为这段话里说的"智慧"是另一个完全不同的本原，这种观点已经明明白白被驳斥了），要么至少在这一段里，逻各斯也能同时被理解为智慧，而智慧则被认为是活动于创世过程中，并在之后在基督之中显现的。①

XIV, 91

---

① 另一种假设是，约翰是从科林托斯 (Kerinthos) [著名的诺斯替主义者，在使徒约翰活着的时候就是他的论敌,《约翰一书》和《约翰二书》很可能就是为驳斥他而写。——译者注] 的学说那里知道"逻各斯"这个表达的。既然科林托斯是约翰的同时代人，那么这尽管表明了，在约翰时代已经出现了与基督教同时兴起的诺斯替主义哲学的最初踪迹（诺斯替主义是一种与基督教平行出现的旧世界宗教症候，是异教本原打入已然失去生气的犹太教的产物）。但是 1)无法证明，科林托斯为超越于宇宙性力量的精神——他教导说，这就是基督或者弥赛亚的精神——所赋予的名称就是 λόγος;2)我必须承认，我根本就没有怀疑过，在这个历史语境下，《约翰福音》可以被假定拥有一种争辩性的倾向。不需要把意图挑明，(转下页)

归根到底,以往的那些说法唯一的理由就是:这样一个前世界的、德穆革式的**潜能阶次**人们根本无法思考,也就是说它不具有任何客体性;这样的一种位格并没有能被思考的空间,因而即便在约翰那里它也仅仅是偶然的,是从斐洛那里移借来的。正如在希腊神话中,因为人们也只能把对狄奥尼索斯的设想思考为偶然的,人们就认为这一点设想是从印度舶来的,所以在约翰这里,逻各斯这个概念肯定也一样源于亚历山大里亚哲学。但斐洛的说明与大多数其他说明一样(比如认为这是对创世道语的人格化)都有一个共同的缺陷,即他们的前提都是一个在这句话里根本不存在的第二格。这句话根本就不是说:ὁ λόγος τοῦ θεοῦ[属神的逻各斯],而是完全抽象地在说 ὁ λόγος。对它补充一个第二格纯然是任意的。在用 τοῦ θεοῦ[属神的] 做补充以前,必须首先试着去说明,ὁ λόγος 是否实际上就是完全抽象地被理解的。但对此仍需考虑下面这点:约翰仅仅在第一和第十四节用了这个词:καί ὁ λόγος σάρξ ἐγένετο,即道语成了肉身。如果首先注意到这个词完全抽象的位置,那么随即就可以看清,为什么在《约翰福音》这部教义阐述的

(接上页)从约翰的叙事自身中就可以看到,它包含着对科林托斯这样的诺斯替主义者体系的反驳,也同样包含对在约翰时代之后出现的其他诺斯替主义体系的反驳;但在我看来,从关于科林托斯学说的那些已然混杂不清,并且一定程度上自相矛盾的材料中,妄想拼凑出一个关于他观点的体系出来,随后再来表明,约翰的许多文字是如何恰恰明显针对科林托斯的,在我看来这是一桩妄为之举。这很容易产生一种 circulus vitiosus[恶性循环]。如果真这么做,人们或许甚至还会在已经预设了《约翰福音》的反科林托斯倾向之后,把从《约翰福音》文段中得出的许多观点加在科林托斯身上。或许人们有兴趣的仅仅是这个包含争辩意图的预设本身,以便能仅仅把《约翰福音》与其他福音书不同的特质,尤其是它惹人注目的地方诉诸一种历史风格,进而保证对它的说明无论如何都能以教义学的方式开启。——作者原注

开头，约翰觉得有必要完全抽象地来表达基督的位格，进而避免一些惯常的称呼或者标识。否则处在开端中的基督，又该如何称呼呢？耶稣吗？但耶稣是成人后的名字，在开端之际还不存在。同样，"基督"这个称呼也不能用；因为即便 χριστός[基督] 也并非就是这个位格，相反，只有在世界从神那里堕落之后它才是。而约翰想做的，是彻底从头开始来把握基督的位格。他想要使那个曾在开端之中的主体自开端以来就可理解；因此，这就是他在自己的阐述中，尽可能地以**如此一般化的方式**来标识开端中的这一主体的全部原因，我们越是抽象地来说明 ὁ λόγος 这个表达，我们也越可以指望更切近这部福音的意义。

最抽象的说明大抵是下面这种，即我们假定，这个词的意思不是其他，正是言谈从中而出并归属于它的主体自身，de quo sermo est[言谈所出且所属者]，这跟希伯来词 מִלָּה 的用法是类似的，这个词所刻画的，即是话语、言谈，也是言谈从中而出并归属于它的事情。我说的是：类似。所以我并不是要断言，在这里 λόγος 就是对希伯来词 מִלָּה 的翻译。① 否则《约翰福音》的开头就得这样来说明了：主体，也就是我们讨论的对象，**曾在**开端之中；这样一来，就跟另一位教师一模一样了，他在自己演讲的开头就会说：我们讨论的这个对象，有这样或那样的性质。但这样一来的话，ὁ λόγος 这个词当然就会失去其中充满奥秘和神秘的要素，而它迄今一直都是在这些要素中被思考的。然而《约翰福音》的这个开头总是深奥

---

① 柏拉图就是在"事情""特殊的事情"这个意义上来使用 λόγος 一词的，比如《普罗泰戈拉》314 c，《菲勒布》，30 a。——作者原注

难究，人们也没有必要一道来负担这个奥秘。犹太人也有某种与 ὁ λόγος 一词完全类似的用法，他们在类似的用法中说的是 שֵׁם——名 (Name)——并以此来指耶和华自身。正如在这里，λόγος 这个名称指的是超越一切之名的名，也就是最卓异的真正之名，而这个名所指的，是超越一切者自身（甚至这一点在关于神之真名的段落中也常常出现，比如当这段话要说：耶和华让我们悲伤，或者耶和华惩罚我们的时候，它就会说：**名**惩罚或者安慰了我们），在这种用法中，一般意义上的**名**取代了**特定**的名，确切说，是以有强调作用的冠词取代了超越一切其他东西之上者的特定之名，同样，《约翰福音》开头的这个 ὁ λόγος 首先是指超越一切的道语，在其中被理解的也是超越于一切的事情**或者**位格。我说的是：超越于一切的事情**或者**位格；因为 ὁ λόγος 绝非必然地就要被理解为位格，它同样也可以被抽象地理解为事情，这跟那种完完全全通常的语言用法是相应的，比如说 τίς ὁ λόγος οὗτος 的意思就是，这是怎样的一件事情。

就《新约》来看，抽象地来表达位格性的东西绝不是什么不同寻常的事情，毕竟其**意图**就在于表达不可规定的东西，在《约翰福音》的序章这里就是这种情况，因为在这里，作者想做的恰恰是对进一步的规定悬而不论。同样，在天使向玛利亚传谕的时候，也是这种情况：将要从你这里诞出的**那个**神圣者，会被称为神子。在这里，这种不确性仿佛是必要的；因为这里谈及的是未来者。这个神圣者**将会**首先被称为神子，但它尚没有名字，所以要抽象地谈论它。在福音书的开头，约翰的意图也仿佛同样是从头给出，即以开端为起点给出在肉身中显现者的整个历史。从**这一**立场出发——约翰在第一节,也就是在开头就把自己置于这一立场了——他关于这一历史的主体所说的一切,或者说,为规定这一历史的主体所说的一切,仍是**未来性的**。所以他在这里仍不能说诸如"神子在开端中曾在"这样的话;因为正如约翰在第十四节中提到的,在其成人中,开端中的这个主体才被启示和宣告为神子。只能**次第逐步地**来启示自身的东西,在开端中仍是未得规定的,正如当我不能即刻就把出现在距离较远地方的东西认作一个人的时候,我就会用中性名词来谈论它,比如我不会问"**谁**在那里",而是会问"那里的是个**什么**"。

诸位看到,使徒这种不做任何规定的做法,与他的整个计划是完全相应的,即展示基督这个人格次第逐步展开的启示。所以他也不说:**那位**生命的赋予者和照亮者,而是完全抽象地说生命和光。在注释中把这些抽象的说法翻译为有人称指代的说法,是一种糟糕的建议,是做无用功。不过尤其值得一提的是,人们向来都已经注意到了《约翰福音》和《约翰**一**书》之间在谋篇上有某种共鸣。约翰也同样以抽象的方式给这封信开头,这跟我们所说明的福音书的开头是一致的。这封信的开头说:**什么**自开端以来就存在(即 ὅ ἦν ἀπ' ἀρχῆς,这跟福音书的开头是完全对应的:ἐν ἀρχῇ ἦν ὁ λόγος,因此福音书中的 ὁ λόγος 跟书信中的这个中性名词 quod[是什么] 就是同一个东西),我们已经听到和看到,已经亲眼看过、亲手摸过了——约翰用的一直都是"**什么**"。而 περί τοῦ λόγου τῆς ζωῆς 这个说法,正是在这封信的这个开头中出现的。有许多人把这句话翻译为：出自作为生命或者生命之原因的逻各斯；但在后文中，ἡ ζωή[生命]一词的直接再次出现表明，ὁ λόγος τῆς ζωῆς 不是其他，正是对 ἡ ζωή 的改写，因此 ὁ λόγος τῆς ζωῆς 的意思也不是其他，正是等同于生命的主体。对这一点，我仍想提一提另一种类比，从它出发可以说明，福音书开头的 ὁ λόγος 根本上就是在"主体"的意义上来说的，对此根本就不用大惊小怪。那些自古以来就在尝试把一切蛛丝马迹联系起来以说明福音书中谜一般的 ὁ λόγος 的解释者已经提到，在亚兰语的《旧约》译本（也就是"塔库姆译本"①）中，神或者耶和华的名字常常被替换为 Mimra da Jehovah，它字面的翻译就是：**神的道语**。有一些人还想在这个表述中找到对一个不同于神的位格的标识。但为了表明，亚兰语译本中也被用以描述神的 Mimra da Jehovah 不是其他，正是对**主体**这个词的改写，我接下来要提一提已经由绍特根②讨论过的文段，亦即犹太国王亚撒③带给叙利亚国王便哈达④的话：这是我与你之间的联盟。亚兰语译本把这话翻译为：ben mimri 和 ben mimrech，这话的拉丁译文是 inter verbum meum et verbum tuum [我的话和你的话之间]，因此非常明显，mimra 这个在亚兰语中意味

---

① "塔库姆译本"(Targumim)，是《圣经》中希伯来语经卷的亚兰语译本，"塔库姆"一词在亚兰语中的意思是"意译"，亚兰语是散落在波斯各地的犹太人曾经使用的通用语言。——译者注
② 约翰·克里斯蒂安·绍特根(Johann Christian Schöttgen)，1687—1751，德国著名的《圣经》研究学者。——译者注
③ 亚撒(Assa)，犹太王国分裂以后的南犹太王国的第三任国王，其事迹见《列王纪》15: 9—23 及《历代志》14—16。——译者注
④ 便哈达(Benhadad)，意味"哈达之子"，哈达则意味"风神"，他与亚撒结盟的故事载于《列王纪·上》15: 18—20。——译者注

verbum[话语] 或者 ὁ λόγος 的词，就是对主体的一种标识。还可以看到：这个词恰恰不仅被用以描述神，而且也可以用以描述人的人格，因此从这一点出发也就完全说明了，用 τοῦ θεοῦ[属神的] 去补充福音书中的 λόγος 是何等的无厘头和没来由。既然在亚兰语译本中，verbum dei[神的道语] 的意思并不是一个不同于神的位格，而恰恰是神自身（神的主体），那么 verbum 或者 ὁ λόγος 的意思——绝对地看——就是主体本身，仅此而已。

《新约》中还有唯一一处文段需要在此提一提，在其中 ὁ λόγος τοῦ θεοῦ[属神的逻各斯] 确确实实地，确切说作为某一位格的名字而出现了，也就是《启示录》(19, 13)中谈到基督的一个充满奥秘、仅仅为他自己所知之名的地方。这个名称就是 ὁ λόγος τοῦ θεοῦ。可以看到，这句话里有一个第二格，进而即便在这里，λόγος 指的还是主体，因而 ὁ λόγος τοῦ θεοῦ 指的就是神的**主体**。因为实际上（根据我们的概念）儿子等同于神圣者的最初主体 [primum subjectum divinitatis]。神最初的实存方式除了在纯然实存者的形式以外，绝无其他；因而我可以说，第一位的是神的存在，然后才是他的本质。但恰恰是那个先行于本质的纯粹现实，在之后会在第二潜能阶次中**得到表达**，因此儿子也就等同于神原初实存的开端。如果儿子的意义就是如此，那么他的名无疑能被称为"充满奥秘的"；毕竟谁曾预料到了这种关联脉络呢？ 当然，《希伯来书》中还有对此关联更确切的表达，在其中(1: 3)儿子被称为神之基体的显像 [χαρακτήρ τῆς ὑποστάσεως αὐτοῦ]，被表达出来的形象 [expressa imago]，即神之基体被表达出来，也诚然作为基体的纯粹现实被表

XIV, 96

达出来，而这里所谓的"主体"，当然也就是神性的在先者，它的意义之前已经说明过了。①

现在我认为，我对《约翰福音》开头"逻各斯"的说明已经得到了充分的论证。《约翰福音》的开头，尤其是 ὁ λόγος，即"**道语**"这个表达，自古以来就引发着普遍的兴趣，甚至非神学家的兴趣，跟神话哲学中许多先前已经讨论过的问题比起来，我认为这个问题需要得到更详细的讨论。

---

① 见上卷第159页。——编者注

第二十八讲　论前创世的逻各斯

我们到目前为止还逗留在《约翰福音》序章的先行问题上。现在,在我们知道 ὁ λόγος 的意思之后,自行浮现的问题就是,在福音书的序章里,关于这个主体有什么被道出,或者说有什么得到了断言? 也就是说,要对序章自身着手进行说明。但既然对于对这一开头进行总体说明而言,最重要的是语法和语文学上的解释,那么我首先要做一番一般性的提示。

我无疑也希望**诸位**帮我做个见证,我绝不鄙薄语言的知识和研究。只要有机会,我一向都会强调它的价值。在任何情况下,语言的知识和研究都是深入任何一个文本意义的必要条件,若没有这些,根本就没法指望任何深入的研究。不过通常来说,而且在其他一些要对一些事物进行一般性理解的情况下,都得承认,即便是对某部著作在其中得到撰写的语言有最透彻的知识,也仍不足以理解这部著作的**内容**。因为比如说,哪个希腊语的初学者不能在语法和语文学上理解欧几里得的《几何原本》呢? 但初学者仍然没有因此就理解到它的内容。数学语言就是由极少的词语构成的,其结构最为简明,并且放弃了所有的修辞性的东西,但即便是这样，也并非所有法国人都理解拉格朗日①的数学语言。甚至在许许多多更加通常的事物那里，纯然的语言知识也避免不了误解。

　　许多年前有一位著名的多产作家翻译了一部其中还夹杂着一段哲学简史的法语著作。其中提到阿那克萨戈拉时，说他：il etablit en principe la Nous，即他把努斯，也就是理智树立为本原。但这位译者把它翻译为：他把**我们**树立为本原；他或许是想，既然已经有一位德意志哲学家把哲学的本原树立为**自我**了，那么一位希腊哲学当然可能会把**我们**树立为本原，毕竟这个本原听起来更具社会性而且自我主义的意味更少。蒂罗尔州②的城市特里恩（Trient）的法语发音是特伦特（Trente）。而这个词的意思同时还有"三十"。有一位跟上面那位情况类似的译者在一部法文原著里看到了这样的话：Il faudrait un nouveau concil de Trente，于是他就不假思索地翻译为：一个由三十人组成的新议会是殊为必要的。即便对这种译法，在语法上也没什么可反驳的。可见就算是在如此日常的事物中，除了语言知识，也还需要对事物的知识，更何况那些诸如在《新约》文本中谈到的如此高贵的事物，甚至一些主要概念也常常偶尔出现并没有得到系统性讨论。所以，如果对神的种种举动的关联脉络事先没有整全宏观的把握，人们如何理解这些文本中的个别表达呢？倘若没有观入这一关联脉络的洞见，那么《新约》中的个别表达注定始终得不到根本理解。比如在整个《新

---

① 约瑟夫·拉格朗日（Joseph Lagrange），1736—1813，法国籍意大利裔著名数学家和天文学家，其贡献包括著名的"拉格朗日中值定理"等。——译者注
② 奥地利西南的一个州。——译者注

约》中，根本就没有什么其他概念比"永恒生命"即 ζωή αἰώνιος 这个概念更重要。一切通过基督而完成的举动的旨归，都是在我们之中重建这一神性的生命，重建这一神谱运动和神性的诞生。如果一个神学家对这一概念全然陌生，那么当他最终竟把基督说的"听我道的人就会有永恒的生命"说明为"遵循我的法则的人，就永远不会缺乏精神上的劳作，他的精神会始终积极活跃"时，人们还有什么好惊讶的呢？所以难道因为这个人对《新约》中所说的永恒生命一无所**知**，他就**肯定**不会把所有与之相关的说法和表述拉扯到事物的庸常联络中，进而以此夺走这些说法的全部力量和特质吗？

XIV, 99

尤为值得一提的是，人们从纯然语法－语文学的解释出发为神学所谓的正信做出承诺，可这种常常见到的所谓"拥护"和"捍卫"是何等可疑！要指证这种做法，没有任何地方比《约翰福音》在开头的文句里表达得更明白了。这些文句向来都被视为不可动摇地支持了关于基督之神性的学说，而当这一学说的反对者除了只知道通过改变读法这种可疑手段，就再不知道用其他方式来故意无视这段话的确凿无疑，人们就有更多原因来坚持上述那种捍卫正信的方法，这些反对者的做法是断言，经句的读法并不是 θεός ἦν ὁ λόγος[神是逻各斯]，经上的原文肯定是 θεοῦ，即逻各斯属于神，这些人就是以此来故意跟所有的手稿与古代译本所提供的一致证据唱反调。不过我当然也知道，从这种纯然语法和语言解释的立场出发可以如何反驳上述做法，亦即可以试着把第一节这样来读和说明：ἐν ἀρχῇ ἦν ὁ λόγος, καί ὁ λόγος ἦν πρός τόν θεόν, καί θεός ἦν[在开端中有逻各斯,逻各斯与神同在,并且神也已然存在]。在通常的句读方法中,最后一个分句读作 καί θεός ἦν ὁ λόγος[神是逻各斯],但既然我说的这种句读法是新的,那么也就没什么能妨碍把后面的这个 ὁ λόγος 拿掉,这样一来,这段话就要被翻译为:In pricipio[这里的 ἐν ἀρχῇ(在开端中)很明显是跟《创世纪》第 I 节中的"起初"被等义理解的],也就是:In principio, h. e. antea quam quidquam esse coepisset, *erat* sive existebat ὁ λόγος[在开端中,也就是在一切存在者开始存在之前,逻各斯就**已然存在了**,或者说实存着了]。现在人们肯定会想,福音书的作者本人得对此做出反驳了,但他并没有明说,而是像其他作者一样,通过回答来让人猜测可能的反驳,也就是:At, inquies(作者反驳大抵可以如此来设想), antea quam quidquam esset sive esse coepisset, nemo erat praeter solum Deum[但你也说过,在一切存在者开始存在之前,只有神存在,在神之外无物存在]。而对此的回答是:Atqui ὁ λόγος erat apud Deum[我说的是逻各斯依于神而在]。我绝不是要说,福音书的作者是想说,逻各斯要置于神之先,如果我说,逻各斯在开端中存在,那我只是在逻各斯依于神而在这个前提下说的。但为了阻断一切误解,约翰又补充说:καί θεός ἦν, namque et Deus existebat[并且神也已然实存]。在这句话里,为连词 καί 所赋予的各种含义,都通过语言用法,并且十分明确地通过约翰的语言用法得到了确证。而从语文学的方面出发唯一可以设想的对这一说明的反驳,或许就是最后分句里的 θεός 前面并无冠词。然而确凿无疑的是, ὁ θεός 常常是带冠词的,它始终具有一种对比的意味,比如有意谈到儿子的时候,同样确凿无疑的是,当无意做出这种对比区分的时候,θεός 就不会有冠词了。对这一点的证明随即就可以在这个第一章的 6, 13, 18 节中看到。尽管我自己绝不支持刚刚提到的这种说明,不过人们尤其可以通过援引常常显得似乎多余的第二节中的重设来支持这种说明:οὗτος(或者根据我们的句读法:ὁ λόγος οὗτος) ἦν ἐν ἀρχῇ πρὸς τὸν θεόν[逻各斯自身在开端中与神同在],这种重设其实显得很多余,也正因为如此,许多抄本都把它略去了:人们可以说,这种重复要获得正当性,唯有通过下面这点,即在第一节的最后,突然发生了一种主词的替换,根据已经给出的说明,它发生在 καί θεός ἦν, 即 namque et Deus existebat[并且神也已然实存] 这句话里,这种主词间的替换使得福音书的作者不得不再次回到他前面的那句话上,在这句话里,逻各斯就是主词。正如前文已经说过的,我不支持这种说明,我只是想借此来说,即便是以词句来解释《新约》,首先也要以《新约》中神的王国、整体和神性举动的总体为追求目标,然后你们才会自发掌握剩下的东西,也就是说,只有神性真理的关联脉络整体才决定个别细节。

现在又有许多人——之前是某些新教教派里狭隘的虔信派信徒中的一部分——在讨论对《圣经》神性权威的无条件服从。但这些人所理解的"服从"只不过是对**个别文字**的服从;所以这些人做的就是一些寻章摘句的事情,我这么说是因为,他们所力求的仅仅是找到一些文段,然后就大惊小怪道:这里有微言大义!对他们来说,最重要的事情莫过于这些微言和大义,而不是理智。这些人做的事不过是南辕北辙。《新约》的一种真正的反讽在于,这些人想要寻摘的这类必定能让人信服最重要的真理,进而走入整体的文段其实并不容易找到。这样一来,对于《新约》解释来说硕果仅存的法则当然就是,要根据一直续存的教义概念来校准解释,而这些教义概念是在16世纪确立下来的;但换句话说,如果真这么做,那就意味着不管是语言知识还是解释技艺,抑或人类精神自身,从16世纪开始就没有取得过任何进步了。新教改革运动自身并没有盲目针对个别文段,而是针对基督教精神,正因为它切中了精神,所以它才胜利了。

基督教唯有在其中才能得到理解的那一宏大的历史性关联脉络,既不可能通过一种仿佛机械性的马赛克拼接手法,从零碎的文段中聚合而成,也诚然不可能通过某种把**一切**历史性要素排除在自己之外的哲学而达成。如果要对那些很可能仅仅因为自己彻底的非历史性特质就质疑对《圣经》进行哲学性解释的做法做一番检验,我只需——当然我也是怕引发公愤——回到费希特曾经做过的尝试上,也就是让《约翰福音》的开头与自己的哲学相一致。众所周知,费希特的哲学在于下面这个断言,即一切,整个外部世界**仅仅**在知识中实存,事物并没有意识之外的实在性。尽管可以看到他在后来逼着自己向前推进了一步,即把世界以某种方式带入了与神的关联脉络中,或者毋宁说,神自身再次被引入了与世界的关联脉络中,而他之前关于神的观点宣称的则是,关于神,唯一可以设想的就是,它不过是用"神"这个词表达的纯然道德的世界秩序,如此一来,神的全部物理学与形而上学意义都被抽走了。但同

时为了坚持自己的唯心主义,费希特还说:一切都纯然存在于知识 XIV, 102
中,但这种知识自身等同于神性的此在,它与神性的存在不可分
割。他进一步说明道,在神之**中**,不会有任何东西,**从神之中**也不
会产生任何东西(为了把神高高地举起来,他剥夺了神最高的权
能;人们可以把那条古老的法则:ex nihilo nihil fit[从无生无]反
过来用在费希特的这种做法上:**不会**有任何东西将从中产生,自身
就是无,因而当没有任何东西将从神中产生之际,神自身就是无),
在神之中永恒存在的唯有那个**始终存在**的东西——费希特进一步
说道——但神内在的存在与他的**此在**是**同样**永恒的。这一此在是
某个**不同于**存在的**他者**,但也不能与存在分割,甚至完全与之**等
同**。这一不同于存在却又作为存在的他者与之等同的此在,除了
作为**知识**不可能是其他东西(可见费希特又以这么几步回到了自
己的老立场上),并且在这一作为真理或者理性,因而也作为λόγος
的知识**中**,世界和一切事物也就唯有通过**它**而成为现实的了。据
此,费希特就在约翰的逻各斯概念中看到了下面意义上的知识,即
在他看来作为与神等同的永恒**外部存在**或者说神之此在的知识,
唯有在这种知识中世界才存在,而世界的存在也并没有延伸到神
的存在上。因此,"在开端中存在道语"的意思就是:在开端中存在
知识。"若无道语则无物生成"的意思就是,一切神性之外的存在唯
有在知识中才有其根据和处所。一般来说,赞同费希特知识理论
的人也就只能追随他到这里为止了。但他又是如何从这种等同于
神性此在的知识出发,从这种普遍之物出发,过渡到历史性的、在
某一特定时代出现的基督的呢? 费希特是以下面的方式来尝试传

达这一过渡的:**绝对地**看,**在任何时代**,在每一个把自己的个体生命奉献给神性生命的人心中,永恒的逻各斯,亦即永恒的知识,都是以跟在耶稣那里完全相同的方式接纳人类的自然本性,接纳人类的感性本质的;因而根本上说,每一个人都能够是成为人的逻各斯。到这里为止,费希特说的一切还都是哲学性的。在他看来,基督教的独特之处仅仅在于宣称:拿撒勒的耶稣,这个特定的历史人物,恰恰**自发地**,通过自己的自然本性,在没有**任何**指示的情况下,就成了**这种**对永恒的知识,也就是对逻各斯的完满感性呈现,进而就下面这件事而言,基督教当然是**真实的**,即这一对知识与神性此在的绝对统一体的**洞见**,在拿撒勒的耶稣之前从未出现过;不过这一洞见从耶稣的时代开始又再次被遮蔽了,直到费希特哲学出现的这一天才重新大白天下!耶稣**已经**公开了这一洞见,而且注定成为公开这一洞见的第一人,这确实是一个令人惊叹的巨大奇迹。**就这一点来看**,说耶稣是神头生的独子,而其他所有人和后来的人,唯有通过**他的**中介才能成为神之子,也确实是名副其实的。这就是费希特的主张。尽管不可否认,这种哲学——就这方面而言费希特**本人**也意识到了——是在彻底独立于基督教的情况下发现**上述**真理的,这种真理看似前后一贯并且明晰,但它至少还是得解释解释,它为什么没有从基督教中被流传给**我们**;但是这位哲学家毕竟仍站在基督教的地基上,他只不过无法明确区分,什么是他自己所想的,什么是他强加给基督教的。因而费希特的哲学也并没有什么推进,它仍始终不过是第二份基督教教义,亦即一切人类——甚至哲学家也不例外——自耶稣出现开始,唯有通过**他**,通过**他**作为中介,才能获得"人类知识不是其他,正是神性此在"的洞见。费希特对约翰的逻各斯概念的说明就谈到这里。

费希特之后又出现了另一种对言辞做了一些修缮、显得没那么幼稚,而且术语还有一点点难解的哲学,所以看起来很是那么回事,但如果对它细究一番,就会发现它还是老调重弹。既然避免弄成一言堂也是我在眼下的演讲中必须注意的一点,而且根本上来说,除了得到诸位自愿的信服,我根本上也无欲无求,所以我借此机会也敦请**诸位**自己好好看看,我们的这些论题是如何从其他的哲学立场中,特别是从黑格尔的唯理主义立场中被呈现的,如此诸位方能让自己信服,从费希特的哲学出现一直到我现在的这场演讲,对这些论题的把握取得了怎样巨大的进展,以及人们是否反倒仍故步自封在与之前相同的立场上。唯有让自己信服,在我们的这些说明和那种通过另一种哲学而在现在得以可能的说明之间有着怎样的距离,唯有以这种方式,诸位才可能得到富有教益的启发。我并不是说,哲学**一定**要讨论这一论题。但这也并不是个问题。从费希特开始,乃至从康德开始,哲学就**已经**在讨论这一论题了。人们最终必定能认识到,为了达至这一论题,亟须另一种完全不同于源自康德哲学的哲学,这种哲学尽管也发源于康德,但得到了改造和优化。

沿着之前的那些暂先的讨论,我们要走向约翰说的那些话本身。希望**诸位**已经准备好了希腊语的文本。这样**诸位**自然而然就能明白,约翰的话对我来说,只不过是我借以展开在其各个要素稳定且精确的彼此相继序列中的第二人格历史的文本罢了。

《约翰福音》的开头说：**在开端中**（这一表达在此应该严格对待；它的意思是：**没有任何东西先行**）**曾存在逻各斯**。这里的"**曾存在**"一词，即 ἦν 有力**反驳了阿里乌**[①]，他由于那些关系到基督在成人前就已然据有神性之外存在的文段而产生了理解错误，他甚至关于儿子说道：ἦν ὅτε οὐκ ἦν，即有一个儿子并不存在的时间，甚至说，儿子是 ἐξ οὐκ ὄντων，即从非存在者中，从无中被创造的，也就是说儿子是一个被造物，尽管他是最初和最高的受造物，但仍仅仅是受造物。但约翰话里的这个直截且斩断了一切怀疑的 ἦν，他**曾存在**，有力反驳了阿里乌，它的意思确切说就是，压根就**没有任何东西先行**于他；儿子甚至在神**作为自身**得到启示之前就已经存在，已经在展示自己了——就是这么简单。ἐν ἀρχῇ ἦν ὁ λόγος 可以这样来理解：除了 ἦν，即"他**存在**"没有任何东西被道出。这里说的纯然就是"他存在"，没有任何规定的附加，也就是说，儿子在纯粹存在中存在，亦即在神性存在自身的那种纯粹现实中存在，但也正因为如此，他并没有**作为**殊异的潜能阶次或者位格而存在。因此，这里的文句清清楚楚刻画了这样一个环节，在其中，我们设想的是首先处在绝对开端中的逻各斯，也就是说在这里，逻各斯就是神的纯粹存在者。但文本的讨论立即从这个关于不可预思之在的环节，进一步迈向了下面的这个，即这个在开端中**曾存在**的东西，这一纯粹存在已然从纯粹的现实中被设定了出来，通过被实体化和潜能阶次化，成了一个存在者，也就是**依于**神而在，πρὸς τὸν θεός。这里发生的向第二环节的演进，表明了主词的重复。倘若"他依于神

[①] 阿里乌（Arius），256—336，"阿里乌主义"的开创者，前文有提到。——译者注

存在"说的不是其他,就是"他在神之中永恒地存在",那么这里的讨论很明显就不是连续的;但文本里没有这么说,而是说 ἐν ἀρχῇ ἦν ὁ λόγος, καὶ ὁ λόγος ἦν πρὸς τὸν θεόν。这里很明显包含着一种进展。ἐν ἀρχῇ[在开端中的(逻各斯)] 和 πρὸς τὸν θεόν,即作为依于神而在、已然与神相区分的殊异潜能阶次的逻各斯,既是同一个逻各斯,在一定程度上也已然是不同的逻各斯了。ὁ θεός,即已然以区分来称谓的特定的神——逻各斯所依而在的就是这样的神——正是那个能够支配另一种不同于它永恒存在的存在的神,因而 ὁ θεός 也就是之后被称为**父亲**的神。

依于神而在的主体(ὁ λόγος),首先处在神的**表象**中,尽管仍处在创世**之先**,但它也作为尚不具有实际性,却已然具有观念性的——在神性表象之中已然得到区分的——殊异潜能阶次而存在了,而在之后的创世活动**中**,它是已然作为殊异的潜能阶次(确切说是作为德穆革式的潜能阶次)在运作的,进而不再纯然存在于神的表象中,而是实际地与神相区分,不过它仍然**依于**神而在(也就是没有自立性地存在)。这两个环节在"主体(逻各斯)曾依于神存在"这个说法中得到了统括。

不过使徒又再次向前推进了一个环节,他说:καὶ θεὸς ἦν ὁ λόγος,**并且这个主体就是神**,也就是说,在创世的**终点**,当逻各斯也同样是存在的主宰——先前只有父亲是存在的主宰——当它也同样据有神性之际,它也就是神了,而逻各斯起先并不作为某个殊异的独立自为存在,并不在父亲之外(也就是独立于父亲)拥有神性,而是仅仅在父亲之中拥有神性,所以它也就仅仅是 θεός,而不

XIV, 106 是 ὁ θεός，即**神自身**，先前唯有父亲是神自身。所有这些之前都已经说明过了，因此在这里只需再回顾一下即可。

诸位很容易看到，根据我们的说明，这一文段中有以下的区分：1) 主体永恒的纯粹存在。它永恒是因为，**没有任何**潜能阶次先行于它；在永恒中不存在任何"作为"（als）；作为某物，比如说作为 A，若不把某个非 A 排除在外，则根本设定不了任何东西。但开端中，主体仍仅仅是纯粹的，亦即非反思的，直截向前无限延伸、没有作为自身被设定的存在。因为每一个**作为**自身得到设定的东西，都以反思为前提，每一个**作为**自身得到设定东西，都是被反思之物，也就是被反映之物。也就是说，在得到反思以前，主体（ὁ λόγος）仍是纯粹永恒的。随后主体的存在被区分为：2) A，即被区分为殊异的潜能阶次。据纯粹的实体来看，主体是永恒的，尽管它也自永恒以来作为神性表象中的特殊异能阶次存在了，但也仅仅是自永恒以来而已（永恒存在和**自**永恒以来存在这两个概念绝不等同。当然，在实际运用中它们常常被当作同一个概念）。① 但 3) 作为运作着的、德穆革式的潜能阶次，它只有自创世的开端起才存在。因为只有在对抗性的存在不再是纯然的可能性，反而成为现实之后，主体才会**进行运作**。因此我们也就必须说：主体是在创世的开端**中被生育的**。因为在创世的**开端**中，主体被对抗性的存在否定了，因而落入唯有通过克服这一存在才能实现自己的情况中

---

① 这里的"永恒存在"是 Ewigseyn，"自永恒以来存在"是 von Ewigkeit seyn，这两个概念的区分可参见：谢林《启示哲学导论》中的第一个文本《对肯定哲学本原的另一种演绎》（王丁译，北京大学出版社，2019 年）。——译者注

(把某物设定在这一状况中就叫作"生育"),因此儿子的生育和创世的开端是平行的。我们先前①已经强调过,这里会出现一个问题,即"儿子在创世的开端才得到生育"这一观点如何与(至少先前的)对儿子**永恒**生育的断言相协调。但我们对此首先必须去回答,在何种意义上这种生育被称为"永恒的"。如果在一种彻底无条件的意义上来理解永恒,那么它就是绝对的**起点**,当人们说:**自永恒以来**,指的就是这种意义上的永恒。**这种**永恒,恰恰因为被设想为绝对的起点,所以是彻彻底底的直截构想,即对纯粹的、先行于一切潜能阶次的现实进行纯粹直截**断定**的构想,这样的现实不可能在自身中接纳任何类似于发生事件或者过程的东西。正因为如此,所以即刻就要从它那里离开,它只不过**是**一个环节,一种对一个即刻就要离开的瞬间的构想,它之所以被设定,仅仅是为了从它之中离开,神自身甚至之所以也**处在**这个环节中,只不过是为了不逗留其中,为了从中离开,而当神看到那个纯然可能的别样存在时——自永恒以来,也就是自神始终存在这一实情以来(我们现在就在说这一点)神就在与这一存在打交道——这种离开就会发生。也就是说,如果我们不去抽象地考察永恒,而是把它视为神的存在,那么永恒的纯粹内容恰恰只是"神始终存在","神就这么直截地绝对存在着"这一实情,在这种情况下,并没有任何在神之先或者之后(两种情况对此而言是同一回事)的东西被设想,因为当我可以这么设想之际,我就已经离开了神的这种永恒存在,而只有已经离开了我才会说:**自永恒以来**。倘若人们现在要把儿子的生育置于这种意

XIV, 107

---

① 上卷第319页及以下。——编者注

义上的永恒中,那么**诸位**完全可以看到,在这种完完全全直截的构想中,似乎并不存在生育的空间,或者说,在这个狭窄逼仄的存在中,生育或许仍只可能被设想为一种纯粹的**逻辑**关系,毕竟只有逻辑性的东西或许才能在这个逼仄的地方容身。能以永恒的方式从某一存在物中得出的,只有从其概念中得出的东西,因而也就是像命题那样以逻辑的方式得出的东西,诸如在某个三角形中,三个角的和等同于两个直角和,这就是以永恒的方式,亦即逻辑的方式得出的结论,在此过程中,从三角形的概念中并没有任何**现实的发生活动**。因而倘若人们想在这个意义上来谈论儿子的永恒诞生,那么人们就得断言,儿子就是以这种纯然逻辑的方式从父亲中推论得来的,儿子其实就是父亲的一种纯然逻辑流溢。这种方法或许还可以用在对三一性的演绎上,但至少神学家不会赞同这种做法,因为否则的话他们就要承认,生育概念只是一种纯然隐喻性的概念,这就明摆是在打自己的脸了。所有这些我都已经在启示哲学的一般性部分中做了更清晰的分辨;我同样也在那一部分中说明了,阿里乌主义对于最严格的意义上圣子永恒生育的断言有着怎样的影响。

在我们眼下的这处文段里,约翰并没有说:逻各斯在开端中被生育,而是说,他**曾存在**于开端中,儿子的永恒存在,确切说**直截的**存在,并没**有作为**儿子的存在;因为一切作为自身的存在,都已然以一种排除,一种区分,因而也就是一桩行为为前提了。跟《圣经》上说法不符合的,不单单只有儿子的永恒生育,还有他的永恒**存在**。就这一点来说,我并不赞同古代神学家,他们或许并没有对绝对永恒者和自永恒以来存在的东西做出明确区分,这导致他们以为永恒的生育仅仅是一种出自永恒的生育,甚至完全是先行于一切时间的生育,既然永恒与时间的关系,以及时间的整个谱系在先前完全陷在一种至深的不确定中,所以我们完全可以说,是肯定哲学向这一最为晦暗的关系中投入了第一道光亮。因为长久以来,时间仿佛一直在让一切空疏的形而上学感到良心有愧,仿佛是一个它们都想绕开的点。纯粹的永恒(我在这里要重复之前讲过的一部分内容①),绝对的永恒仅仅是一种瞬间的构想;**自永恒以来**,也就是自神始终存在这一实情以来(所以我们在永恒中设想的恰恰只是神的**存在**,确切说是作为纯粹现实的神的存在),自永恒以来,那一生育性的潜能阶次就在向神呈现着自己;在这一可能性上神就拥有了预先看到自己一切未来行动与产生活动的手段。因此,这一环节在自身无须成为时间的情况下,就已然关联于未来的时间与世界了。这一出自**绝对**永恒的环节我们可以称之为前时间的永恒;绝对的永恒因此或许就可以称为**超**时间的永恒,它与时间尚不具有任何关联,它自身也绝非时间最初的环节,相反,它**超越于**一切时间,也**超越于**那个自永恒以来存在、仅仅在构想中先行的最初环节。而那个前时间的永恒,单就其自身而言尚不是**时间**,但会通过创世而被设定为过去,进而在此之后被设定为**时间**。因为伴随着创世,一个新的时间(一个新的时代)开启了,这一新的时间就是**当下**,所以我们可以说,伴随着创世本身时间才首次被设定;因为只有当过去、当下和未来被设定之际,时间才被设定。只要没

---

① 见上卷第 306 页及以下。以及前文第 71 页,包括"神话哲学导论",第 493 页。——编者注

有过去，就不存在时间。为时间设定开端唯一可能的办法——这一点至关重要——正是把某个先前是**非时间**的东西，设定为时间，并随后把它设定为过去。时间的开端只能被设想为这种动力学意义上的，而非机械论意义上的。也就是说，时代或者时间的区分唯有**凭着**创世才得以开启。也就是说，得到区分的是 1)前时间的永恒，它**通过**创世被设定为了过去；2)创世自身的时间，也就是**当下**；3)通过创世，万物应进入其中，表现为"未来"的时间。在此我要强调，不可以因为这一区分就误以为，世界或创世并不进入第三重时间，它们被抑制和封固在第二重时间**内**。这种仅仅不断重复设定自身的封固的时间，并不能贯通到真正的时间序列，贯通到第三重时间中。这种只能不断重复设定自身的时间的图示，仅仅是 A+A+A 的序列，**它**不过是**纯然表面上的假象**时间，而非**真正的**时间。在当下能够贯通入未来之际，真正的时间才会得到恢复。而这种纯然表面上的假象时间，取代了真正时间的地位，进而反倒成了真正时间的阻碍者，悬置者 [εποχή]。这一假象的时间就是我们生活于其中的**这个**世界的时间，在哲学中通常得到讨论的也仅仅是这种时间，进而从这种时间出发，人们当然有理由说，时间并不超越于这个世界，这个表面上的假象时间，这个世界的时间因而也就是唯一的、始终在重复自己的时间。但从存在于神性意图的宏大诸时间体系来看，这个时间不过是一个环节罢了。所以自古以来就有抱怨说，在太阳底下，也就是在创世过程中，没有新事发生，每一天都是一个样子，今日复明日，明日复今日，一切都在一种可悲的轮回中如走马灯一般单调地重复出现，因此这种表面上的假象时间——它在自身中既没有一个真正的过去,也没有一个真正的未来——并不是真正的时间。因为真正的时间并非唯一的、始终在重复自己的时间,相反,真正的时间自身是一个诸时间的序列。但**诸时间**的序列,也就是**真正的、现实的**时间是伴随着创世,并且**唯有伴随着**创世**才**被设定的。据此,创世由以被设定的行动,也是首先设定着时间本身的行动;这一首先设定着**时间**本身的行动,自身 πρό πάντων αἰώνων, 即在一切时代**之先**,就此而言,这一对时间或者时代的区分唯有伴随着创世才发生,创世的行动自身首先就是诸时代的设定者。① 进而如果创世的开端,就是儿子或者说因儿子而将要存在的**东西**从纯粹的现实被设定到潜能中,那么

---

① 有一句古老的东方格言就谈到了这种表面上的假象时间:它静止之际并不终止飞拂,它飞拂之际并不终止静止。它静息,是因为它始终都是等同为 A 的相同者,它飞拂是因为它**仍始**终是一个他者(也就是另一个 A)。它静息,是因为它从未发生过位置变化,仍**始终**保持为 A,它飞拂是因为它始终在消逝并且不得不始终再次设定自身。世界的时间在每个瞬间都是整体,整体始终接续着整体,从这一实情出发也就说明了时间的连续性,人们向来也通过把时间和河流相比较来表达这种连续性。不过我要强调,当人们通常在下面这点中来寻求比较的共通点时,真正的可比较点并没有得到恰当的掌握:人们以为,正如在河流中,每一朵浪花都会被后期的浪花轻柔且不知不觉地推涌,时间的各个环节或者部分彼此之间也是如此流动。但这句谚语并非这个意思。这幅图景并不关联于每一朵个别的浪花,甚至根本也不关联于部分,而是把河流从其源头直到其入海口作为一个整体来考察:这个整体,即河流自身,在每一个时刻中都是一个他者,因为在每一个瞬间,河流内含总量的一个部分就会从它之中绽脱出来,而出于其源头的另一个部分又会进入其中;没有任何一个瞬间河流是由**相同的**浪花构成的,所有的浪花在任何一个瞬间也不处在相同的彼此关系中;所以就**此**而言,河流绝非**相同的**河流,在每一个瞬间它都是一个他者,但仍然始终相同。赫拉克利特的著名警句就是联系于这种绝不保持为相同者的情况来说的:没人能两次踏入同一条河流,或者他也可以用另一种方式表达相同的想法:没人能走出和走近同一条河流。整条河流在每一个环节中都是一个他者,然而在每一个环节中也是相同者,因为接续整体之后的始终也是整体。如果我并不把 A 理解为河流的部分,而是把它理解为整条河流,那我关于它也可以说,它是 A+A+A……它处在持续不断的运动中,但仍然始终是相同者,这个世界的时间就是如此(来自另一份手稿)。——作者原注

即便儿子,也是 πρό πάντων αἰώνων[在一切时代之先] 被设定的;因为唯有通过儿子被设定,也就是说通过儿子自身,诸时代才被设定,通过这一点,一道意外的光亮也就投到了《希伯来书》(1: 2)谈到儿子的文段上:δι' οὗ καί τούς αἰῶνας ἐποίησεν,即通过他,诸时代得以创立。诸世界时代,诸时代通过他得以创立的儿子,自身不可能归属于任何一个个别的时代;儿子在一切时代**之先**,并且压根不是受造物,因为只有当**他**作为自身,作为殊异的、与父亲相区分的潜能阶次被设定之际,他才给出了创世的活动。

关于我们跟古代神学的各种规定的关系,就讲这么多,现在我们已经完全可把握到,对于早先的思想来说,**一切**属于当下事物秩序**之前**的东西,都可以被称为"永恒的"。但第二潜能阶次由以被设定为德穆革式潜能阶次的那一行为,先于**那个**创世活动,因而在**此**意义上诚然是一桩永恒的行为。把所有先于世界的东西都设想为"**永恒的**",这种习惯跟大众的思维方式完全合拍,所以不仅神学家,甚至《新约》自身都要来迎合这种思维方式。

在《约翰福音》的文本中,ἐν ἀρχῆι[在开端中,起初] 在第一节的头三行里重复过一次,但每次的意思是不同的。"在开端中**曾存在逻各斯**",在这里,"在开端中"的意思直截地就是"永恒存在"。"在开端中它曾依于神而在",这里的"在开端中"的意思是"自永恒以来":逻各斯自永恒以来就依于神而在;这就是说,"在开端之中",也就是在由于颠覆而被设定的当下秩序之前,在**这个**世界存在之前——逻各斯是由于这个世界才成为神性之外的人格的——"逻各斯**曾经是**神 θεός"。这话并不是说:逻各斯**就是** (ist) 神,而是说:

它**曾经是**神，绝不可以把这句话中蕴含的历史性环节抹去。人们常说的"逻各斯就是神"，就是一个强硬不知变通，因而也恰恰无法理解的教条。从约翰在自己叙述的开头所站的**那个**立场上看，逻各斯**曾经是**神，而且它**将会是**神，但它并不**就是**神（这就不是阿里乌主义的看法了，因为阿里乌主义会认为，ἦν ὅτε οὐκ ἦν[儿子不曾是神]，即曾经有一个逻各斯**不曾**是神的时间或者环节。但根据我们的观点，根本不存在逻各斯在其中**不曾**是神的环节，不过也不能在一切环节中都说，逻各斯就是神，亦即它**现实地**就是神，因为据其自然本性而言，逻各斯当然存在于一切环节中）。

对基督真正的神性最严格的规定无疑是：儿子**以下述方式**在本质上是神，即**没有**儿子，父亲自身就不会是神。处在纯粹的**绝对永恒**中的神无法被认识，也就是说，无法作为神得到认识，这是普遍承认的观点。因为在这种情况中，除了**必然的**存在，没有什么被认识到。但神在本质上是自由，它处在对立于它的原初存在的自由**中**（因为神的自由只可能在于这一点），也处在成为创世者的自由中，唯有当神拥有了儿子之际——唯有儿子才使得父亲可能进行创世，因为神在儿子身上才拥有他由以能把另一种对抗性的存在（这是创世必然的先行开端，必然的 ὑποκείμενον[基体]）也重新带回到潜能阶次中的东西——神才看到了自己，进而才**是**他自己。也就是说，唯有凭着至少已经先行得到认识和喜爱的儿子，唯有拥有儿子，神才现实地是神，也就是在天堂中，亦即在能做任何自己**所意愿之事**的自由的神。就这一点而言，人们可以说：儿子也一并属于神的本质，也就是作为自身的神的本质，只要人们把神的本质理解为神性，并且不把神理解为纯然的实体，那么就此而言当然可以说，儿子是由神的**本质**（necessitate naturae divinae[神圣者的必然自然本性]）设定的。

我们到目前为止对《约翰福音》开头的说明如果真会让主动思想的人有所领悟，那也恰恰是由于我们的说明自身在其开头所看到的并非纯然的重言，而是看到了从 ὁ λόγος ἦν（没有任何规定的"它**曾**在"）到 ὁ λόγος ἦν πρός τόν θεόν[逻各斯曾与神同在 / 逻各斯曾依于神而在] 和 θεός ἦν ὁ λόγος[逻各斯曾是神] 存在着某种递进。这绝不是只有我们夹带到其中的精巧微言，许多解释者，甚至那些有着更深把握的解释者，都是以这种方式来对待这个段落的，**或者说**，约翰认为，用 θεός ἦν[神曾经是] 这个表达，比用前面的 ὁ λόγος ἦν πρός τόν θεόν 道出了更丰富且别样的东西，下面这回事情也说明了这一点，即在打算讨论逻各斯对创世的参与时，约翰觉得有必要把之前的"它曾经依于神而在"这句话再提一遍。因为在创世过程**中**，逻各斯纯然（作为潜能阶次）**依于**神而在，但它并不是神。所以约翰在第二节又以 οὖτος ἦν ἐν ἀρχῇ πρὸς τὸν θεόν，即"**它在开端中曾依于神而在**"这番话回到了之前；约翰需要以这一回顾为过渡，如此方能在第三节中说明逻各斯在创世过程**中**的功用："一切都是通过它而生成的，没有它，已然生成的事物就无从生成。"这一点无须更多说明。主体借此也就被规定为了德穆革式的潜能阶次。

XIV, 113

但紧随其后的第四节开头就说：**在它之中曾有生命**，即 ἐν αὐτῷ ζωὴ ἦν。对这句话的通常理解是：在它之中曾存在着生命的原因。就其自身而言,这种意思跟我们的观点看起来大体是一致的,因为若无起中介作用的潜能阶次根本就不会有生命。然而这里的文句说的并不是指在它之中曾有**那一**生命,而是说在它(主体)自身中曾存在生命,这跟基督的话是完全平行的:父亲怎样在自身中拥有生命,他也就怎样把生命交给儿子,让他也在自身中有生命 [ὥσπερ γὰρ ὁ πατὴρ ἔχει ζωὴν (这里并不是 τήν ζωὴν[①]) ἐν ἑαυτῷ, οὕτως καὶ τῷ υἱῷ ζωὴν (这里也不是 τήν ζωὴν) ἔχειν ἐν ἑαυτῷ[②]]。因此 ἐν αὐτῷ ζωὴ ἦν [在它之中曾有生命] 跟 αὐτός εἶχε ζωὴν ἐν ἑαυτῷ [在自身中有生命] 是完全同义的。因此,伴随着"在它自身中曾有生命"这个说法,叙述又向前推进了一步,现在讨论的是儿子已然在父亲**之外**,作为自立性的人格在自身中拥有生命的情形了。ἐν αὐτῷ ζωὴ ἦν 仿佛构成了 θεός ἦν (它曾经是神)的对立面。这里所指的是神性之外的存在,通过下面这句话这一点会更加清楚:并且**这生命曾是人类的光**: καὶ ἡ ζωὴ ἦν τό φῶς τῶν ἀνθρώπων。这说的恰恰是父亲赋予儿子在他之外存在的权力,并由此也把人类**交给**了儿子。这一具有自立性的生命曾经是拯救和治愈人类的光。通过这一点,人类也就悄悄得到了说明:在归落于黑暗之际,他就会产生对光的渴求。所以使徒接着说:**光确实也曾经照入过黑暗**(καὶ τὸ φῶς ἐν τῇ σκοτίᾳ φαίνει)。黑暗也就是异教。而这种**照射**是某种不自由自主的纯然自然的行为:通过在这里用的无人称动词 φαίνει [照射]的现在时,这一点就得到了明确

---

① 谢林在这里一直强调,"生命"一词前面没有定冠词,因而不是特指而是泛指。——译者注
②《约翰福音》,5:26。——作者原注

的表达。这句话的意思就是：et haec quidem lux natura sua lucet in tenebris[它的自然之光也曾照进黑暗中]。因而这番话所表达的，就是光纯然自然的运作，也就是它在异教中的运作。在纯然的照射中，仍不存在任何人格性的东西，任何会有意志参与的东西。通过"光确实也曾经照入过黑暗"这句话，起中介作用的潜能阶次纯然自然的运作就已经被表达得再清楚不过了。在《以赛亚书》①中神也说过："我要让你做异教徒的光。振兴雅各的苗裔，使不受归化者重回以色列，你为我做的这些都是小事，而我要让你做异教徒的光，这才是大事。"如此可见，起中介作用的潜能阶次在运作中的这种不由自主（也就是在异教中运作时的不由自主和盲目）已经得到了明确表达，所以《以赛亚书》在42：19中甚至还有下面这种通常没有任何办法说明的话：谁有我所遣的仆从**盲目**，谁有我所遣的信使痴聋呢？谁如完满者般盲目，谁如主宰的仆从般盲目呢？

而《约翰福音》则进一步说：**黑暗并不接纳它**（光），即 καὶ ἡ σκοτία αὐτὸ οὐ κατέλαβε。这跟**我们**关于异教徒所说的是一致的：即便在异教中基督也存在，但并非作为自身存在，并非基督在异教中仿佛没有实存，而是他在其中没有作为自身得到把握；对异教徒来说，基督纯然只是自然的潜能阶次，纯然自然的光。

现在，在使徒把那一尚未得到规定的位格的历史，演进到了异教中之后，他就可以向着基督教过渡了。但即便是这一过渡，也要完全按历史顺序发生，所以使徒首先提的是基督的先导，也就是施洗约翰：有一个人是从神那里遣来的，其名为约翰；他来是为了做

---

① 42: 6, 49: 6。——作者原注

见证,是为了光做见证,以便让所有人通过他可以信,他并不是光,但他为光做见证。并非他自身是光,他的整个使命就在于,为光做见证。

福音书的行文一直到这里为止,也就是一直到主体在昏昧意识中的运作为止,始终都是向前推进的,在这种情况中,尽管照亮这种意识的**光**并未终止,但它真正意义上的自身仍未得到把握。**这种居间境况**使得能得到理解的首先是作为人存在的基督。约翰并没有说从纯粹神性到人的形象是**直接的**过渡,庸常的观点才会这么认为,所以这种观点有必要好好去理解一下从第四节开始的所有关于成人的说法,尤其是"光确实也曾经照入过黑暗里"这一节。但每个人都觉得,从第三节中说的德穆革式的功用,马上就过渡到了在**作为人的存在**中的显现,这看起来似乎是一种跳跃;横亘在这两端的是整个异教,以及犹太教。既然光并没有被黑暗所把握,那么人们想必接着就会来谈基督在他作为人显现之际所遭受的对抗了。但这里的现在时 φαίνει[照射] 跟这种猜想是矛盾的,基督在肉身中显现是一个特定时间点上的事实,所以这里肯定就是在说光显现了,从黑暗中升起来了,而不是说光在照射,"照射"只是在暗示一种持续的、同时自然的境况而已。所以在提到了施洗约翰之后,用以描述基督现实来临的这些表达的语气大不同于之前。Ἦν τὸ φῶς τὸ ἀληθινὸν, ὃ φωτίζει πάντα ἄνθρωπον, ἐρχόμενον εἰς τὸν κόσμον:**它是真光,它恰恰来到了世界上**,真正的光,不再是纯然自然的、仅仅照射着的、因而表面上的光了。不过,如果把 φῶς ἀληθινὸν[真光]理解为施洗者的对立面,那可能没有什么比这更肤浅的注解了；施洗者既不是纯然照射着的光，也不是真光；施洗者根本就不是光，οὐκ ἦν ἐκεῖνος τὸ φῶς[他不是那光]，施洗者的存在仅仅是为了给光做见证。与真光对立的，是纯然只是在照射的光，而真光则被描述为**照亮并启明每一个人的光**，ὃ φωτίζει πάντα ἄνθρωπον[照亮所有的人]（这里的 φωτίζει[照亮]作为及物动词，很明显与无人称的 φαίνει[照射]是对立的），不再纯然只是在照射的光，而是现实地照亮启明每一个人的光，不再像在黑暗中照射的那种不可被任何人把握的光，这种光纯然只有自然性的作用，但曾经被遮蔽在它之下位格性的、现实地照亮和启明每一个人的光，恰恰来到了世界上（这里的 ἦν ἐρχόμενον εἰς τὸν κόσμον[光恰恰来到世上]跟后面说约翰的，ἦν βαπτίζων，即他恰恰在施洗，是同样的表达方法）。使徒用真光来到世界上这个表达是为了让人想到，作为真光来到世界上的儿子，先前就已经在世界中存在了，所以约翰接着说：**他曾在世界中存在**，ἐν τῷ κόσμῳ ἦν。这个说法尽管恰恰常常被理解为基督的成人，所以被翻译为：jam inter homines versabatur[他现在就在众人之中]。然而 κόσμος[世界，宇宙]在这里除了在紧随其后的 καὶ ὁ κόσμος δι' αὐτοῦ ἐγένετο[世界也是通过他而生成的]中的意思之外，不可能还有其他意思，既然在后面这句话中它不可能被理解为纯然指人，那么在这里也同样不可能，所以 ἐν τῷ κόσμῳ ἦν 这句话仍然应被理解为主体的**普遍**此在：儿子已然始终在世界中存在了，因为甚至世界都是通过他而生成的，也就是说儿子曾作为德穆革式的潜能阶次在世界中存在，他**曾在**世界中存在，世界只不过没有在儿子普遍的此在中**认识到**他——mundus eum ignorabat[世界不认识他]——儿子仅仅是没有得到世界的承认。

使徒到现在才(第 11 节)开始讨论基督独特的显现。**他到他自己的地方来**,也就是说,到那些先前就认得他的人那儿去,这些人不属于宇宙,宇宙仅仅是异教徒的世界,而犹太人并非世界民族,犹太人是已经认得基督的人①, εἰς τὰ ἴδια[到他的地方去] 单从语言上看,说的就是"到他的族那儿去", ad familiam[到他的家族], ad gentem suam[到他的族人],到他在此之前就已经掌握了的犹太族那里去,在犹太人中,他已经被把握**为来临中的基督**,也就是说,在犹太人中,基督在先前——尽管仅仅作为纯然的未来者——就已经被承认了。但 οἱ ἴδιοι,即**他自己的人不接纳他**,他们拒斥基督。这并不是说:他们不认识基督,这跟前面关于世界所说的并非同一种情况;这话并不是说:他们没把握基督,这并不跟先前谈到黑暗时说的"世界没有把握光"是一个意思;这里说的并非 οὐ κατέλαβον[没把握到],而是 οὐ παρέλαβον[不接纳],犹太人当然认识基督,他们当然也如他所是地**看待**他,把他**看作**神之子,但他们并不接纳他。现在是基督作为人显现的时候,现在,他未被把握而运作的时代已经过去了,现在,能把握,进而也能自由接纳基督的时代来临了。在光处在它尚未得到把握、纯然自然运作的状态中时,异教徒并没有拒斥它,他们仅仅是**没把握**它;犹太人却拒斥已然变得可把握的光,并且不接纳它。

XIV, 117

---

① 在谢林看来,宇宙是一个异教——神话概念,世界是一个基督教－历史的概念,故如此说。——译者注

但接纳他的人（使徒继续说道，现在他已经完全过渡到了对具有人格性的光的叙述中），**他就给他们成为神的孩子的力量**（可能性），也就是在自身中重建由于堕落而中断的神性诞生。终点所启示的，正是曾存在于开端中的东西。到这里为止，约翰的整个讨论所指向的都是未来，一切仿佛在悬而未决中就直接指向了完结一切的最终事实。使徒紧接着这一点说：**这一主体**——在这里约翰必定会再次取用表达抽象关联的 ὁ λόγος 一词，他想说的是，这一主体，现在已然具备了迄今所展开的全部谓词，在它之中迄今得到披露的一切都得到了统一——**这一主体成了肉身，住在我们中间，为我们所见**（ἐθεασάμεθα[我们亲眼见到]，重点就在这个词上），在它首先被遮蔽，然后在来临中得到把握之后，我们见到了**他的荣光，那是作为父亲独生子的荣光**（我们在他身上所见的荣耀，来自他与父亲作为一体存在时所具有的原初神性；我们在他之中所见的，是与父亲一致的儿子，进而在他之中真正所见的其实是父亲自身）。因为他借以接纳人类自然本性的那一**意志**，并非属于纯然自然本性或者潜能阶次的意志，它是**真正**属于儿子的意志，是在父亲的怀抱中，亦即父亲所倚赖的儿子的意志，**这一**从天堂，也就是从原初神性自身中降下的主体，把自己启示为这个恰恰只存在于已然成人者中的主体，所以正因为如此，谁看到了成为人的**神性者**，即**真正的儿子**，谁也就看到了父亲自身。这就是那个从事物的开端，乃至存在自身的开端起，一直延伸下来的这段历史令人惊讶的终点，约翰在他福音书的开头，以迅如清风，但仍深深涉入其中的口吻勾画了这段历史，这段历史比其他任何一种历史都更丰富地扩展了我们的内心,去**知道**(wissen)这段历史(**诸位**知道,我所说的"知道"指的是什么;并非那种仅仅名义上的、不会给人带来任何经验,也就是任何新的、肯定性的东西的知识——**正因为**我们在先前没有获得过真正意义上的意识丰富性的提升,也没有现实地拓展它,所以我们只好**在此前提下**重新树立起肯定性的东西—— 一切**纯然**唯理论的知识根本上来说都是**不去进行知识**的知识),因此我要说的就是,这就是这段历史的终点,而去**知道**这段历史比其他一切知识都更有价值。

第二十九讲　论《旧约》与摩西律法

很明显,在我们刚刚已经尝试说明的那些重要文本里,基督的普遍运作和作为位格的特殊运作已经得到了区分,这两个方面也由这一区分而得到了承认。基督普遍运作(并不**作为**基督而实行的运作)的领域是异教,而他作为位格的特殊运作则实行在启示中,正因为如此,他同时也是一切启示的位格性的原因。就此而言,起中介作用的潜能阶次有一种双重的历史,它的运作仿佛有一段 historia sacra [神圣的历史], 和一段 historia pofana [非神圣的历史]。后一段历史我们现在已经很熟悉了。我们已经通过一切关系仔细考察过了以纯然自然的方式进行着运作和中介的潜能阶次之历史,而所有这些关系都是这个潜能阶次自身与对立的本原一道进入其中的,而作为生产性进程的**神话**之诸环节的,**正是**起中介作用的潜能阶次所进行的这种自然运作之不同环节;在这些环节的每一个中,它与对抗性本原的关系都是不同的。如果我们要以整个神话来仔细考察起中介作用的潜能阶次的**自然性**历史,那么其中的关键在于,也得探查旧约律法时代中这一潜能阶次**作为位格的特殊**运作的历史(我是在最宽泛的意义上使用"旧约律法"这个词;《旧约》的律法并不始于摩西颁布律法,摩西律法自身不过是一种早就已经达成的、起中介作用的潜能阶次与以色列族群的先祖一道踏入其中的人格性关联的结果）。但如果我们现在要问，在《旧约》律法中，起中介作用的潜能阶次**如何运作**？那么在这个时候，还是要跟之前一样首先去确定下面这点，即起中介作用的潜能阶次总是要以某个需要中介、使中介变得必然的东西为前提。所以远不可认为，可以摆脱本原的强力来思考人类中被预留的部分，即原初意识，对人类另一个最宏大部分的意识就屈从在本原的强力之下，所以这两种意识反倒必须在**完全**相同的关系中来思考。人类的前一个部分的起点——我们从中看到，起中介作用的潜能阶次**与**意识**一道**已经被置入一种位格性的关系中——和后面那个更加宏大部分的起点是相同的，而起中介作用的潜能阶次跟这一部分则处在一种纯然**自然的**关系中。整个人类，因而意识也具有一种单单朝向**片面**、错误的独一之神的**直接**关系①，比如在亚伯拉罕的故事里就是这样。因此，以色列意识的那个**直接的神**（我之所以如此简称，仅仅是为了强调，关于这一意识所说的，始终也一并适用于以色列族群的各先祖，所以我把"以色列"理解为包括其先祖与苗裔在内的**整个族群世系**）并非真正的神，而是**那个**其独一性之后会呈现为一种排他独一性的神，他表现为（作为存在的独一据有者）嫉妒的、不容许任何其他神立于自己身侧的神，进而被描述为摧毁着一切的火焰，但为了在**现实**中的这个神中介为**真正的**神，另一重人格恰恰既不与之对立，也不取而代之，从意识出发来看，另一重人格在非真之神中展示或者排斥着真正的神，所

---

① 这一点以及下面的部分可参考"神话哲学导论"第七讲，第144页及以下。——编者注

XIV, 121 以真正的神这个概念,绝非一个原初的概念,而是一个被产出的概念,进而如果真正之神的概念应当是一个**被启示出来的神的**概念,那么这个被启示出来的神也必定存在。尽管"启示"是一个一般性的表达——所以它能用在不同的地方,或者说它也能被延展到其他东西上,但是在这个词在这里被使用的特定意义上——这其实也是它通常被使用时的意义——"启示"是在"真正的、启示着自己的神"这个语境中理解的。一切启示都是一桩现实活动(Actus),确切说,是一桩得到了明确表达的现实活动,正因为如此,也就有一个过渡发生于其中,因而任何启示也都以一种在先的境况为前提。现在的问题是,在这个在先的,并据此作为启示之前提的境况中,被假定的是什么。是一种彻底的无知,一种在其中根本没有任何跟神有关的东西的意识吗?但我们已经看到了,人类意识是神**自然的**设定者。因此启示在意识中也会遭遇到某个神,如果启示是真正的神的启示,那么它只能以真正的神取代另一个神的位置这种方式进行,这个被取代的神即便并非直接的假神,也仍至少并非真正的神。我要说的是,在"被启示的神"这个概念的自然本性中已然包含了下面这点,即被启示的神只可能是一个被产出的神,恰恰因为他是被产出的,所以他要以某个已然实存的东西为前提(这个前途仿佛是它出自其中的质料**从中被产生出来**的基础),因此,这个已然在此存在、将会通过启示得到转化的东西,无论如何都会**具有下述存在方式**,即跟任何先前存在于此,但在与**真正**概念的对立中被否定和取消的东西一样被否定和取消,因而**真正的**概念也唯有在与它的对立中才会被产生出来,正因为如此,这个先行在此存在的东西不可能是真的东西。现在大家对这一点的一般情况都清楚了,然而它在特殊的情况下怎样发生,尤其是在《旧约》(现在讨论的就是《旧约》)的启示中情况如何,仍需更详细的说明。为了直抄最近的道路,我们在这里需要即刻就试着去厘清在某个特殊事件上的关系,而这个事件可以看作《旧约》启示的整个序列的原型。

根据摩西五经第一经①的记载,神(以罗欣)试探亚伯拉罕并对他说:带上你所爱的独子以撒,到摩利亚地②去,在我到时跟你说的那座山上,把他献为燔祭。根据现时代的那些所谓"有教养的大多数人"为宗教的唯一内容所捏造的概念,神何以能够踏入这种与某个人类个体的直接关系,跟他说话,向他提某些要求,这些根本都是无法理解的。然而那些在此问题上没能力再进一步思考,或者说无法更进一步思考的人反倒自以为是地确立了下面的准则:不可以对这个或者说类似的故事感到反感,而且至少有必要去说明,这件事,即以这种方式去**试探**一个人,尤其是试探一个把自己完全献给神的人这件事,可以被认为合于神的尊严。可是神在这里要求的,并不单单是让亚伯拉罕本人受难和受苦,并不单单只是想苦其心志,这里涉及的是一桩**行为**,一桩让最纯粹的人类感受反感和愤怒的**行动**,况且在该隐杀害兄弟亚伯的时候,降到这种行为上的,乃是最古老的诅咒,正如在大洪水之后,第一代和第二代人类所领受的诫命中就有这样的话:"凡使人流血的,他的血也应为人

---

① 即《创世记》。——译者注
② 即古耶路撒冷,后来的耶路撒冷圣殿就建立在这个地方。——译者注

所流。因为神造人是以神的形象造的。"在大洪水之后明确说:"使人流血的,我必向他们索命,每个人都一样"的神,怎么也不可能跟向亚伯拉罕索要他儿子性命的神是同一个神。但如果我们考虑到,约莫在这个时代,整个人类族群,确切说是那些同源于亚伯拉罕的族群,把在某些场合下献祭自己最喜爱的孩子,尤其是头生的独子视为神圣的诫命,也就是说,如果我们要假定,**直接**试探或者说诱使亚伯拉罕做出如此行为的那条本原法则,跟唆使全部源于他的族群也要如此的那条,在本质上是同一条,那么我们必定也不能忽视所有在历史学上具有极高可能性的线索。然而若不同时假定下面这点,这一点当然也无法假定,即对亚伯拉罕而言的真神启示,其实系于一个错误的神性本原,或者说以这一本原为前提。单就其自身而言,这一本原诚然是非神性的,乃至违逆神性的,但这一本原诚然也不是单单在自顾自地**运作**,亚伯拉罕故事的进程就表明了这一点。因为就在亚伯拉罕刚刚伸手要杀掉儿子的当口,耶和华的天使喝住了他,让他把手从小男孩的身上拿开。也就是说在这里,以罗欣和耶和华的天使,即 מַלְאַךְ יְהוָה 之间得到了区分。命令亚伯拉罕献祭自己儿子的以罗欣,和制止他这一行为的作为耶和华之显现的天使间的关系,除了下述这种方式,很难以其他方式来设想。即被称作以罗欣的,是意识的**实体**,耶和华的天使则不是实体性的东西,而是某种在意识中尚在生成的东西,所以恰恰只是显现出来的东西,它并非实体,它**在意识中**实存的方式始终仅仅是"正在实现",始终只是 מַלְאַךְ יְהוָה [神的使者],也就是说,它恰恰只是耶和华的显现和启示,所以仍需不断地要以作为实体,即自已显现的媒介的以罗欣为前提；单独来看，耶和华的天使并非现实的神，因为在眼下这个例子里，它把自己展示为现实的神的方式，恰恰仅仅是取消亚伯拉罕之前所受的诱使，也就是说，它把这一诱使行为的本原自身预设为了自己现实性的条件；如此一来，这两者单独来看其实都不是真正的神，因为在这种情况下，真正的神仅仅在取消先行的神——就此而言先行的神并非真正的神——之际才**显现**；所以真正的神无法与先行的神分离。因此，《旧约》中真正的神是由错误的神中介传达的，进而仿佛系缚在后者身上。这一点就是旧约时代启示本身的局限。当作为一切启示之原因的更高潜能阶次在克服对立性的本原时，它也就在后者中把真正的神作为**显现者产生了出来**。如此一来，从神的方面来看，倘若无下面这点启示就是不可能的，即神在意识中**直接地**就是一个他者，甚至一个与自身不同的神，**但**当神在这种直接存在中取消自己之际，它也就把自身中介给了自身，进而实际上**以这种方式**在意识中**生产出了**自身。若无这种在意识中发生的对自己的产出，根本就不可能有任何神的启示。对此，任何纯然的外部传达——就算这种外部传达是可设想的——都无济于事。没有任何意识能从外部以灌输的方式被影响。人类会作为概念而接纳到自身中的东西，必定是在他自身中被生产出来的，确切说，是凭着某个寓居于意识、在其中已然**存在着的**、表现为进行着生产的**潜能阶次**的东西而产生出来的。所以旧约时代的启示要持续把张力预设为前提，甚至摩西的整个制度设立和宗教律法都不过是建立在对那个我们称为对抗性的、违逆神的本原之**实在性**的承认上。摩西的宗教律法必定把它作为前提保留并保护了下来。倘若在旧约时代的启示**自身**中没有这样的前提，那么旧约时代的律法就没有理由跟异教**一样**由基督而废除了。两者是同时由同一个行为取消的。这种同时取消正是凭着这一关系——之**所**以如此正是**因为**，为摩西的宗教奠基的，同时也是为异教自身奠基的异教之本原（我说的是，奠**基**；因为这个本原正是在摩西宗教中进行着持续统治和限制的本原，正是它支配着具体的律法），正因为如此，所以《旧约》尽管首先是一个神启的时代，但这种神启要以一个进行着晦暗化活动的本原为前提。基督是这种意义上的启示的**终点**，正如他也是异教的终点；他终结了那种已经讲过的、始终以一个进行着晦暗化活动的本原为前提的启示，他对异教的终结也是**以同样的方式进行的**。正因为如此，基督的现实显现比**单单的**启示要更丰富，因为基督的现实显现取消了这种启示的前提，进而也借此一并取消了这种启示自身。如果我们把异教、犹太教和基督教设定为一切宗教的三大主要形式，那么《旧约》的启示仅仅是一种由神话贯穿运作于其中的启示，基督教才是打破这层异教的硬壳，也就是以同样的方式同时扬弃犹太教和异教的启示。

《旧约》中的整个制度创设和律法中的谜团，在相当大的程度上就建立在"**前提**必须得到保护和维持"这一点上。然而在这里仍需进行一个区分。"以色列"这个族群源自这样的一个宗族，即在人类的其他部分注定要分裂为**各个族群**，进而以此方式落入多神教之际，这个宗族把自己坚守在各个族群**之外**，并且坚持相信那个曾经为全人类共有的神。这个原初的、没有其他神立于自己身侧、得到独一崇拜的神——正如我在讨论萨比教的时候①已经指明的——还不是物质性的神,进而在与一切后来的神的对立中,他仍始终在精神意义上被设想为天空与大地的**主宰**,这个神同样也被明确称为"亚伯拉罕的神"。这个神的统一性和精神性在亚伯拉罕宗族中始终都保持为下面这条首要的诫命:"除我之外你不可有别的神,不可为自己制作偶像,也不可用空中、地上、水中和地底之物制作喻像"——这个神的这种统一性和精神性始终都保持为首要教义。在他《地理学》的第十六卷中讨论摩西的著名文段里,斯特拉波②就是从这个方面出发来把握摩西宗教的。他说,摩西所说和所授的,是认为神与动物和畜生(这里是指阿匹斯神③)具有同样形象的埃及人无力设想的,利比亚人(非洲人),甚至以人的形象(ἀνθρωπομόρφους[具有人的形象])来塑造诸神的希腊人,都无力设想摩西说的。斯特拉波说,因为唯有**那个**覆盖环抱我们所有人以及大地与海洋的东西才是神,我们也把它称为天空(在《旧约》中"天空"常常与"神"是同义的),或者世界,或者事物的自然本性。但人类就是喜欢为这样的东西制作出某种与我们自己所见的**某个具体之物**相似的形象。因此必须远离一切对神形象化的行为。但人们还是得划定一片区域作为神庙,在其中设立一处华丽的圣所,并在那里敬拜无形象(χωρὶς εἰδούς)的神。斯特拉波的叙述就到此为止。但在亚伯拉罕宗族逗留在埃及期间,他们自己也处在始

---

① 参见"神话哲学"第175页及以下,以及第197页及以下。——编者注
② 斯特拉波(Strabo),公元前1世纪著名的希腊地理学家和历史学家,著有《地理学》17卷。——译者注
③ 阿匹斯神(Apis),古埃及孟菲斯的神之一,其化身被认为是公牛。——译者注

终与启示平行的、不断在前进的普遍神话进程序列中,而那个普遍的、首先不认任何在自己之外的其他神的神,对他们来说注定进一步成了一个排他的——克洛诺斯式的——神,从这一点出发,亚伯拉罕宗族在埃及的情况,他们从这片土地上被驱逐(异教的"非神圣"纪录则说这是他们的"出逃")或者说"迁徙"——《摩西五经》所呈现出来的就是如此——或许可以得到某种比通常而言更加确切的说明。在埃及也有忠于自己父辈生活方式的游牧民,在埃及人眼里,这种生活方式是一件令人厌恶的事情,所以法老们就力图强迫游牧民们以埃及人唯一尊敬的生活方式来过活,也就是耕种和建城。所以《圣经》上说,埃及人毫无怜悯地强迫以色列人的子孙去建造城市,让他们从事跟砖与土打交道的沉重劳动(也就是建城),让他们的日子苦不堪言,甚至还让他们在田间服徭役(也就是强迫他们去耕作)。① 根据一些古代典籍上的记载,必须假定,游牧民在埃及被视为提丰的拥趸和崇拜者。在埃及神学中,提丰就是那个盲目的、排他的、摧毁性的本原,这个本原已经被另一位更宽和的神,即奥西里斯柔化、屈从在了他之下,仅仅有一些建在供奉其他诸神恢宏富丽的神庙之旁、展示着提丰被限制了的权能的小庙,还在供奉提丰。② 普鲁塔克在他的著作《伊斯西与奥西里斯》(*De Iside et Osiride,* c. 31)中就引用过一些这类古籍上的记载:因为被剥夺了统治权,提丰逃亡了**七天**之久,在他**捡**回一条命之后生了两个儿子,分别叫作希罗索律摩斯(Hierosolymos)和犹达乌斯

---

① 见"神话哲学",第402页。——编者注
② 同上书,第389页。——编者注

(Judaios)。因此很明显,普鲁塔克从中得到这段记载的文字游戏包含了对犹太宗教的观点,即它是由已经逃走或者说被驱逐的提丰创设的一种宗教,或者说是一种与提丰关联在一起的宗教。塔西佗在他《历史》第五卷的那个著名记载里,则把希罗索律摩斯和犹达斯称为犹太人的统领。他说:Regnante Iside, exundantem per Aegyptum multitudinem, ducibus Hierosolymo ac Juda, proximas in terras exoneratam [在伊西丝统治时期,埃及多余的居民在希罗索律摩斯和犹达斯的统领下移居到了毗邻的地方]。甚至是"提丰逃亡了七天之久"这样的说法也并非没有意义;在第七天,提丰从他的逃亡中**静息**了下来;人们就以此说明为何在犹太教中第七天是安息日。塔西佗也还提到了规定必须休息的第七天和每到第七年就什么都不做的习俗①;他还说,根据另一些人的说法,这种习俗是为了向萨图努斯②(克洛诺斯)表示敬拜,他说,这是因为犹太人跟克洛诺斯一道从他们先前的领地被同时驱逐了。在那之后他们似乎就到了埃及,成了克洛诺斯的拥趸,直到克洛诺斯对世界上剩下的地方的统治再度被废黜为止。在罗马人和希腊人的观念中,克洛诺斯就是与提丰相对应的存在物。或许偶然,但仍值得注意的一点在于,在以色列人被法老追击,进而除了穿过红海再无他法自救之际,他们在逃亡中的第一个或者说最初的宿营地之一就是一

XIV, 127

---

① 《历史》,第五卷第五章。——作者原注
② 萨图努斯(Saturnus),又译"萨图恩",在罗马神话中被认为是最古老的神,对应于希腊神话中的克洛诺斯。——译者注

处提丰圣所。巴力洗分(Ball-Zephon)[①]——这个地方的名字就是这个——无疑就是 Beht Baal Zephon,亦即提丰的屋子、神庙、城市的简称。甚至更加惹人奇怪的是,一位已经生活在耶罗波安王[②] 治下的先知,也就是阿摩司有这么一处记载,是关于耶和华对以色列人说的话[③]:你们这些来自以色列各家的人啊,在荒野中的40年里,可有为我奉献过祭品与贡物?唉!你们抬着你们的王摩洛[④] 的帐幕,和你们自己捏造的偶像星神科完(Kiun)[⑤]。从语文学上看,科完不是别的神,正是萨图恩或者克洛诺斯。真的东西不可能挣脱错误的东西;因为前者恰恰仍要以后者为前提。在意识中两者相互混淆在一起。神在其中并不据其真正神性而存在的本原,仍是一个因而具有实际性的本原,并且就此而言是服务于启示的本原,当然,它并非单单或者单独地就是一个神性的本原,而在这种服务于启示的关联中才是神性的本原,也就是神之经世计划的真正本原。

　　后来还有一位先知耶利米[⑥],让神斥责犹太人的后代说,他们在新嫩谷里修建托菲特[⑦] 的祭坛,还焚烧自己的儿女来献祭,耶和华接着说,这根本就不是他命令的,他也从来没有这个意思,所以

[①] 埃及三角洲东面的一处地名,以色列人出逃埃及的时候首先在此扎营,见《出埃及记》14: 2, 9,《民数记》33: 7。——译者注
[②] 即耶罗波安二世,北以色列王国的君主,见《列王纪·下》14: 23-29。——译者注
[③] 《阿摩司书》, 5: 26。——作者原注
[④] 摩洛(Moläch),上古地中海东南岸地区要求献祭儿童的神,为犹太人所熟知。——译者注
[⑤] 科完(Kiun),又译"迦温",对这个神的来源和意义有许多讨论,在此仅看谢林的看法即可。——译者注
[⑥] 《耶利米书》, 7: 31(以及 22), 32: 35。——作者原注
[⑦] 托菲特(Tophet),指为崇拜摩洛或者巴力而焚烧儿童进行献祭的场所,在基督教文学中,"托菲特"是"地狱"的同义词。——译者注

耶和华预设了,犹太族人把这条命令也视为神的命令,诚然可以看到,激起异教徒行此献祭的本原,和诱使犹太人做出这种暴行的是同一个。在亚伯拉罕的故事中,作为耶和华之显现的天使,把那个要求献祭以撒的神跟自己视为同一的,因而也赐福了亚伯拉罕,因为他愿意实行这个神的命令。启示不能绝对取消自己的前提(这种绝对的取消在一切启示的终点来临之际才发生),牢牢把握住这一点的人,就能通过这一点把握许许多多的东西,比如《旧约》中的某些肯定会让我们觉得在某种程度上不符合神之尊严的东西,和在某种程度上直截就属异教的东西,以及何以许多由摩西颁布的律法所规定的习俗显然就是**异教**习俗。

不过在我讨论这些问题之前,我还是要对关于旧约时代的启示已经宣讲过的内容做一番补充性说明。许多神学家尤其想在מַלְאַךְ יְהֹוָה,也就是耶和华的天使中**直接**看到第二重神性位格。所以我要强调,这并非我的意思。尽管作为启示真正意义上原因,因而也作为耶和华显现之原因——耶和华在意识的潜能阶次 B 中显现之原因——的,是第二潜能阶次,但是它并不是这一显现自身。通过第二潜能阶次成为真正的神的显现媒介,进而同时也由此成为自己的显现媒介的,就是 B 自身。①后继的潜能阶次总是让先行的成为自己的 ὑποφήτης,即自己的道出者和宣告者,而这正是"天使"的含义。正如**总的来看**,在《旧约》中,父亲是由儿子预言,在《新约》中儿子是由精神-圣灵预言,同样,原初潜能阶次自身——它就是那个倘若不取消一切宗教意识自身的根据,就无法在意识中

---

① 见第164页注释1,以及"神话哲学导论"第161页。——编者注

取消的原初之神——就是第二潜能阶次的官能,通过第二潜能阶次,真正的神——在整个《旧约》中,它都是一个未来的神——才由《旧约》得到了宣讲和宣告,它仅仅被《旧约》所呼唤,而它的**名字**自身则仅仅指向未来。真正的宗教是未来宗教。在《旧约》的进一步进展中,尤其在先知书中,第二潜能阶次自身又成了第三潜能阶次的官能和对象,所以即便是 מַלְאַךְ יְהֹוָה [耶和华的天使]这个概念,也是一个不断延异的概念,进而在不同的时代有不同的含义,较之于迄今仍在讨论的那些纯然外部的迹象,对不同文本中相对古老记载更为确凿的标识,反倒更多地存在于这种延异身上。① 潜能阶

---

① 因而耶和华的天使(Malach)首先(在《创世纪》和其他具有历史意义的经卷中)是由 A^2 规定的 B,是第二潜能阶次使第一潜能阶次成了自己的天使。应该这样来理解。旧约时代宗教的起点是最古老的,仍被保存在其整全精神性中的萨比教,其崇拜的神是 El Olam[伊勒俄南](意为永恒续存者——译者注),这个神并不是面对意识才生成的,因而也没有在意识面前得到启示。亚伯拉罕的不可预思之神并非物质意义上的天空,而是作为天空与大地之主宰的本原。但这一本原之后在意识中面对其后起之物时,遭遇了一种自然的转化,这种转化发生在人类的**普遍**意识中——在此之后尽管这个本原对意识而言仍是**普遍的**,不知道任何与自己等同者的神,对人类来说,这个本原已然把自己聚缩在了特定的潜能阶次中,并且持续不断、愈演愈烈地从 B 中,也就是从排他性的、因嫉妒而持守在统一性上的本原中接纳自然本性,但当这一本原如此做之际,它也就借此已然认识到了一个自己之外的他者,也就是我们通过 A^2 刻画的东西。不管是先前发生的翻转还是这种前进,都不能阻碍启示,但恰恰是这个本原(B)也同样成了**启示**的基体、基础、素材和媒介,正如在意识中,诸族群就是纯然的自然宗教,即神话宗教从中产生的**自然**进程的素材和基体。会在**启示**中自行**启示**的,是真正的神,是 יְהֹוָה [耶和华],但即便是耶和华,在其显现中,也被遵循潜能阶次的序列。因而首先是更高的潜能阶次,或者毋宁说贯穿运作在更高潜能阶次中的第二重人格(因为在《旧约》中,潜能阶次仍未被人格打破,所以人格仅仅贯穿运作在潜能阶次中)——也就是说,这个在第二潜能阶次中贯穿运作的第二重人格,首先使得最初和最幽深的本原成为真正之神,也就是耶和华的显现媒介,使之成为 מַלְאַךְ יְהֹוָה,成为具有一切神之尊严的耶和华的**天使**,而与此同时,纯然的以罗欣则反倒被视为亚伯拉罕的引诱者乃至迷信的引诱者。即便启示也必须允许这一本原存在并放任它自由存在,正如在自然中,这一本原也是同样被放任自由存在;因为即便在自然中,也有许多据(转下页)

次的这种次第演替就是理解《旧约》最重要的钥匙,凭着这把钥匙 XIV, 130
就会惊讶地揭示且尤其会确信,旧约时代的种种表象也具有实在
性,一切在旧约时代宗教中被假定的关系也具有相对的真理。 如

(接上页)我们的概念看来不配神之尊严的东西,这跟在摩西叙述的经卷自身中,也有许多类似的事情被归到耶和华身上是一样的(因为这个本原仿佛是从耶和华从外部看来颠倒启示出来的一面,就此而言,耶和华始终表现出一种双重性,从一方面来看他表现为报复、嫉妒、盲目惩罚和摧毁性的神,从另一方面来看他表现为怜悯、宽容和宽恕的神)。可以这样来想:这一面涉及的仅仅是诸如《约书亚记》(第7章)中的那些叙述,即当以色列人的子孙偷走了燔祭,也就是偷了本来为耶和华预备的战利品之际,耶和华的**怒火**就降到了以色列人的子孙们的头上,导致除非找出犯了这个罪的人(偷窃者),把他在全体以色列人面前用石头砸死然后用火焚烧,否则在此之前以色列人不会获得对敌人的胜利。神的**这个**方面被称作**面貌**,因为这一面就是真正的神之前的东西,先行的方面,亦即他的前提,真正的神只能通过这一面显现。关于这一面貌耶和华自己说,没有人能活着看到它,因为它就是神的绝对毁灭性要素。正是鉴于此,耶和华对摩西说(《出埃及记》,33: 3):我**不跟你**一道迁到那里去(到流着奶与蜜的地方去),因为你是个硬脖子的凡人,我在路上就会吞噬你。相反,摩西关心的是耶和华是否会以真面貌同行,但耶和华告知,(只有)天使同行,这就使得民众(第4节)震惊悲哀:"你若不以真面目同行,那就不要领我们过去",耶和华随即答道:我会以真面目亲自同行,好让你获得静息(让你得到静息)(第14节)。这话要这么来理解:面对路上遇到的民众,神要把自己的面貌转过去,让他们受到惊惧战栗的打击(这一点在某处记载中明确说过),但以色列人则由他的**天使**带领——当然,前提是他们要顺从;因为在另一处文段里(《利未记》,26: 17),耶和华威胁以色列人说:倘若你们轻慢我的律条,不遵行我的一切诫命,我就要把我的脸从**你们**面前再次背过去,让你们定会被你们的敌人打击。《出埃及记》的 23: 22 很明显有一个区分:倘若如此,**我就**(而不是说"他就,即天使就")做你敌人的敌人;而23节则说:我的天使要行在你面前,带你到亚摩利人、赫人……的地方去,**我来**剪除他们。这个剪除者就是真正意义上的神,是力量和强大之所依;但他的名义还是在天使中(第21节)。(对这一等级划分可能的反驳则见:《列王纪・下》,19: 35) [在这处文段里,מַלְאַךְ יְהוָה(耶和华的天使)是**不加区分地**被提到的],《士师记》,2: 1,3。然而无论如何,作为天使的和作为毁灭者的是相同者,只不过尚未作为相同者,只不过形象不同)。"面貌"所指的,与被称为"神之荣耀"(כְּבוֹד יְהוָה)的是相同的东西(因为这就是神由以为主宰的东西),所以摩西(《出埃及记》,33: 18)请求能看到神的荣耀。耶和华对此答曰:我要让我的一切恩惠从你面前经过,我允许你呼唤耶和华这个名字(因此可见,就这一点来看,在耶和华自身中存在着一个本原,它在如此命名之际**呼唤**耶和华,亦即呼唤它显现)。但我的面貌你不可见;因为没人看到我还能活着。接着又进一步承诺摩西,要在他面前(转下页)

果在神话的各种表象中,真理与实在性已经存在了,那么在《旧约》中也存在着另一种完全不同的实在性与真理,只不过这种实在性与真理已然成了神话实在性与真理的**根据**,成了它的纯然质料与素材。但也正因为如此,旧约时代的各种表象仍具有一种比神话表象远为具体的实在性,所以远不可以把旧约时代的各种表象自身当作纯然的神话表象来处理。《旧约》的整个启示仅仅是由神话贯穿运作于其中的启示(基督教已经打碎了这个硬壳)。在《旧约》中,一种更高的、使得各个潜能阶次成为自己工具的意志,也已经力图在各潜能阶次中呈现自己了。正如在我们迄今所有的探究中,对各种终极现象的通用开解在一定程度上都得在三重潜能阶次的必然次第演替中寻找,那么这把钥匙必定也同样能用在《旧约》上。

但**诸位**要把握下面这点,即不管是一种观点,比如这里关于旧约时代的启示与律法而树立起来的观点,还是一些理念,比如刚刚宣讲的那些极尽精微的理念,正因为其精微,所以都需要一段时间才能发挥出自己彻彻底底的说服力,而这段时间是多久,我们对此是无能为力的。所以我现在只好满足于对下面这个一般性的命题进行论证,即《旧约》的启示与异教在**根据**和直接前提上是共通的,尽管这两者的共通性有限,并且还包含了某些界限,但这并不能取

XIV, 131

XIV, 132

(接上页)经过同时保证他不看到自己的面貌:在他经过之际,他会检查摩西是否遵守,"你可以看我的背面(צֲחֹרָי),但不能看我的面貌(פָּנַי)"。这段话意思过于晦暗,不过人们还是可以看到,在这里谈到了耶和华的两个方面,一个之前的、先行的、所有人都不能看到的方面,和一个之后的、后起的方面,后一个方面才是神,即怜悯、宽仁、容忍、充满巨大恩宠的神,也就是**真正意义的耶和华**。但在后来,在先知书中,第二潜能阶次又被第三潜能阶次当作了自己的天使,它现在是未来的潜能阶次 A^3,对它来说现在 A^2 自身成了客观的。——作者原注

消这种共通性。我要说的是，单凭这一点，摩西创设的许多制度与习俗中所包含的明显异教要素，乃至谜一般的东西都可以得到说明，人们甚至必须去尝试不要掩藏这些东西，而是要去承认它们，只有这样，才能理解摩西律法的特质，进而在朝向自由的关系中理解摩西严苛的礼法（人类是通过基督而得到解脱并朝向自由的）。深入说明摩西创设的礼法文化不可能是我们的意图。对我们当下进行的讲座目标来说，这项任务会把我们带偏，而且我也自认无法胜任。只要以色列族所担负的这些谜一般习俗中的个别内容，从那一关系出发——从纯然的启示出发（因为在基督教中不再有**纯然的**启示了，在基督教中只有实在性、现实性和事情自身），我是说，纯然的启示并不能彻底取消异教要素这个**根据**——得到了指明，那对当下的目标而言就足够了，也就是说，只要那些习俗中最不可理解的个别内容间的关联脉络凭这一关系得到了指明，那就够了。

在以色列族的宗教制度中，有好些跟异教族群是直截共通的，这是众所周知的事情。而我要提的，就是也属此类事情之一的割礼。尽管割礼不能被视为一种首先由摩西颁布的律法而创设的制度。因为众所周知，亚伯拉罕也得到过要为他自己以及所有他的男性后裔行割礼的诫命。但摩西确证了这条诫命，每一个男性在出生八天后就必须行的割礼，属摩西律法中最具强制性和义务性的规定之一。但割礼是许多族群共有的习俗，确切说，从神话进程来看绝大多数最古老的族群，比如阿拉伯人、腓尼基人、埃及人（希罗多德甚至还把埃塞俄比亚人算在最古老的族群之列）都有割礼

XIV, 133

习俗，所以问题就是，在亚伯拉罕被命令行割礼的那个**时代**，割礼是否是从其他族群那里接纳来的习俗。但在亚伯拉罕被令行割礼的时候，这种手术已经被预设为是众所周知的了。进一步说，倘若世上只有亚伯拉罕家族的人是唯一受过割礼的，那雅各的儿子们如何可能说"把我们的姐妹送给未行割礼的人为妻，这让我们蒙羞"呢？也就是说，如果割礼在亚伯拉罕的时代以前就已经是异教诸族中的习俗，那么割礼的根据就在异教的本原中，进而我们在亚伯拉罕和摩西身上看到的更高本原，仅仅是认可了割礼这项要求，这与这一更高的本原在取消或者说拒斥异教本原的各种其他引诱时是一样的。但这一习俗真正意义上的首要根据或者动因在哪里呢？斐洛指出，从洁净，以及抵御某些疾病，甚至同样从其他的医学角度来看，割礼都是有益的。在哥廷根皇家科学学会为奉丹麦国王之命而被遣往东方的旅者提供的诸多问题中，也有一条涉及割礼在医学上的效用。在这些旅者中，只有唯一一位尼布尔(Niebuhr)先生解答了这个问题，但他关于这一习俗的医学效用所能探查到的一切，都是微不足道并且仅仅限制在一些片面案例上的，所以人们不可能纯然从这种医学效用的考量出发，来推导出这一广布许多族群的习俗所具有的**这种**普遍性。因此，即便在异教徒中，这一习俗自身无疑原本也是跟某种宗教意义关联在一起的。但问题是，这种意义究竟为何。第一个在一般意义上看到割礼中合理性要素的，是英国人**斯宾塞**①——他的 *de legibus Hebraeorum ritualibus* [论希伯来礼法] 一书应当是每一个要钻研神学和宗教

---

① 约翰·斯宾塞(John Spencer)，1630—1693，英国著名的神学家和希伯来学家。——译者注

史的人都该知道的,关于他对摩西礼法的说明体系,我后面再来详谈。斯宾塞认为,割礼的创设与异教族群的阳具习俗(阳具崇拜)有关。这样笼统的说法无疑谈不上在思想上是否正确。但如果他认为,割礼之所以被引入是为了通过切掉这个部分来避免阳具游行,那他就错了。因为割礼远比阳具崇拜古老。希罗多德从埃及人那里见证过,割礼这个习俗在他们那是 ἀπ' ἀρχῆς [自古以来] 就有的,始于最古老的时代。① 在先前② 引用过、见于该撒利亚的尤西比乌斯③ 著作的桑楚尼亚松④ 的残篇中,割礼则被认为源于克洛诺斯;也就是说,割礼源自神话的克洛诺斯时代。在这一前提下,可以说最有可能的情况就是,割礼与对乌拉诺斯的阉割有关;因为剥夺某个先前居统治地位之本原的力量,被表象为对它进行阉割是一种普遍的表象方式。正如我们在先前同样看到的,与这一过渡相关联的是各种放纵狂欢的出现,所以出现了诸如库柏勒的祭司在神圣的狂热中自宫;同样,东方⑤ 那种令人憎恨的、把小男孩大卸八块以之飨神的习俗,同样也是在神话表象中得到其首要动因的。而欢庆对那个先前的、确切说最古老的潜能阶次进行了阉割,亦即进行了克服的更加温和且人道的方式,很有可能就是割礼。因为攫握着意识的各种神话表象与关系,在各种模仿性行为中得

---

① 《历史》,II,第104节。——作者原注
② "神话哲学导论",第312页。——编者注
③ 该撒利亚的尤西比乌斯(Eusebius),约260或275—339,巴勒斯坦地区的该撒利亚教会主教,基督教教会史研究的奠基人,有《编年史》《教会史》《君士坦丁志》等作品传世。——译者注
④ 桑楚尼亚松(Sanchoniathon),生卒及生平事迹不详,古代腓尼基作家。——译者注
⑤ 指中东。——译者注

到了明确表达,而许多习俗的象征意义就在于这点,这一点我已经在神话哲学中用一些有说服力的例子指证过了。在摩西的法典自身中,割礼越是在一定程度上被道德地解释,也就是说,割礼越是被解释为针对心灵的,或者说对灵魂中野蛮顽愚、如泰坦一般要素的切割(《申命记》,10: 15,30: 6),上述立场,或者说割礼所表达的是对野蛮本原的限制这一点就越有可能是真的。甚至先知也在这个意义上讨论割礼,比如《耶利米书》4: 4中就说:你们要为耶和华(真正的神)行割礼,要割掉心中的裹皮,只有这样,我的恼怒才不会如无人可以熄灭的烈火般升起焚烧。这里被称为"愤怒"的东西,必定在启示和异教中都得到了同样程度的克服。只不过启示中所进行的克服活动不同于在异教中进行的。关于割礼就说这么多。

据我们的概念来看,紧接下来令人注目的是对某些膳食的**禁令**,以及对动物洁净与不洁净的划分,在不洁的动物中,有许多并不是由于一种自然憎恶而引起人类对它们的提防与害怕的(人们可能通常会认为就是如此)。或许一种并不只在动物纯然的外部形象上瞎忙活,而是能理解它们与自然本原的不同关系,进而能把握到由不同动物代现的**内在性**——仿佛具有伦理品质的——境况的自然史,才能为这里的这个问题提供开解。在各种哺乳动物中,自远古以来没有比猪遭到更广泛嫌弃的了。根据伯查特①的说法,猪是腓尼基人、埃塞俄比亚人、印度人和埃及人共同憎恶的对象。

---

① 塞缪尔·伯查特(Samuel Bochart),1599—1667,法国圣经学者,对17世纪的圣经解释学产生过巨大影响。——译者注

无论如何,这种憎恶是更为古老的,并且是从异教中被采纳到摩西律法里的,这一点从下面这回事情中就可推论而知:在埃及,是猪杀害了狄奥尼索斯,同样在罗马,猪是杀害刻瑞斯,或者其他充满奥秘、属于后来的意识的神祇,比如拉瑞斯①的凶手,正如贺拉斯脍炙人口的诗句中所吟的:科马纳的女神②(正如**诸位**所知③,她对应于乌拉尼亚这个环节)祭司不可以吃猪肉,甚至猪这种动物都不可以进入由她的祭司们祝圣的这座城市。

趁这个讨论的当口,我还想提提下面这回事情,即摩西所描述的会幕的布置方式,跟埃及的圣所布置方式惊人地一致,而后者的布置方式近来也越来越确切地为大众所知了。谁只消翻翻《埃及记述》④,谁就会轻易认出摩西所规划和描述的会幕——地毯,基路伯⑤,所谓的施恩座,以及陈饼桌——就是模仿埃及人的。而约柜⑥则让人想到圣箱,plenas sacra formidine cistas[充满神圣恐惧的箱子],一位古人如是称呼它,在异教习俗中,圣箱有着举足轻重的地位,而在腓尼基人和埃及人,以及后来在希腊人那里,这种习俗已经很常见了。因此在摩西对会幕的布置中,**素材**仍是神话性质的。

关于**各种献祭行为**,我还想首先再提一提一些特别的地方,一

---

① 拉瑞斯(Laren),伊特鲁里亚神话中的战神,后来被移植到罗马。——译者注
② 指埃及女神玛特(Ma`at),是真理与正义的女神。——译者注
③ "神话哲学",第251页。——编者注
④ 法语为 Description de l'Égypte,是由法国政府出版,法国埃及科学与艺术委员会从1809年开始持续到1829年编纂的大型学术文集,由160多位学者和科学家,2000多名艺术家和技术人员共同完成,其中大多数人曾随拿破仑远征埃及。——译者注
⑤ 希伯来语为 כרוב,新教译为"基路伯",公教会译为"格鲁宾",其特征是有许多眼睛。——译者注
⑥ 传说中收纳摩西十诫法板的柜子,犹太教圣物。——译者注

定不能忽视其中包含的异教要素。所以我在这里尤其要提一提献祭红色母牛的习俗，据称通过这一献祭，所有因接触死者而变得不洁的人都会得到洁净。要进行这一献祭，得准备一头红色的、没有杂毛和其他毛病，也没有负过轭的纯色母牛。普鲁塔克明确说过①，红色是提丰的颜色，埃及人用红色公牛为提丰献祭(τῶν βοῶν τούς πυρρούς)，而且在这件事上要极为谨慎，也就是说，即便用以献祭的公牛身上哪怕只有**一根**白毛或者黑毛，这头牛就不能用来献祭了。这头红色母牛不能由大祭司(也就是亚伦②)亲手杀死，而是由接下来会接替职位的来杀，而即便这位候补大祭司也不可以亲自动手，而是只需要亲眼看着这头牛被杀，这头牛不能在营帐里杀，而是要在外面宽阔的旷野里杀。这头牛及其皮毛乃至粪便都得烧得干干净净。它的灰烬随即就要被收藏起来，用以制作除秽水，只有用它，触碰过死人的人才能得到洁净。此外，看着牛被宰杀的祭司，焚烧牛的人，甚至收集灰烬的人(通常被选来做这事的也必须是个"洁净的"人)，所有这些人自己也会变得不洁，所以他们必须清洗自己的衣服，在水中洗净身体，直到晚间才能变得洁净(《民数记》，19: 1及以下)。

即便是摩西宗教律法中的这些明显的迷信要素，也没有证明任何**有违**这一律法神圣性的东西，毋宁说，如果这一律法不包含任何实在性的要素，那么它自身就不可能在一种名副其实的意义上是**神启的**律法——如若不然，律法就会是一种纯然人类的发明了。

---

① 《伊西丝与奥西里斯》，第22节。——作者原注
② 亚伦(Aaron)，《旧约》人物，摩西的兄长，古以色列人的第一位大祭司。——译者注

在摩西对另一种礼仪的设置上,也表现出了不遑多让的迷信要素(《利未记》,16),也就是在大赎罪日① 那天(在我们的历法里是 9 月 10 日),要在会幕(= 圣帐)的门前为耶和华呈上两只一样大小的公山羊。接着要在两只羊间抓阄,一只献给耶和华,另一只献给阿撒兹勒② (关于这个名字我马上就来说明),也就是说,两只羊中被抽到的那只应献给耶和华做燔祭,另一只则应放生。而后一只则要先活着被放到耶和华面前,接着亚伦就会把双手放在它的头上,向它坦白以色列子孙所有的过失并把这些罪放到它脑子里之后,就差一个自己家族的人把它放生到荒野中去,如此一来,这头山羊也就以这种方式把以色列子孙所有的过失担到了荒野中,进而使其永远留在荒野。尽管很明显献祭的一方是耶和华,另一方面是阿撒兹勒,但很少有人认为这是二元论。尽管我必须强调,一些人以**荒野**来说明"阿撒兹勒"这个词自身。但就这里的情况来看,这种说明(或许可以认为,这种说明会通过与阿拉伯语比较来确证自己)跟下面这种明显对立是矛盾的,即一只山羊应属 יהוה [耶   XIV, 138
和华](按犹太人的发音,则为"阿多奈"③),而另一只则属 עֲזָאזֵל,阿撒兹勒;耶和华是一个位格,那么看起来阿撒兹勒似乎**肯定**也是一个位格。否则无法理解,何以先前从未出现过的荒野的名字恰恰在这里出现了,毕竟希伯来语并不缺乏表达荒野的其他词汇,不

---

① 希伯来历提斯利月的第十天,是犹太人每年最神圣的日子,当天会全日禁食和祈祷。——译者注
② 阿撒兹勒(Asasel),《旧约》中的一个神名,只出现过四次,均与赎罪日有关,其形象与起源尚有争论。——译者注
③ La adonai,对"耶和华"的代称,意为"我的主"。——译者注

仅如此,如若不然,这句话就会是"把应打发到荒野(laasasel)中的山羊打发到荒野(hammidbara)去",如此就会出现在希伯来经文中最令人难以忍受的同义反复。这样一来,很明显阿撒兹勒就是一个人格神的名字了。但如果要坚持这一点,就必须承认,阿撒兹勒是一个与耶和华对立的位格,尽管我并不认同斯宾塞所说的,阿撒兹勒是**魔鬼**,但他仍起码是一个与神相争者[θεός ἀντίτεχνος],一个居于荒野的魔鬼。斯宾塞以权能消失者[fortem abeuntem]来说明阿撒兹勒这个词,也就是把它理解为由名词עז[强力,权能]和动词אזל[消失]构成的,而这个动词确实就是退去、消失的意思,因而这个词很可能就是用来描述一个先前的权能或潜能阶次的,在后起的潜能阶次面前,它仿佛消失了,仿佛回退到了过去中;这个词很明确被用来描述某个已然消失无踪、不再存在的权能(《申命记》,32: 36;《约伯记》,14: 11)。无论如何,在这里可以明显看到一种彻底具有神话性质的关系的痕迹。希腊语为这个词创造了一种译法,τόν κεκρατημένον[有权能者],而关于提丰则恰恰同样也说:ἐκρατήθη ὁ Τυφῶν,提丰已被权能战胜。[①] 对于后来已经过渡到市民生活的东方人来说,荒野在一切惊惧中居于首位。在后来的时代,罪之理念直接与对**四处**都是荒野这种先前境况的表象直接联系在一起,所以向市民生活的过渡也在用于缔结婚约时的一个著名希腊单词中被表达为"脱罪":ἔφυγον κακόν, εὖρον εὖρον[摆脱恶行,变得更好]。人类曾经有着极乐的生活,但人类逃离了这种生活进而处在了一种绝对的孤寂中,所以某种

---

① 见"神话哲学",第387、437页。——编者注

关联和关系自然会为人类而产生,在社会中,人仿佛对这些关系沉默不语,不能将之明示出来。因为人类既与至深者相关联,也与至高者相关联,而对较高的关联而言,较低的关联仿佛在其中被镇压着。先前曾被指控跟魔鬼和巫术打交道的那些不幸的人,大多都过着一种离群索居、投身于沉思的生活。所有这些因其所从事的工作而不得不过离群索居生活的人,比如整个夏天都在空地上放牧畜群的牧人,都住在乡间,那里有早就开辟的大块牧场,而这类人在群众眼里名声不佳,比如符腾堡地区就是这样,群众对这种人有一种天然的忌惮感,在寻常人看来,这种人仿佛**有其他人没有的能耐**。所以在许多地方,这些人常作为江湖医生给人开一些"祖传秘方"。在他的《自然史》中,老普林尼①这样谈到过非洲的荒野:In Africae solitudinibus hominum species subinde fiunt, momentoque evanescent[在非洲的荒漠里,有一些野人神出鬼没]。这让人想到圣安东尼②如野人一般的生活。希腊人也把他们的潘神和同属其类、作为先前本原惹人烦忧的残余的存在物,驱逐到这些孤寂偏远的地方,这些地方同时也是亡者的居所,是事物在当下境况中所具有的力量与杂音仍不可穿透的地方。在以色列人那里,明显与潘、萨提尔或者根本上说与潘神这样的存在物相对应的形象,则是谢迪姆和赛里姆③,而它们的居所就被认为是在荒野中。因此以色

XIV, 139

---

① 盖乌斯·普林尼·塞孔都斯(Gaius Plinius Secundus),23—79,常被称为"老普林尼",古罗马著名作家和博物学家,著有《自然史》(又译《博物志》)传世。——译者注
② 圣安东尼,或称"伟大的圣安东尼",约251—356,罗马帝国时期的埃及基督徒,是基督教隐修生活的先驱,曾经如野人一般在沙漠中生活。——译者注
③ 谢迪姆(Schedim),赛里姆(Seirim),均为犹太神话中的鬼怪或魔鬼的名字。——译者注

列人不允许在户外献祭。所有祭品,甚至献给荒野的祭品,都必须先放在圣幕前。旷野与广原是那个**普遍的**、无所限制的神的领地。而耶和华**并非**这个普遍的神,而是有人格的,正因为如此可以理解和把握的神,他并非一个无名之神,而是有一个名字,进而也正因为如此,他并不是在旷野或广原中,而是在屋子里被祭拜,就算在荒野里也至少是在一间**帐幕**中被祭拜(这是为了暗示他的可理解性)。

根据摩西律法的明确说明①,在旷野中献祭的人会被当作仿佛是想把祭品献给谢迪姆,献给与潘神类似的存在物。而被抓阄要献给阿撒兹勒的公羊,正如已经说过的,要在它活着时释放,并任其自由离去,这样才能把族群的罪担往遗忘之地,担到荒野中去。对于阿撒兹勒,人们其实或许可以设想,既然以荒野为其居所,那这恰恰就把他刻画为了一种过去的存在物,而这刚好也暗示了他的名字。如果经上只是说,山羊被打发到荒野中去,那么人们就会以为脱罪只是这么简单的事情。但既然公羊同时要被献给**那位**阿撒兹勒且被放生,那么人们**肯定**会推测,在这一习俗中还有古代迷信的残留,因为甚至阿撒兹勒这个名字在经上都没有得到**说明**,而是被预设为一个族人早已熟知的名字。所以对于以色列的意识来说,有一个尽管属于过去,但并没有因而成为虚无的存在物;正如埃及的提丰也属于荒野,尽管他被认为是已被克服的神,但仍享有零星的献祭和逼仄的神庙。我们绝不是为了赶时髦才去认为,存在着**其他**神或者**非真**诸神的启示的,我们绝不是最先持这种观点

---

① 《利未记》,17: 7。——作者原注

的人。启示对异教之**实在性**的承认是明明白白的,在后面讨论基督教对神话的看法的时候,我会更明确地表明这一点。

甚至在洁净麻风病的律法中也有某些跟献祭阿撒兹勒类似的地方。即要取两只鸟,一只杀掉,另一只要蘸上被杀掉那只的血,接着放到旷野里去(《利未记》,14)。古代的自然神,即始终仍引人追忆的太古存在物——在太古时期,没有任何市民的法律,一切与一切相通——这类神在古代的许多地方,都以被放生的畜群和自由放牧的动物来供奉。普鲁塔克(在卢库鲁斯①生平第24章中)记载道,在幼发拉底河的对岸,人们以没有牧人看守的野生公牛作为供奉波斯的阿尔忒弥斯的神圣祭物,这位女神的标志性形象是手持火把。众所周知,根据《奥德赛》②中的说法,有七群被供奉给西西里的赫利俄斯(太阳神)的神圣公牛被奥德修斯的旅伴们宰杀了。苏埃托尼乌斯③在凯撒的生平(81)中记载道,尤里乌斯·凯撒在渡过卢比孔河④的危急时刻,曾经供奉了(consecrass)一群马,并且不准牧者给它们套缰,把它们放生了。至于这群马被供奉给了**哪个神**,凯撒的这一放生行为**的意义**是什么,作者则没有记录。或许它们被献给了支配着一切的无名之神?在重大且危急的关头,是不是人类大都会想起它的黑暗力量?在创设了市民的、由法律

XIV, 141

---

① 卢基乌斯·李锡尼·卢库鲁斯(Lucius Licinius Lucullus),前118—前57或56,罗马将军和执政官,罗马共和国末期的著名将领。——译者注
② 卷XII,第127行及以下,第340行及以下。——作者原注
③ 苏埃托尼乌斯(Gaius Suetonius Tranquillus),约69或75—130,罗马帝国时期的著名历史学家,著有《罗马十二帝王传》传世。——译者注
④ "渡过卢比孔河"是一句著名的谚语,意味着"破釜沉舟",凯撒通过强渡卢比孔河改变了自己当时在政治上的被动局面。——译者注

限制的生活之后,放生人类驯养的动物,也是一种可以与自由的自然生命之神和解的习俗吗?我也不知道,《约伯记》中提到的放任野蛮行径的神是不是这个神。但值得注意的是,凯撒似乎是想把这种放生仪式视为国王的仪式,也就是在国王加冕礼上被使用的仪式。至少人们为延续到我们时代的类似仪式赋予某种上古起源是完全没问题的。在法国国王的加冕礼上,习惯性的做法是在兰斯大教堂①里备上一群关在笼子里的白鸽,在王冠落在国王头上的那一瞬间,就放飞这些白鸽,这看起来像是在追忆自由的自然生活,或者用当今已经失落的概念来表达就是,**真正的**国王会在市民社会的必然限制中解开一切束缚,他就是为一切人带来解放的本原。

纵观古典宗教,除了以色列人,没有任何一个族群会主动投身于这种如此难以忍受、遍及其所有活动和所作所为、仿佛奴役般的生活,人们难以相信,这种宗教律法规定的生活方式在一切时代都始终不断在上演。以色列文化中这种严格恪守习俗而产生的许多看起来显然迷信,同时彻彻底底非理性且渎神的印象,一直令人颇为反感。迄今对此有两种说明体系。其一是斯宾塞的体系。他假定,在摩西规定的许多习俗中,神已经被拉低到了适合以色列人思维方式的层次上,甚至仿佛是听任和允许以色列人以这种思维方式进行某种或其他的异教仪式,而以色列人这么做不过是为了尝试建立与真正宗教的联系——ad Israelitarum modulum se attemperasse et nonnullos ritus indulsisse[俯就以色列人的水平,听任一些仪式的

---

① 位于法国东部城市兰斯,历史上曾有包括第一位法国国王 Clovis 在内的 25 位法国国王在此加冕。——译者注

举行]。另一种说明体系则是接受度更广的所谓有典范性的神学说明体系，根据这种体系，摩西律法中规定的数不胜数的行为，尤其是献祭，其实就是范本，它们并不在自身中有其真理，而是在由之得到预先示范和形象化展示的东西，也就是在基督中才有其真理，尤其是在《新约》讲述基督的伟大献祭中才有其真理。

斯宾塞体系的薄弱点，就是他所宣讲的那类其实经不起推敲的东西。在异教自身中，他没有看到任何必然性，所以他自然也无法在摩西主义的异教根据中看到任何必然性。而我们的观点则与他相反。从另一方面来看，如果人们因为斯宾塞的这个在许多仪式和规定中至少还能认出异教要素的体系，把具有所谓**典范**意义的神学说明体系排除在外就谴责它，那无疑也是一种狭隘之举。当然，如此判断必定是人之常情，因为人们早已习惯把异教设想为与基督教彻底无关的东西。但基督教在何种程度上是异教的未来，它就在同样的程度上也是犹太教的未来，所以单单犹太教并非其范型；甚至异教也包含了在其真理中通过基督教才得以显现的关系之范型。甚至可以说，摩西主义中真正意义上的典范性要素恰恰就是其中的异教要素。人们完全忘记了，任何启示都必定已然在意识中预设了某种原初的、**实体性的**内容，启示自身不可取消这一内容，因为它只有系于其上且在它之中才能产出对真实之物的意识。正如已经说过的，这就是一切启示的**必然**限制，若不取消这一限制，若这一限制不像在基督中那样被取消，启示就无从发生。

如果人们将摩西律法的内容和犹太族群历史的内容做一番比较，就会倾向于认为，摩西律法的历史的内容只不过是宗教律法的纯然理想，在现实中它从未存在过。根据律法，以色列的子民在理论上都该是一神论者，但他们在实践中几乎从未中断过是多神教徒。他们意识的实体根本上就是异教，真正的宗教只不过是附加给他们意识的东西，而这种意识的附加物恰恰就是被启示出来的东西。他们也一样几乎经历了多神教的全部阶段。从对天空女王 melaecheth haschamaim 的崇拜开始——一切现实的多神教都是以天空女王为始的——从对巴力和亚斯塔禄①的崇拜开始，到把腓尼基人和迦南诸族的可憎恶神崇拜个遍，甚至还进行过神话的第二次转折，转而崇拜库柏勒（在犹太人那里可以找到确凿证据认为他们以 Miplezeth② 之名崇拜的就是库柏勒，这很明显是女性神的名字），犹太人的神话阶段一个都不缺。这种偶像崇拜的偏好——人们常常这么说犹太人——反倒造成了一种假象，仿佛一神教是原初的，多神教是偶然且次生的，然而实际情况得反过来（多神教是原初奠基性的，一神教是次生的、对立于多神教而得到确立的），但这种所谓的倾向绝非纯然只存在于犹太族群的粗人当中，那些受过教育的人，那些国王，那些**先进贤达**——其中有些人甚至还被认为是希伯来文学艺术黄金时代执牛耳的人，他们的格言在整个东方至今仍然家喻户晓——也有这种倾向。如果多神教实际上并非表面看上去的某种较之于古代宗教的质朴而得到了进一步塑造与

---

① 亚斯塔禄（Astharoth），被认为是巴力的妻子，犹太人曾经崇拜过她。——译者注
② 《历代志·下》，15: 16; 以及《列王纪·上》，15: 13。——作者原注。在这两处记载里，Miplezeth 和亚斯塔禄是同位语，经文翻译为"可憎的偶像"，可见这个神名源自对"可憎之物"的阴性名词化，在这个意义上很难说它还是一个神的专名了，谢林在这里似乎认为这是一个神的专名，但没有给出更多理由，但从他认为这个神对应于库柏勒来看，应该也认为这是第一潜能阶次在第二潜能阶次来临之际而呈现出的女神形象。——译者注

展开的东西,那某位国王怎么可能对所罗门的箴言着迷呢?从许多记载出发都可以推论出,整个犹太族群都把下面这回事情感受为贫乏,即他们不可以像其他族群那样,去敬拜新神,也就是那些在之后得到进一步展开的时代中的神。不过在以色列人那里,仍需区分另一种不同于真正意义上的偶像崇拜的缺失,即尽管树立了唯一神耶和华,但他仍然是在某些**形象**中得到敬拜的。这就是耶罗波安①的罪,在王国分裂之后,出于一些政治上的理由,为阻止以色列人在大型节庆中拜访耶路撒冷,他在伯特利②和但③这两个地方立了两个金牛犊,还下令真神只可以在这两个地方敬拜。在这种行为中存在的显然就是那个在对荒野的祭拜中曾起过作用、从埃及带出来的**异教**根据。这种形象崇拜尽管被称罪,但仍要区分于真正意义上的偶像崇拜。④ 偶像崇拜的倾向——正如人们说的——曾经在犹太人从巴比伦放逐回归后消失过一阵。人们通常这样来说明这一现象,即犹太人(众所周知,从放逐中回归的一共只有犹大和便雅悯两个支派;犹太人中被放逐到亚述的支派已经散落了,至今也没有得到重整),在放逐期间接触了波斯人,而在波斯人中起支配作用的是一种更富精神性的一神教。但犹太族群对多神教的冲动和倾向恰恰在这个时期消失,这一现象中值得注意

---

① 即耶罗波安一世,以色列王国南北分裂后北以色列王国的首任君主,铸造了两个金牛犊让百姓祭拜,不让他们去耶路撒冷。——译者注
② 伯特利(Bethel),意为"神之家",可能在耶路撒冷北方10英里处。——译者注
③ 但(Dan),古地名,可能位于加利利湖以北25英里处。——译者注
④ 见《列王纪·上》,16: 31关于亚哈的记载,即他比耶罗波安犯的罪还要过分,甚至到了去崇拜巴力(现实的偶像崇拜)的程度。而关于亚哈的儿子约兰则说,他至少又除去了巴力的柱像(《列王纪·下》,3: 2)。——作者原注

的地方在于，人类在神话进程中达成了自己的目标。这种巧合证明，多神教并非偶然之物，它像瘟疫一样是一种波及面广泛的疾病，它有自己特定的走势，不仅单个族群或个别族群，而且整个人类都无法从这种疾病中逃脱，在神话进程在所有人身上逐渐失去自己的力量之前，甚至被拣选的族群也不能在它面前全身而退。

因而从所有这些出发，下面这回事情也就清楚了：要说明摩西律法与制度设定中与异教类似的因素，不需要任何如斯宾塞所假定的那种神的降格和屈尊。毋宁说摩西律法自身就是对异教实在性的最大证明。如果认识不到异教的实在性，并且在另一方面也认识不到启示只能在异教中发生才**有现实性**，那摩西主义即刻就变得不可理解了。启示并不能直接取消曾经被客观设定的张力（也就是神话进程产生于其中的张力）；通过献祭来与愤怒的神和解这一需求，并不是由启示**激起**的。摩西本人既没有创设献祭本身，甚至也没有创设个别的献祭仪式，而是仅仅对献祭做了**指导性**规定。在晚出的经卷中，在未来的潜能阶次，亦即圣灵－精神已经在其中得到谈论的先知书中（摩西律法跟狄奥尼索斯的时期是对应的，而先知的言行超越了律法，先知之于律法正如秘仪之于神话；正如倘若不把秘仪纳入考察，就不可以自诩已经完全把握了希腊宗教，同样，倘若不理解旧约时代宗教律法的另一重必须补充并且唯其如此才带来完善说明的面向，即先知的言行，那也不能自诩把握了这种宗教律法，尽管这种律法的机制和设置，间或且部分地，也就是在一些环节上也总可以在其他宗教中找到，但是只有在摩西的律法中，它们的存在才如此弥久，如此具有本质性，如此举世无双),也就是说在先知书中,耶和华本人明确否认献祭是他自己所意愿的:"我为什么要受你们的这么多献祭呢?公羊的燔祭,羊羔的油脂对我来说已经够了,公牛的血,羊羔的血,公山羊的血,我都不喜欢——我对这些感到厌倦,**忍受你们的献祭让我感到厌烦**"(《以赛亚书》,1:11、14)。所以我远不是要否认摩西律法的典范性,相反,我越是在《旧约》中认识到这种典范性,我就越是发现必须在异教自身中来承认它。但这种典范性并不是有意被编排出来的,否则它的意义就几乎完全消失了。在一切有既定目标的运动中,这一目标自身已然作为目的因在一并运作了。应在者自运动的开端起就已然一并设定了,因而应在者已然拥有了一种存在。整个自然的目标是人类性的东西,就此而言,人类性的东西已经(作为目的因)在自然中进行运作了;所以在自然中存在着一些对属人的、伦理性质的关系进行的先行构型,比如蜜蜂就生活在社会性法规的状态中,人们完全有理由把蜜蜂的这种组织方式称为"国家"。同样,**所有**献祭实际上也以此方式指向最终的、会同时扬弃异教与犹太教的伟大献祭。经上(《希伯来书》,9:13.14)说,山羊和公牛的血,公牛焚烧的灰烬只能带来外部的洁净。而在精神-圣灵(这是紧随基督的第三人格)力量中的基督之血则会把自身主动呈现给神,进行纯洁无瑕的献祭,进而把内在的东西,把良知自身从僵死产物的必然性中解救出来,进而使之能够侍奉活生生的神。因为前一种献祭并不能取消与神不和的本真根据,故而需要**不断**重复,所以正因为如此,这种献祭恰恰只是阴影,但也仍是未来的伟大绝对和解所投下的阴影,它在《旧约》中构成了**直接的**范

XIV, 146

本，而在异教中当然**纯然**只构成了**间接的**范本。尽管只是未来者纯然的阴影和范本，《旧约》中的献祭反倒因此对**其**时代而言具有**实际性**的意义，或者说，正因为仅仅是范本，所以才有此意义；近代的人们不再能把握这种意义了，但也不可轻视它，如果**这种**献祭没有实际性的意义，那么**以它为**范本的那个东西必定也会失掉自己的实际性意义，可见如果和解这个理念本身，也就是通过基督产生的和解最终被说明为**纯然**异教的，那么人们随即就不会认为彻底具**有实际性的客观**和解理念与之还有任何关联了。①

---

① 一位听众先生书面告诉我，我之前的说法（在犹太教中，与神的关系是一种纯然外在的关系，而非内在的、自由的、童真的关系，与神的外在和解仍始终建立在与神不和的**基础**上）与《旧约》是矛盾的。如果我的这些断言，即对那种纯然外在的、奴役般的关系的断言失之偏颇，那么这位先生显然也不能要求，**我思考这一问题的立场能跟使徒保罗有所不同**，不管是这位先生还是我，对犹太教的洞见肯定都没有保罗深刻，而保罗恰恰就谈到过犹太教的这种奴役精神。比如他说（《罗马书》，8: 15）：如果你们领受的不是奴役的精神，那你们何必又害怕？除非你们领受的是童真的精神。保罗也劝诫加拉太人（《加拉太书》，5. 1）：所以要稳稳立在自由中，这是你们因基督的解救而得的，不要让自己在被奴役的车轭挟制。保罗所理解的"奴役的车轭"是什么，可以从紧接下来的话看出。他接着说：我保罗告诉你们，如果你们接受割礼，那基督就对你们毫无益处，因为受割礼的人，是需要行全部律法的罪有应得之人。如此可见，这里的"奴役的车轭"不是别的，正是整个摩西律法。所以 2)《旧约》中的和解只是这样一种并不取消内在分裂，不取消内在的与神不和的和解，使徒的教诲正是如此，而下面这一**实情**也说明了这一点，即献祭必须一再重复。而体现出了作者保罗对律法极为精通的另一部作品，即《希伯来书》，全文都是在这种意义上写就的。对此，我当然完全同意我的听众先生的观点，即诸如"对神的**爱**""自愿服从"这类文段当然在《旧约》中已经出现很多。更高和解的些许光芒，当然也穿透了《旧约》，尤其是在先知书或者有先知风格的文段中。而这恰恰要从我们自己已经在旧约时代律法中指证出的**那**一对立出发来说明，这一对立就是在旧约时代律法中独立于启示、作为其前提的东西，和真正意义上的启示间的对立。后者作为穿透性的东西首先体现在先知书中，而在律法中则是被锁闭的。就其自身而言，先知的言行其实就是与律法对立的潜能阶次，这仿佛就是《旧约》中的狄奥尼索斯。当犹太人奉上由律法规定的献祭时，他们所得到的其实就是同样的必然性，同样的促动，异教徒在他们自己的献祭中所得到的也是如此；犹太人和异教徒得以区分的点仅仅在于，犹太人中的先知性要素和异教徒暗示的未来性要素。——作者原注

使徒保罗认为,摩西主义所具有的实在性并不比异教更多。在《加拉太书》(4.1及以下)中他说:只要继承人还未成年,他就处在监护人的保护之下,直到父亲预定的时间。这说的就是**我们**,即还未成年,还处在宇宙性的要素拘束下的我们(纯然宇宙性的潜能阶次,就是 στοιχεῖα τοῦ κόσμου[宇宙性的要素])。但如果时机成熟了,神就会派他也由妇人所生、自身也属于律法之下的儿子,把在律法之下的我们赎回并恢复孩童一般的状态。保罗谈到这一点时并未有意区分异教徒和犹太人(加拉太人以前也是异教徒,现在都成了"我们")。保罗接着说,你们不认识神的时候,你们侍奉的是那些神,并非出于自然本性就是神;现在你们认识了神,你们反倒又想转回到那些羸弱贫乏的入门要素上(ἐπί τά ἀσθενῆ καί πτωχά στοιχεῖα)。这里所谓的羸弱贫乏的入门要素,就是犹太教。

或许现在是时候抛出这个问题了:为什么在所有的族群里,恰恰是以色列族被拣选为神性启示的承担者?从历史上看,当然可以说这是犹太人的先祖在人的世系关系上有优势,而且这也源自亚伯拉罕亲见的应许。但绝对地看,除了下面这点,人们不可能找到任何其他以色列人被拣选的理由,即就程度而言,较之于其他族群,以色列族最不具备创造自己历史的使命,也最缺乏使其他民族热衷于创建庞大帝国的那种世界精神,以色列族无力赢获在**世界历史**中千古传唱的赫赫威名,正是出于这一原因以色列族才愈发适合成为(与世界历史对立的)神性历史的承载者;这个族群表现得过于软绵无力,所以即便有神的明确指令,他们也从来没有完全占领过应许给他们的土地,以至于总是跟搞偶像崇拜的族群搅和

XIV, 148

在一起,而不是如他们孤僻独一的神所命令的那样,远离其他族群独居;下面这点也同样值得注意,即这个族群几乎总是经不起其他搞偶像崇拜族群的引诱,反倒几乎没有任何迹象能指证,他们通过**自己的**律法和**自己**服侍的神,对其他族群产生过任何一种宗教或道德的影响。从另一方面来看,一旦这个族群可能获得什么表面上的好处,它之后必定会为先前得的便宜付出高昂的代价。真正说来,犹太教其实绝非某种肯定性的东西,它只能要么被定义为被阻滞的异教,要么被定义为潜在的、仍被掩藏的基督教,而正是这种半吊子状态让犹太教易于堕败。在犹太人那里,他们与其他族群共有的宇宙性和自然性要素成了阻碍未来之物和超自然之物的硬壳,但正因为如此,这层硬壳自身也被神圣化了。如此一来,犹太人也就愈难挣脱自己的礼法,而他们的礼法其实就是纯然宇宙性的入门琐碎要素。恰恰是被采纳到基督教中的异教要素——神的人子——让犹太人难以理解基督教,反倒是异教徒容易理解。使徒保罗在《罗马书》(章9)中忧愁地说:我说的是基督中的真理,我心中不断感到巨大的忧苦,为了我的兄弟,我的骨肉亲人,就算我自己被驱逐甚至被诅咒,我也愿意,他们做子女的福分、荣耀、盟约、律法、对神的服侍、应许——所有这些对他们来说都如祖宗一般,而基督就是从其中出来的。在这封书信里,保罗也以同样的忧愁说道:一部分以色列人又会眼盲,直到许许多多异教徒得了应许;因此,这里明明白白地在说,在以色列人认识到基督教以前,全部异教徒早就找到通达它的进路了。另一处记载则说:只要摩西的法至今还在被传诵,只要以色列人还在读《旧约》,那他们始终都打不开自己心上的天花板。在某种意义上,基督为异教徒做的无疑比为犹太人做的要更多。^①这一点甚至犹太人都感受得到。基督为异教徒所做的,异教徒以此方式得到的启示与应许,激起了犹太人的嫉妒。他们把基督纯然视为被派遣给异教徒的,而不是像在后来的时代那样把他视为骗子,而是把基督视为异教本原的流溢,并把基督教自身仅仅视为异教的某种变体。^②当犹太人忽视和耽搁向基督教的过渡之际,他们也就自绝于历史的宏大进程了。他们**注定**不再是一个族群,而是散裂在其他族群中。犹太之为犹太,仅仅在于它是**某种**未来的承载者。一旦目的达成,工具也就成了无目的的。正如当自带荚壳的谷粒充满生机地萌发之际,秕糠就随风四散,犹太族之所以风吹云散,也是这个道理,自此以后它不再拥有本己的、具有自立性的历史了;它在真正意义上被历史**排除**了。

为了让以色列人摆脱他们祖先的宗教,就以一种所谓普遍的,

---

① 毕竟在真正意义上来说,通过基督教才产生了"**异教徒**"这个概念,所以在某种程度上也是基督教把异教(异教的潜能阶次)引入了摩西主义。单从犹太教出发,基督是无法被理解的。犹太教给出了基督实存的质料,但基督自身其实是对犹太教而言陌生异在的异教潜能阶次。所以犹太人必定会摧毁(杀死)基督的质料,进而异教的潜能阶次从被摧毁之物中才自由提升起来,正如基督在最后那一刻才说:πάντα τά ἔθνη[叫万民都做我的门徒]。同样的话在最后的晚餐时也说过,当时用的必须落入地里才能结出许多果实的种子的比喻,《约翰福音》12. 14, 32;尤其同一章的第35节也属于这种观点:Ἔτι μικρὸν χρόνον τὸ φῶς ἐν ὑμῖν ἐστίν[光与你们同在还有不多的时间]。而《约翰福音》的7. 35或许就指明了在犹太人的意识中,基督并不属于他们。(也可参见下文的第189页)——作者原注

② "犹太人特里丰(Tryphon)说,或许你们这些出身异教的人才会敬拜基督,但我们犹太人是神的敬拜者,**对于这个自诩基督的骗子,我们既不需要认识他,也不需要敬拜他**。"见:尼安德[即奥古斯特·尼安德斯(August Neander),1789—1850,德国神学家和教会史学家。——译者注],《教会史》,第一部分,第一卷,第380页。——作者原注

亦即绝对**非历史性**且纯然有神论的宗教取而代之，这无疑是一种南辕北辙之举。只要以色列人坚持他们祖先的宗教，他们就仍始终与**真正的**历史和真正的、被神意愿同时也作为真正生命的进程有着一种联络，没有人可以不受惩罚地摆脱它。如果与这一联络彻底决裂，以色列人绝对就再也找不到一个与此联络相接合的点了，进而只会以另一种像他们当今这样糟糕方式——特别是我们时代也有许多族群，跟犹太人一样也失去了与历史的一切联络，成了被放逐的逸民，成了无家可归的流浪者——无处安宁。指望犹太人普遍转信纯然的有神论或者所谓的纯粹理性宗教也很困难。他们现在——仅仅在另一种意义上——是预选的族群，被预选入神的国，他们注定是最后进入其中的族群，因为崇高的神性反讽曾经对此断言过，头里的要成为最末的。但正如他们被赐予的在遥远未来的应许真实不虚，他们被重新接纳入神之经世的日子也同样真实不虚，但他们现在被神的经世排除在外，仿佛被遗忘了。这个日子**何时**到来，**这跟基督教自身的最终展开一样，都是一个实实在在的奥秘**。而在此期间，不要再长期剥夺犹太人应有的权利才是明智之举。然而对这一民族最人道的体谅终归仍只是常常不被尊敬的教皇约翰二十三世[①]表达出的一个愿望，在他骑马进入康斯坦茨参加大公会议的时候，看到一群犹太人迎面而来，也看到了他们带着的法典，于是他对他们打招呼说：Auferat Deus omnipotens velamen ab oculis vestris[愿全能的神撤去你们眼前的雾]。

---

① 又称"对立派教皇约翰二十三世"，1370—1419，是公教大分裂时期，由比萨大公教会选出来的教皇。——译者注

第三十讲　论道成肉身

那么到现在为止，我们只讨论了会在基督中显现的人格的先行实存；现在我们要讨论这一人格现实**显现**的时刻。这个时刻是预先**确定的**（"当时机成熟了"）。在这个时刻，一切曾经只能纯然**外在**发生的东西才必定发生。纯然外在地去克服对立的本原，并不需要任何**自上而来**的力量，因而也不需要任何**自上而来**的显现。这种外在克服甚至通过纯然自然的进程就能发生；但作为神话表象和异教自身之原因的外在显白进程，必须终结。这一进程**得到明示的**终结（我说的得到明示的终结，不是纯然的终结本身，而是得到了明示，也得到了显现于外的终结）是凭着罗马帝国而达成的。晚期罗马意识表现出对这一进程完全无所谓的态度，这一意识自身不再去代现此进程的任何环节，但先前全部的环节也合流到了这一意识中，它自身不可能再前进一步恰恰表现在下面这点上，即它跟所有不再前进的东西一样乞灵于过去，甚至重新唤起了古代东方宗教，在第一任皇帝在位时期，整个罗马就已充斥着对这些宗教的迷信了。一种普遍的感觉在当时的世界散播开来：必定有某种全新的、不可预料的、没人可以料知的东西来临。在罗马外在的、政治上的压倒性力量面前，整个世界，乃至各种先前宗教的力量仿佛同时沉默了。世界在沉默中期盼着会来临于此的事物。基督教是在罗马强权的环伺下不声不响兴起的，而且在最初的时期，事物的外部境况也并没有因它而改变分毫。基督教不仅要取消地上最重要族群间的区分，而且还要取消犹太人与异教徒间的区分，而在基督教内在地做到这一点之前，罗马的世界帝国已经外在地取消这些区分了。这一外在的世界帝国，就像是**神**国之种将会播撒到其中的地基。因此，即便是犹太人的地方主义也在罗马的奴役下奄奄一息。这就是那个被预见和指定的时代。正如使徒在上一讲提过的记载中说的，当时机成熟，也就是这个时代来临之际，神就会把他生于妇人、自身也屈从在律法（外在的律法）下的儿子派来。因而伴随着这一点，我们的展开过程也要进展到基督得到启示这个环节上，就这一环节来看，首先要考察的是基督的成人这一环节。但我们也与之一并到了整个展开过程真正意义上最重要且最具本质性的环节上，所以在我们对之进行详细探究之前，先进行一般性的说明是完全适应且合规的。

　　首先要说明的当然是下面这点，即神子的成人一般被视为不可把握、根本无法探究的奥秘，正因为如此，人们也就不该尝试去探究它，也不该尝试对它进行科学的开解，这种尝试自身据称就是一种傲慢的僭越。不过我们得思量思量下面这点，有许许多多事情，曾由于某种同样普遍且古老的传统被认为锁闭甚深、难以通达，我们后来仍然通达并理解了它们，所以关于人类常说的那句话：non omnia possumus omnes[我们不可能事事都能] 也不过是在一些**时代**中有效而已，只要去拓展支配一切的首要本原，那最终就无须对下面这回事情惊讶：即便在更遥远的事物中，许多先前看起来不可把握的东西也变得可把握了，如果我们思量思量这一点，那么即便在当下的情况中，即便所有人都信誓旦旦说这个问题无法探究，我们也不会转身就跑。

XIV, 154

不过为了能取得更切近的理解，我还是得再预先补充一个一般性的说明。

长久以来，对所谓的宗教奥秘，人们要么是驳回一些不知道如何回答的问题，要么就是在抱怨这一奥秘的绝对不可理解，进而试着自我安慰道：即便在我们眼前的自然中，也有许多我们无法通观的奥秘，比如我们根本没有能力去说明有机存在物的增殖能力，我们必须在它面前保持谦朴。但在这种甚为庸常，但即便在今天也常常用到的情况中，人们忽视了在这种托辞里被比较的是完全不同的东西。在自然中，当然极有可能存在着某个据**其自然本性**就无法得到知识的根据或本原，但恰恰在这种情况下，即在它被规定为"据其自然本性无法得到认识者"之际，它也就以此得到认识了。假设无处不在的重力是一切外部感性存在的首要否定性条件，那么很容易看清，我们不能用认识这些以重力为条件的外部事物自身的方式来认识重力。然而当我们看清这一点的时候，重力自身恰恰也就以此方式一并得到了把握。**诸位**从先前的讨论已然熟知的那个自然的普遍在先者，也只有通过**不**被看到，因而也**没有**在真正意义上得到知识的方式，才能被看到进而也被知识到。否则，我们就要在它绝对的纯然状态，也就是脱弃一切可把握特质的状态中去认识它，在这种情况下，它就是据其自然本性而言的不可见者了。但如果我们用某些特质把它装饰起来，那么尽管它现在是可见的，但通过这种覆盖，也就是恰恰通过这些饰于其上的特质，这个不可见者就能与这些特质一道同时刺激感官了；也就是说，就它在真正意义上不可见而言，它才是可见的，或者反过来说，就它是可见的而言，它才在真正意义上是不可见的。

整个自然的特质就在于，它是不可见的可见者。但不可以把自然的这一特质套用在属于**纯粹**思想王国的东西上，这是无效的，这一特质也绝不可能落入感性直观。因为比如当人们说"有机存在物的产生过程覆盖着一层浓浓的雾"时，这样的说法并不意味着，人们对此过程一无所见。因为至少某一生命体的成形与产生**过程**，或者说过程的**序列**，对我们而言并不陌生，尤其是在自然科学家——**诸位**都熟知他们的伟大贡献——已经可以在其展开过程的所有环节中观察受精卵之后。即便我们还不能**说明发生了什么**，也就是说，即便我们还不能说明在此进程中运作的各种原因的整个交互关联，我们至少也知道**发生了什么**。而我们**在这里**要讨论的是一桩事实，即基督自愿成人这桩事实。这并非感性直观到的事实。如果我们也没有能力把任何思想与这桩事实关联起来，那我们就会在它身上**一无所获**。也就是说，我们起码必须去**思想**，起码必须去理解，在这桩事实中有什么被指涉了。我们在其他情况中怎么对待直观的东西，在这里也是一样对待。因此，不管有多少人声称成人的奥秘玄奥难解，人们仍不能在这一探究面前抽身而去，而是必须去勾勒出人们把怎样的意义联系到了这桩事件上，实际上人们在神学中就总是**已经**在**尝试**把某种意义与之联系起来了,进而问题只可能是,与之相联系的意义是否在其他方面来看是偶然的。如此一来,我还是要对刚刚做的一般性说明再进行一下补充,也就是说,假如"关于那个自有世界时代以来就先行实存的人格的成人,是否能给出规定"这个问题,必定总是预先就给人完全可疑的印象,那么即便如此,至少肯定还是得说说,它如何是**不**能被规定的。不过在那些至少被锁闭在某些限制中的对象那里,认识到它们不是什么,或者它们何以**不**能被规定,这种认识就已经是朝对这些对象进行最终规定而迈进的一大步了。

XIV, 156

因此,从这些暂先的说明来看,我首先会从对成人这一事实的通常表象方式出发,然后才能看到,凭借我们的各种预设,关于这一事实能有什么得到确立。

一种历史悠久的通常表象方式是:耶稣这个人是由神的全能直接**创造**的。如此一来,更高的自然或者说第二重神性位格,就跟这个由神的全能特地创造的人以最内在、亲密和完满的方式,产生了人格的同一性,或者说产生了联结,所以可以说:同一个人格是神且是人。在一定程度上,人们**不得不**这么来表达,仿佛神性人格是独立于**被创造**的人类自然而现成存在的,因为前者只是纯然接纳或者说**吸取了**后者,因为人们必须避免,产生**纯粹的**神性自身遭到了改变,甚至遭到了转化的表现现象。人们必须这样来表象这件事情,即神性并非仿佛被转渡到了人性中,而是纯然只有某个东西**被附加到了**纯粹的神性上。正如博学的佩塔乌斯[①]所言, Videndum erat ne pura divinitas mutata fuisse videretur, sed

---

[①] 狄奥尼修斯·佩塔乌斯(Dionysius Petavius),1583—1652,法国耶稣会神学家。——译者注

ad eam simpliciter aliquid accessisse[必须避免产生纯粹的神性被改变的误解，相反，只是有某种东西被附加到其上了]。所以耶稣这个人——既然他不可能以一般的自然生育方式产生——必定是特地被创造的。如果 A 成了 B，那么就可以说，A 发生了改变；但如果 B 只是被附加给 A，那么现在被设定的就不单单是 A，而是 A+B，这必定不会导致 A 因而发生了改变，它还能在自身中保持自己之所是，它仅仅是进入了一种先前不存在的全新**关系**中，而非在自身中成了一个他者。但现在诸位旋即就能看到：根据我们关于儿子的先行实存而确立的观点，这种害怕改变纯粹神性的困难完全能够克服。我们已经——这一点首先就得强调——**在本真意义上**论证了儿子的先行实存。因为说儿子拥有神**永恒的**存在，只可能是对儿子的先行实存的非本真表达。对这种先行实存，被想到的始终都是某种特定境况，因此有某种关联借此得到了明确表达；而纯粹的神性则超越于一切纯然境况性的东西。然而**我们**其实是在某种现实的在先**境况**中认识到这一位格的，然而就此而言，这一位格并不是通过**自己的运动**被置入这一境况中的（否则这就会成为一种"改变"），相反，它是在**没有**自己参与的情况下，由于人类的影响而被置入其中的，这一境况，就是这一位格被设定为神性之外的潜能阶次，但同时仍然 ἐν μορφῇ θεοῦ，即在神的形象中存在的境况，而"儿子脱弃并献出自身成了人"就是从**这个**"在神的形象中"的境况出发来说的，他所脱弃并献出的**并非**自己的**神性**，而是把自己神性之外的存在**作为**一种属神的存在脱弃并献出了，也就是说，恰恰通过成人，儿子脱弃并献出了 μορφὴ θεοῦ[神的形象]，就此而言成人这一行为自身只会表现为属于儿子**真正神性**（在他之中持续存在的神性）的最高行动（因为只有在他之中的**神**才能够脱弃和献出 μορφή θεοῦ），与之同时发生的则是，恰恰在已然成人的儿子中，原初神性以最明晰的方式变得可见了，正如使徒约翰说的：我们**见过**他的荣耀，那是作为父亲独子的荣耀，我们看到他充满恩典与真理（πλήρης χάριτος καὶ ἀληθείας），也就是说，我们看到的是处在充满神性恩典的自然本性之整全真理中的儿子，而这一真理正是通过成人而变得可见的。① 倘若在成人中儿子脱弃献出的是自己所有的**真正神性**，那么真正的神性反倒恰恰会变得不可见并被遮蔽（而即便是神学家们，所假定的其实也同样是神性的 κρύψις[遮蔽]），而根据使徒的说法，在成为人的儿子中**变得可见**的，反倒恰恰是他的**神性**。

所以我们没有理由像先前的理论那样在非本真的意义上理解成人，进而也没理由像它们那样假定两个行为：1) 创造耶稣这个人的全能行为，不过这样一来，作为宇宙性潜能阶次自身的逻各斯难道不就被这一行为排除在外了吗？ 2) 第二人格的特殊行为，通过这一行为它与正在生成的人即刻就在生成过程中在实体上合一了，也就是说，这样一来第二位格就把作为人的耶稣自己的人格性取消了。所以这种做法绝不可能**在真正意义上**讨论逻各斯成人，相反它只是说：某种其他的东西成了人，而逻各斯与之产生了关联。但这种观点过于繁复精巧，同时也有支配地位，导致它过去可能看起来像是真的。Simplex veri sigillum[真者必简]，这话也

---

① 参见 "神话哲学"，第 316 页。——编者注

适用于启示,真的东西必定是质朴明晰的,不管它带来多少惊讶,仍是自然的。这才是真正意义上的 sensus veri[真理感]。这种人类天赐的对质朴间接之物的感觉——当人籁终止之际就能听到它——尽管还不能直接把人引向真理,但至少可以保护人类不受一切胁迫,尤其是保护人类不受那些不仅不带来解放,反倒徒增重负的理论的胁迫。

神学家自己说过:人的自然本性从未殊脱于逻各斯而在。人类的自然本性从未与逻各斯分离过[Nunquam seorsum a verbo extitit humana natura]。肉身所在,逻各斯即在[ἅμα σάρξ, ἅμα λόγος]。不过以这种说法来看,尽管就**时间**而言人类的优先性被取消了,但没有就自然本性而言被取消。然而就**事情**来看,应与逻各斯联结的人(根据这一理论),仍需在逻各斯能够与他联结之前就已然实存。如果耶稣这个人是由神性的全能创造的(如此就要承认,在时间自身中也有某种理性的构想,要在此间与对这一对特殊的人的创造产生联结),那么耶稣这个人,或者说基督作为人的存在的产生过程,就是一个尽管并非在道德上,但在物理上彻底独立于逻各斯,也就是独立于逻各斯要作为人实存的**意志**的过程了。如此一来,这个人就不是直接通过意愿成**人**的逻各斯而产生的,而是仅仅碰巧在这一意志有此意愿的时候产生的。但这种说法跟《新约》的说法是完全对立的。使徒说:逻各斯**主动**脱弃并献出**自身**,即 ἐκένωσεν ἑαυτόν,毫无疑问就是在倾空某种曾在它自身中的东西。但如果逻各斯只不过是与一个人**联结**在一起,那么它当然也就没有什么东西好脱弃献出,没有什么东西好脱去的了。如果成人是一种脱弃并献出自身的行为,那么基督作为人的存在,或者说作为人的自然本性,就必定正是这一脱弃并献出自身行为的纯粹**结果**,逻各斯,就是在这一作为后果的现实中,而不是在神性中,逻各斯反倒恰恰是由此使神性变得再次可见的——主动脱弃并献出了 μορφή θεοῦ[神的形象]。作为人的基督并非纯然由于下面这件事情,而是纯然**通过**下面这件事情才产生的,即那个先前 ἐν μορφῇ θεοῦ[在神的形象中] 的逻各斯愿意主动脱弃并献出这一形象。Heac κένωσις（这种脱弃并献出的行为）homini Jesu *unica causa fuit existendi*[这一行为就是耶稣这个人出现的**唯一**原因]。耶稣这个人并不是通过与脱弃行为**并列**发生的另一来自神性全能的行为,也不是通过另一**关联于**脱弃行为的神性全能行为而产生的,相反,他**纯粹**且**纯然**就是通过脱弃行为自身而产生的。如果逻各斯**只是**把自己与这个——作为自身独立于它的——通过**普遍的**神性全能而生成或者说产生的人**联结**起来,那么它当然因此也就无从脱弃并献出自身,而是始终保持为自身所是。这样一来,人们就不得不把 κένωσις,把"脱弃"狭隘化理解为逻各斯纯然的不使用、纯然不呈现、纯然不运用和不证实自己的神性,通常的说明就是这么做的。然而这种说明完全取消了《圣经》中说法的所有本真要素。

　　人们可以把《哥林多后书》的 8:9 视为与保罗在《腓立比书》中的说法最具对观性的表达:你们都知道我们主的恩典,他曾经富裕（πλούσιος ὤν,即所据多有,主宰着许多东西）,但为了你们变得贫穷（ἐπτώχευσε）,这样你们就可以因他的贫穷变得富裕。"是富足的", πλούσιος ὤν 与 ἐν μορφῇ θεοῦ ὑπάρχων[曾经接纳了在神的形象中存在] 对应，而 ἐπτώχευσεν，"他变得贫穷"则与 ἐκένωσεν ἑαυτόν[脱弃并献出自身] 对应。但对于一个富裕却不**使用**自己的财富、不**露**财的人，人们不可能说：他变得**贫穷**了；他仍然富裕，他对自己的财富无所谓。只有当这个人切实地献出自己的财富，比如全送给了穷人，才能说他变穷了，只有如此，在这个人自己变穷的同时，**这些穷人才会变得富有**。所以这里的 'ἑαυτόν ἐκένωσε' 不能从"纯然不使用其神性"来理解，而是必须从现实的清空，从现实的放弃——尽管不是放弃神性（因为"放弃神性"这种想法就包含着 πρῶτον ψεῦδος[最大的根本错误]），而是放弃 μορφή θεοῦ[神的形象]——来理解，也就是说要**从下面这件事情出发**来理解，即他把自己独立于神的存在（这是他在没有自己意志的情况所遭遇的存在），把这一存在作为**神性的**、**荣耀的**，即 μορφή θεοῦ[神的形象]的存在自愿献了出来。当然，那种庸常的神学**肯定**会从纯然的不使用出发来说明 κένωσις，来说明脱弃行为，**因为**只能从对神性自身的脱弃来理解这种**现实的**脱弃行为，否则就会使**神性自身**成了人，而且在这种理解下，脱弃也就相当于基督自身中的神性发生了改变。但在我们的观点来看，这种担心是徒劳的，因为 κένωσις 并非对本质性神性的脱弃，而是对**非本质性的**、其实仅仅关联于儿子偶然的 μορφή θεοῦ[神的形象] 的脱弃，尽管儿子通常都处在其中，但既然儿子有别的意想，那他当然也**有能力**使用和支配它。儿子没有这么做，这不过是他**意想**(Gesinnung)的后果，正如之前引用过的保罗的话说的：每一个人都要以耶稣基督的意**为意**(τοῦτο φρονείσθω)。

如果像惯常的看法所陷入的困局那样，更高的自然仅仅是把自己跟由神性全能而产生的人**联结**在一起，甚至在这一联结中人自己的实体存在都会被完全取消，那么更高的自然始终就会保持为它之所是；但人们只能说它跟这个人产生了人格性的关联，而不能说它**成了**人，更不能像约翰说的那样，逻各斯成了肉身，即 ὁ λόγος σάρξ ἐγένετο。毕竟在这里关于 ὁ λόγος[逻各斯] 说的不是其他，正是在成为人之际并不需要任何己外之物的东西（并不是某个别的东西成了人）。由于某种不完备的理论，伟大圣言的力量被误解了，这已经很糟糕了，然而更糟糕的是，神学自身也并没有因而达成它早已给自己规定**为**目标的东西。而它所意愿的，就是基督是神**且**是人。

惯常的理论最尴尬的时刻，莫过于被问道：这个 subjectum exinanitionisp[做出脱弃行为的主体] 究竟是什么。因为人其实不可能主动降卑，人们必定只是把下面这件事情视为降卑，即那个主体除了成为人之外，还要作为人受人类才有的限制，并承受巨大的苦难。然而人们还是不会否认，降卑首先并且尤其存在于成人这个活动自身中。① 但人们不能因此就说，人就是降卑的第一主体或者本原（相反，人是降卑的客体）。人们也不可以说，神性就其自身而言现实地主动降卑了，也就是说，不能说它现实地过渡到了人的

---

① 在关于成人活动自身而说到的 μορφὴν δούλου λαβών[接纳了奴仆的形象] 这一表达中（这里谈到的并非紧随成人之后才发生，或者说被附加到其上的降卑）表明了一种补充：逻各斯完全成了仿佛另一个人，并且是在其整个行止中把自己构造为人。如果人们想这么来理解，那么对后面的进一步讨论来说，首先得提一提这点；经文中表达的就是完完全全的成人，因为这句话的意思就是：他完全成了仿佛**另一个人**，而这就是以整全的成人活动本身为前提的。——作者原注

自然中。因此这里急需一个中间概念。降卑的主体既不可能是人（因为人其实是降卑的产物），也不可能是神性，因为神性不能被改变，遑论降卑；但也不可能是就其自身而言的神性者，因而只可能是在神性之外被设定的神性者。或者说：降卑的主体根本上只可能是某个**神性者**，因为**人**作为已然被降卑者不可能是这个主体，但也不可能是就其自身而言的神性者，因而只可能是在神之外被设定的神性者。根据惯常的理论，耶稣这个人的神性始终保持为就其自身而言之**所是**；而神性脱弃并献出自身的行为纯然在于，它在某个时候，也就是在它还愿意以人的形象存在的时候，**悬置了**对自己神性的呈现。但或许正如已经看到的，根据这种观点，神性仍不现实地**具有人格性**，而是仅仅相对地具有人格性，它仅仅在与独立于它而产生的人的**关系**中才是人，而在自身中神性仍是它先前之所是，亦即仍是神。

任何一种 A 在其中并没有**成为** B，而是在自身中保持为 A 的联结，都是纯然相对意义上的联结，也就是说，在 A 中只发生了外在的改变，即它进入了一种先前自己并不存在于其中的关系里。比如说，当一片阳光穿不透的云出现在太阳和我们眼睛间的时候，太阳在自身中并未改变分毫，它仍在照耀；如果人们说，太阳被弄得暗淡了，那这也只有一种纯然相对的，即 σχετικῶς 的意味；太阳只不过是由于自己与云的关系才暗淡了。同样，在惯常的理论看来，基督作为人的存在无非就是一层雾或者一片云，它在我们眼前遮蔽了神性，但基督亲自说出了截然相反的话：看到**我**的人也就看到父。约翰也有同样的说法：恰恰在其作为人的存在中，基督的神性变得**可见**了。

因此,显而易见,惯常理论并没有达成它们自己的理念。人们一方面说,逻各斯**不应**纯然 σχετικῶς[相对地] 是人,然而根据人们采纳的理论,逻各斯就是纯然 σχετικῶς[相对地] 是人,而非在**自身**中是人。教父们已经树立了典范:神性与人性的合一不可以是神性的 μετάπτωσις[改变],不可以是神性的 μεταβολή[转化]。然而约翰说的是:逻各斯**曾经就是**神,确切说是**在开端中**就是,这就构成了一种与后来时代的明显对立,并且保罗①(如果人们自己采纳这种读法)也只是说:θεός ἐφανερώθη ἐν σαρκί,即神的启示在肉身中,而不是说:神成了肉身,所以在使徒看来,逻各斯在成人之前仍是纯粹的神;因为不能承认神性之内发生了改变,所以教父们也不承认逻各斯在真正意义上**成了**人(他们承认的是一种纯然的 ἀνάληψις[纳入],即把纯然的人性**纳入**神性中)并且断言,ἐγένετο[成人] 要先于作为物的实体地来理解。既然没有人敢说,神性者被转化到了人类自然中,所以 ἐγένετο[成人] 不能按字面来理解(有些人就是大大方方这么说的,比如**克里斯托弗·马特罗斯·普法夫**)。根据我们总的观点——我们绝不是为了应付当下的情况才把它发明出来,而是在跟眼前的问题完全无关的时候就已经论证过了——subjectum incarnationis[成肉身的主体] 并非纯粹的神,而是逻各斯,当然,他诚然 ἐν ἀρχῇ,即在开端中,曾经是神,但据从开端到现在所发生的事情来看,它现在是在神性之外的神性主体。从**这一**主体出发——既然它纯然 ἐν μορφῇ θεοῦ[在神

---

① 《提摩太前书》,3:16。——译者注

的形象中]存在,因而是一个在神性之外的主体——在本真意义上说,它**成了**人,进而确定是这个主体发生了一种现实的进入人之存在的过渡,也就没有困难了:这个主体尽管在神的形象中存在——因此并不是神——但它仍然超越于一切具体存在,因而也超越于具体的人之存在。所以在这种情况下,主体或者人格的真正同一性也就达成了。曾经 ἐν μορφῇ θεοῦ[在神的形象中] 存在的主体,跟现在是人的主体,是同一个,反过来也可以说,你现在看到的这个人,或者在他活着的时候亲眼见到的这个人,跟 ἐν μορφῇ θεοῦ[在神的形象中] 存在的那个是同一个主体,甚至还可以更进一步说,ἐν ἀρχῇ[在开端中],亦即在世界之先曾经是 θεοῦ[神] 而非 ὁ θεοῦ[独一真神] 的主体,仍然以派生的方式(通过生育)是 θεοῦ[神]。

显而易见,就是这个主体成了人,并且接纳了 μορφήν δούλου,奴仆的形象,正因为如此,它也就以此终止了在神性形象(ἐν μορφῇ θεοῦ)中存在,但它并没有终止作为神存在。相反,当它终止在神性的 μορφῇ[形象] 中存在之际,它本质意义上的神性也就得到了启示开显。

在这种情况中,并不存在从纯粹的**神**之存在向**人**之存在的过渡,相反,有的只是一种从 ἐν μορφῇ θεοῦ[在神的形象中] 存在向 ἐν μορφήν δούλου[在奴仆的形象中] 存在的过渡,也就是一种从某一境况中存在向另一境况中存在的过渡。这一主体并非神性自然自身,而仅仅是被设定在神性之外的神性主体,在它放弃自己外在于神性的**尊崇**之际,也就把自己昭示为人了。在我们看来,成人的直接主体并非作为**神**的逻各斯,而是作为外在于神性的 - 神性人格的逻各斯。但正因为如此，我们就可以在真正意义上说：逻各斯成了人；我们并不像其他理论那样，不得不首先把成肉身的主体跟耶稣这个人**外在地**分立开来，然后又不得不仅仅通过一种追加性的强行统———这种强行统一仍只知道以强制取消人之自立性的方式来实现自身——来捏造出一种以人为矫作的方式产生出神性与人性自然的统一体。我们的阐述允许我们把这个统一体作为一种肯定性的统一体产生出来，现在这一点已经指明，而我希望接下来的讨论会更加明晰。

综上所述，**使**自己成为人的，hominem se fecit, 是那个曾经 ἐν μορφῇ θεοῦ[在神的形象中] 存在的主体。但因为它只是凭着自己**真正的**神性，也就是凭着自己与神或者父亲的统一性才使自己成为人，所以这个已然成为人的主体恰恰在其作为人的存在中，表现为从**真正的**神性而来——或者按经上的说法，"从天而降"——的主体，因为它原本就依于父亲而在，并就此而言自身**曾经是**神；正因为如此，在它作为人的存在中它就会被**视为**神，而不是取消了神性，确切说，在这里并不存在两重不同的人格，而是只存在**同一个**人格，它曾经在神的形象中存在，并且在自愿的脱弃活动**中**，证实了自己以与神**为一**的方式存在，进而据此也证实自己就作为神而存在着，这样一来，我们在这里也就获得了成人者——现在作为人而存在着的主体——与作为神而存在着的主体之间完满的人格同一性。**同一个**主体是神且是人；因为只有凭着在它之中的神性，也就是与父亲的统一性，它才能够是人。而当今流行的说法——是**神**成了人——无非是一些总是不清不楚的荒谬之言；这种说法

XIV, 164

就是一些大而无当的空话,人们不过是在尝试借着这些空话,用一些什么都没说,或者极为低劣的命题,捏造出某些意义罢了。成人这一活动只不过向人类启示了,**成人者**与神为一(也就是说,成人者真正意义上的自身就是神),但紧随其后的关于它的说法越是夸张,那种平庸的说明也就甚嚣尘上。如果这类大而无当、狗屁不通的说法竟崖岸自高,那只好由它们去罢。但人们会说,那些博学的神学家也这么说呀,它们也用同样的方式讨论了**神**的成人呀!但这其实就是在站队,其实就是为了应和那种自以为的高歌罢了!毕竟这些神学家也该知道,最严格的神学家其实根本就没有讨论过**神**的成人,而是只讨论过某一神性位格的成人——所以我说,在我们的观点看来,讨论**神**的成人除了荒谬再无其他——因为尽管成了人的是神,但并非是神成了人。神成了人,这就是说:神性者成了人,但不是神性者自身成了人,而是神性者之外的神性者成了人。在这一点上,从一开始就**没有**其中一个随后肯定要取消另一个的两重人格,从一开始就只有**一重**位格,亦即神性位格,它把自己外在于神性的存在降格为人类的存在,但恰恰通过这一点,它自身就表现为神性的存在。人类的存在是**这一位格**的存在,它意愿这一存在并且把自己交给了这一存在,但正因为如此,它自身也**超越于**这一存在,进而当我们在一方面断言这一主体的统一性时,同样也不能在另一方面混淆神性的自然和人类的自然;神性之物和神性之物的同一性并非实体性的同一性,而恰恰只是位格同一性,所以人类的自然无论如何都只是非位格之物,是由神性的自然**设定的东西**,唯有神性的自然是人格性的东西,是人类自然的**设定者**，人类的自然是纯然实体性的东西，是 id quod *substat divinitati*[神圣者的**基体**]，而神性的自然是 *cui substat*[基体相对它而为基体者]，也就是超实体性的东西。而改变则仅仅跟实体性的东西，即作为 μορφῇ θεοῦ[神的形象] 而成为人之 μορφῇ[形象] 的东西有关。关联于神性之物——即便在外在于神性之物中它仍得到了保留——来看，成人并非成为他者，反而仅仅是成为可见者。并非如人们大抵常说的那样，人性是神性的硬壳，相反，那个神的形象，即在神性之外的神性存在才是神性的遮蔽者，在成人这一活动中，荣耀与神性摆脱了这一存在，所以现在父亲独子的**真正荣耀**才得到了启示。既然我们的说明满足了那条著名教规 (ne distrahantur naturae, neve confundantur[两种自然既不可外在分离也不可混淆])的双重要求——这两种自然不能相互外在撕裂开，而是要在人格中得到统一，同时也不可以被混同①，那么尽管我们反对刚刚提过的那些并没有满足这一教规自身的理论，但就此而言，我们其实也**没有**反对它们，因为我们的观点恰恰满足了这些理论尽管确立了起来，但无法满足的要求。

不过正因为通过到目前为止的讨论，我们已经完全明确了要以怎样的方式去**思考**成人，所以我们现在可以坚定地过渡到对它自身的**说明**中，而对此有两个方面需要考察：

1)**伦理的**方面，或者这样的一个问题：伴随着成人这一活动，在真正意义上被意愿的是什么？

---

① 既然人性之物和神性之物间的关系，就如同实体性之物和超实体性之物，那么所有的混淆从自身出发就然已是不可能的了；它们据自然本性就是不可能混淆的。——作者原注

对此我尤其只想强调一点。对成人这一活动来说，要紧的并不是逻各斯（我接下来还会使用这个一般性的名称），也不是一直在引起问题的位格——不是说这一人格放弃了自己**外部的**-神性，也不是说位格放弃了自己自然本性中**本质性**的神性者，而神性者反倒恰恰要通过作为人的存在才得到启示。位格不**可能**脱弃并献出自己原初的神性。但它也绝不可以放弃自己外部的神性；这是 a)不可能的。因为正如其存在的这一规定（在神性之外的外部神性）并不是这一位格自身设定的，所以它自身也不可能取消这一规定。从另一方面来看，b)这一点也不可能是意图。因为如此一来，就会直截退回到先前设定的东西上，这有违一个应始终向前推进、始终自行攀升的进程的自然本性，而一个中介者为了能够进行中介，恰恰必须相对独立于应由它来中介的两者。这个中介者要在神之外更接近人、与人有亲缘性，而在**人**之外则要与神相类。所以对成人这一活动来说，要紧的不是取消外部神性，而是这一处在外部神性中的人格主动脱弃**神的形象**。成人根本不是其他，正是这一脱弃并献出的活动，而**作为人的存在**也不是其他，正是对这一脱弃活动纯粹产物的纯粹表达，而这一产物也绝非其他原因在物质层面共同运作的后果。

XIV, 167

但这种脱弃神性尊严行为纯粹道德上的（而非物理上的）必然性之根据是什么呢？对这一问题，我可以根据所有已经得到清楚分辨的东西做一简要说明。

即便在异教中，那一起中介作用的潜能阶次也已然在运作了，这是它的本质决定的，所以我们可以说，它是异教的支配性本原。

在异教中,它是在自己的外部神性中运作的,但也正因为如此,它的运作也只能带来一种对那个使我们与神相断绝和分裂之本原的**外在**克服。而这一在真正意义上进行着取消的本原——不管在异教还是在犹太教中,它都纯然**现实地在进行活动**——并不能在那个若能够不加限制地进行运作就会与人类意识为敌的本原的潜能阶次上,即在其**根基**上克服它。所以后一个本原就需要一种持续的、永不终止的活动,亦即**持续不断的**献祭,因为它并没有在其本质中以此方式一劳永逸地被克服,而是始终仅仅在其**运作**上被克服,它的运作始终处在复返中,对它的献祭就像是一种治标不治本的治疗方式。异教仪式就是一种对对抗性本原不断复返重演的和解和克服。("仪式"这个词所由来的那个动词 colere[净化] 自身,已经暗示了下面这点,即在这里涉及的是一种掩盖活动,亦即涉及一个这样的本原,要防止它爆发,而且它应当被带回到遮蔽和潜在中,或者说,它应当在遮蔽和潜在中得到保存。①《旧约》中由神应许的献祭当然也与一种瞬间的和解意识相关联。但这种外在的和解只不过是对真正完满和解的预演,在真正完满的和解中,会被克服的不光是外在的本原(也就是关联于神而言外在的),而且**父亲自身**的**意志**也会被克服,并使人类重新返回到了他的真理中,即他自然本性所充满的恩典中。迫使人类与神决裂——正因为这一决裂是可鄙的——进而给人类招致惩罚与规训的,正是这个外在的本原。如果父亲的意志没有被调转,仅仅在其运作中取消这一本原就是徒劳的。而**父亲自身**并不能取消这一意志;从自身出发,也

---

① 见"神话哲学",第 164 页。——编者注

就是说,在没有其他干扰的情况下,这一意志必定始终**如**它所是地那样继续持存,仿佛根本无可改变。①**人类**也不能取消这一意志,可以说人类在它面前是彻底无能为力的。但起中介作用的潜能阶次也不能**像**取消外在的本原**那样**,**以同样的方式**通过纯然必然或自然的运作来取消这一意志。**意志只可能由意志来克服**,确切说,是由比死亡还要强大,甚至能与一切意志中最强大者对抗的意志来克服。**在这里急需的并非一种对意志在物理上的**——"物理的"在这里是以我的用法而言的——的克服,而是**道德上的**克服,而这种克服只有通过一种**最为极端**,但同时也最为自愿的对神性的服从才有可能发生,这种服从**并不是**由人类,而是由那一起中介作用的潜能阶次实现的。因为即便是人类在表面上看来最自愿的服从,也很有可能并非名副其实的自愿服从。但那一起中介作用的人格在**没有**自己的意志,甚至在违逆自己意志的情况下,也就是说在它自身并无罪责的情况下,处在了相对于父亲的全然独立和自立状态中②,当它不想作为**神**存在的时候,他就能独立**自为**地存在,正如使徒说:你们是属基督的,而基督是属神的。③**诸位**可以看到,下面这个由先前内容的中介而得到的概念何等重要:起和解作用的位格处在相对于神的**完满**自由中,进而不会以任何方式被迫以自身进行献祭。不过,正如在异教进程中发生过的,它反倒首先必须获得完满的荣耀,让人类意识彻底服从于自己。在这种情况

---

① 见前文第 56 页。——编者注
② 同见前文第 56 页。——编者注
③《哥林多前书》,3: 23。——作者原注

下，它正是要让自己彻底成为人类意识的主宰；人类意识的世界就是**这个位格的**世界，在其中，它自身也被神排除在外，如果不是留在它之中的神性意想因为这一排除而无法顺利呈现，它就不会迫不得已接受宇宙性本原最强烈的试探，不会迫不得已地去追随它的踪迹，也不会迫不得已暂时先与它为伍了。如果已然成人者没有逃脱宇宙性本原的引诱，那仍起支配作用（没有被降卑）的本原何以反倒还暴露在引诱的威胁下呢？已经引用过的《希伯来书》中关于那位受过各种引诱的大祭司的记载，必定也关联于他在成人前的实存；因为在基督作为人短暂且不引人注目的一生中，并没有什么机会受到如此强烈的试探。但要实现对外部本原的统治，就要主动献祭这**一统治**，进而还要与之一道主动献祭处在这种神性之外的荣耀中的自身。因此在真正意义上来说，这一作为一切先行行动之旨归的最终行动，就是起中介作用的人格自身的献祭，它作为无罪者来代替有罪者献祭。但它不能直接**实现这一目标**（不能直接就现实地献祭自己），因而成人对此来说就是必要的。决定去献祭当然是源于它神性之意想的奇迹，在这一奇迹中，神性之物**穿透**了自然之物，最高的启示就在其中，因为伴随着这一行动，张力同时也彻底被取消了——不是纯然瞬间的取消，而是一劳永逸地被取消——所以**这一**行动也就恰恰因此是最终的、空前绝后的，即 quo nil majus fieri potest。

我说过，成人无疑是一个奇迹，亦即神性之意想的奇迹。可一旦这一意想存在了，伟大且崇高的献祭也就被决定了，因而现在没有任何东西会妨碍这一献祭的实行在一定程度上以**自然的**方式发生，当然，并不是以**一般**自然的方式，而是以相对自然的方式发生，也就是说，以合乎这一更高潜能阶次的**自然本性**的方式发生。所以在这一点上，我们就要转而讨论 2)这一过程的**物理**方面了。

倘若对潜能阶次从神的形象进入作为人类存在的过渡来说，根本不存在任何中介活动，那么尽管我们当然也会有一个奇迹，但这个比奥维德的《变形记》还要夸张的奇迹，只会谱写一曲《畸形记》。即便在这一奇迹中，也得存在各种中介活动，我们至少可以把这一启示在其中得到开解的宗教刻画为一种中介活动，这一点我从一开始就想强调，只不过我们讨论的内容千头万绪，无法从一开始就事无巨细。

我们现在能够看清的第一点就是，正如起中介作用的位格的意志是成人的唯一**原因**，它同样也必定在自身中完全独具成人的物质可能性，而就这一方面来看，它不依赖于任何在自己之外的东西。**这一位格**自身就是素材，正如它自身就是原因。唯有如此才能满足下面这个说法：ἑαυτὸν ἐκένωσεν，它**主动**弃绝并献出了作为神性形式的**自身**。也就是说，它主动使自身——当然，尽管并不是它真正意义上的自身，但也是它外在于神性的实体性存在（凭着这一存在它才能独立自为地存在）——成了素材。从之前已经宣讲过的内容出发，或许我可以把下面这件事情假定为已得说明且大家都知道的，即物质性的东西和非物质性的东西，以及在对这两个概念进行更高解释时出现的存在者与非存在者概念，都不是绝对对立的概念，所以相同的东西，既能在自身之中或者说较之于一个被归秩在自己之下的东西表现为非物质性的东西**或者**存在者，也能较之于一个更高的东西表现为相对的、在此关联中的非存在者。而从这一点出发，即刻也就得到了第二个命题，即非物质性的东西的物质化，尤其是完全自愿的物质化，始终都只有在与更高者的关系中，或者说关联于更高者才可能发生，而更高者也就由此获得了实存；当自行物质化者把更高者设定在自己**之上**，把自己归秩在**它**之下之际，更高者也就获得了实存，而它先前恰恰是由于在此自行物质化者尚作为非物质性之物而被实存排斥在外了。曾经以非物质性的方式存在的东西，只能在面对一个**更高者**时自行物质化。在神话中我们已经遇到了这种情况。那个在一开始独占意识的本原，绝非原本就是物质性的本原，相反，它毋宁同样也是非物质性的本原，甚至是最高的、对立于一切具体之物并吞噬着它们的本原，但恰恰是这一本原（B）在某一特定环节中，在面对更高的潜能阶次 A^2 之际，熏染上了一种物质性的关系，或者说，**在这一更高潜能阶次面前**自行物质化了。正如**诸位**所知的，在我们以乌拉尼亚来刻画的那个环节中，就发生了这种自行物质化。正如开端的本原能在面对一个更高的潜能阶次时自行物质化，这个更高的潜能阶次，这个在**神话**中是更高潜能阶次的东西，这个潜能阶次自身仍会在面对那个我们以 A^3 来刻画、作为**精神**的潜能阶次时而自行物质化，也就是说，**精神**同样能把这个"更高潜能阶次"的存在归秩在自己之下，把它设定在相对于自己的被动境况中，正如第一本原在面对这个"更高潜能阶次"时主动把自己设定在受难的境况中。正如那一开端本原在面对更高本原时放弃了自己进行着吞噬的特质，反倒主动让自身成为未来具体之物的素材和基底，这个其

XIV, 171

存在在自身中**充满荣耀**的更高者,恰恰同样也能在面对一个还要更高的东西时去除这一存在的荣耀,使之在面对这一更高者时降格为素材,但这仍始终仅仅是相对发生的,所以它在面对某个更深的东西时,仍始终有非物质性。因而若无与更高者的关联,物质化活动诚然就是不可能的。但这一使第二(起中介作用)的潜能阶次能够物质化的更高者,恰恰就是在第三潜能阶次中被给予我们的,而它直到现在,也就是说只要张力仍然持续,在面对第二潜能阶次时,**自身**仍处在张力中进而被张力排除**在外**了。但恰恰由于第二潜能阶次取消了对抗着更高潜能阶次的张力——这恰恰就发生在我们称为物质化的进程中——第二潜能阶次就使得第三潜能阶次**能够**随后与自己相关联并与自己同一,而这则伴随着种种明显的现象发生在基督的**受洗**中;因为正如在最初的为世界建基的活动中——在其中,那个暴烈的本原俯就成了后继进程的根据——作为

XIV, 172　对这一本原的消解的外部现象而出场的就是水①,所以基督在受洗时潜入其中、仿佛淹没在其中的水,就是内在物质化活动的外在**迹象**,通过受洗,基督的实体性自然使得自己能够通达精神,确切说,是**作为圣灵**②的精神。

　　因此,基督成人首先是通过第二潜能阶次在面对更高潜能阶次时的自行物质化而得到最初奠基的。而自行物质化的当然不是作为**自身**的位格(否则这事压根就没法设想了),而是**潜能阶次**,即位格中的自然和实体性要素,它以此方式使自己得到物质化,在

---

① "神话哲学"第203页,以及"神话哲学导论"第153页。——编者注
② 见上文第85页。——编者注

这里诸位也再次看到了，位格不仅要被规定为**位格**，而且也要被规定为**自然的**潜能阶次，必须给位格附加上一种实体性的存在，所有这些都是必要的。但是位格并没有伴随着纯然的物质化而**受造物化**，它只不过是以此方式才以被接纳的**受造物的**形式——才彻底卸下了神性之外的神性。因此，它主动物质化说的就是：它之所以要让自己成为一个**有机进程**——这一进程当然是最高的有机进程——的素材是因为，它要取代人类的位置，它要代替人类。但作为德穆革式的潜能阶次，一切在它面前都是自由的，一切都可以通达它，作为这样的潜能阶次，它并**不被任何东西**排除在外。现在既然人格通过**本己的**运作（这显然始终只有在面对一个更高潜能阶次时才谈得上，也就是说，造成这一运作的无疑是一个更高的潜能阶次），使自己成了一个有机进程的素材，所以它现在能全然自由地选择这一物质化活动的场所，进而为此而选择一个活生生的人作为母亲，以便能够作为人由**妇人**所生①，进而以这种方式在神面前把自己受造物化，唯有以此方式，即主动献出全部荣耀，**它才获得了一种在神之外存在的正当性**；这一点至关重要；因为正如已经说的，重要的不是扬弃这一潜能阶次在神性之外的状态，而是要**确证它**在神性之外，只有这样，基督才能成为**永恒的**中介者。因为如果他据实体而言返回到了神中，那么他就不再可能是中介者了。**通过**成人，基督仿佛拥有了对神性之外存在的义务。因此我们也可以说：那个在开端之际，ἐν ἀρχῇ[在开端中]，基督依于神而在，乃至在某种程度上自身就是神的主体——通过它一切才随后被创

XIV, 173

---

① 《加拉太书》，4:4。——作者原注

造——，接下来（在创世之后，自堕落开始）就会 ἐν μορφῇ θεοῦ[在神的形象中存在]，进而成为人类意识真正意义上的主宰，正是这一主体，在时机满足之际，在某一特定的时刻就会作为人而出生。这一诞生就是最终的但全然外在的、彻底进入另一外在叙事领域的事件。**这一**事实，**不能仅仅**，也不能纯然发生在人类意识中，它不能像神话事实那样只有一种纯然主观的－客观真理，**基督诞生的事实**必须有一种绝对客观的真理，它必须是独立于人类表象而自成的事件。

诸位只消思考一下接下来的内容，马上就会明了这一点。

我们之前就已经指明了，异教中的和解只是纯然外在的。换种说法也可以说：这只是纯然主观的和解，因为它克服的并非与神分裂的真正且本真的根据，即神性的非意志自身，反倒仅仅是这一非意志在意识中引发的后果。既然在神话中涉及的只是**意识中的后果**，所以和解也纯然发生在意识中，也就是说，它恰恰只是纯然主观的。但**在这种情况中**，真正该做的并非是取消意识中的这一纯然后果，而是要取消作为**原因**的神性**非意志**自身。而这只可能通过一个客观事件发生。在神话中仅仅主观的东西（仅仅拥有主观真理的东西），在这里必须客观地发生。在神话那里是虚构的东西，在这里要成为真理。异教徒不相信的，恰恰是神会以人的形象实存，他们认为这仅仅是一幅被想象出来的图景 (ein-bildeten)[①]

[①] 这里的 ein-bildeten 的动词原形是 einbilden，日常意思是"想象"，但在谢林等德国哲学家那里，它被赋予了极高的理论意义，通常指某种不可见的东西进入 (ein) 了某种图景和形象 (bilden) 中，获得了客观性。——译者注

——这一点德语表达得极为精确。而在这里,这幅"被想象出来的图景"成了可见的真理,人能亲眼看到它,甚至如约翰说的,能亲手触到它,进而很容易看清,我们现在所经历的、我们身处其中、当然不曾记录在书上的**这一**历史,只**可能**由**上面的那个事件**来终结,而这一事件也**必定**完结这一历史。

伴随着基督的**这一**显现,先前那种绽脱出位的历史也就过渡到了现实的历史中。人类意识在神话进程中处于其中的境况——正如常常强调的——是一种被设定在自己**之外**存在的境况。能完结这种绽脱出位的境况的——对意识而言,这一境况会产生一系列的表象,因而也会同时产生一种内在的历史——不可能是其他,只可能是上述那种内在历史引发的、较之于一切事实更超脱在秩序之外、更超越的事件,而从另一方面来看,这一具有确凿无疑**客观**实在性的事件,是一个巨大的、具有实情意义的普遍-历史学事实,也就是说,它是一个有外在性的事实。通过这一事实,绽脱出位的、曾在一切现实性**之外**的意识,就会回到现实性的根基上,并且唯有通过这一事实,意识才能被带回到其中。只有一个现实的事实——其超脱秩序之外的特别程度使得没有什么更加宏大的事情可能发生——才能完结异教,也就是说,使它走向最后的终点。

当然,也有下面这种**另一种**意义上的老生常谈的说法:使徒,或者根本上来说基督教的第一批传教者编造了基督以超自然的方式感孕,以便以此让**异教徒**更能接受基督教,因为这可以让基督教更类似于他们的观点。对这种不费吹灰之力就能随处找到的说辞,我只想说,这么说的人忘了,基督感孕的神奇故事恰恰是在首先为希伯来人写的福音书中出现的,而这就预设或者假定了(虽然还没有承认),通过这种所谓的"虚构",在异教徒那里能**赢得**一些信众,但在**犹太人**那里,以同样的方式则起码会失去同样多的信众,然而使徒至少首先是被吩咐这么做的。不过也并不能因此就认为,成人的学说,以及神子作为人被钉死十字架的学说,对犹太人来说是一件惹人气愤的事,是一桩丑闻,而对希腊人或者异教徒来说,则至少是某种会引人发笑的蠢事。这一理念会影响异教徒,并不在于它作为明喻或者类比,也不在于它作为**与神话类似的东西**,而是在于它作为神话的对立者,作为它的对抗者。那个曾经在神的形象中存在的,**就**他在这些形象中存在**而言**,可以被称为"异教之神",但"异教之神"并非那个在奴仆的形象中显现,并且降卑至死的神(有许多希腊人都被描述为 μορφῇ θεοῦ "有神的形象"。比如色诺芬就这么说苏格拉底①:一旦你看到 τὰς μορφάς τῶν θεῶν[诸神的形象],你就会对他们的功业叹为观止并敬拜他们。西塞罗也同样说过②,saepe Faunorum voces exauditae, saepe visae formae Deorum[常常听到有人发出法翁一般的声音,也常常看到那些有神的**形象**的人])。那个曾在神的形象中存在的,恰恰在这一形象中作为自然的潜能阶次,即异教的本原而存在。而当他通过脱弃并献出这一形象直至死亡,在这个**赴死者**身上,整个异教也以这种方式死了。在这一事件之后,异教徒曾经所相信的一切,比如诸神有人的形象,或者他们终有一死,所有这些神圣者具有人类自

---

① 《回忆苏格拉底》,Ⅵ,3. 13。——作者原注
② 《论自然》,Ⅱ,2. 6。——作者原注

然本性的观点,都被宣告为虚妄了。当事情自身到来之际,它纯然的阴影就会消散。在面对这一**具有如此客观性**、在已然祛魅的世界眼下发生的事实之际,之前一切被信仰的东西都消失了,进而都**成了**虚构——尽管它们起初并非纯然的创作,反倒无疑是在某种主观必然性中得到奠基的。自基督显现起,历史就表现出了一种彻底不同于它在此**之前**所有的另一种意义,而这乃是一件众所周知的事情。

第三十一讲　论基督的肉身

到现在为止，我都是按习惯首先一般地阐述正确的观点，我相信我已经阐述清楚了；现在我仍要在细节上讨论一些问题，并回应一些可能的反驳。

所以首先来讨论成人活动涉及的物理方面，普遍来看，这一活动在物理上基于下面这回事情，即第二潜能阶次据其实体性的、独立于神的存在而言，在更高的潜能阶次面前会首先成为素材，以便使这一存在——就其作为神性之外的存在而言——成为全然的受造物的过渡能够发生，而在它之中的纯粹神性者，它纯净的自身也就随即也以同样的方式把自身解放了出来，成人者之中纯粹的神性也就得到了重建，而在这个时候，第三潜能阶次也能作为**神性人格**，作为圣灵与成人者相联结了。在这里，最为本质的地方是与第三潜能阶次的关系，根据我们的断言，唯有在面对第三潜能阶次之际，神性之外者成为素材，也就是向成人的过渡才能被设想。有两部福音书讨论了基督的感孕（感孕就是这一过渡），所以在其中，肯定可以发现这一过渡关系的踪迹——这一踪迹也确实是存在的。在《马太福音》(1: 20)中，天使对约瑟说：τὸ γὰρ ἐν αὐτῇ γεννηθὲν ἐκ πνεύματός ἐστιν ἁγίου，因为在她身上被生的来自圣灵。介词 ἐκ

的含义多变,这里绝不能强行理解为现成物的意思,它实际上暗示了一种"出于什么原因"的含义,因而也可以在力量-潜力的意义上来说明这句话:"在她之中感孕的,是在圣灵**的力量中感孕的**",也就是说,圣灵以此方式使这件事得以可能。实际上只有在更高潜能阶次的**力量**中,先行的潜能阶次才可能自行**物质化**,使自己成为未来诞生的素材和质料。πνεῦμα ἅγιον,即圣灵,不可能纯然只意味着神性的全能(=πνεῦμα θεοῦ[神的灵])。这种一般化说明会取消一切更高的历史性要素和一切**次第展开的东西**,而正如我们已经在许多例子中看到的,根本上唯有更高的历史性要素和次第展开的东西才具有说明效力。我并不是想宣称,我们在某些说法那里所想的,跟福音书作者想的一模一样。这其实也完全没有必要;在许多情况中都可以看到,福音书的作者的记录有些幼稚,这是因为他们自己对关联脉络,对总体意义并没有一种通观。他们自己所处的状态,一定程度上就像是神话中的意识,它也说出一些东西,但它自身对自己说出来东西的意义并没有一种通观;所谓的"灵感"概念,大抵首先就在**这种通观的意义**上来把握的。教义从很早以前已经规定,圣灵的事工无论如何都不是那一允许耶稣被称为圣灵之**子**的事工,在基督感孕的这个环节,圣灵的运作方式并非创生[σπερματικῶς],而是创造[δημιουργικῶς]。这一点可以**这样**来理解:当 A^2 成为素材,这意味着它等同于第一潜能阶次,A^3 也会以同样的方式等同于第二潜能阶次,这就意味着德穆革式的功能要一直进展到第三潜能阶次那里。这样就构成了对耶稣这个人尽管相对而言有物质性,但也同样相对而言有非物质性的基底的最初塑造。从这一点出发,耶稣这个人和其他人一样,都是通过纯然的自然过程而产生的。

在我看来,另一种说法也同样颇有教益:在耶稣感孕的这个环节,圣灵仅仅以经世(οἰκονομικῶς)的方式在运作。而对于神性的经世,教父中的那些具有科学精神的,并不仅仅把它理解为神性位格本身的复多性,而是也把它理解为关系和秩序,凭着它们,三重位格才作为次第演替、彼此相继的潜能阶次运作和显现。

就圣灵的协同运作这一点来说,《路加福音》也有不少说法。比如在"圣灵会降临在你头上,最高者的力量将笼罩你"这样的说法中,就包含了对作为更高者的圣灵的暗示,它来到了另一个东西之上并参与其中;这让人想到阿那克萨戈拉的话 εἶτα νοῦς ἐπελθών[降临](使徒用的 "降临" 也是这个词) αὐτὰ διεκόσμησε:随后努斯就会降临,也就是降临到同质体(世界的素材)上,并赋予秩序。当先行的潜能阶次主动降卑之际,它也就为更高的潜能阶次给出了空间,进而以仿佛进行着吸引的方式作用于后者,使之运作起来。① 至于这两部福音书中关于基督感孕故事的其他细枝末节,我想也就没必要讨论了,对我们要讨论的问题来说这是恰当的;因为对我们来说要紧的首要事情,就是要把逻各斯的成人看作 ἐκ πνεύματος ἁγίου[因乎圣灵],看作在圣灵的参与或者协同下发

---

① 下面这件事情已经由潜能阶次间的原初关系规定了,即第二潜能阶次只有在面对第三潜能阶次时才可能自行物质化,因为第一潜能阶次在面对更高潜能阶次时,只可能自行降卑,把自己降格到物质中。**若无更高的潜能阶次**,这一过渡就是不可能的,但在更高潜能阶次,亦即那个在张力之外被设想,被称为 πνεῦμα ἅγιον 的潜能阶次的力量中,这一过渡当然也是有可能的。——作者原注

生的。在这里我还想再接上一个一般性的强调。在《新约》中,任何时候,而且无论如何,都要区分事情自身和对它的理解方式。后者则是由理解者的时代及其进行理解的概念决定的。事情则比任何对它进行的阐述都更加古老,就算人们在其中添加了一些主观性的东西,事情也仍始终保持为客观的。所以人们始终都可以认为,在《路加福音》的叙事中,除了史诗般的阐述方式,还有一种史诗般的文本构造方式。而这对于**事情**自身来说不会产生任何损害。最具本质性的方面在于,逻各斯的成人,或者用我更确切的说法就是,是逻各斯为自己作为人而存在奠定了首要根据,这个最具本质性的方面除了逻各斯在自身中拥有的素材之外,无须其他任何素材,而它在自身中拥有这一素材的方式则在于,它在自身中也拥有一个不同于自己本真存在的,仅仅**在他面前**生成、**被他遭遇到的**存在,而他对神的独立性,他具有自立性的、独立于父亲的荣耀就基于后一种存在,而他(即逻各斯**本真的**自身)恰恰只能把这个存在降格为受造物性质的人类存在的潜能阶次。也就是说,当据其**实体要素**而言的逻各斯(这一实体要素正是在它之中独立于神的存在)主动脱弃自己的荣耀,主动夺走在先前的境况中覆盖在自己身上的神性存在,即 μορφῇ θεοῦ[神的形象]之际(因为即便在《旧约》中,人格性的要素也只能贯穿运作在自然性的要素中),也就是据**实体**而言的逻各斯主动把自己降格到物质性要素中之际,它之中真正的神性要素,真正的荣耀才得到揭示,才脱去硬壳。约翰说,我们**亲眼看到**他的荣耀。这一过渡自身诚然是一个秩序之外的特别过渡,也就是说,它不能从纯然物质世界的各本原出发来说明。要把握这一过渡,我们就必须攀升至超物质性的原因,但这一过渡是一个秩序之外的特别过渡,也就是说,它不能从事物的普通秩序出发得到说明,但在**更高的**秩序中,它并不是非自然的,而是完全自然且能把握的。不过现在还得提一些可能的反驳。

如果基督是从自身中创造了他作为有机－人类存在的最初素材,即他这一存在的 πρῶτον ὑποκείμενον[先行基体](现在只讨论这一点),这并不损害基督的父系渊源,同样,其他理论也没有把下面这点排除在外,即每一个人都要有一个源自先祖的父亲的共同参与才会降生。如果根据所采纳的理论,仅仅描述他生自母亲也可以使他成为先祖的后裔,那么这对于我们的理论来说也有效,毕竟一个人产生的根基必须被归到母亲的有机进程中,所以成为人的儿子也跟其他人一样有自己的母亲,因而也是其先祖的子孙,其父系可追溯到大卫,甚至追溯到人类自身的先祖那去。

如果通常的理论**不**采纳一个完备的人能无中生有[creatio ex nihilo]这种说法(因为在这种情况下,肯定就不需要母亲了),那么它就会假定在母亲**中**有一种以超自然的方式得到活化的素材,但这样就产生了一个众所周知的困难,即不能认为,一个人类母亲免去了所谓的原罪。人们为解决这一难题而寻求的各种救济手段,我就不提了,其中最好的也不过是一种 ad hunc actum,即为个别情况而发明的假说,所以根本就不入流。但起中介作用的潜能阶次,它在神之外存在,并作为与神相同的形象(μορφῇ)而存在——凭着在它之中以超实体的方式被保留下来的神性要素,即它本真的,但在实体性要素前不可见的自身——它凭着这一被遮蔽起来的神性要素让自己神性之外的存在屈从在更高潜能阶次下，使这一存在成为更高潜能阶次现实化活动的质料，并**由此使之成为重建真正的神性存在**自身的质料——而真正的神性存在原本就曾在人之中存在。**这一**过程并非纯然为个别情况而发明的假说，而是贯穿在各个中间环节中，并由它们得到证示（erweisen）的普遍过程，或者说普遍进程的结果，而这一进程的基础就在于，先行者，以及在此先行中的自立者，随后在面对更高者之际就会主动把自己归秩为后者现实化过程的质料。

从被明确断言的基督**无原罪**这一点来看（正如已经说过的：他在所有方面都跟我们一样，除了罪），恰恰是我们的这一说明取消了全部困难。如果基督成人的（最初）素材是从这个物质世界中获得的，那么从其作为人存在这方面来看，基督也必定也会分有这个世界中存在的普遍不谐。但如果这一基本素材并非来自这个世界，如果这一素材是在成人活动的这一**终点**，也就是在这一活动已然实现的现实中，才转变为物质性的，那么很明显——下面这点一定要牢记，这一成人的本原只有在面对还要更高的潜能阶次时才会主动物质化，不过在面对更深的潜能阶次时，它仍全然保持着精神性的、支配性的特质。我要说的是，很明显，这一本原要把属于这个被归秩的物质世界的素材——若无这一素材，一个现实的，也就是与我们完全相同的人就不可能存在——吸引向自己，并仍在支配着这一世界的不谐中进行着对抗，以此方式，一个完满的神圣之人才得以被生育。

人们或许会反驳说，逻各斯的**实体性**存在是一个在神性之外，甚至独立于神的存在,就这一点来说,它在一定程度上也是非神圣的存在。这完全正确;但恰恰在成人过程中,逻各斯使这一存在臣服于父亲,使它顺从于神,对神**彻底**恭顺。通过这一对父亲的彻底臣服,逻各斯就对这一存在进行了神圣化,而这一神圣化过程是通过死亡得到完成的。所以基督在他最后的祈祷中说:我为你(为你之故)而荣耀我自己,这样你也能真正得到荣耀。在《约翰福音》的另一处(10,36),基督回应犹太人说:父亲将其神圣化,又遭到世界中来的,就是你们说他谤神的那个人,要我说,他是神的儿子,也就是我(在这里,基督把神圣化行为归给父亲,因为他成为人并不是凭他自己自然的意志,而是凭他自身就具有神性的、与父亲为一的意志。但基督之中的神性要素所做的事情,被视为由父亲亲自做的)。当他使这一相对于神而具有自立性的存在服从于父亲之际,他也就使这样存在成了圣灵的贮藏所,成了对它进行着吸引的潜能阶次;以此方式,对基督肉身的神圣化也就能通过圣灵得到把握和理解。所以如果人们想一面忽视那个潜能阶次——我们将之说明为基督作为人的存在特有的根本素材——超出源自这个世界的物质的相对超越性,一面仍在它与神的关系中并就**此**关系而言称它为非神圣的,并同时认为其非神圣性跟一切在神**之外**存在的非神圣性等同,那么这一潜能阶次恰恰是**通过**成人行为为自身使自己神圣化的,也就是说,通过使它实体性的(在神性之外的)存在彻底恭顺来使自己神圣化,这一行为同样也可以被看作向第三潜能阶次诞生的过渡,而在一切张力被取消之际,第三潜能阶次就会作为圣灵自身在意识中登场。因为根据《新约》一致的见证来看,耶稣的成人和死亡在真正意义上赢获的,正是他以此方式为**我们**赢获了圣灵,因而由于堕落中断的神性也在三重潜能阶次中就得到了重建;而这也就意味着,正如经上所说的,我们重新成了**神的孩子**。而使徒正是凭着这一对人类中整全的神性存在的重建而吩咐,**一切**族群都要以父亲、儿子**和**圣灵的名义受洗。

现在来讨论另一种可能的反驳,首先绝不可以把我们的观点,即逻各斯从自己本己实体中获得了它成人的素材,跟瓦伦丁主义者①以及其他那些讨厌质料的人的看法相提并论,因为这两种人都否认,基督有跟我们相似的肉体,他们教导说,基督的躯体是从天堂一并带来的,玛利亚只不过是带着这副躯体的基督的通道,就像一条运河一样。我们的观点是,基督从他本己的实体中创造了自己成人的素材,但这一实体被他之中的神性要素降格为了人的潜能阶次,我们还补充说,这一人的潜能阶次所完全服从的有机进程,跟人类要服从的是相同的,这一进程是必要的,唯有如此,一个真正的、切切实实的人才得以产生。为了能够成为切切实实的人,成人的首要可能性必定就蕴含在逻各斯之中。

当然——这是要强调的第三点——从我们的理论中产生了下述结论,即**伴随着**基督的成人,一种全新的、之前在世界中从未存在过的元素来到了世界上。但在一定程度上这并不损害基督作为一个真正的人存在;通过他的成人,来到世界上的不过是一个**实体**

---

① 基督教内部的一种诺斯替主义流派的信徒,主要观点认为救赎之神和创世之神并非同一个神,物质是创世之神禁锢灵魂的囚笼,而非像谢林在这里说的这样是神性启示的场所。——译者注

意义上的全新本原,并且它并不是作为一个世界法则的例外来到世界上,或者说,它并非在世界上没有任何与**自己**类似的东西,相反,脱弃荣耀的行为恰恰就在于,这一元素成了一个与这个世界中的存在者完全类似并与它们服从于相同法则的东西。

XIV, 183　　一个伴随着基督而来到世上的**实体意义上的**全新元素,对那种比如把基督关于他的血肉而说的一些话①,当作关于某种来自天国饮食说法的人而言,可能是见怪不怪的。或许甚至最后的晚餐的意义也能通过这一预设得到完全的把握。甚至还能基于其他理由假定,尽管基督通常都被认为是一个完全意义上真正的人,进而绝非只是徒具人身的幻影(这就是所谓幻影说②的观点),然而从他身体的性状来看,他仍超越于尘世的质料带来的压迫和限制。从许多事实出发似乎可以推论出,就他的物理性状来看,基督有一种特有的、比普通人更强的气场,比如群众情不自禁要去触碰他,ὅτι δύναμις παρ᾽ αὐτοῦ ἐξήρχετο,即因为某种力量从他之中涌了出来并治疗了所有人③,在一处被明确记录的例子中,基督本人也感觉到有股力量从自己身上涌出④;而许多人从这些说法出发,就把基督还是孩子时候的惊人进步,把他不同寻常的精神敏锐性,他在十字架上的早逝,按通常的说法他在第三天的复活并且仍在自身中保有更长久的生命,都归结为他的体质异于常人。

---

① 指圣餐礼。——译者注
② 又称为"拟人主义",早期基督教的观点,认为耶稣是完全的神,而非是人且是神,他作为人的一切言行只是神构造出来的假象,因此反对道成肉身的教义。——译者注
③《路加福音》,6: 19。——作者原注
④《马可福音》,5: 30;《路加福音》,8: 46。——作者原注

即便对于**艺术**来说,人们对基督的物理性状这点作何想法并非不重要。在神学家自身中,甚至在教父中,对于基督的外貌其实也意见不一。一部分认为,他必须在外观上被设想为人类中最美丽的,而证据就在《诗篇》45。另一些则持相反意见,认为耶稣在外观上并不俊美,甚至面目可憎,其证据则是以赛亚的预言①:"许多人会被他惊到,因为他的形象甚至还没有人类中最卑微的美(比之还要丑),所以之后会有许多异教徒因他而大笑。"还有一部分认为,基督的长相既不俊美也不可憎。但无论人们怎么专门来设想耶稣的容貌(就这一点来说,无论如何也该斟酌一下有不同类型的美,比如拉丁语学者就区分了 pulcher[不变的至美], venustus[如维纳斯一般], formosus[俊美];比如苏埃托尼乌斯就说一位罗马皇帝 vultu magis pulchro quam venusto[貌比维纳斯]),在基督的外貌和物理性状中,下面这点仍肯定是显而易见的,即他的身体以并非来自**这个**世界的元素为基础。就这一点来看,我认为在雕塑和绘画中,真正的基督 – 理念仍没有得到呈现。

那关于成人就说这么多。从现在起我们完全只讨论成人者。

伴随这一讨论,我们现在也就处在那些问题和自相矛盾的断言上演的地方了,当人们想把基督之中两重自然统一起来,就会催生这些问题。正如神学在三一学说上总是危险地摇摆在过与不及,以及在阿里乌主义和撒伯里乌主义之间,同样,关于基督人格

---

① 第53章。——作者原注

的学说也总摇摆在欧迪奇主义①和聂斯托利主义②这两片险滩之间。欧迪奇③说：在统一**之前**两种自然单独存在，在统一活动**之后**只有一种自然。所以后来的欧迪奇的支持者都是一性论者。众所周知，一性论主要存在于东方教会，尤其在叙利亚的基督徒中广为流传。而聂斯脱利④则持相反观点，他一直与欧迪奇针锋相对并始终在努力反驳对方，他认为在统一活动**中**，**两个**主体，两重位格，即神性的和人性的都被接纳了。欧迪奇和聂斯脱利两人在下面这点上是一致的，即在统一活动**之前**有两重位格，但正统观点并没有采纳这一点。如果把迄今为止仅仅存在过的三种体系并置在一起，就可以得到下表（表 31-1）：

表 31-1

1.	2.	3.
基督**由**两种自然构成，但**不**存在于两种自然中（欧迪奇主义）	基督**由**两种自然构成，并且就存在于两种自然**中**（聂斯脱利所断言的并不比之更多，不过他并没有区分人格与自然）	基督**由**两种自然构成，但只有**唯一**的人格（正统观点）

但在正统观点中，这种人格统一性仅仅是通过对人类人格的

---

① 主张基督道成肉身之前分别有神人二性，但结合之后的结果是人性彻底消失。——译者注
② 主张玛利亚只生育了耶稣的肉身，而非神性，耶稣－基督是人性－神性联结后的产物，此外，聂斯托利主义曾经流传到中国，被称为"景教"，见《大秦景教流行碑》。——译者注
③ 欧迪奇（Eutyches），约 380—456，君士坦丁的修士。——译者注
④ 聂斯托利（Nestorius），386—451，古叙利亚人，曾任君士坦丁堡大主教。——译者注

强制取消而产生的。也就是说,其实还是存在两重位格,就此而言,正统观点不过是一种被掩饰的聂斯脱利主义,也就是说是一种根本上仅仅在表面上被取消的聂斯脱利主义。

这些观点无法让任何人满意;而唯一可能的第四种观点,恰恰要否认所有这三种观点**预设的东西**,即基督**由**两种自然构成,第四种观点的断言是,基督尽管存在于两重自然**中**,但并非出于两重自然。要否认这一点,无须教会再添法令,因为基督并非出于两重自然这一点,从别的方面出发是想不到的。而这恰恰就是**我们的**观点,根据我们的观点,既然逻各斯,或者说成肉身的直接主体既非神也非人,而是一个**居间者**,一个 natura *sui* generis[**自类自然**]——既不能把它叫作神也不能把它叫作人——所以就这个主体是存在于神**之外**、ἐν μορφῇ θεοῦ[在神的形象中的] 那个存在而言,它并不是神。但与之相反的是,根据我们的展开过程,恰恰这个主体,在成人活动自身中,**同时**把自己设定为神性的人性的主体。因为当它把 μορφήν θεοῦ[神的形象] 转化入人类这个存在物中的时候,神性者自身也就得到了解放进而得以**显现**,并**作为**神性者得到了**启示**。而只要那个 μορφῇ θεοῦ[神的形象],即神性之外者自身还表现为神性者,上面这点就不可能发生。而一旦这一主体脱去自己的神性,真正的神性者就必定会突显。因此在我们的观点来看,成人这一活动自发地就会连带着下面的后果:且不管成人主体所具有的绝对统一性,它都仍然实存在两重自然中,而这就是人们需要的全部。

但正是这一观点也使关于两重自然之统一的学说中那些被搞

得令人挠头、几不可解的规定成了多余的;因为根据我们的阐述,那些促成这些规定的问题,看起来完全就是多余且无益的。比如人们这下就不可能问:为什么神性者——或者说为什么在基督之中当下存在并且在本质上就寓居其中的神性者,不会阻碍基督之中的**人性**?为什么神性者不取消基督受到的种种限制?现在人们不可能这么问了;因为神性者**如其所是地**实存并不在成人之前,相反,在这之前实存的唯有那个居间者,它既不可被宣告为无条件的神性者,也不可被宣告为人性者。处在成人活动**中**的基督才同时是神且是人,并处在独一位格中,而在成人活动之**前**,基督是神且是神性之外者,并也存在于独一位格中,但在这种情况中,神性者被神性之外者遮住了。成人活动为基督之中神性者的解放提供了条件,而神性者先前被系缚和遮蔽在了基督之中。在基督之中显现着的、启示着的神性不能取消它唯有在其下才得以**显现**和启示的条件,也就是作为人存在。神性者不能取消那个它恰恰在其设定活动中才作为神性者存在的东西,不能取消它的陈设者。并不是神性者把**自己**设定为人性者(否则就矛盾了),而是那个既不能称为神性者,也不能称为人性者的独一主体(正**因为如此**,约翰才用 λόγος[逻各斯] 这个一般性的表达来刻画它),当这个独一的主体使作为在神性者之外的 - 神性者的自己成为人,它也就同时把自己设定为神性者。真正的、实实在在的人性并不与神性矛盾,相反,这个主体只有**通过下述方式**,即把它所拥有的**并非源于父亲的**东西,也就是把它固有的独立于父亲的存在降格为人,恰恰只有以这种方式,神性者,也就是它自身中源自父亲的东西才能得到解放,进而这个主体唯有通过成为一个现实的人,才能够**如其所是地**传达神性者。所以基督自身是就这一神性者,亦即就在他之中存在着的父亲而言,才**完全**把自己视为人的,他并不认为是他本人在行**神性之事**(因为他完全就是人),而是将此独独归于父亲。"我对你们说的话,并不是我从我自己出发说的。如此事工,皆是住在我之中的父亲做的。"① 可见基督自己仿佛是毫无保留、无怨无悔地自觉为**人**的,但他**仅仅**相对于父亲而言才是人。在这里根本不存在任何实体上的混淆,神性者始终没有跟人性者混淆在一起,它与人性者的关系就是一种如同给予者和接受者的关系。恰恰仅仅**由于**成人这一活动,基督之中的父亲才会现实存在,那么如此一来,基督之中的神性会被人性要素损害吗?但正是因为这一主体义无反顾地使自己**在整体上彻底**(也就是说,使全部在它之中具有实体性的东西)成了人,接纳了属人的特质,并把自己转入了人类的自然和本质中,唯有如此,父亲才会伴随着他并且在他之中现实存在。在他作为人类的存在中,基督所脱弃的并非自己真正的神性,而是自己**错误的**神性。在成人活动中,并没有发生一种脱神活动(Entgottung),它反倒**在先前**就已经发生了。因为在逻各斯成为在神性之外、**纯然**宇宙性的潜能阶次之际,它就已经脱神了,但它这么做并不是为了自身之故,而是为了**使**自身成为人。在这个时候,在它之中留下的除了神性的意想再无其他,但这一意想仍被遮蔽着,进而唯有通过成人活动才能得到启示。

　　当基督在与父亲的区分中谈到**自己**时,他以此方式恰恰就是

---

① 《约翰福音》,14: 10。——作者原注

在把自己看作那个为了能够与神为一而必须成为人的主体,也就是说,这个主体必须让在它之中独立于父亲的存在作为人的存在而**服从父亲**。这个**能够**独立于父亲存在的主体,不仅已经像人穿上一件衣服那样**穿上**了人类的自然,而且还彻底转而以人类的方式存在(否则没有其他方式可以设想,基督何以是**永恒的人**)。但恰恰并且**唯有**通过这一转变,这一主体才重新获得自己与父亲的统一性,进而以此方式重新获得本己的神性。我们越是明确地接受下面这点,我们就越是能把握耶稣的整个故事:逻各斯使一切在它之中**并非**源自父亲的东西与自己一道成为人,正因为如此,在它之中原本就与父亲为一的东西也就能完全纯粹和纯净地存在了。基督所说的教诲,所行的奇迹——这些就事物的普通秩序来看是奇迹——在更高的、基督归属其中的秩序自身中,恰恰不过是自然的,进而在这个意义上也并不是奇迹。人们现在看到奇迹就要站起来反对,这个事实从人们到现在为止仅仅认识的两种立场来看,是完全理性且合规矩的。也就是:如果神绝对在世界之外并在世界的彼岸,那么这个被假定超越于一切情况的神,对这个彻底独立于他而运行、一劳永逸地被设置好了的世界机器中的影响,几乎可以忽略不计,所以对于一个正直的精神来说,这种观点根本无须反驳。但如果神在世界**中**存在,那么世界就是作为神之**自然本性**的必然后果而存在的;而神在其中也只是作为盲目的实体而存在。在这一点上,人们既可以说这是自然主义,或者如果喜欢,说这是泛神论也并无不妥。但倘若神是凭着自己的**意志**在世界中存在的,那么世上可能就不会满是各种分裂、混乱、错误、疾病和灾祸了。所以在这一点上，自然主义是**完全**正确的，即神并不是凭着自己的意志而在世界中存在的。而我们要说的是，正因为如此，神是凭着自己的**非意志**而在世界中存在的，并且正因为如此，神也可能凭着自己的意愿而在世界中存在，进而世界潜在地、据素材而言始终都预备好了恰恰以此方式能够被赋予奇迹。因为如果神在世界的某个时间点凭着自己的**意志**存在了，那么可以说，弯的必定会变成直的，疾病必定会变成健康，被颠覆的必定会被拨乱反正。基督行的大部分奇迹都是治愈，他自己说：他治愈病人，是 ἐν πνεύματι θεοῦ，即通过圣灵，也就是通过父亲的意愿，这就是为什么他常常公开地呼求父亲的缘故。在他成人之后，向父亲**祷告**也同样是他把自己作为人来认识的最富深意的行为，当他主动脱弃并献出一切神性要素之际（这就好像是他通过自己的意愿而产生出了一种真空），他也把神性意愿吸引到了自己身上，进而在这一被吸引到自身的神性之力中，才得以行奇迹。当然，或许这里诚然到了对奇迹进行详尽批判的地方（并非对我所预设的历史上记载的奇迹进行批判，我是以最高的严格性，因而也是以最大的自由在使用这些历史记载的），但还不是时候，但各种奇迹之间是有区分的，它们并非所有的都是一样的类型，在其中也存在一些人们在其中或许能更明确认识到异教潜能阶次的类型。

  一些远离一切具有异教要素之想法的神学家，在许多奇迹中没有充分认识到要为它们进行正当性确证的**重要性**。在他们看来，基督不会降卑到那么深的程度，比如他们认为在迦拿①的婚礼

---

① 地名，传说耶稣在这里举行的一场婚礼上让水变成了酒。——译者注

上,当宴客的酒不够了,基督显现自己的荣耀的那一刻是"基督在社交生活中完完全全属于从属地位的一刻,也是尴尬的一刻"。人们不会想到,在基督身上异教要素和犹太教要素一样多,所以单从犹太教和犹太教的观点出发根本就无法说明他。犹太教只不过为基督的显现提供了质料而已,但基督自身对犹太教而言其实是陌生的异教潜能阶次。所以基督招犹太人的憎恨——这在他活着的时候就能感受到。这种憎恨必定会摧毁并且处死他物质上的身体,而那个会成为异教徒之救主的潜能阶次以此方式才会完全自由:正如基督听到甚至还有希腊人问他时,他本人回应道(《约翰福音》,12: 24):我告诉你们,种子要是不落入地里,它就始终无法结果,但它要是死了,就会硕果累累。甚至在他生命的历程中——就其整个实体来看,他是人,只不过据其意想而言,他有神性,因而他也要屈从于作为人存在的一切限制——在他作为人自身的生命历程中,他要首先再次把自己意识**为**异教的潜能阶次。基督的这条道路,就是从说"他只是为以色列失落的子孙而被差来",到对门徒们说"走遍**全**世界,πάντα τά ἔθνη[到万民那里去!],教诲**一切族群**并为他们行洗礼"的那个人的道路!对一个犹太人来说,这是何等巨大的跨越!因此,这也是刚刚提到的那类奇迹所涉及的方面,所以人们并没有深思过下面这点,即正是这个在迦拿以水变酒,并且在别处造出了供5000人吃的饼的人,被异教徒——他们并没有在其真理中认识他——视为友好善意的酒与面包的赠与者来敬拜。所以从合乎礼仪、得体周到的视角来看,或许对这个奇迹也没有什么好有异议的。然而所有这些都只不过是提醒和暗示，对此也不能再做过多的阐发。不过我还想对刚刚讨论的内容**再做一次**运用，因为我确信，它可以让许多地方更加明朗。

在原初存在被颠覆之后，神就把他本己的**意志**从世界中抽回了。就其位格而言，神不再存在于世界中，仅仅在对以色列族的引导中，他还以位格性的方式存在；无限者、无限制的全能者——人们喜欢这么称呼神——已经把自己撤回到了全然逼仄狭窄的领域中了；而运作产生出这个无法估量的广袤之境——正如人们所说——整个世界的，并非神的意志，而纯然只是神的自然本性。①相同的情况必定也适用于第二位格。甚至它也从世界中把自己撤回到了更为逼仄狭窄的领域里，即便它是儿子，也仍仅仅据其自然本性作为德穆革式的潜能阶次而存在（他并没有主动要承担以德穆革的方式去运作，而是纯然据其自然本性、无意志地在实行这一运作），他的位格则操劳于完全不同的事情，仅仅在 υἱός τοῦ ἀνθρώπου，即作为人子的存在中才具位格性。

下面的这种反驳或许是完全自然而然的。世界得到保持仅仅是由于持续进行的创世活动。那么倘若没有德穆革式潜能阶次的持续运作，世界可能就无法持存了。但世界仍然续存呀。如此一来，或许就可以推论说，那一处在居间境况中——处在其神性之外的神性中——的主体，甚至在作为成人者之际也在持续进行德穆

---

① 人们发现，那个与诸如亚伯拉罕、摩西这样的个别人交道的神，这个只为个别族群颁布律法的神其实非常古怪，诚然，他的这些所作所为不足以让他是那个在全世界的整全宏大疆域中运作的神。但与后一种神的**位格性**关系已经不再存在了。——作者原注

革式的运作。这一运作是全能的,可全能是与作为一个**现实的**人这个前提对立的,这一前提反倒不能与全能相容。对此我的回答是:诚然,逻各斯**早已在**实行德穆革式的运作了,并且首先在它独立于神的**存在**中运作,尽管它 ἐν μορφῇ θεοῦ[在神的形象中],但它恰恰只是出于其自然本性而处在其中,并且凭着自己在创世过程中的本质地位,凭着与那个自发对抗着形式的存在(对立性的本原)自然且必然的关联而运作。这种自然关联恰恰因为是自然的,所以即便伴随着作为人存在也不可能被取消,而从另一方面来看,尽管作为人存在当然也能把这一关联,也就是这种德穆革式的运作**主动**承担过来,但同样也不能把这一运作设定为**自己**所有的特质。这种德穆革式的运作不会被**取消**;因为它所附着其上的并非主体的境况,反而就是主体。正如某种金属,它据其自然本性在现实中以一定重量存在,而不论是用超高温熔炼,还是把它浇筑在某种形式中——比如浇筑为人像——它的重量都不会被取消,既然在这里,造型形式并不能取消金属重量,那么同样,通过作为人存在,起中介作用的潜能阶次的德穆革式运作也不可能被取消。不管它在哪一种形式中显现,不管是这一种还是另一种,**主体**始终都是相同的。德穆革式的运作就附着在主题上,因而它不可能由于作为人存在被取消。但从另一方面来看,作为人存在也不可能主动招致这种运作,也就是说,不可能把它设定为**属于自己的**特质。正如在刚刚举的例子中,不管是雕像甚或雕塑,金属都不可能主动去影响这些形态,也不能决定雕塑的特性,同样,作为人类存在也不可能主动去影响德穆革式的运作。所以要回应下面这种两难情况:

要么逻各斯在成人活动中也取消了全能(即德穆革式的运作),要么保留了这一全能,只能说:德穆革式的运作既没有被取消,因为成了人的就是这一运作的主体,这一主体也没有在作为人类的存在**中**拥有这一全能,也就是说,并没有**作为**人类拥有这一全能(因为这是不可能的),因为全能所附着的并非存在的样态,而是主体自身。

　　成人活动的主体在已然成人者中持续存在,但从已然成人者出发来看,德穆革式的运作是一种出自主体**自然本性**的现实,一种非反思的现实,而非自己意志的活动,这是一种自己在**没有**自发意志的情况下就在实行的活动,因此通过自己的意志而成为人也不会对这一活动有任何影响,但也正因为如此,这一活动也不会因而被取消。有一条古老的法则叫作:actus naturae non ingreditur actum voluntarium[自然的现实无法渗入意志的现实]。人们也可以把这句话倒转过来说,也就是并没有任何自然的现实会由意志的现实取消。每个人都有重量,这是一个自然的现实,对此意志无能为力,但也正因为如此,人作为有重量的存在不会由任何意志的现实取消,不管人做什么,以怎样的方式运动,重量都始终以非反思的方式不被人察觉地持存。如果神在某个地方凭着自己的**意志**存在于自然中,我们就说这是个奇迹。**所以**在奇迹会发生的时候,基督说:你会看到神的荣耀。但如果父亲再次凭着自己意志在自然中存在,那么儿子也会如此;**在这个时候**,德穆革式的潜能阶次会在儿子面前再次具有人格性,成为他意志的工具和**梯子**,比如在基督的后续行为中就是如此;所以通过奇迹得到启示的,不光有儿

XIV, 192

子的荣耀，还有父亲的荣耀。① 儿子凭着自己的意志重新以德穆革的方式运作的前置条件，就是父亲重新凭着自己的**意志**在自然中存在。所以正如基督始终承认的，儿子得到荣耀依赖于从父亲而来的奇迹。

综上，我认为，我们已经充分且比任何其他理论都更明确地指明了，基督的原初神性何以能经受他的完全作为人存在而无损。

不过我还要强调。基督作为人存在只可能通过一种持续的现实活动，即始终持存的脱弃－献出活动才可设想；因为基督说：我有让出（献身于作为人而存在）且重新获得我的生命的权力——基督在这里并不是在谈论死亡，而是在谈论他的自立性存在，这正是他所献出，也能够重新获得的东西。而基督整个作为人存在的生命就是通过这一意志而得到**维持**的，所以他说（《约翰福音》，4:34）：顺从父亲——这就是我的食粮（我作为人类的实存得到维持的手段）。

在这一点已得说明之后，我们的展开过程接下来似乎就得引向对基督作为人的**生命**的讨论上了，但我不得不把自己限制在主要事情上，所以我不得不拒绝对此进行讨论，就算讨论这些，也不过能够指明，就基督作为人的生命来说，在许多事情上我们的说明比那些根据通常观点进行的说明更有把握力和理解力。或许那些有意想说服我的人可以自己去试试，要是按我们的方法去说明基

---

① 在还作为**孩子**的时候，儿子据其自然本性就已经有神性了，不过这一神性在他之后的人生中才逐步次第运作实行起来（这个时候，自然 > 现实），成为得到开显和得到反思（在此之前仅仅是出于自然本性）的神性。——作者边注

督尘世生命中的一些东西，他们就会在一定程度上意想不到地发现，谁要是愿意根据我们宣讲的内容来重新阅读《新约》，谁就会发现许许多多他迄今从未在其中看出的东西——这种情况太多了，我就不提了。

但是对顺从父亲、彻底服从在父亲之下这一点最有力的证明，就是基督为了人类而自愿领受死亡，这是基督作为人的生命中最后且最大的行为。"他顺从（服从于神）直到死亡，直到死在十字架上。"

所以我现在就单刀直入这个基督作为人的生命的最后行动上来。

作为人而存在的基督之死从一开始，在他作为人而显现**之前**就已经从两个方面出发被决定了，一方面是会成为人的主体，而另一方面则是父亲早已假定并接受了这一死亡。基督之死绝非像另外一些人创业未半而中道崩殂那样是一个**偶然**事件，而是一个已经先行决定了的事件；这一点恰恰也可以从预言出发得到说明。在他作为人的存在中，基督的神性（与神为一的）意想被要求进行一项献祭，而这一献祭是由神钦点的。所有这些该如何设想呢？**从神这个方面来看**，耶稣之死是出于怎样的原因被预先设定的呢？倘若没有我们先前的展开，要回答这个问题当然就会遭遇困难。但先前的展开已经可以让我们言简意赅地呈现出**真正的**观点了。要得到这一观点，无须再做其他什么，只需推论即可，因为它就是出于已得认识和把握的东西的纯然后果。

就这一问题，以及就基督最终来到世界上这一问题而言，事关宏旨的是下面这件事情：那个我们认为构成与神不断的分裂与疏离之原因的本原的所有权力被拿走了，也就是说，不仅在外部被拿走——这是在异教和犹太教中发生的，而且也在内部被拿走，也就是说，这一本原恰恰在其**权力**中，在其潜能中被克服了。而笼统来说，正如**诸位**知道的，这种克服只有通过起中介作用的潜能阶次才能发生。但在起中介作用的潜能阶次仅仅**作为**自然的，或者说**同样**宇宙性的潜能阶次而与前一个本原对立时，还谈不上内在克服。作为这样的潜能阶次，它完全只能**在外部**克服分裂性本原；作为自然的潜能阶次，它还没有强大到能把分裂性的本原**连根**取消，**这样一来**，一种内部的和解，即与**神自身**的和解也就不可能了（唯有当分裂性的本原在其根源中，在其潜能阶次中被取消，内部和解才有可能），进而如果神自身意愿这一和解，那么甚至起中介作用的潜能阶次也必须服从在所有为达成这一目的而必要的东西之下。因为在神的眼中（这是我们对当下要讨论的关系所能给出的最深刻开解），起中介作用的潜能阶次，如果纯然仅仅是自然的潜能阶次，就**不再有价值了**，我这番话同样也适用于那个尽管现在在否定着神，但并不是通过**本己的**行动，而是通过人类的行动而被激起，并就**此**而言也以某种正当性而**存在着**的本原。这就是神之公义的真正意义，通常的理论首先是在关于基督之死的学说中，确切说是当基督之死要被理解为属神的公义时，才想到它，这无疑是合理的。①

神是公义的，甚至就是公义自身，他因其**自然本性**而公义，所以倘若他只让分裂性的本原被片面地取消，那似乎就有违神的自然本

---

① 见上文第53页。——编者注

性了。神既是这一本原的神,同样也是与之对立的、起中介作用的潜能阶次的神。因为神是全一者,而他的**自然本性**就是去成为全一者;神不能取消这一自然本性,它**超越于**一切意志。所以一旦那个分裂性本原使人和世界疏异于神,神就要对它行以公义。神的公义就是他绝对的公正,而绝对的公正就是对神至高全一性的表达,或者说是对下面这回事情的表达,即神并非单独排他地是**单一的某个**本原,相反,神就是全一性自身。神性的威严就在于要成为全一者。因此这一神性的威严不允许让某个单一的本原在其权力中单独被打碎和取消。对此人们可以说,神最高的法则就是保护这个对抗者,因为据其根据而言,对抗者就是神在其上培育对其神性和荣耀最有力肯定者的东西(当它最终被战胜之际),谁晓得这一法则,谁就有了解开世界秩序中那些谜团的钥匙;在任何情况下,这一对抗者都是神对世界进行统治的妨碍者,而它只能是**在内部**克服的东西,这是神亲自为自身立定的法则,所以它要主动坦白自己已经被克服了。如果这终归会发生,那么那个其**自然本性**和唯一的**意志**,恰恰因此就是去克服这个本原的潜能阶次,就必须不仅在外部,而且还得在内部使这个本原不再运作;所以我要说,就**这个潜能阶次**来看,它必须以**自身**为先行的范例,首先献祭自身,也就是说,在其神性之外的存在中让自己彻底服从在神之下,而这恰恰首先是通过成人活动而发生的。只消通过成人活动,也就是说,只消起中介作用的位格让一切在它之中并非源自神的东西服从于神,它之中**纯粹的**神性者就会兴起,这一神性者现在又返回了,并且会一直返回到**纯粹的**神性和与父亲的直接联络中,所以**这**

一位格中的这个神性者的一切意志冲动,都会在父亲之中引发一种相同的意志以及与之相应的效果。在这个时候,这一位格就已经不再跟作为纯然自然潜能阶次的宇宙性本原对立了,而是跟作为神性潜能阶次的这一本原对立,所以一切宇宙性的力量都听命于这一位格,也听命于那一纯然自然的潜能阶次,但听命于前者的方式彻底不同于后者。正是在这一基础上,在那些基督对**宇宙性**要素施加的种种影响中——我说的是,恰恰在这一基础上——才存在奇迹,而这我已经讨论过了。① 这些影响,基督并不是把它们作为自然性的力量在实行,而是把它们作为自身具有神性的、与父亲为一的力量在实行。甚至成人这一活动都是不够的,它不过是朝向真正意义上的和解行动的过渡而已。因为从一开始,也就是说自从堕落以来,人子就**主动**承受了神性的非意志,把自己放在了这一非意志和从神那里叛离的、这一非意志向来只能对它恨之入骨但鞭长莫及的存在**之间**。因为即便在异教中,也只有**这位**之后会成为人的儿子才是真正意义上的中介者,是人类自然唯一的拯救者和维持者(所以也被称为 σῶτερ[救主])。但当他**自身**已经进入了一种与已然疏异于神的存在的关系中,他也就把自己摆在了与神为敌的那一边。尽管这个他自堕落以来就存在于其中的神性之外的存在,**并不是**他主动给予他自身的,他也没有与父亲**针锋相对地**主动对自身进行实体化,这一存在是由于人类而**被给予**他并

---

① 《新约》自身中真正的对奇迹的说明,见《马太福音》,14: 2;《马可福音》,6: 14(这些奇迹并非凭着物质性的东西,而是凭着 δύναμις[权能] 运作起来);同见《哥林多前书》,12: 10。——作者边注

使他独立于神的，就此而言，他并没有凭着自己的意志而在神之外存在。但他在这一存在中持守并坚持这一实情，即便不是为了自己单独占据这一存在，也是自己自由意志的结果。当他进入这一与神疏异者的关系中时，他也就以此方式自愿把自己设置在了与此疏异者相同的境况中；当他代表我们而直面神、主动替代我们的位置时，他就把**我们的罪**担到了自己身上，因而也把这一罪责的**义务**、后果和惩罚都担着了。这个对任何罪都一无所知的人，通过自己的爱而主动让自己成了有罪者。"他把我们的罪担到**自己**身上，让惩罚都加诸他，以此来让**我们**平安"。谁把另一个人的罪担到自己身上，谁就恰恰以此让自己成了罪人，进而必须忍受事实上该这个罪人忍受的东西。中保——基督也被这么称呼①——就是为另一个人作担保的人，中保在债权人的权宜和紧急需求面前保护债务人，中保并非自身就是罪人，但仍是罪人。所以，当基督为我们主动成为罪人之际，他必定也会为我们而遭受对罪责的惩罚，也就是**死亡**。

人们可能会反驳说，所有人都还是会死，这在基督死之前和之后还是一样呀，所以还是没有摆脱这个惩罚嘛。然而所有人仍在经受的，其实是**另一种根本不同的**死亡，甚至那些在基督**之前**死去的人，着眼于基督**未来**的死亡来看——我们在后面会讨论这一点——所经受的也是另一种死亡，这种死亡不同于在基督死亡之后人们会经受的那种死亡。这样一来，下面这件事情在字面上就

---

① 见前文第81页。——编者注

是真实的,即**基督**代替我们去死,为我们付了**赎金**①,为了我们,向他的敌人,即他原初神性的敌人付了赎金,因为是人类把他从其神性中,即从与父亲的统一体中设定出来了。他以他的生命赎回我们的生命,并把我们的生命从本原的强力支配中解救出来,我们曾经处在本原之强力的拘禁中,而这个本原唯有通过一桩在秩序之外如此特别的行动才能在其潜能阶次,在其**强力**自身中被取消,这个本原唯有通过这种爱的奇迹才能在其强力中被耗尽,被彻底剥夺力量,进而**在内部**被战胜,这种爱要比推动创世者进行创世的爱更加宽广宏大,而对这一奇迹,我们只能说:它是确确实实的真理,它就**是**如此,它就这么**存在**了,我们根本就没有能力根据任何人类的概念来**期待**或者预设它,甚至可以归结说,倘若它没有现实地作为一个事件而发生,我们根本就不敢相信会这样。

  耶稣之死所涉及的各种外部状况就是这些,所以对此除了下面这点就不用再强调什么了:在基督被钉十字架的时候,整个人类,异教徒和犹太人仿佛都聚集起来了,因为在当时,人类单单就是由这两种人构成的。但值得更进一步注意的是,异教徒只不过是工具,而犹太人才是肇端者。异教徒有的只有力量,而犹太人则**拥有意志**。异教徒内在地更亲近这个带来解救、维持与和解的潜能阶次(只不过没有在真正意义上认识**它**,或者说没有认识到在其中运作的东西),当异教徒至少**经历**过这一潜能阶次的运作之际,他们在这一点上就会显得像是受益者。而犹太人则由于他们律法的严苛而无缘于异教徒的这些自然体验,反倒由于政治上的不幸

XIV, 198

---

① 《马可福音》,10:45;《马太福音》,20:28;《彼得前书》,1.18:19。——作者原注

而自我劝解说,现在离古老预言实现的时候已经近了,所以他们反倒以最激进和执拗的方式固守在对过去和律法的依赖上(这种固执尤其以法利赛人为代表),固执巴望着自己唯一的拯救,弥赛亚首先并且唯独是由犹太人预告的,所以在弥撒亚已经显现之际,必定是犹太人来充当他死亡的主谋和肇端者。

以上就是耶稣之死尤其令人感到痛心的卑劣外部状况所涉及的方面,正因为如此,对于把基督的神性意想设定在更高的光辉中来说,这些外部状况恰恰是必要的,亦即基督顺从父亲,不仅仅直至死亡,而且还直至强制的死亡,也就是直至死在十字架上,直至以一切死法中最痛苦、最卑劣的死法——犹太人并不知道这种死法,这是由罗马人带到他们那里的——而死。异教徒必定要死于源自异教本原的东西。

然而恰恰在十字架之死这件事中,同时也蕴含着某种意味深长的象征性要素。把基督的肢体伸展并绷紧在十字架上,就是长久存在的张力最终的外在表现,而基督在**整个**先前的时代里都被设定在了其中。① 他在十字架上的死就是这段漫长艰难生命的终结,而在这一漫长艰难的生命中,正如先知说的,基督的灵魂始终在受难。(以赛亚在这里② 说的不仅涉及未来的受难,也涉及当下的受难。)

现在可以完全把握下面这点了:对于纯然固执狭隘的道德主义者来说,耶稣以死和解是一个非事件(Un-Ereignis),对那些纯

---

① 畏惧、审判＝张力。——作者边注
② 第53章,同参见"神话哲学"第317页。——编者注

然以自然本能进行思想的人来说则是件蠢事。就这个方面来看，前一种人看起来就像是犹太人，后一种人则像是异教徒。同样可以把握的是：那种除了承认神把世界作为某种**全然疏异的东西**从自身中摆放出来之外——按歌德的说法，神这样对待世界就像在弹指打发某些东西——就不再承认神对世界有更广泛参与的哲学，这种哲学在世界之**中**认识不到任何与神有亲缘性、源于神自身、属于神自身生命的本原，所以这种哲学甚至也没有能力把握和解——确切说，是通过神子自身而进行的和解——的必要性。但要求基督去死的，并不是那个为我们遣来他的儿子、必定以爱的方式而存在的神，相反，只可能是一个独立于神之爱的本原，这个本原的存在 cui obnoxii eramus[要归罪于我们]，并且它也阻碍着我们的 καταλλαγή[和解]。如果没有一个独立于神，或者说独立于神而生成的、与人与神的和解和统一作对的本原，那当然也就**不需**要基督的献祭了。**这样一来**，充满慈爱的父亲（这是人们的习语）大抵就会直接且出自纯然的爱来赦免羸弱的受造物了。如果在这些前提下，人们还是想好歹拯救一下以死和解的必要性，那么这只能以一些时兴神学家——尤其是自康德的观念盛行以来——的做法进行了。众所周知，根据这些观念，在任何情况下，神都仅仅在实行和执行道德法则的时候存在；倘若没有道德法则，倘若我们伦理理性的公设不存在——这一公设就是，每一个有理性的受造物都渴求幸福，而这仅仅系于对道德法则的实行，并且伴随着这一实行，幸福的情形就会更加明确，那么神就是根本没有必要的了。在神和伦理性存在物之间，不存在道德联络之外的其他联络，遑论一种自然的、物理的关联脉络了。这样一来,神当然似乎就可以直接且无须进一步中介地宽恕任何悖逆之行;任何中介似乎都没有**必要**了。这样一来,神凭什么还需要去忍受基督不体面的死亡呢?一位向来令人钦佩的神学家——他恰恰也陷在康德的观念中无法自拔——答曰:是为了打消一切白白降临在人类头上的恩典可能导致的对法则之**神圣性**的怀疑,为了至少以此方式**仍**足以维护法则的**尊严**,神子必须死。根据这种理论,基督之死就并非出于某种客观原因,而是仅仅由于**我们的需要**才必须去死,也就是说,仅仅是为了在我们心中巩固"律法具有神圣性"这种有益的信念才必须去死,如此一来,通过这种说法,即便**基督之死的目的**实现了,这一目的根本上也纯然只是**示教性**的而已,但神或许仍跟这一法则的意义没什么关系,因为这一法则规定,只有有罪的人才要为自己的罪而主动受苦,但没有说一个有罪的人要为其他有罪的人受苦,遑论无罪的人为有罪的人受苦了。这种做法,一方面想把法则的神圣性稳固确立起来,然而另一方面却恰恰以这种唱高调的方式捧杀损害了这一法则,所以这种做法完全就是个怪胎!

因此,如果人们没法为耶稣之死找到任何其他的,亦即没法找到任何切实具有**客观性**的根据,那么更好的做法或许始终都是由于在基督之死上碰到了难题,就彻底取消**和解**这个理念算了,然而我们的那些文本编织工们——这是莎士比亚的说法——其实也就是文本的**伪造者们**,根本就没有**力量**把事情做得太过分,也做不到能从基督以及他的使徒的说法里,把下面的断言清除掉的地步:基督不仅是为我们——为我们的利益——而死,而且还是替我们而

XIV, 200

死（这一点在上面那个神学家的观点中完全被抹去了）。我可以把上面那种观点称为彻彻底底的法利赛主义观点；而且这种观点完全是跟保罗的观点针锋相对的。在《新约》中，道德法则根本就没有被看得**这样**高，搞得好像神把它盯得有多紧似的。值得注意的仅仅是，在这种观点中，下面这一洞见是以怎样的方式透露出来的：一个相对独立于神的本原诚然是必要的，这是一个神自身的能力不能直接加诸其上的本原，如此方能说明，为什么和平不能直接地，不能在没有先行和解行动的前提下发生。正是为了赢获这一本原或者说始则 (Instanz)，法则才被位格化，仿佛他有一种独立于神的强力。

XIV, 201

基督代替我们而承受惩罚，根据我们现代的观点，这件事或许根本就是一种纯然的捏造。因为从神的方面来看，惩罚其实**早就已经**被豁免了，进而不是必要的，而基督接过惩罚其实只是为了不让我们从自己不受惩罚的状态出发，错误地推论出法则其实是有害的，也就是说，在真正意义上来看，基督接过惩罚不过是装模作样。这就像从前有一个小王子（可能大家会对这个比方忍不住发笑），他有一个玩伴，而这个玩伴就是被用来实现下面这个目的的：他必须承受本该小王子承受的皮肉惩罚，以便能让小王子看起来总是体面。我之所以要提这茬，就是为了大家能看到，自吹自擂的所谓正统观点究竟是个什么德性，许多人竟还乐意一再炒它的冷饭。

基督**代替**我们而受难，这就是基督教原典中最明确的断言。如果人们实实在在地想要进行说明，那必定不能为了更轻松，就以对有待说明者进行歪曲而开始。某个东西越是坚硬,越是不可理解(很明显,这种东西必须首先也得在原典中有其根据),就越是需要以思想来进行说明。对我来说,事关宏旨的也不是跟某条教会的教义符合一致。我对成为人们嘴里说的"正统派"毫无兴趣,也不惮于成为其对立面。对我来说,基督教不过是我努力要去**说明**的一个现象。但基督教的意义、它本真的观点究竟是什么,这些都必须根据基督教的真正原典来做出裁断,这跟我们之前比如根据那些最经得起考验的著作家的说法,来试着确定狄奥尼索斯学说或者其他某种神话理念的意义的做法,在方法上恰恰是完全一样的。如果这种意义,比如说耶稣之死的意义要得到认识,那么首先要做的即是为这一情况找到一种客观说明。根本上来说,耶稣之死的目标只有通过为它预设一个**客观的**根据才能得到规定。但如果对于人类本身来说,神仅仅在一种观念性的关系中被设想为立法者,如果没有任何神与人之间的**实际性**关系已经得到了先行认识,那么要说明基督之死的意义就是不可能的。如果在世界中没有任何与神有亲缘性的东西,没有任何属于神之生命自身的本原,那神如何能够因为一个世界之中的事件以死亡这种方式**受到伤害**,又如何能够以这种超越一切世间秩序的决心来拨乱反正呢?只有当神自身首先就是一种自然,一个生命的时候,**诸如死亡这样的伤害**才可能被设想。这一生命必定在自身中有某种不可消解、不可伤害的要素;而它的神圣性恰恰就在这一神性生命的这种不可伤害和不可侵犯的特性中。一种只能以这种**如此具有**实际性的方式被治愈的伤害,也要以具有同等实在性的可伤害性为前提,所以同样也不能认为，由于人类的僭越，发生改变的仅仅是**人类之中**的某些东西，而在存在和事物由神所设定的持存的客观本原中，并没有任何东西发生了改变。不过所有这些前提仍不过是一些过于一般的自然之理，所以或许只足以去把握与神和解的必要性**本身**。而如果要明确地把握这一和解如何通过**基督**引发，那就需要特殊的前提了，而这些前提在一定程度上已经被展开了。所以接下来我会补充更进一步的规定。

问题是，为什么降卑不停留在成人的活动那里，为什么降卑必须继续，直到最极端的情况，直到屈辱且令人难以接受的死亡为止？

在起中介作用的潜能阶次中，我们预设了彻底服从于父亲的意志。但是，服从于父亲恰恰就意味着，也服从于神性的**非意志**的本原，让**这一**强力也加诸自己身上。但这一本原**曾经**恰恰就是死亡的原因。它曾经正是在死亡的必然性中展现着自己的全部权力与强力；死亡是由于罪而来到世上的诅咒。因此如果起中介作用的潜能阶次愿意彻底服从于神性的非意志（把它承担到自己身上），那么它也就必定服从于它直至**死亡**。**若无死亡**，服从就不是完全的服从，而仅仅是有保留的服从。唯有通过**至死方休**的服从，**一切**抵抗才会被取消，那一本原的**整个**权力才会被打破。因为当起中介作用的潜能阶次在它一往无前、毫无保留接纳的作为人的存在中，把自己献祭给这一本原，把自己彻底投入献祭之际，这一本原就不再可能做出任何进一步的排斥行为了。因为它该如何再去排斥那个已经把自己献给了它、主动献祭了一切自立性的东西呢？但这个本原恰恰只有在对起中介作用的潜能阶次的排斥中，才以**具有自身的方式**而**持存**，或者说：这一本原只有**就**其作为神性的非意志而对起中介作用的潜能阶次进行排斥**而言才存在**，它恰恰只有**在这一活动中才存在**，因而如果它**不再能**实行这一排斥活动，那它也就恰恰以此方式被剥夺了力量，进而作为非意志的本原被取消了。因为起中介作用的潜能阶次取消了**自己在这一本原之外**的存在，所以这一本原必定也会主动取消**它**对起中介作用的潜能阶次的排斥，也就是说，它必定也会取消作为非意志之本原的**自己**，因为只有在对带来中介与和解的潜能阶次的排斥中，它才**能够**作为这样的本原持存，但既然这一如此巨大、把一切卷入其中的张力在它面前被取消了，并且起中介作用的潜能阶次服从它直至死亡，所以恰恰通过这一点，这一本原也就失去了自己的力量，它被剥夺了力量，所以使徒说的话在字面意思上就是真实的(《希伯来书》，2: 14)：基督分有了人类的血肉，在此之上**通过**死亡拿走死亡以强力拥有的权柄，而这一强力就是魔鬼所有的。因为从神的方面来看，惩罚**所意愿的**，同时就是对抗着神、与神为敌者，而它所拥有的强力，恰恰就在死亡的必然性中(诅咒)。

这一胜利通常也被设想为那一本原被耗尽。根据拉丁语译本，《彼得前书》的 3: 22 还有这么一句话：καταπιών τόν θάνατον, ἵνα ζωῆς αἰωνίου κληρονόμοι γενώμεθα[在他耗尽死亡之后，我们也就会以此继承永恒的生命]。当 B 的自立性在面对 A 时被剥夺，就可以说 B 被 A 耗尽了。从那一致死本原的方面来看不可被取消的排斥活动，则被起中介作用的潜能阶次这个方面取消了。

因而这就是根据我们的一般性本原而自行产生的、对耶稣之**死**的目的或者意义的开解,我相信,根据刚刚进行的各种分辨,更进一步的讨论也就没有必要了。因为基督为**人类**且代替人类而死是为了解救人类,这一点已经没有什么进一步的困难了。就基督自身单独来看,他根本就没有去死的**必要**。尽管由于那个神性非意志的本原,他自身被神排斥在外了,但他恰恰借此拥有了一种对立于神的自立性存在,进而如果他愿意,也**能够**与神平起平坐。他无法忍受这种排斥,不过这种"无法忍受"也不是什么必然的东西,相反,这仅仅是他神性的,亦即与父亲为一的意想之结果,因为死亡的权力并不能达到他自身,由于自己的自然本性,他超越于一切受难和一切自然,甚至还有更大的能力,亦即尽管他在神之外存在,但仍能够不把这一排斥作为排斥来**接受**,因而其实他也根本不用亲自承担被钉在十字架上的痛苦,以及在下面这句话中满溢出来的被深深离弃的孤寂感:我的神,我的神,你为什么离弃我?

正如基督并非**就其自身单独而言**就处在要脱弃并献出自己超越于一切具体存在之自然本性的必然性中,也并不必然要经受并服从于受难乃至死亡,所以从另一方面来看,人类同样也不可能通过**自己的**死亡来给自己谋得和解。因为人类向来就已经落入了那一神性非意志的本原中,并且全然处在其强力之下。在**人类**面前,这一本原就是完完全全的天理。不过,一旦这一本原的权力通过基督之死被完全耗尽以后,人类就能借此方式——尽管并非直接通过自身,但是在基督的力量中——正如使徒所言①,既然人类被

---

① 《加拉太书》,3:27;《罗马书》,13:14。——作者原注

基督吸引，那么人类也**有可能**在此程度上——找到自己与神的再次和解。我说的是"人类有可能"，因为对人类来说，每一种与神的直接关系早就已经失效了。而这种重新和解的**自由**，这种可能性，是基督为人类赢获的，正如《约翰福音》①中说的：接纳他的人，他就给予他们权力(ἐξουσίαν)和做神的孩子的可能性，亦即在自身中重建神性生命。

因此，人类单从自身来看不可能做到，并且基督单从自身来看不必去做的（如果基督不愿意在人类中重建神已然失落的荣耀，那他就可能对那一非意志的本原放任不管，默许它存在），就是基督代替人类，因而也是为人类而做的事情。在神面前，基督替代了人的位置，这仿佛是为了掩护人类而把自己覆盖到全人类身上，这样一来，父亲在人类中所看到的就不再是人类自身，而是儿子基督了。

---

① 1: 25。——作者原注

第三十二讲　论基督之死

在耶稣之死的意义和目的在迄今的内容中得到说明之后，仍有一个问题悬而未决：在这一死亡中，基督本人经历了怎样的**变化**。尽管下面这点表面上看起来是自明的：基督作为完完全全的人存在，因此他的死跟所有人的死没有任何区别。但既然这个问题被提了出来，那就说明，**人**在死亡中经历了什么，这一点恰恰并不是完全清楚的。而关于死亡的自然本性，其实只有两种观点是可能的：其一认为，构成人类生命并在其中得到统合的两个构成部分，灵魂和肉身，在死亡中**分离了**。然而姑且把所有其他对之有异议的观点撇开不谈，光是认为人仅仅就某**一部分**而言在死后永生，而非整个人，即并非就其整体存在而言的人在死后永生，就与自然感觉相悖了。更合乎这种自然感受的说法或许是，死亡是另一种不同的存在方式，在人仍拥有当下生命的时候，也会显得在此方式中存在，在这另一种存在方式中，人在死亡中也得以永生，但在这一种或另一种存在方式中被设想为永生的，必定始终都是完整且同一的人。若无这一假定，那种认为此生和来生中意识能保持同一性的观点就会显得极为模棱两可。那种把死亡视为灵魂与肉身**分离**的通常观点，看待躯体如原石，灵魂则像是某种贵金属被锁闭和掩藏于其中;死亡就是使灵魂从这一锁闭和封含着它的物质中解脱出来,进而让灵魂纯粹在其纯净性中呈现的分离过程。另一种更容易为人接受的观点,则把死亡的作用比作植物的精神或者说精华在其中得到提取的过程。人们以这种方式认为,植物曾经在自身中拥有的全部力量和生命,都转渡到了从它之中提取出来的精油里。所以从这一点出发人们就认为,植物的生命实际上在这种提取物中得到了永生;而植物的芳香类油脂就像酒一样,在母株再次开花之际,就会更加浓郁或者醇厚;一些信奉万物普遍轮回学说的人甚至断言,把几滴香蜂花精油滴入水中就会再度呈现出香蜂花叶的形状,我本人从来没见过这种情况,只好姑且存而不论,然而那些著名的现象——比如莰烯无论如何都不溶于水,或者其他一些液体芳香精油也表现出不溶于水的性质——无论如何都透露和证明了这些存在物自己所特有的内在生命,它们并非僵死之物,而是有一种**得到了精神化的**生命。因此,人的死亡或许就能够既是分离过程,也是**提纯过程**,在提纯过程中,偶然的东西消失了,但本质,即人的本真之**所是**得到了保藏。① 因为没有人在其生命中彻底表现得如他所**是**的那样。在死后,他倒纯然就是**他自身**了。对某个人来说,死亡令人高兴,对另一个人来说,死亡令人害怕,两种情况都包含在这同一点中。在死亡中,遮盖着恶的偶然之善,和遮盖着善的偶然之恶两者都消失了。甚至还存在物理性要素被保藏于其中的提

---

① 在1811年的一封已经公开、致他朋友(斯图加特上议院议长格奥尔格)的慰问信中,作者就已经表达过这种理念。——编者注

纯物，它必定是一种最高的**现实**本质，据其真正价值而言，它必定比当下的肉身更为现实，因为后者由于自己各部分之间当下的相互排斥，仅仅是一个被统合起来的整体，并且正因为如此，这个整体也是可被打破和摧毁的。在所有语言中，都有一些说法在表达那种尚未被反思扰乱的对事情的最初感受。比如下面这点就属于这种情况：人们会把某个离世者——如果人们让这个离世者在现世中以某种方式出现——称为精神，而绝非灵魂，也就是说在这种情况中，人们想到的是**整全的**人，也就是被精神化和提纯了的人。

所以直接关于死亡的问题——这是由于我们之前在讨论耶稣之死的境况而产生的——看起来并无困难，尤其是如果把下面这点同时保持在眼下，那就更无困难了：处在任何一种不同境况中的**主体**都是同一个主体。作为可见的或者就肉身而言死掉的主体，跟在死后作为精神而继续拥有生命的，是同一个主体，正如彼得明确说的：就肉身而言被杀死了，但生命在精神中得到了保存，在死亡中（彼得接着补充说），基督甚至还去到了那些被羁留的精神里，这些精神就是诺亚在备方舟那时候，让神之宽忍落空的**曾经的无信仰者**。① 这个著名的文段促成了 descensus Christi ad inferos[基督下到地狱] 这一教义的形成。对我们的展开过程来说，这一文段在另一个方面来看也有相当的意义。如果我们问，那些先前无信仰的人是谁，那答案无疑是那些在大洪水中丧命的人。我在另

---

① 《彼得前书》，3: 18。——作者原注

一处(在关于神话哲学的讲座中①)已经把大洪水证示为从最初最古老的人类(这种人类尚没有与第二潜能阶次的关系),向其意识迈入了与起中介作用的潜能阶次之关联的第二代人类的过渡。这一过渡既是向神话的明确过渡,也是向启示的过渡。因为一切启示都只有通过第二潜能阶次的中介作用才存在。那些诺亚时代没有信仰的人,因而也就是那些不愿意进入与第二潜能阶次之关系的人,因此,这些人不仅断绝于神话,也同样断绝于一切启示。对这代已然消逝、跟第二潜能阶次**没有任何**关系、曾经仅仅在第一本原中骄傲且无病无灾生活过的人类(因为第一本原只有在与第二潜能阶次的对立中,才会显露自己专断排他、残暴严厉的自然本性②),对这样一代已然消逝、与第二潜能阶次没有任何关系,但也恰恰因此与解救者也没有任何关系的人类,可以想到的就是:正如使徒所言,基督的精神早已在这代人类中引发了返乡的渴念,并早已把自己宣示给了他们。如果经上说的是,基督劝诫这些ἐν φυλακῇ[在看顾之中]的精神,那么 φυλακή 就必定不能直接被理解为"看守"。它的意思只可能是,鉴于基督未来的显现,这代最古的人类被赐予了一种居间境况,这群人就被保藏在这种境况中以期待未来可能的信仰。对于刚刚说的,我还得再补充强调一点:如果掂量一下那些用以描述以色列人的先祖"跌入死亡的深谷"的话,以及那些甚至在《诗篇》中仍然会出现、对作为死者逗留之所的阴间的表达,那么就必须得承认,死亡作为一种断绝状态并非在所

XIV, 209

---

① "神话哲学导论"第149页。——编者注
② "神话哲学"第183页。——编者注

有时代里都是相同的,但即便在死亡中,也有神性的经世在进行着支配。甚至在精神世界中①,也得区分《旧约》和《新约》;只要基督尚未显现和死亡,《旧约》的信奉者尽管也可以在某种不同的尺度中,通过对未来和解的期待而领悟到死后的至福,但这些人实际上仍始终仅仅处在一种与神的显白关系中。

所以综上可以说,伟大且至公的救世主会穿过人整个生命的**两个阶段**。人在当下生命中留下的东西,就是**他**从受孕直到死亡所留下的东西。在死后,他就踏入了精神世界。但他跟我们在**所有方面**还是**完全**相同的。所以为了我们,真正的前导者和统帅——基督也被明确如此称呼——必须成为永恒的生命。②通过**在其作为人的存在中**经历整个人类生命,基督也就会以可见的方式在自身中呈现人类此在未来的第三潜能阶次。因为在人类已经把在自身之中的生命和在神之中的生命分开之后,他就唯有经历三重阶段,方能重新达到他命定的统一体中。第一个阶段是当下的生命,也就是人在**自身**之中的生命,正因为如此,这一生命也就是有最自由运动能力的生命。另一个阶段是紧随其后的来世生命,这是一种不具有运动能力、系缚在**自己**身上的生命——我们可以说,这是以必在的方式存在的生命——在这种生命中,紧接着前一种生命之"能够"的,就是纯然的**存在**,"能够"已经熄灭,不再运作了,无人能活动于其中的黑夜降临了。在这种情况下,就全看人心

---

① 也就是指死后的"灵界",这里的"精神世界"一词即为 Geisterwelt,Geist 除了有精神和圣灵的意思外,还有灵体的意思,为保持译名尽量一致,故继续译为"精神世界",但要注意这一讲里出现的这个词其实就是指死后世界。——译者注
②《希伯来书》,2: 10。——作者原注

中**珍惜**什么了；毕竟种瓜得瓜，种豆得豆。但还有第三个时代或者时期会来临，在其中精神性的存在重新摆脱了束缚，再次获得了最自由的运动能力，而"能够"这个环节，也就是作为自由运动的当下生命这个环节，也得到了再次接纳。正因为如此，这第三个环节就被宣教为死者在未来的普遍复活，确切说是肉身的复活。

在这里，我还是想对人整个生命的这三个环节或者说三重境况做进一步说明①：

如果紧接着人当下生命之后的是另一种生命——尽管从具有同一性的自身意识这点来看，这两种生命是相同的，但从它们具有的不同规定来看，紧随当下生命之后的是**另一种**实实在在**不同的生命**，甚至可以预先料到，这是一种与当下对立的生命，那么就人这个方面来看，借此也就有**两种**确实前后相继（而非共时）的境况被预先假定了。既然这两种境况应作为两种彼此间相互排斥的境况前后相继，那么尽管在任何一种中都存在某种在另一种中不存在且不可能存在的东西，也就是说在两者之间必定会发生一种真正的反题。但与此同时，既然两者仍然前后相继，确切说是以颠扑不破的方式必然相继，那么两者必定会为彼此带来一种相互**补充**，也就是说，在人类的理念或者自然本性中，这两种境况其实是同一个不可分离的境况；因此，如果它们表现为分离的，那么这不可能是由于人类的纯然自然本性或者理念，相反，只可能是某种**特殊事件**的后果导致了**这种情况**。现在要做的是**完备地**思考人类的永生，而恰恰由于前面这两个环节的**片面性**，因而也包括有限性。必

---

① 关于这一点可参考"神话哲学导论"第475页注释。——编者注

须设想**第三个**环节（根本上来看，每一种前后相继的三重体都包括 a)不具正当性的境况，b)对非正当性的否定，c)对正当的应在之物的达成）。如果**永生**本身是存在的，如果第一种境况是片面的－自然生命，第二种境况是片面的－精神生命，那么这第三种境况只可能是一种精神－自然生命，也就是说，一种自然生命在其中被提升到精神生命中的生命（但因为当下可见的宇宙把精神性的生命排斥在外了，所以除非作为某种**普遍的**——同时也是道德性的——危机之后果，否则这第三种境况不可能出现）。

人当下的生命恰恰**只不过**是他的自然生命，因此并非他的**整全**生命，当下生命在本质上是一种**片面的**生命，一种属于ἀνθρώπως ψυχικός[人类灵魂]的生命。不论自然的人自以为有多了不起，不论他是**在现实中**抑或是在纯然的狂想中把自己提得有多高，甚至觉得自己有了一种精神生命，他仍处在自然生命的法则下，并且根本上仍完全依赖于自然生命。我并不是说，在当下生命中精神生命**根本**不存在（否则就会是全然的分离），但精神生命只有在自然生命允许它在此存在的情况下才存在，因而**自然生命**仍然是支配性的、主宰性的（主观来说，精神在这种情况下当然已经有了更大的比重，但这仅仅是主观的；客观来说，精神自身屈于自然之下——所以才有睡与醒的交替，才有饮食日用的必需）。这**诚然是**一种共存的情况，但这也是对应然的共存情况的颠倒。自然生命本应该是潜在的、被遮蔽的生命，而精神生命才应该是**显明的**生命。但现在的情况是颠倒的，自然生命是显明的，精神生命是被遮蔽的。自然的和精神的这两种本原——人被创造的过程就是**出**

于前者而**进入**后者——已经自行转变为了人类生命**前后相继**（彼此排斥）的潜能阶次，所以同一个整全且不可分割的人首先被设定在纯然自然生命这一潜能阶次或者说级数下，**在此基础上**才被设定在精神生命的潜能阶次下。这样一来，未来的生命就只能表现为当下生命的**更高潜能阶次**，但正因为如此，设定当下生命就有和设定未来生命相同的必然性了。就此而言，当下生命是人类由于自己在创世过程中被设定的本质而不得不承担的必然性，也就是说，**在**这种情况下，人首先直接过的是一种自然生活，在此基础上也同样片面地过着一种精神生活，也就是片面地生活在精神潜能阶次的支配下，只有在第三个阶段中，自然和精神生活才会像它们原本应是地那样再次合一。

为了能在原初人类中构造自然和精神生命从此以后不可消解的联结，那个被树立在人类自由中的、我们从一开始就谈到的① 最终行动是不可或缺的。但现在的情况并非如此，相反，人类中的精神和自然生命明显彼此分裂在了这种实际上处在彼此互相**排斥**的关系中。尽管这是一种纯然偶然的行动，或者说人类对自己真正目标纯然偶然的偏离的结果，但这种偶然的偏离并不能取消人类真正的、已经通过创世而设定的本质。尽管人类首先直接归落于纯然的自然生命中；在这种自然生命中，就人类屈从在它之下而言，人类也跟事物处在同一个层次上，像它们一样屈从在生成和变化之下，并最终屈从在死亡之下。但恰恰在这种归落在纯然自然生命的情况中，人类原初本质的不朽性突显了出来，这一不朽

---

① 见上卷第358页及以下。——编者注

性不承认自然本质和精神本质会全然绝对地分离,相反,不管人类是否归落在自然生命中,这种原初本质的不朽性仍为他保留着精神本质。当人类处在自然生命的法则下(如使徒所言①,就是罪与死的法则)时,精神生命就被排除在外了,因此两者不可能**共时地**、**同时地**存在,但这并不妨碍,人类仍然过着那种不可能与自然生命同时的精神生命,当然,人类是在他**之后**的境况中过精神生命的,所以这两种人类的存在方式不可能**共时**统一,对人类来说就成了**前后相继的**,就此而言,很明显自然生命是先行的,精神生命是后继的。

我们把第二种生命规定为片面的精神生命,并在同样的程度上把第一种生命规定为片面的自然生命,这种做法可能会让人觉得扎眼。但光是**这种**要把自然生命完全彻底殆尽、使它完全进入潜在状态中的人类实存,也就是说,自然本原,亦即成为他者存在这一潜能阶次,也就是自由运动的潜能阶次,其实在这种实存中也成了无力的非潜能阶次——光是这种生命就可被视为对自然生命的抵消了,在这种抵消中,精神性的东西也同样成了相对无力的非潜能阶次。**这样一来**,很明显这两种境况是根本不可能共存的:如果后继的境况应被设定,那么先行的境况就必须被取消,也就是说,人必须就自然生命而言死掉(所以就不能像在其他体系或者观点中那样,认为死亡**有违**不死性,死亡其实是永生的一个必然环节)。在人类让那个引发新运动的潜能阶次,也就是注定在他之中静息的成为他者存在的潜能阶次再次运作起来之后,死亡——通

---

① 《罗马书》,8:2。——作者原注

过它,这一潜能阶次会被设定到纯然否定的境况中——当然也就成了一种**惩罚**,这种进行否定的境况当然也就成了**进行剥夺**的境况。所以基督教自然有充分的理由把死亡——尽管根据基督教自己的学说,死亡只不过是通向另一种生命的过渡——视为对罪的报复,视为惩罚,把那种否定的境况,**那个无人能活动于其中的黑夜**(这是明摆着的)视为一种切切实实的贫乏。但以这样的方式,人们会说,两种存在方式,正当性的和非正当性的,都是受难。我的回答是,当然,但两种存在方式的受难是极为不同的。因为对那些感到物质生命反而是一种**贫乏**,因而竭力去尝试过一种精神生命的人自己看来,"物质贫乏"这种常人认为是一种"剥夺"的事情算不上剥夺,这些人对此不以为意,反而会把这种贫乏视为一种安宁,这种安宁就像神所应许的完满静息。而那些有意沉湎于物质生命的人则相反,我们可以用苏格拉底赴死之际的话来描述这种情况:他们在此就是陷在泥沼里,也就是说,他们其实根本就没有生命的能力了,他们所受的折磨恰恰就在于,表面上看他们似乎有一种生命,但实际上他们对生命是完全无能的,不管用什么方式,抑或不论下了怎样最大的决心去努力,实际上他们做的事情就是孜孜不倦地去扼杀生命的萌芽。

XIV, 214

现在换另一种方式再说一遍。

人类当下的境况是**由于下面这件事情**而产生的:人类把自己从他被创造入其中的大全(universellen)生命中撕扯了出来,进而主动沉沦在了**这种殊异的生命**中,就这种生命来看,当下世界为人类提供了全部的自由和游戏空间。但在紧随其后的境况中,人类又被打回到了大全生命中;在这里不再有任何能让他的本己性运作的空间了,并非人类的本己性被全然取消了,相反,只不过是它不再能够**运作**了。谁曾把自己失落在了这种殊异的生命中,谁就会重新渴望再次进入其中,他也会始终从精神性的生命境况重新进入物质性的境况中,这就像酒,酒也是一种断绝性的、亡故了的存在,也是一种精神,当它仅仅获得微小程度的精神性时,当母株再次开花之际,酒就会变得**醇厚**,也就是说,在这个时候酒就会试着把它的精神性生命再次物质化。可一旦人类被夺走对他而言并非注定的殊异生命之后,在 factum infectum fieri nequit[铁板钉钉,盖棺定论]之后,在这种自然的(疏异的)生命尽管以经历死亡而得到惩罚,但也恰恰以此方式得到**承认**之后,第二种境况也就必定紧随其后出现,同样,第三种境况也会紧随这一实情(亦即前两种对立境况的存在之实情)之后到来,在其中,即便疏异的生命也从它先前的否定中得到了重建,这种境况允许人类把大全生命同时据有为殊异生命,也允许作为**殊异**本质的东西反过来同时作为普遍本质而存在。但这一未来距我们**当下**的存在如此遥远,所以我们至少得经历横亘在两者之间的展开过程的整个序列,如此才能为这一最终境况树立起一个较之于刚刚给定的概念更为明确的概念。所以,通过刚刚提到的死者的复活,基督教明确承认了我们被规定为人类整个生命第三潜能阶次的第三境况,这肯定不是徒劳的,所谓复活,恰恰只可能是把殊异的自然生命再次唤向全新且永恒的持存运作中,而这只有在每一个生命都被允许独立自为存在,在自然和精神生命以永恒且不可消解的方式合而为一之际才可能发生。

通过这一理论,旧形而上学曾经以"人类灵魂的不朽学说"这一名目所尝试达到的东西同时也就得到了把握,确切说,是以明白合理的方式得到了把握,所以我也可以说,是以自然的方式得到了把握。然而唯有凭着肯定哲学的各项前提,才可能以这种方式去进行把握。如果当下世界就是最高理念的逻辑必然后果,那么世界据其自然本性而言也是**一种永恒的**后果,如此一来,在当下世界之外就不可能有另一个世界或者另一重时间了,**这个**世界和**这重**时间就是唯一的,如此一来,不朽必定也会陷在**这个**世界中。但如果有人对自己的天职有所领悟,不愿意受纯然假象的蒙蔽,渴望**死后的**永生,亦即渴望在**这重**时间和**这个**世界被否定之后的永生被证明给自己,那么恰恰凭着这种渴望,他就可以说,这个世界在自己**之外**还有另一个世界,因此这个世界自身并不是一个必然的世界,而是一个**偶然的**世界。**如果**有另一种生命会在当下生命之后出现,那么借此也就有两种**切实**前后相继(而非共时)的境况被假定,要是按黑格尔在他的《百科全书》中以另一种方式对旧形而上学的指责来看,这种假定就是最为幼稚的行为,黑格尔指责说,旧形而上学是在**时间**起支配作用的**这个**领域寻求不朽。可如果旧形而上学意愿的是**切切实实的**不朽,那它**就得**在时间起支配作用的领域中来寻求,因为倘若没有一个切实的时间序列,没有先行和后继的彼此不同甚至相互排斥的境况,切实的不朽根本就无法被设想。

XIV, 216

此外，旧形而上学已经看清了，灵魂是否**将会**在死后续存①其实并不是决定性的。要证明的肯定不是纯然的不朽，而是灵魂的**不朽**，也就是说，要证明的是灵魂凭其自然本性永生，亦即**必然地**永生。这就完全导致了下面的这种推论：如果人死后的永生是**必然的**，那么死亡自身只可能是某种偶然的东西；这样一来，一切的关键必定首先就是，把死亡把握为一种偶然之物，而这已经通过我们的推导实现了。旧形而上学想要以下述方式证明灵魂的不可摧毁性：它把灵魂当作一个**物**，而它跟有躯体之物的区分仅仅在于，它并不像有躯体之物那样是统合而成的。但灵魂至少不是纯然否定意义上的简单物，相反，它是一个有许多共属一体的功能与活动的**整体**。因此，如果就灵魂而言，这些功能中的一个消解了另一个，或者如果那个把这些功能结合到一种总体运作中的本原一直在不断减弱（比如我们在年龄渐长的时候就觉得自己越来越弱），那么以此方式，无论灵魂是不是非躯体性的，它都仍有被消解的可能。进一步来说，单凭这一点（纯然的非躯体性），灵魂只可能是一个跟躯体有所区分的**本原**而已，只要它与躯体的关联续存，只要它在对躯体进行着赋灵，并在此关联中自身也接纳了个体性的特质，灵魂就仍只是一个与躯体有所区分的本原而已，但是当这一关联由于躯体的毁坏而终止之际，灵魂会就返回到它的普遍性中。无论如何，人类本质的不朽都建立在一种**不可消融性**上，但这是一种

XIV, 217

---

① 那些从神的智慧、公义和仁慈出发捏造的对不朽的证明，无论如何除了足以使人相信死后**会**永生之外，再也无力更进一步了。甚至那种源于康德广受吹捧的道德证明（所有其他可以思考的证明都被它忽略了）充其量也只能做到让人相信，每个人在死后还会活很久，直到得到自己赢得的业报；至于更多的东西，就无力证明了。——作者原注

包含三重环节的不可消融性:a)自然生命，b)精神生命，c)自然－精神生命；这三者呈现出不可消解的统一性，所以一旦这些境况中的第一种被设定，人就必然也会在第二种和第三种境况中生活，并且因为人不可能**共时地**生活在这三种境况中，所以他只能前后相继地经历这些境况。

因此，基督作为人的生命也要通过经历这三重环节才会成为一种完备的人类生命:1)在肉身中显现，2)逗留在精神世界中，3)以得到了神圣化的人类肉身重返可见世界。从基督死亡直到他复活一共有三天，在第一天，他的生命仍然在相当大程度上属于这个世界，在中间这天，他完全渡入了精神世界，第三天则是复活之日。基督的复活就是对他义无反顾去成为人的决定性证明，除了神性的意想，也就是神性的意志，他没有从自己的神性中为自己预留任何东西。通过自愿在作为人的存在中以及在死亡中（在死后）的忍耐——单单通过这一点，儿子就能够影响父亲去再次接纳**儿子**之中的人之存在，进而以此方式再次接纳人之存在本身。这一重新接纳就发生在基督的复活中，或者毋宁说，基督的复活不是其他，正是这一完备的重新接纳活动在运作；所以经上也说，基督为我们的罪而死，为我们的称义而复活①，也就是说，基督复活是为了证实，人类的自然本性再次被神完全欣然接纳且在神面前获得了正当性。

从真正的基督教观点来看，在神眼中应受谴责的其实并非个别的人类行为或行动，而是人类的整个当下境况，因为这整个境

---

① 《罗马书》，4.25以及5.5及以下。——作者原注

况就建立在与神的分离上。因为我们都感觉到了这一点,因为人类意识到,他所有的意愿和行动首先就是为神所反感的,这种感觉导致了灵魂的绝望 [desponsio animi],以致形成人对自己所有行动都无所谓的无信仰状态,因为人觉得,不管他做什么,自己都不可能在神面前称义。所以人类不可能在自己的行动中意识到真正意义上的善良意志,人类也不可能在这种他仿佛生于其中、作为罪责的负担存在之前,就把罪责从心中除去。所以称义**必定**先行于**真正的**善良意志;在恶面前的畏惧,是最高的畏惧,但倘若没有先行的称义,就不会有向善的勇气。只有当整个当下境况得到了称义,才**可能**存在个别的善良之举。因为并非我们的个别行动,而是我们的整个实存在神眼里是应受谴责的,所以能让我们称义的不可能是我们的举动,只可能是神(Deo),而使神以我们的整个**实存**为义,并欣然接纳它的,则是基督。通过基督的复活,也就是说,通过他不止一次成为人,即先终止为人,随后以永恒持续的方式是人——通过这一实情,我们也就得到了称义的恩典,δωρεά τῆς δικαιοσύνης①,如此一来,我们当下与神分离的境况,也就成了一个我们能在其中得到静息乃至**愉快**活动的已经得神承认的境况了②,这种境况跟那种阴郁的、自我折磨的基督教相去甚远,这种基督教不过是对基督能为我们所做和所负担的事情的一种彻底误认罢了。

复活这件事的经过所涉及的东西,我下面再来强调,但首先要

---

① 《罗马书》,5: 17。——作者原注
② 可参考"神话哲学导论"第24讲,尤其是第568页。——编者注

对值得充分注意的东西做进一步思考。在复活过程中,也在一种更狭窄的意义上发生了与在成人过程中所发生的相同的事情,不过还是有以下区分。成**人**者把自己与圣灵相**联结**,但在死亡中,在成人者刚刚彻底献祭了他的自身性(全然耗尽了他的自身性)之际,圣灵也就成了**基督自身**的精神,进而圣灵就是使成人者得以复活的要素,所以基督既是**凭着圣灵的力量**而死,也是**凭着圣灵的力量复活**①,因而把基督从死亡中唤醒的,正是精神-圣灵,也就是**整全的神性**(ἡ δόξα τοῦ πατρός[父亲的荣耀],《罗马书》,6: 4)。而基督之所以必定要在死亡中跟我们完全等同,就是为了上述这点的实现,这就意味着,在死亡中基督处在耗尽了全部自身性的境况中,他在其中也仍是一个已然断绝的亡故的精神。在复活之后,作为**人**的基督单单就自身而言已然跟**整全**的神性等同了;在整全的神性中同时也存在着原初的人,关于原初之人,我们可以说,他由于堕落而失掉了 δόξα τοῦ θεοῦ[神的荣耀],但神的荣耀会以更荣耀的方式得到恢复。既然这一 δόξα[荣耀]在基督作为人的存在中得到了重建,那么通过基督,这一荣耀也被带回给了人类,正是这种对在基督之中的人类自然本性的重新接纳,对未来在**普遍**复活中重新接纳人类自然本性进行了中介。**我们**在基督之中死去,也同样将在基督之中获得生命,这就是说,就我们**切实地**共同参与了基督的死亡而言,我们也同样将在他之中获得生命。因为对那些并没有真真正正**与基督在一起的人**,或者说直白一点,对那些没

XIV, 219

---

① 《罗马书》,8: 11 (1: 4),以及《希伯来书》,9: 14。——作者原注

有在基督之中死去的人①来说,复活不可能带来永恒的生命,相反,他们虽然活着,但不能真真正正地活着,而是只能招致永恒的死亡,所以对他们来说,死亡这个环节是始终持续、延伸至永恒的环节。

基督的复活是那种在整体上更高的、从庸常观点出发诚然无法把握的历史中的决定性事件。像基督复活这样的事件就如一道闪电,更高的,亦即真正的内在的历史在这些事件中以撕裂天空之姿突进了纯然的外在历史中。谁要是拿掉这些事件,历史就会转而进入**纯然的**外在性中,而为历史给予支撑、价值和独有之意义的东西,也与这些事件一道被拿掉了,如果一切都被剥夺了其神性的内涵,那一切就会显得枯萎、空疏和僵死,如果历史被剥夺了它与那种内在具有神性的超越性历史的联络,历史也会显得如此,但这种内在具有神性的超越性历史其实才是**真正的**历史,才是历史中的历史!尽管在与**这种内在历史**的联络之外,也存在对种种奇闻逸事的外部博闻式的认识,但在真正意义上来说,这种认识根本不可能真正理解历史。谁要是在那种纯粹外在的、与内在历史分裂的立场上来审视历史,那他尽管诚然也是在审视历史,但他对历史的审视跟在某一个风云变化的时代里,那些庸众或者说群氓对那些相对重大事件的审视方式是一样的,因为他对本真的联络、**内在的**历史和真正的历程一无所知,只有那些依立在事件之源泉上的人,才能认识本真的联络。外在的历史**并不必然被消解在**这一更高的历史中,但它必须保持自己与后者的联络,从另一方面看,这一点必定也是启示哲学产生的影响之一。那类内在联络由以在外

---

① 《罗马书》,6: 5, 8, 11;《提摩太后书》,2: 11;《启示录》,14: 13。——作者原注

部突显的事件**寥寥可数**,每一个有思想的精神大抵都不会有充分的理由来怀疑这些事件,除非"有思想"指的就是有能耐不承认事物内在且更高的联络本身,并且以为一切都是**纯然**外在且盲目地联络起来的,但这种意义上的"有思想"绝不可能让任何人艳羡。

现在似乎有必要来说明基督在复活之后,或者说从复活直到从可见世界离开期间的本真境况了。实际上关于这一点会有许许多多不同方面的问题被抛出来,然而有许许多多事情和一些细节完全可以不必去给出说明,这并不是因为说明它们完全不可能,而是因为,那种在人类经验中完全没有相似物的东西(而这里讨论的是经验对象)根本就不可能得到彻底理解。比如,如果我们要就在复活中得到神圣化和荣耀的(这就是说,不会再屈从于死亡)基督肉身之情状说出些什么来,那这就意味着已经超出了我们自己的经验。使徒说①,基督会使我们卑贱的躯体得到神圣化,使之与他得到了神圣化的躯体相似:这样一来,我们必定首先就要问,未来对我们自己躯体的神圣化,是在哪里神圣化呢?或者说,这样的躯体会有怎样的性状呢?若要对此说出些什么,那就得先回答关于物质与更高潜能阶次关系的问题,而对这些问题,我们在当下的展开中没法详细讨论。过去被意识,而未来则被相信。不过下面这件事情也是同样确凿无疑的:在外在的、神性之外的世界得到了允释并在基督中得到了承认之后,最终的意图只可能是,让整个内在世界如其原本应是的那样——根据第一次创世的意图,一切本该封含在神**之中**,但因为原本应是的东西根本就不可能被取消,所以

---

① 《腓立比书》,3:21。——作者原注

最终的意图就是让整个内在世界如其原本应是的那样在外在世界中在外观上可见地呈现出来，让内在地作为纯粹精神性存在的人，成为**在外部**也具有纯粹精神性的存在物。

基督教观点与其他所有纯然唯理论哲学**无所产出**的关于不朽学说的区分就在这一点上，后者尽管也在承认和断言一种永生和人类的未来实存，但它们并不知道为这一实存赋予本真的目的和在真正意义上带来静息的终点，特别是当它们在完全与自然撕裂的情况下设想这一实存时更是如此，然而下面这件事情无论如何仍然是必要的，即在自然为人类所扰乱进而对人类而言变得不可通观之后，甚至自然也要在未来的境况中在人类面前自行神圣化，外在之物和内在之物将协同为一，物理性之物也要以此方式服从在精神性之物下，同样，正如使徒所言（《哥林多前书》，15: 44）肉身也会呈现出一种精神性躯体，σώματος πνευματικοῦ [被赋予了精神的躯体] 的自然本性，与此同时，上述情况也必然要求一种更加宏大、更加适合于人类自然本性当下情况、在原初统一体中不可能进行的分辨考察。经受住最初考验的人，或许就是有权宣称自己对创造自己的那一权力之人，跟我们当今称作人的东西比起来，这批人大抵也可以被称为超人之人。可一旦他们成了当今意义上的人，那么神性的意图就是让他们去舍弃那些太人性的东西——由于许许多多千丝万缕的纷纷扰扰，这些人还与这种太人性的东西剪不断理还乱，如此方能**作为**人存在，方能获得在自己的原初存在中为天命所指定的所有欢愉极乐。唯有在这种人类存在的未来和**终点**中，人类意识才能获得静息。我们甚至要把这种希望也归结为基督的贡献,他的应许让我们有权在最终的裁定之后(它通常意味着最后的审判),在世界的最终裁定之后期待全新的天空与全新的大地。

根据这些说明,我们现在随即也就可以向着基督还在世间停留之际的最终境况进发了,根据《腓立比书》中的相关文段,这一境况通常也被称为"荣升",在我们的这整个探究中,这段话给予过我们最初的光亮,所以我们在这里先讨论它也是完全合理的。也就是说,根据这段话,曾经 ἐν μορφῇ θεοῦ[在神的形象中] 存在的那位——**既然他存在于其中**,那就意味着他不再像在 ἐν ἀρχῇ,即不再像在开端中那样是 θεός[神] 了,而既然他存在于纯然的神之**形象**中,所以当他成为人的时候,就要主动脱弃这一形象,因此,成人并不是通过与某个独立于他而产生或存在的人进行纯然的统一,而是他**亲自**接纳人类的自然和本质。然而他之所以要成为人,仅仅是为了**顺从**于神直至死亡。而这一直至死亡的服从的**结果**,就是神对他的荣升,并为他赋予一个超越一切名的名(亦即头衔),在耶稣这个名中,一切天上、地上、地下的存在物,一切天堂、人间和地狱掌权的,都要俯身下拜(《腓立比书》,2: 10)。

很容易看到,着眼于基督的这一荣升来看,会产生在讨论降卑时而出现的同样的难题。也就是说,在这里成问题的是,荣升真正意义上的主体是**什么**,而先前成问题的则是降卑的主体是什么。但下面这点是显而易见的:基督赤裸纯然的神性(simplex et nuda deitas)既不能引发降卑也不能引发荣升。如此一来,从通常的观点出发来看只好说,尽管不论怎么说降卑这一活动所涉及的主体都是作为人的基督,并且成人活动自身正是降卑,但并非已然成人者能够主动降卑。那些通常的理论以下面这种说法来支持这一点:作为人的基督之降卑恰恰在于神性特质的 nonusus(终止使用),而神性特质则是通过成人者自己与第二重神性人格的联结而为他所获得的(也就是说,如果他又可以使用这些特质了,那么作为人的基督之荣升其实就是以同样的方式出现的景象)。所以荣升只可能与降卑前后一致地被理解,只能被设定在下面的情况中,即在对这些特质的完全**使用**中,作为人的基督才得以进入荣升。但既然根据第一个假定,作为人的基督不能主动地凭自由意志拒绝对这些特质的使用,如此一来,神在荣升时所做的事情,大抵可能纯然就在于允许作为人的基督自由使用这些特质了吧。可使徒明确说:διό καί ὁ θεός(= 父亲)αὐτόν ὑπερύψωσε[由父亲荣升],就一种纯然的使用**许可**或认证而言,作为人的基督早就已经**拥有**了——而在上面那种说明里,基督的荣升就系于是否拥有这一许可上——对此,不管是这里还是在《新约》的其他地方,都有极为牢靠的表述。而在紧随其后说的"神赋予了他超越一切名之上的名"中,赠名这一行为也不是针对这种使用而言的,因为这里的"赋予"一词用的是希腊词 ἐχαρίσατο,它的意思是:出于喜悦的赠与,以示对被赠与者的厚爱。所以这个词根本不可能被用来描述一种纯然的认证,用来描述对已经**拥有**的东西的使用。而能够把我们从这些难题和非本真的说明中解放出来的,还是先前已经论证过的观点,它就是要以这种方式被保留直到最后。我们已经表明,直接在成人之前既不能被称为神也不能被称为人的那个主体,和在其实

XIV, 224

体或者说本己性中服从于神而使自己成为人的那个主体,以及在这一服从中忍耐至死的主体,都是同一个主体,**现在**,这个主体在其本己性中,在其实体**中**得到了荣升,也就是说,被神(父亲)承认为**主宰**,承认为《罗马书》开头说的 υἱός θεοῦ ἐν δυνάμει[以大能而得显明的神子](这里的 "能" 这个词是在其整全意义上使用的),确切说是 ἐξ ἀναστάσεως νεκρῶν,也就是从死亡中复活**起**,这一主体就被宣告为神实际上的继承人,也就是说,被宣告为神把一切存在都交托给他的那个人,从今以后他都会作为一个具有本己性,仍始终独立于神,尽管就此而言在神之外,但仍与神完全为一的位格进行着统治。这就是基督的**酬劳**——正如**诸位**完全可以看到的,这间接也是基督由于人类的堕落而获得的相对于神的自身性之后果,但基督并没有把这一自身性视为自己得到的好处,因为他并没有把能够在此自身性中与神相对而立视为一种夺取。也就是说,基督的酬劳就是,他现在拥有了在神之外、在本己的形象中存在的**权利**,他**现在**并非**没有**神性意志,相反,他现在就与在自己之外的神性意志**一道**存在,并且在**这种在 - 神 - 之外 - 的存在中**身负着全部荣耀。而基督现在作为**特殊**的位格所拥有的**这种**神性,就是他自愿降卑的结果:即这一神性 διό καί ὁ θεός[出自神(父亲)]。

只有以我们总体的观点,关于基督荣升的许许多多不同观点才能统一起来,进而这些表达中完满的本真性也才能在这种情况下得到保持,比如彼得对犹太人说(《使徒行传》,2: 36):所以以色列全族人都确确实实地认识到,神让他做主宰和受膏者,也就是做 χριστός(意思是 "做王")的,就是被你们钉十字架的**这位**耶稣。神让他做主宰的,也被你们钉十字架的,是同一位耶稣,他在死后并没有终止作为**人**存在,并没有消散在万有之中,而是在**返回神性的**同时,保持着作为人的存在。我们需要的就是一个这样的中介者,我说的是,**我们需要**基督并非纯然**曾经是**中介者,而是永恒的中介者,正是在对基督在神面前彻底服从之见证的作为人的存在**中**,才存在着他在神之外,但同时又与神有着最亲密内在统一性的相对于神的自立－存在;因为唯有相对于"在神之外存在"和"仅仅内在于神"这两个部分而具有独立性①,基督才可能是中介者。基督通过他永恒作为人的存在而在神之外,通过他的神性在人之外并独立于人。神**使他做**主宰,这话不可能不是关于那位 ἐν ἀρχῇ,在开端中就是 θεός[神] 的那位说的,也同样绝不可能不是关于绝非其他、正是被把握在神**之中**、被吞没在神性生命之中的那位说的。这话根本上只可能是关于被设定在神之外、具有相对于神之自立性的那位来说的,他能够独立于神存在,也能够不降卑和服从在神之下:只有这位才可能**荣升**得到统治和荣耀,统治和荣耀并不是他自己的僭妄,他也无意夺取它们。根据《马太福音》28∶18的说法,基督本人把自己的荣耀、权力和统治完全视为被给予的或者被接受的,自己拥有它们跟父亲拥有它们绝不是**同一种**意义上的,因为

---

① 基督毫无保留、义无反顾地成为人。他仿佛迫使神把人类接纳到神之中。神愿意提升作为人子的基督。在死亡中,基督像一个人一样发生了一种灵魂的转换,但这不是为了别的,而是意愿在人的形象中得到荣升和神圣化《彼得一书》3∶18最后一句话的意思就是:已经以精神的方式或者说在精神中获得了生命(尽管还不可见),所以基督在接下来实实在在地在肉身中重生是确凿无疑的。死后精神性之物(灵魂)的续存是直至重生的前进过程的结果。如果在这一结果中,A^3 不会被设定,那么也不会前进到 A^2。因而在复活之前,基督就已经 ζωοποιηθείς πνεύματι 因精神－圣灵而复活了]。——作者边注

它们原本就属于父亲。但在使徒的说法里还有一些涉及这点的地方，所以我在这里要回顾一下之前提到的《哥林多前书》8:6：ἡμῖν εἷς θεός ὁ πάτηρ，我们拥有独一的神，也就是父亲，一切都**出于**他，我们也在他之中，我们也拥有独一的主宰 (εἷς κύριος) 耶稣基督，一切通过他而存在。在这里，父亲作为独一的神很明显跟儿子有所区分，儿子并没有被称为神，而是被称为主宰 (κύριος)，**外部的**，也就是在神之外（在可见和不可见世界中）归秩在父亲之下的一切，都被转交给了作为主宰的儿子；儿子被称为 κύριος，因为如果要**使**一个人**成为**主宰，他所主宰的存在只能被给予他，如果存在是原本就据有的，那这个人就不可能**成为**主宰。使儿子做主宰的乃是存在的主宰。因此，εἷς κύριος 这个说法诚然拥有比纯然的"教师"更丰富的含义，那些唯理主义者就想把这个词的意思说明为"教师"，但这个词的意思实际上是"**世界的主宰**"，而且保罗在这个文段里（第5节）把那些伪神也称为 κυρίους [众主宰] 和 θεούς [众神]（也就是也把他们视为 θεοί [神]），在这个语境下，那些伪神无疑不能作为"教师"来理解，相反，它们实际上是支配着世界的潜能阶次；保罗恰恰是在与这些**众多**主宰 (πολλοῖς κυρίοις) 的对立中把基督设立为独一的世界主宰 (εἷς κύριος) 的，基督恰恰也是以此被宣称为神的，确切地说，是被宣称为**实实在在的**神，基督不仅没有被宣称为是神的影像 (λεγόμενος θεός)，而且也没有被宣称为是独一之神 [ὁ θεός 或者 εἷς θεός]，因为独一之神单指区分于儿子和圣灵的父亲。**成为**主宰的基督也不可能**在实体上**是神，**在实体上**他只可能在神之外，进而恰恰因为基督在这种情况中，所以他必须经过受难（经过脱弃荣耀）才能完全称义，唯有基督才**必须**经受这一苦难。基督复活之后，在碰到前往以马忤斯①的两个门徒时，因为两个门徒还没有认出自己，所以基督用第三人称自道说：基督难道不是必须受此磨难②，并以此方式进入他的荣耀吗？基督并没有说耶**稣这个人**，而是说**基督**。**唯有**曾经 ἐν μορφῇ θεοῦ[在神的形象中]存在，曾经获得过相对于神的自立性的那位，唯有他**才能纯然**以这条道路——这条服从神直至死亡的道路——进入自己的荣耀，而这就意味着，他以此方式才能被神亲自承认为主宰并由神亲自授权。因为决定性的并非基督的荣耀本身，而是他凭着父亲自身的**意志**和赞同而获得的荣耀。在《希伯来书》(2: 10)中也有完全类似的说

XIV, 227　法：一切事物本来就为他之故且通过他而存在（神），一切事物本来就**属**于他，现在他作为我们福祉（ἀρχηγόν τῆς σωτηρίας）的主公，要通过受难才得以完全，这于他是**合宜的**。

　　因此，只有到了这一步，基督的受难才在真正意义上得到了说明。**唯有**在没有神（在独立于神）的情况下拥有荣耀，拥有 μορφῇ θεοῦ[神的形象]的那位，才处在要主动献出这一荣耀，要通过受难与死亡来献祭自己，才能获得与神一致的荣耀（获得神的称义）的**必然性**中。唯有涉及的是我们已经假定的这样一个主体，所有这些才能说得通，其他任何主体都不可能。

　　"现在天上地下所有的权柄都已经交给我了"，基督就以这番话

---

① Emmaus，一个离耶路撒冷不远的村子的名字，基督复活之后跟两个门徒在这里讨论复活。——译者注
② 指受难并死亡的磨难。——译者注

跟他的门徒们告别了。所幸总有人能在其整全的**真理**中把握这番话,也就是说,总有人既能洞见到基督**拥有**一切权柄,也能洞见到,这些权柄都是**被给予**他的,也就是说,基督是作为独立自为、在神之外的存在者被给予这些权柄的。谁要是认识到在其实体**中**的基督,即**作为**殊异的位格,同时也作为一切权柄的被给予者,谁才第一次认识到真正的基督,认识到如其**始终是**的基督,认识到**那位**站在当下存在和人类生命立场上的基督。如此一来,当使徒说,神在基督中让世界与自己和解之际,在创世中就**已经存在**的这种最高的中介关系——这一关系**在创世中**实现的仅仅是其最高的构想。这一创世自身的奥秘,在基督中就成了能被每一个人把握和理解的奥秘,也被呈现为**直接的**真理与现实。不过下面这点仍需要强调:尽管通过基督**当下的**荣耀,他由于人类的罪而被设定的对荣耀的脱弃和否定被克服了,但是既然基督的**这一**完满荣耀仍始终处在**被遮蔽的状态中**,所以基督最终的、**显明**且普遍的荣耀,仍始终蕴含在未来之中。

第三十三讲　论圣灵降临与撒旦(I)

在现在已经到达的点上，所有在一开始提出来的观点大抵已经完全清楚了，现在再来复述一遍：基督教并不是一种学说，而是一桩事情，基督教真正意义上的内容就是基督自身和他的历史，但这一历史并非在他作为可见的人存在期间那些纯然外在的行动和受难，而是更高的、在其中他作为人的生命仅仅是**过渡**，因而仅仅是环节的**历史**。我们说明的直接对象当然是在其**历史记载中**显现的基督。但恰恰这一历史记载中的显现自身，只有从一种超越于它**之上**的关联脉络出发才能得到说明，而这一关联脉络一方面要回溯到事物的开端为止，另一方面则要延展至事物的终极终点。然而基督教的内容并非所谓的普遍宗教。它的内容是自事物当下秩序的开端起就存在于神之外的殊异位格，但恰恰也正是凭着这一点，这一位格也是具有自立性的位格，然而这一自立性并不是它主动为自己赋予的（它对有没有这种自立性根本无所谓），相反，它仅仅是在自愿服从和献祭自身的时候才使用这一自立性，而这也只是为了把神的非意志重新扭转为对人类的慈爱。基督实现这一目标的方式恰恰就是，在**神**亲自承认和意愿的外在于神的荣耀中，作为被父亲把一切存在都让渡给自己的父亲的**继承人**来进行统治，直到一切时代最遥远的未来，直到使徒圣保罗预见到的那个时刻，在其中，在基督克服了他所有的敌人，克服了一切神的违逆者之后，他也就把**王国**（迄今一直被他统治的存在）交还给了父亲，并与这一存在自身一道回到了父亲之中，即便在这种情况下，基督的人格仍然没有失掉对存在的统治权，这恰恰是因为父亲只能把这一存在作为一个通过儿子而重新被设定在自身中的存在来拥有，所以这一存在在父亲中既是父亲的存在也是儿子的存在，进而正是凭着这一最终的环节，父亲、儿子、以及最终在自身中包含着一切，并在此意义上也同样进行着统治的圣灵，这三者对存在的**完满**共有才得以被设定。

在我现在已经把展开进展到了这个环节之后，我是不是就可以假定，要完成这个系列演讲的最终任务，除了还要对基督教进行一种客观说明，就再没有其他遗漏了呢？然而直接这么做并不是恰当的，我们仍需对这一说明进行一番回顾，仍需对它的**方法**做一些强调性的补充。

让我们设想一个受过严格的唯理论教育、对基督教先前根本一无所知的人，如果突然让他面对基督教，那他不免会觉得去说明这一现象是强人所难，如果要让他去说明神话，那他肯定也会觉得强人所难，觉得这跟说明基督教现象是一回事，并无不同，因为这两件事对他来说一样难，很难说哪一件对他来说更陌生。但在基督教和神话之间，很明显存在着**下面这种**颇有意味的区分：就各种神话表象来说，恰恰除了那些在某个时代、某些族群中被信仰、被视为真实的，没有任何历史学的东西。我们也找不到任何理由，认为作为这些表象之对象的**人物**具有一种**历史学上的**真理。即便我们出于下面这个理由,即因为神话人物并非纯然的表象,而是切实具有神谱意义、在神话进程中运作的潜能阶次,即便我们出于这一理由假定在异教徒中存在着现实的神明显灵现象,异教诸神也仍然不会由于这一点而成为历史学上的人物。但基督并非纯然的**神明显灵的现象**,他像其他人那样生活过,他出生并死亡,他在历史学上的实存跟其他任何一个在历史上存在过的人物一样有着切实见证。尽管基督教这个现象已经被这个实证历史的时代拐偏了,不过据我所知,在德国还没有人会想到去反对有这么一位基督曾经实存过这件事本身。但倘若**可能**对这个人物的历史学真理进行怀疑,**那么人们大抵就得去尝试把基督教仅仅阐述为神话进程的**延续了,而这其实也就是把基督教阐述为神话进程的必然终点,如此一来,神话与启示间的区分也就被无视了。在这种情况下,人们大概会说:在神话进程的早先时代,第一个神必然以实在性之神的受难与死亡完结或结束,在后起的时代,第二个神必定也要通过受难和死亡在人类意识面前成为过去,借此,到这一时刻为止仍被人类意识排除在外、在异教中被预见为未来的**第三潜能阶次**才会现实地来临,而在整个原初统一体以此方式得到重建之后,神话进程或者说异教才会达到其完满的终点。如果能把握到神话进程的某一部分必定落在全人类的某个迄今一直被异教所阻碍的部分中,那么也能把握到在神话表象的这一更高舞台在某个独一的族群中已经得到开启之后,这一更高的表象就已经在以不可抗拒的力量把恰恰在这个时代已经表现出最为清晰、绝不可能被误认的全然衰竭之症候的异教吸引到了自己这里，并以摧枯拉朽之势把它散播到了已经能轻易征服的全世界。犹太人之所以被拣选，不过是要为这一全新的表象拣选一个作为最初策源地的起点。上面的这些说法或许也算是一种迄今还没人尝试过的，但仍然也可算是一种说明，但如果它根本就**不可能**，那也只是由于唯一的一种状况，即基督是一个历史学上的人物，他是一个人物，他不是纯然的神明显灵的现象，而是在世界的眼前像其他人一样生活过也受难过的人物。这一点跟某种主观表象无关，即便这一表象能从某个必然进程出发得到说明，也跟它无关。在这一点上，纯然表象的王国终止了，真理和现实取代了表象的位置。但即便如此，也仍剩下一件事情要做，即承认基督在历史学上的实存，但这种承认也是一种对更高历史学要素的意愿，它比对某个人物做一种全然主观的历史学说明、进行一种庸常的历史学要素说明要更加丰富，否则人们就要说：这个作为宗教创立者的人被他的追随者神话化了，只有通过**秘仪**才能与这个创立者沟通，进而他也以此方式被神圣化了。我之所以要提这种在近些年来赢得了许多掌声的做法，是希望大家能相信，我并不是通过那些最新的研究才第一次知道这种做法。既然说到了这里，那我觉得还是可以强调一下下面这点，我第一次宣讲启示哲学是在1831—1832年，从那以后，我再讲它都是用的完全相同、跟现在一样的方式。如果**诸位**肯比对一下时间上的信息，那么就会看到，启示哲学在产生过程中，根本就没有以任何方式顾及那些晚近才登场的神学上的说法，就算是那些先前早已登场的，我也几乎懒得去与之争论，遑论顾及。因为启示哲学建立在

XIV, 231

对哲学和哲学意识自身的拓展上,而这种拓展只有通过对本原的再次回溯才是可能的。我怎么可能会觉得那些没有任何迹象能表明它们具有哲学上的自立性,并且直截就把某种**现成的**哲学预设为颠扑不破的(这种哲学连它们自己的开创者都不当回事,对此我素有所知)神学说法有参考的价值呢?这些说法就从这样的哲学中——甚或根本就没有从这种哲学自身中,而只是从它的一些最不成熟完备的说法里——做一番完全幼稚的倒腾,想从中把真理倒腾出来,然而就算倒空这些说法的整个概念储备,以真理为目标的概念把握手段诚然也是缺失的,对这样的说法,且不说用庸常的,甚至用最为平庸、市侩至极的理智来攻击它都是杀鸡用牛刀。

XIV, 232　关于启示的意义和实在性的问题取决于哲学自身的一个危机,这一危机必定会登场,而且已经现实登场了。所以只要这些神学说法能确保,在哲学中——正如谚语说的——一切都已经盖棺,没什么好再折腾的了,那么人们也只能静静看着这些说法在神学中大展雄风了。但这些说法,以及它们所推崇的哲学在把握一些关系,比如把握在基督教中出现的关系上的无能和无力,对有识之士来说,根本就不是需要做一番分辨才清楚的事情;他们早就对此心知肚明了。

　　既然说到了这里,我觉得我还可以再强调第二点。我关于启示哲学的讲座吸引了大量的听众,也被记录成册了,据我所知,其中有一部分还流传到了一些极为偏远的地区,甚至还流传到了德国之外。所以如果有一些个别的表达、说法和理念已经以其他方式广为人知,那也没什么好奇怪的。我之所以要声明这一点,是因为我没有宣讲任何在 1831 年和 1832 年没讲过的内容,我当时怎么讲,之后也怎么讲。关于神话哲学的讲座也是如此,甚至比启示哲学内容的一致性还要更高。

现在我们要回到"耶稣的生命是以秘仪的方式得到神圣化的"这个假说上来(不仅我,而且许多人在四十多年前都想到过这种假说①),这样的话,大抵每个人都会承认,通过传说或者神话,一个先前已经通过行动或者始终都极为卓越,并且早就被推崇至更高领域的生命才会得到神圣化。但问题在于,犹太本土拉比凭什么恰恰让耶稣成了这种神圣化行为的对象?凭他的学说?但他学说的内容已经清算了犹太人自认崇高的道德(此外,这种道德在一些更有教养的犹太经师中也有类似的对应内容),清算犹太人道德的就是耶稣学说中的首要内容,也就是他本人——他是神的馈赠,神的儿子。但这种学说是怎样被犹太人接纳的呢?毕竟一旦他要是说"在亚伯拉罕出生以前,我就存在了",或者说"我与父亲为一"这样的话,犹太人肯定就得抄起石头抵制这种学说了。因此,能够使这种如此非比寻常的神圣化可信的前提在哪里呢?就算耶稣是弥撒亚,但他族群里的绝大多数人还是不信他呀!

这样一来,人们必须得**预设**,所有关于基督这个人的东西都能甚至在**独立于**福音书和异教的情况下从《旧约》中推导出来,甚至还要假定,如此推导出来的基督跟**我们**已经对他产生的认识是相匹配的:**这样**的话,那就**只好**做下面这种设想了,即如果要一以贯

---

① 作者还在念大学的时候就写过一篇文章,在其中以神秘学 – 秘仪的视角讨论了**耶稣的童年经历**,这篇文章现在还在他的遗留手稿堆里。——编者注

之地遵循这种观点,那么会产生的后果就是,现在福音书中的许多叙述,大抵完全也可以被叫作"教义神话"。但恰恰这一假定会迫使基督的全部尊严也要在独立于这些叙述且独立于福音书的情况下预设,这样一来,人们只会愈发倾向于把福音书的起源和对它最随意的批判等而视之,同时也愈发认为这是合宜的。因为基督的尊严完全独立于福音书,甚至在许多人来看,福音书中的当然也不过是些偶然的叙述罢了,基督的尊严并不是通过福音书才得到奠基的,相反,它先行于福音书;要认识基督的尊严,**福音书**并不是必需的,恰恰相反:要把握这些叙述、把握福音书,基督的尊严,以及所有我们赋予它的规定才是必需的。那些仍以为凭着神话说明就能准确传达出某些东西的人很可能就会这么想,但这些人最多也就只能在那群小信和胆小的神学家面前摆摆谱罢了。

可是正如已经说过的,我们最要紧的事情就是获得对基督教的**说明**,对所有教义意图我们都要远离,因为对我们来说,要紧的是纯然把基督教说明为一种历史性的现象。所以,对于所有不会赞同我们的说明、要另起炉灶的人,我们只得由他们去了。只有一种现实的说明才是不可免除、不可推却的。无论如何,基督教都是一桩无法被撇到一边不管的事实,它就存在在那里,它必须得到把握,确切说是作为历史事实得到把握。然而我还不知道有任何不切实情、舍近求远的说明完成过这种把握;毕竟在那种无所产出的一般性说明上——比如"基督的历史意义在于,曾经必定有这么个个体存在过,在其中,神与人的统一性最为真切地得到了显现"——我们一刻都不愿意停留。

但或许我也该说说对这样一些人的看法:他们根本不想知道任何对基督教的说明,并且说,人们只消对基督的恩典感到满足、去使用这一恩典就够了,千万不要再去对它穷究问底。如果这些人只是就他们个人而言满足于这种主观上的基督教,那当然也没人有理由去反驳他们。对这些人,人们可能最多只会想到使徒说的话,即在基督中掩藏着一切认识的**珍宝**,但这些人无疑还没到这个层次,他们跟自己群体中的迄今的大多数人一样,把这种主观的虔诚当生意做,并且始终停留在低水平上。所以进一步来看,这些人起码不该想着为另一些人确立尺度,并且他们也该好好想想,对另一些人来说,基督教就在世界之中存在着,这些人体现出与上面那帮人**如此**相反的特征,所以这些人觉得,认识和概念高于一切,并且他们自己也不可能对一种未被概念把握的**恩典**有什么心思,所以进一步来说,他们认为基督教不可以纯然从个别方面出发来被认识,既然基督教要求普遍的承认,那么这种普遍承认也只有以科学的道路才能获得,因为只有科学性的明晰洞见,才会把许许多多具有极为不同特征的人聚合统一起来。但我们其实是**从它自身出发**来说明基督教的,正如我们同样也是从它自身出发来说明神话。基督教跟所有意义重大的现象一样,最终都在自身中包含着把握自己的钥匙;而这把钥匙首先就蕴含在那些指向神性经世的暗示里,根据神性的经世,在最高的原因之间同时存在着一种次第相继的关系。

如果基督教的真正内容就是基督自身,那么表面上看,我们似乎已经完备把握基督教了。不过在基督一生的许多大事件中,还

XIV, 235

有唯一一件我们尚未涉及,也就是基督变得不可见的过程,在复活之后他从地上荣升,亦即所谓的**升天**。而我们现在要做的,当然就是对它做一番说明了。但可能发生的情况是,我们或许既不能直接就把做此说明不可或缺的各种观点预设为前提,也不可能在这里才对它们进行展开。比如说,在这里似乎有必要跟之前讨论并在一道全新的光亮中阐述无限时间学说一样,讨论和分辨关于所谓的无限空间的质料问题。因为到目前为止,空间学说跟时间学说一样,都处在一种混乱不堪的境况中,因此这就导致了世界体系学说的混乱不堪——混乱的并非世界体系学说关联于我们行星系统内部纯然运动的形式部分,而是其质料部分——这种混乱不堪的后果尤其体现为,我们行星系统中的天体彼此相对处于其中的空间张力和天体广延的无限延展,进入了无意义的不可测度中,仿佛这种延展是自明的似的,这因而也导致了整个学说在前提上可能无须严厉的批判就已经岌岌可危了。比如,如果在世界整体的某一个点上,空间会成为实存的必然形式,因而也会成为直观的必然形式,那么从**这个点出发**,整个世界体系也会**相对地**在空间中显现,但这并不会导致整体因而**现实地**就在空间中存在,也不会导致距离能在我们面前以空间的方式得到表达,甚至纯然观念上的关系和差异也得不到表达。如果有一个人,他设定了在神之外的,也就是空间性的世界,并且还在始终不断地设定它,那么就不可以认为,他的这项事工与对这个他处在与其关联脉络中、能在其中延伸的世界体系的相对**超越**有何不同。所谓的天堂,恰恰就是人由于其现在的实存而与之分离的地方。但如果人们问,根据到目前为止的所有内容似乎必须假定,较之于其他部分,神对我们现在的实存这个受限制且从属性的部分更为关注,仿佛其他部分不存在似的,这是为什么呢?对这个问题,我想直接就用基督的话回答:在天堂里,一个悔改的罪人带来的欢喜,要比九十九个不需悔改的义人更多。①

所以对那些聪颖的听众来说(我指望的就是这类听众),单凭这句话或许就已经足够了。

但假如基督的生命现在就这么伴随着迄今的内容得到完全把握了,那么似乎伴随着这一展开,我们的整个任务也就完成了。但是除了基督这个人以外,我们还得考察一番**基督的**事工。但这一事工是不断向前进展、延伸直至诸时代最遥远未来中的事工。因为一切还没有臣服于基督;但如果一切**将会**臣服于他——正如使徒在已经说明的文段里讲的——那么即便是儿子自己,也要臣服在那个使一切对其臣服的父亲之下。我们自己也跟儿子一样,"仍然还不是我们将是的东西"。我们通过基督而重新被赋予的,只有在我们之中重建神性生命,做神的孩子的自由、**力量**和**可能性**,这样一来我们也就成了基督并且在基督中吸引着圣灵;而只有在这种完备的吸引中,才存在真正的重生。

所以基督最切近的事工就是为我们赢获了吸引圣灵的可能性。正如基督亲自说的,如果他不离开,最终且最高的中介者就不

---

① 关于在这里暗示的关于世界体系的观点(这种体系的**前提**是开普勒体系),可参考"神话哲学导论"第18讲,第490页及以下。——编者注

会到来(παράκλητος[保惠师]① 的意思是中介者,而圣灵只有在关联于基督的情况下才被称为 ἄλλος παράκλητος[新的保惠师]②),进而只有当**这个中介者**来临,整全的神性才会在我们之中实现。

在这一点上,在我们漫长探究中引导着我们向前推进过程的一般法则也自行显露了出来:在先的必须**离开**,也就是必须给出空间,以便后起的**到来**,**同样以这种方式**,正因为直到基督显现为止,人类在一方面单单被实在性本原统治,但在另一方面,人类也同样被宇宙性的,或者说被设定在神之外、就此而言纯然自然性的第二潜能阶次统治,正因为如此,才有基督之死,而这不过是基督成人的后果,因此成人不过是那个主动屈尊进入作为人的存在的起中介作用潜能阶次的**离开**,而这是为了通过自己的死亡取消作为自然性潜能阶次的**自己**,并借此取消全部张力,进而以此方式给出第三潜能阶次的空间,而第三潜能阶次在全部张力取消之后自身也就不再是宇宙性的潜能阶次了(τό πνεῦμα τοῦ κόσμου[宇宙精神]),而是成了圣灵,即从神而来的精神。在这一点上,神性经世呈现出了它最终且最高的形态,而它就建立在三重人格的次第演替上。每一重后起的人格都说明并神圣化了先行位格的道语,基督就是这么使父亲的道语神圣化,而圣灵也以同样的方式神圣化了基督的道语:"它将荣耀我。"借由这一关系,基督只可能在圣灵的**力量中**成为人,同样也只可能在圣灵的力量中而死,正如《希伯来书》(9:14)反对《旧约》中的洁净仪式所说的:**通过永恒的**(疑为"神圣的"

XIV, 237

---

① "圣灵"在《圣经》中常被称为"保惠师"。——译者注
②《约翰福音》,16:7;14:16。——作者原注

圣灵,主动把自己作为无暇之祭而献给神的基督之血,难道不是更能从致死的行为中净化我们的良心,让我们侍奉活生生的神吗?约翰说,圣灵还没有到来,因为基督还没有得到神圣化,而对基督的神圣化发生在他的死亡中,正如基督在犹大出去的时候亲自说的(《约翰福音》,13: 31):如今人子已经得到了神圣化,而在人子的神圣化之后,圣灵也会随即满足对使徒的应许。

因此,基督首要的、始终在后世不断延伸的事工,恰恰就是这一通过他的中介而产生的圣灵之涌流。既然凭着这一涌流,**一切**张力都被取消了,那么唯有在这个时候,精神和自由的宗教才可能开启,因为人类意识迄今一直屈从其下的宇宙性强力已经取消了——这一曾经支配整个人类的强力,起码曾经也被认为是必然且不可克服的——正如《歌罗西书》(2:15)中说的:基督剥夺了众主宰/本原和权能者[ἀρχάς 和 ἐξουσίας](宇宙性的潜能阶次)的武装和权力,把它们公开让众人看到,以显扬自己在它们中获得的胜利。在《以弗所书》(3: 10)也有同样的表达:让**天上**(天是自由、普遍、摆脱了具体之物的潜能阶次的领域)的众主宰/本原和权能者也知道神的奇异智慧,知道他自世界开端起就一直掩藏的奥秘。**神**亲自使基督成为首脑,也就是成为主宰,使他高于一切 ἀρχή[本原/主宰]和 ἐξουσία,正如在同一封书信(《以弗所书》,1: 21)中说的:神让基督复活并让他在天上坐在自己右边,并使他超越**一切**主宰/君王[ἀρχή、ἐξουσία 和 κυριότης],也使他超越于一切**称名的**——不光是在这个时代(跟基督一道走向终点的)中称名的,而且还有在未来时代称名的。因此,即便那些在基督的时代之后还可能出现的强力,实际上也已经臣服在基督之下了。不过可能出现的问题是,ἀρχαῖς、ἐξουσίας 等等该如何理解。**诸位**自己就可以看到,这些 ἀρχαί[①] 就是我们称为本原的东西,而 ἐξουσία 则是我们称为潜能阶次的东西,但在这种情况下,各个潜能阶次都处在其张力中,所以它们被认为是宇宙性的潜能阶次。基督使人类得到了相对于它们的自由,因为在基督中,在他的死亡中,神性要素打破了他用以献祭的自然性要素。但必须假定的是,ἀρχαῖς 或 ἐξουσίας 或 δυνάμεσι[力量/潜能]不能仅仅被理解为三重原初本原。因为正如它们在**自然**中相互之间产生了等级区分,而自然中的每一个王国,乃至最终这每一个王国的每一个"省份",又有其本己的统治者(尽管这个统治者还要服从于更高的统治者,但在某个持续前进的进程中,各潜能阶次的运作和效用尽管始终相同,但各自的含义每时每刻都在交替变更),那么同样,关联于人类意识的历史来看,有数不胜数的这样的统治者由于张力被设定了,在意识的某一点或者某个环节上,它们可能就会发挥效用。因此,ἀρχαί 和 ἐξουσίαι 就是在意识面前现实地自行产生的力量,与对神话的通常解释完全相反,保罗把这些力量视为**实际的**力量,它们都曾获得过对意识**现实的**强力支配。但人类意识只能被设定在对立于这些强力的**自由**中,而不是让人类意识接纳某种也能处在其他形式支配下的可能性,因为即便如此,人类意识也仍会再次陷入这些力量的影响和律法的支配下;不论是意识的哪一种其他形式,这些力量的不可克服性都是要接纳的,而它们的实存都是不可取消的,

---

① 即前几行的 ἀρχή。——译者注

而只有在基督把王国交还给父亲的时候,这些力量的实存才会被取消,在这个时候,正如先前已经补充过的,基督会了结所有这些力量的实存,了结全部本原、权能、力量 [πᾶσαν ἀρχήν καί πᾶσαν ἐξουσίαν καί δύναμιν],也就是说,在这个时候,**一切**神性之外的力量都完全终止了。福音书就是完满的自由律法,通过它,外部的律法,一切意识曾经屈服其下的外部必然性都被取消了。整个宇宙性的宗教都死在了**基督之中**。因为宇宙性宗教的基础,单单只有在其中它自身仅仅作为显白本原和自然性潜能阶次而存在的**张力**。从张力被取消起,每一个宇宙性潜能阶次的力量也都被打碎了,而起中介作用的潜能阶次自身也在死亡中取消了作为**自然性潜能阶次**的自己,从这一刻起,异教就开始仿佛迅速凋落一般地衰败了。从这个时候开始,异教越发不再是某种活生生的东西了;它仍仅仅作为无价值的残余 [caput mortuum],某个残留下来的不再**实存**的进程、自身已经无法得到理解的残余物在苟延残喘罢了。

在普鲁塔克的著作《论神谕的衰微》[de defectu oraculorum] (c. 17) 中,有一位与谈者叙述了他从自己的老师埃米利阿努斯那听到的事情,而他的老师又是从其父埃庇忒尔西斯那听来的。埃庇忒尔西斯曾经乘一艘载着货物和许多旅行者的船驶往意大利;在夜间时分,在离埃奇那戴斯群岛不远的地方风突然停了,而船这个时候已经临近了双帕克西岛(吕卡迪亚和科孚岛之间的爱奥尼亚海上的岛屿);这个时候大多数人还醒着,一些人还在夜色里吃吃喝喝,突然岛上传来了一阵所有人都能听到、叫唤着船上的舵手塔慕斯的声音;塔慕斯是个埃及人,至少这群同行的人都知道他。

前两次叫唤他没吱声,第三次他应答了。于是这个不知何起的声音强而有力地呼喊道:如果你要到临近帕罗德斯(Palodes)的地方去(这是个什么地方没人知道),就要如实向大家宣告,伟大的潘神死了!船上所有人起先惊骇无比,交头接耳讨论到底发生了什么。但塔慕斯已经决定,如果在已经指定的地方遭遇了风停,他就会传达这条命令。而现在既然确实已经碰上了风停,于是他就从船尾面朝陆地大声喊着他被命令说的话:伟大的潘神死了!而这个声音并没有换来陆地的沉默,从陆地那边,传来不像某一个人发出,而是许许多多人发出的重重叹息,还夹杂着许多表达着惊惧的声音。到了罗马,因为同行者人多嘴杂,这件事很快就众人皆知,还传到了提比略皇帝的耳朵里,于是皇帝马上差人到塔慕斯那里向他打探潘神的情况——提比略可能以为塔慕斯知道。既然这个故事发生在提比略时期,那么自然也能把它与基督之死关联在一起,在伟大的潘神之死中,也可以理解基督自身。然而它的意义比这件事本身更加重要。如果人们愿意为这个故事赋予一个意义,那么可以说,死掉的伟大潘神就是盲目的宇宙性本原自身,它据其自然本性就是排他性的,因而在整个异教时代中,它都在进行着统治并且没有在其根基上被取消。无疑,只有通过基督之死它才能被彻底耗尽。在基督中,甚至连伟大的潘神都死了。而当基督通过死亡取消了一切在神之外的宇宙性强力自身的力量之际,基督之死也就成了异教和犹太教的共同的终点,正如已经指明的,犹太教也同样受着宇宙性要素的支配。

要把基督教自身视为对异教盲目力量的消解,这一点已经彻底明确了。所以现在到了进行那个唯有伴随着它、我们迄今的整个展开才能完美收官的探究的时候,也到了回应下面这个问题的时候:如何看待基督教与那一作为异教本原的盲目力量的关系?

在《圣经》中,随便翻一翻就可以看到到处都有对这一关系的表达,所以也不能否认,跟我现在想就这一关系而引用的保罗对以弗所教会众人说的话比起来,其他文段中的表达或许会更加准确和更有亲身体验,保罗说(《以弗所书》,2: 2):你们首先转而服从的是这个世界的时代(也就是服从在其中引起动荡的本原),并服从在空中进行着统治的君王(以此暗示的是阿斯特拉式的、宇宙性的强力)。这个黑暗的君王在其他地方被更为明确地称为**撒旦**。撒旦被视为一切邪恶,尤其是整个异教的首领。对神话严格意义上的"正统说明"就是这么说的,而我们现在必须从中看清楚,所谓的正统说明和我们的说明之间的关系如何。但与此同时,《新约》中为撒旦本身赋予的作用也具有重要意义,总的来说,他被视为专门针对基督的对立者,所以我们不可能逃避去研究这种庞大的力量并探究它的意义。

我们的探究现在分裂为两个部分:批判 – 考订性的和肯定性的。

一种比较古老、在某一个时代为人普遍接受的关于异教起源和神话产生的观点是,由于**撒旦**的教唆,人类背离了真神,满足于诸伪神的表象中,人类被诱使或者说强迫去服侍这些出于**自然本性**就不是神的神。现在的问题是:这种观点和我们所树立的说明关系为何?很容易看到,从**某一**方面来看,两者是一致的。因为我们的理论在根本上要反驳的就是,神话是**一种人类的**发明或者说一种纯然偶然的错误,而刚刚这种观点恰恰也在反驳这点。当这种观点把整个异教从撒旦的教唆中推导出来之际,它就在下面这个程度上和我们的说明一致了,即它也承认在神话和异教的表象中,存在一种**具有实际性的**、独立于人类自由,甚至裹挟着这种自由自身的力量。因此,就这种观点认为神话源于某种**具有实际性的**原因而言,它跟我们的说明是一致的。但从另一方面来看,既然正统观点把撒旦视为异教的最终开创者,那么它是如何设想撒旦的呢？正统观点把这个撒旦设想为一个尽管强而有力,但绝非无法无天不受限制的、有个体性的受造精神,把他设想为一个原本良善,但由于高傲而想把自己提升到神之上,因而违抗神的天使,于是神就驱逐了他并听任他如此颠三倒四,所以他就像一切叛徒常常做的那样,为了也让其他的东西,尤其是人类背离神,进而让人类依赖于自己而无所不用其极。

正如**诸位**完全可以看到的,在我们迄今的展开中,根本就不包含任何能够支撑这种关于撒旦的观点的论证。这也就产生了下面这个问题:是否在其他情况下或者说在其他地方有对这种观点的论证。确实,我并不是不知道,在我们时代兴起了一批极为狂热的新魔鬼代言人[advocatis diabolic],这帮人醉心于通常的关于撒旦的观点,为之难以自拔,而且还努力传播它。而对那些投身于科学的人来说,也不容易找到比这个观点更有利的时机来进行反驳了。然而在人们想到要以哲学的手段来帮助理解这一观点之前,问题始终都是,它是否在历史学上得到了论证,或者它是否在人们从中将之推导出来的源泉中得到了论证。为了阻绝所有的误解，我首先要强调的是，我们对通常观点的真确性或许会产生怀疑，但这一怀疑的意图在任何情况下都既不是要驳斥这一理念本身的实在性，也不是要借着撒旦自身的名头搞出点什么事来；实际上可能恰恰相反，我们要做的是为撒旦赋予一种更高的实在性和意义，我们之所以不会采纳通常的观点恰恰是**因为**，通常的观点不认识这一更高的意义，反倒以一种贫乏狭隘的意义取代了真正的意义。然而我还是要再强调一遍：在这里讨论的是这样一种观点，根据它的说法，撒旦是一个有个体性的受造的精神，他首先是从神那里堕落，随后也吸引其他精神，最终使人类也一道进入这种堕落。

首先我要特别提醒的是，在"撒旦"这个**名字**中根本就不存在任何特殊的标识，这个名字只有最为一般的含义。众所周知，这个名字来自希伯来语，在希伯来语中，它仅仅在**一般**意义上指**敌手**。而有了定冠词以后，שטן 指的当然也就是某个特定的敌手，即敌手中的敌手了。在这种做法里，诚然蕴含了对人格性的暗示，或者我也可以更为一般地说，有了对某个**精神**的暗示，但这并不必然就是在暗示，这个精神是一个具有个体性的**受造**的精神，也不必然就是在暗示**这样的**精神就是有限的。שטן 这个词的希腊译法就是 ὁ ἀντικείμενος[妨碍者]，这是完全恰当的。而且 satan[撒旦]这个动词其实也是在完全**一般**意义上使用的；比如在巴兰①的故事里，主的天使挡住他的去路，与他**对面而立**，把他拦住，在这里用的希伯来语就是 satan 这个动词，据此，这个词的含义不是其他，

---

① 巴兰(Bileam)，《旧约·民数记》中的人物。——译者注

正是**阻拦**,对立于某一运动,或者说拦住它的去路。在希腊语中,撒旦的希伯来语名词是以源自 διαβάλλειν 的 διάβολος 来翻译的,而这个词的意思不是其他,正是横亘于间的障碍 [interjicere se ad obsistendum],而德语中的"魔鬼"一词就出自这个意思。所以希腊词原本完全是在一般意义上,甚至在抽象意义上被用以描述所有对立者的,而有的人就是在这一点上搞错了。同样,在《马加比一书》① 第一章中,有关于安条克四世② 的如下叙述:他以坚固的城墙和塔楼加固大卫的堡垒,把许多异教的族群置于城内。在说了这一加固之后,紧接着说:καί ἐγένετο εἰς ἔνεδρον τῷ ἁγιάσματι,这座堡垒成了一处能攻击圣殿的地方,也就是说成了这么一块地方,从这里人们可以观察到圣殿,还能对进进出出的人射箭;这部经书上接着写道:καί ἐγένετο εἰς διάβολον πονηρόν τῷ Ισραήλ διαπαντός,这座堡垒成了以色列人永生永世的邪恶的迪亚波罗(Diabolos)③,也就是阻碍以色列人的道路,对他们极尽阻碍或者说永生永世让他们迷路的东西。所以综上所述,διάβολος 这个词就是这么在一般意义上使用的,甚至还被用在某件具体事情上。关于这个词就讲这么多。

我想紧跟着上面这点强调的**第二**点是,实际上不管在《旧约》中还是在《新约》中,根本就找不到任何一处记载会说,魔鬼是**受造**

---

① 又被译为《玛加伯书》,是一部描述犹太人在公元前2世纪复国的著作,在公教和正教中,此书被认为属于《圣经》正典,但新教不承认。——译者注
② Antiochus Epiphanes,又称"神显者安条克",约前215—164,塞琉古帝国国王,曾强行对犹太人行使希腊化政策,导致了犹太人起义。——译者注
③ 即 διάβολος 的拉丁化转写,也就是谢林在这里说的"撒旦"。——译者注

的,是一个受造的精神。我请诸位一定要注意,我说的是:一个**受造的精神**。因为即便他**生成**在事物的进程中,他并非受造者这一点也并不会借此被排除在外。"魔鬼是一个受造的精神"——**我现在**就是要仔细瞧瞧这个说法——纯然就是从下面这个一般性法则中推论而得的:一切在神之外**现实**存在的东西,只可能是**受造物**,是被神创造的东西。从某种早先的、没能力**以其他方式**设想外在于神之物的哲学的眼光来看,这种说法或许是完全正确的。但一种后来的哲学可能就不会如此轻易地认为这条法则也具有跟先前一样的普遍必然性了。我们先前已经以各种理由——我认为这些理由是无可辩驳的——指明了,基督就处在那种**外在于神**的居间境况中,但他并没有成为受造物。那既然撒旦首先被设想为基督的敌手,那么同样也可以反过来说基督:εἰς τοῦτο ἐφανερώθη ὁ υἱός τοῦ θεοῦ, ἵνα τά ἔργα τοῦ διαβόλου,即神的儿子就是为此而得到启示,他要把敌手做的事情都消解废除(神的儿子是作为一个真正的 λύσιος[废除者、消解者],而这也是狄奥尼索斯的著名称谓)——对此我不得不强调下面这点,普鲁塔克在阐述波斯二元论的时候说①,波斯的魔术师宣称,一个神要统治3000年之久,另一个神也要统治3000年,而且还要**把前一个神做的事情都消解、废除掉**:τά τοῦ ἑτέρου ἀναλύων。不过我只是把这种说法引为类似的观点,而绝不是认为它们是完全**等同**的观点。如果基督在这一对立中并非一个**受造物**,而他的对立者反倒是一个受造物的话,那为什么不说这一对立者反倒是某种在受造者之外和之上的东西

---

① 《伊西丝与奥西里斯》,第47节。——作者原注

呢？因为如果不是这样，那它就不会成为一种真正的**力量**，也不会值得花那么大的力气，也不会让基督忍受和做出**如此**宏大、**如此**非凡的事情了。显然，我们难道不是必须承认，基督也有与自己相称的对立者吗？基督与撒旦之间存在着一种交互关联的纠葛，所以波格米勒派①甚至也把撒旦称为基督的**长兄**。但如果从一方面来看，根本就无从指证撒旦受造的实情或者说时间，并且如果直截就把撒旦设想为受造物**在哲学上**的必要性其实也没那么强，那么从另一方面来看，撒旦诚然就只能被假定为与旧约与新约这两个概念，甚至跟启示本身截然对立的真正意义上的恶之**本原**了。那么，恶的**本原**当然也就是一个从自然本性出发就恶，一个从自然本性出发，亦即原本就与神对立的本原，而这个本原又被摩尼教徒接纳了过去——至少从通常的说明看是这样，并且也在波斯的宗教体系中得到了主张。一个恶的本原必定是与神同样**永恒的** (Deo coaeternum)。但这又与《旧约》和《新约》产生了最为明确的矛盾。因此，撒旦似乎既不可能是一个恶之本原，而且根据迄今已经表明的东西，它似乎也同样不可能是一个真正意义上的受造物。这样看来，关于撒旦的真正观点也就处在这两种规定之间了。

现在，我要把下面这点确立为**第三个**要强调的点：既然无从找到撒旦的纯然受造物特质能从其中得到证实的说法，相反在《圣经》中，关于撒旦始终只有一种从对撒旦的称谓来看，与某种纯然受造的自然根本不相容的说法。所以我 a) 不会引用那些常常用

---

① 10世纪的诺斯替主义教派。——译者注

来描述撒旦和**他的天使**的话,这些话无疑也用来描述米迦勒①的天使,当然,这种描述只存在于那部充满诗意的经卷中②,而这或许纯然只是出于一种诗歌技法上的互文才出现的。但撒旦恰恰跟基督一样,被认为有一个**王国**,确切说,撒旦统治的王国对立且对抗着基督统治的王国。但这样一来,在这种情况下也可以说,撒旦在一定程度上跟基督是平等的,尽管被确立为对头,但还是平等的,而基督就是作为撒旦王国和事工的摧毁者而来临的。如果撒旦的强权是受造的,那么人们完全可以说,这样一来,基督作为一个明确超越于受造物的自然要主动让自身屈于受难之下才能战胜撒旦,这一点就跟撒旦**没什么**关系了。要对付这种纯然**受造**的精神,似乎还有其他更便利的手段。根本上来说,我根本就不觉得这整套观点跟这么一个由于傲慢自大而背弃违逆神的精神,即撒旦的鼎鼎大名可以相一致。机关弥尔顿③和克洛普施托克④尽了最大努力遵循通常的观点为撒旦赋予了相应的名声,但即便是接受了古典教育的弥尔顿本人其实也没能做到这点。

即便通过其他说法为撒旦赋予某种名声, b) 它也无法跟上面那种通常的观点一致。撒旦被称为这个世界的君王 [ὁ ἄρχων τοῦ κόσμου τούτου],基督本人也这么称呼他。使徒保罗则更进一步,他认为(《哥林多后书》, 4: 4)撒旦是这个世界的神 [ὁ θεός τοῦ

---

① 传说中的天使长。——译者注
② 《启示录》, 12: 7。——作者原注
③ 约翰·弥尔顿(John Milton), 1608—1674,英国诗人和思想家,其名著《失乐园》对撒旦做了相关的发挥。——译者注
④ 弗里德里希·戈特利布·克洛普施托克(Friedrich Gottlieb Klopstock), 1724—1803,德国著名诗人,著有史诗《救世主》。——译者注

αἰῶνος τούτου]。无论如何,撒旦在这个世界的力量都被设想得如此之大,所以这个世界的**神**无论如何都绝不能被称为个别的、具体的精神。撒旦同样也不可能是指某一个拥有死之力量或者说强权的神,比如《希伯来书》(2: 14)里就说:基督也成了与儿女一样的血肉之体,在此基础上基督才**通过**死夺走那掌管死亡者的力量,也就是撒旦的力量:ἵνα διά τοῦ θανάτου καταργήσῃ τόν τό κράτος ἔχοντα τοῦ θανάτου, τουτέστι τόν διάβολον。这里的 τό κράτος τοῦ θανάτου ἔχειν[掌管死亡者]如果说的是某个受造物,那就跟所有的概念相冲突了。对此,我认为,每个人都会承认,如果说把撒旦设想为那个由于人类在创世中的罪而被再度激起的**意志**,而在对它的克服和对更高者的服从中,它是创世和人类意识的根基,但正因为如此,如果它又再次以自己无限制的状态绽脱了出来,那么创世和人类意识都会面临**被取消**的危险,我要说的是,每个人都会赞同我的观点,即如果撒旦可以被理解为这种意志,我们也都能信服,它具有的这种实存,也具有这些最高实际性的影响,乃至具有这种超越人类意识的力量——通过整个先前的展开,尤其是通过对神话的说明,我们也已经有了足够的机会来认识这种力量。我要说的是,每个人都会同意,如果撒旦可以被理解为这种意志——而每一种意志都可以等同为精神,撒旦**这个**精神也不例外——那么那些关于撒旦的说法就不会那么生硬,并且能完满地合于对象了。基督本人和《新约》本身的话绝非夸张的说法,每一个理解**事情**自身的人都必定会承认,这些话中的每一句都合于对象,确切地说,是以最贴切的方式合于对象。

但存在的不仅是一些个别的、能使撒旦的地位被设立得更高的表达,还有一些使他(这也就是要讨论的第三点)也获得了一种与神的关系,并在其**中**具有某种功能的描述,而这与通常的观点根本无法相容。也就是说,尽管在《新约》的大部分描述中,撒旦首先都被视为恶的肇端者,并**就此而言**也被视为神的**敌人**,但在另一些地方,撒旦仍然表现为一个对神的经世本身来说不可或缺,并就此而言被神承认的本原(因为如果撒旦并非一个具体的、个体性的精神,那么它始终只可以被说成是一个本原;只不过我们要反对下面这种看法,即把他视为一个**就其自身而言**,亦即在创世之前和之外,据此而言原本且永恒地就是恶的本原),我要说的是,撒旦也表现为一个自身对神的经世来说不可或缺并就此而言被神承认的本原。特别是在《约伯记》开头的叙述里,撒旦就是这样一个形象,正因为如此,它向来都让许多解释者殚精竭虑。但如果想要弄清某个理念的历史性意义,那就必须把一切都聚集统括起来,不可以有任何遗漏。在《约伯记》的开头,说的是有一天,הָאֱלֹהִים בְּנֵי,也就是神的儿子们来到耶和华面前,其中也有撒旦,耶和华问撒旦说:"你从哪里来?"撒旦回答说:"我刚刚在地上漫游了一遭。"于是耶和华接着问:"你难道没有注意到我的仆人约伯吗?地上还没有人跟他一样,完全正直,对神虔敬,远避恶事。"但撒旦反唇相讥道:"主,你难道以为约伯敬畏神是无缘无故的吗?你难道不是给他划了一块地,保护他的家和他所拥有的全部东西,你还为他手上的劳作赐福,使他的财产增多。可一旦你伸出手,触到他所拥有的一切有价值的东西,他就会当面拒绝你。"接着发生了什么呢?主回答撒旦说:"走着瞧吧,他所有的一

XIV, 248

切都在你手上,不过只有一条,你不可以把手伸向他本人。"于是撒旦就离开了,并且把一切苦难都加诸正直的约伯身上,使他不仅丧失了全部的牲口和财产,还失去了所有的孩子。在此之后,当撒旦必定羞愧地承认约伯始终如一之际,他仍然没有终止对约伯心意的怀疑,所以他对耶和华说:"一个人要是为了**活命**,什么都会舍去,你要是伸出手伤到他的肉和骨,那他就会离弃你。"而主又对撒旦说:"去吧,这都在你手中,不过你要留他的性命。"在这里,撒旦表现得像什么呢? 他表现为这样一种力量:它热衷于去怀疑人的心思,因而也热衷于去考验它,也就是说,它作为这样一种力量仿佛必然要以这种方式使犹疑不定的变得确凿无疑,使犹豫不决的变得确然明断,使人的心思能始终保持如一。**诸位**看到,在这里,撒旦的理念何等深刻地回溯直至最初的开端中,因为在这里,撒旦就是那种并没有自身成为恶,但仍然把被掩藏的恶产生出来、使之大白天下的力量,就此而言,恶并不是被掩藏在善之下,正因为如此,这种力量也就欣喜于被产生出来,或者说被大白于天下的恶,因为恶就是对这一力量所进行的怀疑的确证,因为通过恶的彰显,这一力量的意图也就得到了实现。甚至可以像亚里士多德讨论涅墨西斯本人的时候那样,把这种力量称为**嫉妒的**,也就是说,这种力量对不劳而获的好运者的运气有所不满,也就是嫉妒。所有那些不详的存在物——赫西俄德让它们都从那个骇人的夜里诞生——诸如 θάνατος(死亡), μῶμος(无处不在的**嘲讽者**,甚至在《约伯记》这里,撒旦就呈现出**这一形象**),争吵,尤其是灾厄女神**阿忒**①——她被认为是一切

---

① 阿忒(Ate),希腊神话中的一位极其古老的女神,是邪恶和谬误的化身。——译者注

轻率、盲目、无理智行为以及源于其中的灾厄的肇端者——所有这些不详的存在物看起来都能在撒旦这个理念中汇集，并且在撒旦自身并不成为一个真正意义受造物的情况下，能为它赋予在创世中的崇高地位和功能。因为如果他在人类生命已得归秩的历程中扮演着某个角色，比如对这里的约伯来说，他就是质疑者，把一切心思都置入怀疑者，那么在对最初人类的引诱中——这一引诱正好也被归到了他身上——他难道还能脱离干系，把这事推给别人吗？在引诱最初人类的那件事上，尽管他**自身**其实并非为恶者，但他作为**预知着**恶，并欣喜于产生出恶的存在物，难道在这件事上没有推波助澜吗？就算他像在《约伯记》中这样没有亲自参与引诱最初的人，但他**既然**作为神自身的工具，当神自身有所意愿的时候，难道他还会继续装作有所保留，不现出本性吗？问题暂时就先列这么多，我认为这些已经足够表明，撒旦的原初理念跟后来时代对撒旦形象的捏造有着根本不同。此外，下面这件事情也是完全自然而然而且完全可以理解的：在斗争的**最后**——这个时候斗争其实已经危及本原了——撒旦在这个时候总会给人以比那个自身作为恶的善之对抗者更丰富的印象，所以基于这一点，不可能论证出一个**普遍的**"撒旦"概念。甚至**撒旦**也是一个历史性的存在物，也就是说，这样的存在物能够在不同的时代里拥有不同的关系。科学中的一切错误，以及一切对真正洞见的阻碍——在神学中也是一样——就源于把某个仅仅对特定环节而言具有真理的东西提升或者说延伸为普遍概念。存在于那种更高历史中的诸人格——我们现在就在跟它们打交道——并不是静止不动的，因此，即便是它们的概念自身也是一种运动性的概念，**撒旦**也是**一样**——他是矛盾的肇端者，是无处不在的挑拨者，由于他，死亡、分裂和恶自身才来到世界上。撒旦在其开端是一个不同者，在其终点也是一个不同者。不过我必须强调，正如终点始终都是对开端的再次回顾，而《新约》的最后一卷，即《启示录》恰恰就重新唤起了把撒旦视为质疑者、怀疑者和控告者的观点。《启示录》中的说法是(12: 9)：被逐出天堂、摔在地上（在《约伯记》中撒旦也是这个形象）的巨龙，也就是古蛇，他的天使也跟他一起摔在地上。随后天堂里传来巨声呼喊道：现在，神的拯救、力量、**王国**和权力，都已经凭着他的基督成就了，因为在神面前日夜控告我们的兄弟的**控告者**，已经被逐出去了（这就跟我先前讨论正当性确证的时候说的东西产生了关联：在人类中存在着某种东西一直在告诉他，他的整个生命在神眼里是应受谴责的，不管他做什么，他都会不断在神那里遭到控告）。如果另一个人在第三方那里控告另一个人，那他就是想挑拨第三方和当事人的关系。撒旦就是人与神之间持续不断的挑拨者；而那个被激起的本原仿佛也在神那里不断控告着人类，不断向神提醒着人类的罪。在《启示录》谈到的那个时代中，这个本原已经被基督打碎为泡影，神与基督的国由此才得以兴起，控告者迄今对世界和事物境况一直施加的影响也被基督移除了，世界现在纯粹属于神和他的受膏者，也就是说，神现在与他的受膏者共有全部的权力。因此，一直到这一最后的终点——在其中基督会取消全部的统治和强力，他的所有敌人都会在他的脚下——直到这个时刻为止，撒旦就是一个对神之经世自身而言必要的本原，他的使命就是维系矛盾、灾厄、不和与相异的存在,以便胜利和凯旋愈发具有荣耀,在最终的开端中,被矛盾精神始终不断怀疑的关于神的事情也就消失了。毕竟当一切怀疑都被取消之际,关于神的事情也就清楚、显明和明确了,这个时候撒旦也就完成了自己的工作,进而他的使命也就与他的权力一并终结了。但直到这个时候为止,撒旦都是一种庞大的、自身对于神的最终荣耀必不可少的力量,正因为如此,正如使徒彼得明确教导的,对这种力量既不可诋毁,也不可轻视。

XIV, 251

我已经强调过,在斗争临近终点的时候,对抗性的本原会愈发地表现为**恶**,这是自然而然的。所以根本上来看,在《圣经》中,撒旦在使徒保罗和约翰的眼里几乎也是这样**仅仅**作为恶而存在的,在这一点上,两位使徒是一致的。但**除了**这种观点,在来自使徒时代的其他经书中,仍然有更加古老同时也更加真切的观点显露出来,根据这一观点,撒旦是一种无人胆敢轻慢的力量,只有神才有权裁定或者审判它。这种尽管并不直接与《圣经》矛盾,但仍形成鲜明对照的表达只能让那些事先没有考虑到下面这点的人惊讶而已,即撒旦这个概念依据最终构成它来源的那一本原的自然本性来看(构成其来源的本原就是能够存在且能够不存在者,它据其自然本性就是一个模棱两可的东西),是一个在一切可能的概念中最具辩证性的概念。摆脱一切宇宙性强力的自由,即基督完全战胜撒旦的学说,主要是由使徒保罗宣告的;这种学说,跟其他福音书中许多关于自由的说法一样,对于羸弱的灵魂反倒成了有害的东西,这种学说也可能会诱导出一种无法无天的生活,比如从《彼得后书》中讨论这种羸弱灵魂的地方①出发就可以看到这点:如果他们通过认识主宰与解救者耶稣基督而摆脱了世界的污秽(宇宙性的力量),但又纠缠其中,那么对他们来说,后一种情况比前一种更糟糕。对于这种人,这个文本同样也说(2:10):他们不惮轻慢那些尊崇的主宰,人要是想轻慢他们,除了恰恰凭着这种轻慢而堕入更深的,也就是物质性的情欲贪婪中以外,再无他法②,甚至随时听从神之决断的**天使**,也不敢轻慢他们(从这里可以看到,这些"尊崇

---

① 《彼得后书》,2.14及20。——作者原注

② 《犹大书》(第8节)的作者也说出了完全相同的东西,并且以天使长米迦勒为例来驳斥这些人,在这段话里,在米迦勒与敌手(διάβολος[迪亚波罗/撒旦])为摩西的尸体而产生争执之际,米迦勒也不敢恶语相向,而是仅仅说:主责备你吧!

  关于撒旦和天使长为摩西的尸体而产生的这一争执,有许多可以推敲的地方。或许以下面的方式可以得出一些更为确定和明白的东西出来。撒旦是异教的肇始者,所以在任何地方都代现着异教。而天使长米迦勒(捎带一提,天使长只有这一个)则针锋相对地与弥赛亚有着最直接的联系,因而是以色列人的君王,尽管以色列人其实并没有(根据犹太人的观点,除了以色列人,世上还有70个族群)被交托给某一个δύναμις[权能者]或者ἐξουσίαι[主宰],而是被交托给了一个独一的主宰。但米迦勒之所以是以色列人的君王,是因为他**取代了**以色列人期待的真正国王弥赛亚,因为他把自己设定在了与基督最终的未来,与未来的审判的关联中,使徒保罗也同样在这种与基督的关系中设定米迦勒,他说(《帖撒罗尼迦前书》,4:16):基督将伴随着天使长的声音来临,因而在这里很明显,米迦勒被设定为先行于基督的,被设想为来临中的基督的宣告者。所预设的这点使撒旦和米迦勒为摩西的尸体而起的争执含义更加明确了。因为正如我们看到的,摩西律法自身仍包含着宇宙性的、异教性的要素;就此而言,它可能就会吸引这个世界的君王的兴趣。但从另一方面来看,这些宇宙性的要素在摩西律法中仅仅是未来者,即弥赛亚的范型、预示和阴影,所以它们也通过弥赛亚自身得到了神圣化。就此而言,米迦勒也就表现为对弥赛亚(基督教)的代观。摩西律法处在异教和犹太教之间(有一些人相当无聊地把这里的σῶμα Μωυσέως理解为摩西的法典,而不是他的尸体;就语言用法来看这种理解或许也行;不过无论怎么理解意思都是一样的)。这一争论呈现出了由诺斯替异端引发的争论,诺斯替主义宣称,摩西律法并非来自真神,而是仅仅来自德穆革,即宇宙之神。所以这一关于摩西尸体的争论根本不可能是犹太人的**创举**,因为它已经预设了一种双重性的意识。这一争论属于在基督教意识从摩西主义中第一次挣脱出来时所必然产生的表象。——作者原注

的主宰"就是违逆神的力量)。但关于这些人所说的最意味深长的一点是:他们轻慢主宰(这里说的就只有"主宰"这个词,再无进一步说明)——κυριότητος καταφρονοῦντες。这里的主宰[κυριότης]是什么呢?许多解释者在这里不敢说出正确的东西。κυριότης 不是别的,就是撒旦本人。撒旦之所以是 κυριότης,是因为他是神的荣耀和统治基于其上的那个本原。撒旦被叫作主宰就跟某个**庄园主**由于有自己的领地所以也被叫作**主人**、领主或者主宰是一样的情况。神的主宰恰恰就基于本原 B,也就是能够设定且不设定神为主宰的本原。而撒旦就是由神的非意志设定的 B,它就是神在堕落世界中的宏大力量,这种力量自身如此崇高,以至于连米迦勒都不敢轻慢和谴责它,因此唯有神才有权审判它,而与此完全相应的是,这个本原是神真正意义上的奥秘,能够设定和取消神,没有受造物胆敢触碰它。

"撒旦不可被轻慢",这条规定同时也在暗示,撒旦并非一个无条件的恶之本原,相反,它是一个对神对世界的统治自身而言必要的本原。这其实完全是一种犹太教的观点。**绍特根**——他对犹太经书里关于基督教的讨论进行过整理——提到过《光辉之书》[①]里的这么一句话:Non licet homini, ignominiose conviciari genus adversum[每个人都不可轻慢和不尊重那类天生的违逆者](所以这类违逆者也被称为恶的精神)。在《便西拉智训》[②]中,咒骂撒旦

XIV, 253

---

① 即 Zohar,是犹太卡巴拉神秘主义最重要的文献,是卡巴拉对希伯来圣经的注解,具有极其重要的意义。——译者注
② 或译为《西拉书》或《德训篇》,是正教和公教承认的《圣经》正典,但被新教认作次经,成书可能在公元前 180 到前 175 年间。——译者注

的人被称作不信宗教者;具体说法是:这种人所咒骂的其实是他自己的灵魂。① 因此,从种种明确的说法来看,人们仍需在撒旦中认识到一种神性的尊贵(一种 κυριότης[统治])。而某种纯然的受造物绝不可能谈得上这一点。

既然我们现在已经确信了,撒旦确实有这么一种崇高的地位,那么我们——这一点**诸位**可以把它作为对迄今所讨论内容的**第四点补充**——依循这一观点也就更能理解在通常观点看来**如此**无法理解的基督受诱惑的故事了。如果人们认为基督可能由于一个受造物就遭受诱惑,那岂不是太看不起他了吗?但只要跟通常观点反过来就完全可以理解了:基督正是为了消解这一本原的诱惑,为了消解它的事工而来,这个本原是一种与基督对立的现实力量,基督要遭受这个本原的诱惑,确切说,是能够作为一个人直接遭受它的诱惑,甚至可以说,以作为人的方式遭受它的诱惑是神之法则的要求,这一法则要求一切都**必须**经过检验,一切都**必须**遭受诱惑以完成考验。一个纯然的受造物,一个受造的精神不可能是一种能够对立于基督的真正**力量**,也根本没有能力以引诱来接近**基督**。相反,只有下面这种方式才能完全理解对基督的引诱:唯有作为**普遍**本原、把持着世间一切的这个世界的**君王**或者**神**,才可能接近基督的意识。撒旦通常都被表现为一个深不可测、诡计多端的形象;如果设想,那位撒旦正是由于引诱基督——让基督在他面前跪下并敬拜他,亦即示意基督要把他当作神来敬拜——而意识到了自己受造物的性质,那岂不是太无聊乏味了吗? 在基督时代,没

---

① 21:30。——作者原注

有任何一个哪怕普通的**虔诚**以色列人会把撒旦设想为受造物,既然人们把他设想得这样高,那怎么可能会出现上面这种想法呢?相反,下面这种说法才是合理的:那个本原,即基督**通过**自己的来临,通过自己的成人而已然将之承认为与自己地位等同、旗鼓相当**力量**的本原——正如之前已经指明的,甚至基督还要通过成人让自己在外部臣服在它之下,这当然不是为了敬拜它,而是为了战胜它——的"引诱"就在于,要尝试从基督身上也获得内在服从的外部表征。现在这一点已经是可以理解的了。如果撒旦就是一个**纯然的**受造物,那么他对基督说的那些话就全是荒唐的了:这全部的权力与荣耀都是我的,我想给谁就给谁!可如果撒旦是一个本原,确切地说,是一个已经觉察很快就只有外部的世界帝国仍属于自己的本原(这一点后面讨论),那这番话就与他的身份一以贯之。

从某个**受造物**——即便是最强而有力的受造物——出发,不可能产生一种能直抵基督神性意识的引诱,甚至对人类来说,纯然由受造物而来的引诱也是最不值一提的。只有在我的意志中认识到一种任何受造物——即便是最强而有力的受造物——都不可通达的领域和力量,我才可以认为自己足够配得上作为人类的崇高。甚至使徒保罗也承认人类需要如此,他说:我们的斗争并不是与血肉进行斗争,也就是说,我们必须与之战斗的,绝非某种纯然的受造物和具体之物;我们的斗争是与 ἀρχᾶς[众主宰],与 ἐξουσίας[权能者](也就是纯粹的潜能阶次,但它们并非具体之物,也不是这个意义上的受造物),是与 κοσμοκράτορας,即宇宙性的强力,世界的主宰,在黑暗中支配这个时代者的斗争,是与那些恶之精神性本原，即 πρός τά πνευματικά τῆς πονηρίας ἐν τοῖς ἐπουρανίοις 的斗争，它们的领域并不局限在犹太人的世界那里，还包括了普遍的、大全一体的世界，甚至包括天上。这样一来，直接关联于这一点或许还得强调**第五点**，即撒旦被认为具有的这种无处不在的特性，这种没有任何东西可以阻止的对人类持续不断的直接影响——人总是被警告要提防它——这种在任何地方都始终当下存在的影响跟**纯然**受造物的自然本性并不相容，任何一种受造物，无论把它想得多么强而有力，都没有能力对其他受造物，至少没有能力对人类施加**这种具有如此**穿透性的力量和强力，相反，这种持续不断、无处不在的影响只可能与这样一个本原的自然本性相容：它无处不在并且始终围绕着人类，甚至就在人类之**中**，它不仅每时每刻都能被人类表象或者呈现，而且还能让人类知道自己；因为受造物会被受造物排除在外，但受造物不可能把一个普遍的宇宙性本原排除在外。

刚刚强调的这一点现在自发地把我们引到了另一个部分上，也就是我们分辨过程中更具肯定性的部分。

第三十四讲　论撒旦(II)

既然我们在批判－考订性的部分中已经指明,《新约》中包含的对撒旦之自然本性最明确的说明跟把它设想为一个**受造物**的通常观点完全不一致,那么我们现在就必须来探究,是否这些说法与我们通过前面批判－考订性的斟酌而引出的观点更加一致,根据这一观点,撒旦并非一个纯然的受造物,而是一个本原,尽管并非一个永恒的,进而在**这种**意义上非受造的本原,但仍然是一个**本原**。我们说的是,它并非一个**纯然的**受造物。为了能对此进行最为明确的说明,我们要区分下面这些环节。

关于那个开端的本原,我们已经说过,它处在整个自然和人类意识自身的根基位置上——我们还是把它称为 B——因此这个 B 并非自身就是受造物;因为正如我们已经证明的,一切受造物**出乎其中**的本原,就是创世的最终 ὑποκείμενον[基体]。我们说作为撒旦的那个本原"并非纯然的受造物"(撒旦的相对超受造物性),**不能在这个**意义上来认为和设想。撒旦并不是**纯粹**且绝对的 B。但在整个创世中作为克服之对象的,恰恰是这个 B,它在真正意义上是从自身之中,从其原初限制中被设定出来的无限存在,是能够通过创世再次进入限制中的东西,是应当被带回到自身中作为潜能阶次，即作为 A 的东西。这个现在被设定**为 A 的 B**——既然它既不是原初的 A，也不是纯然的 B，而是被设定为 A 的 B。我要说的是，**作为这样的东西，就是**一个受造物（我请**诸位**一定要注意下面这点：受造物既不是原初的 A，即纯粹的能够，也不能被称为纯粹的 B，只有作为出于 B 而被带回到 A 之中的 A，**才是**受造物），确切说，是一切受造物中最高的，也就是人类。在人类这个环节中（人类当然只能被设想为一个环节）B 再次处在其原初的明澈纯净中，它就像在创世**之前**一样再次等同为 A（因为在创世过程中，B 成了一个自己的**他者**，成了一个被设定在**自己**之外的东西）。**我们**展开过程中的这个环节跟被其他理论采纳的下面这个环节是对应的，在这个环节里，撒旦，也就是那个之后会成为撒旦的东西，被认为仍然纯粹、尚**未**堕落，还处在刚刚被创造的荣光中。因此，当它处在人类意识**之内**并被人类意识的限制所包围时，这个本原实际上就是受造物了。然而人类自身通过不可预思的行动把这些限制再次取消了。这样一来，既然这个本原只有在这些限制**之内**时才是**受造物性质的**，那么它正是凭着从这些限制中的绽脱，也重新从自己受造物的特质中绽脱了出来。进而这一本原尽管在创世的序列中曾经处在受造物的限制里，但是它现在又是由于人类的罪而从这些限制中绽脱的本原了，这个本原现在再次作为**自身**不受限制、**对立于**一切具体存在的纯粹精神而存在了，它现在是一种自身具有普遍性和大全一体性的本原，一种有其本己样态的生命，尽管它是一种错误的生命，一种**应**不存在的生命，但它毕竟**存在**，所以一旦它被激起，就不能重新——至少不能以直接的方式——被直接带回到先前状态中了。对于这个现在活生生地处在其本己的不受限制状态,并且在最高程度上得到实现的本原,我们除了用下面这种说法,不可能还有其他方式来描述它:它是**一个精神**:这个本原之所以是精神,是由于它现在对立于一切具体之物的自然本性,但它之所以是**一个**精神,是因为它仍不过是一个特定的精神,也就是说,它诚然不是一个原初的精神,而是一个纯然**被生的**精神(因而并非**摩尼教**意义上的本原),它是一个被生的精神,也就是说,是一个由人类激起,原本被攫握在人类意识中,但现在超越在人类意识之上,甚至使它面临**被取消**之危险的精神,因此,被设想经历了所有这些环节的本原**才是**撒旦,现在大家应该都会承认,只有这种意义上的精神才会让人想到《新约》中为撒旦附加的那些谓述。

XIV, 258

诸位已经看到,我们可以**用下面的方法**来传达这里的情况:撒旦是一个被生之物,创世**先行**于它,进而在**这种**意义上,撒旦是某种受造物性质的东西,但它仍非受造物,因为它是一个不受限制的精神,它的自然本性就建立在它注定要再次从限制中绽脱。

不过我要是想以这种方式说服大家,那我现在首先要面对下面这种强而有力的**反驳**。也就是根据我们的展开,作为如其所是的撒旦自身,似乎首先源于人类的堕落,毕竟在最明确的启示学说里,原初人类自身的堕落是由撒旦引起的,撒旦就是人类祖先的引诱者。不过只消一种对于这种说法纯然更精确的**规定**,这种反驳就会不攻自破。

"如其所是的撒旦自身"的意思只可能是:他凌驾于人类之上的**实际性**强力。诚然,唯有通过堕落他才会获得这一强力。但是能够引诱人类的力量和强力,在人类还没有使它们获得现实性的时候,并非没有**实际性**,它们仍仿佛是观念上的强力,而这种观念上的强力当然能够**不通过堕落就获得**。或者说,事情的情况是这样的:那个作为创世之根据与先行者的开端之本原,曾经**屈从于人类**,并且在真正意义上曾经是人类的**主体**。但尽管这一本原现在被交给人类支配,但它**自然本性**的原初两义性,这种二向性则不可能摆脱。如果要继续追问,直至对存在最终的范畴分类,那么撒旦则完全属于"非**存在者**"这个范畴,这一点在附加给他的名字"**彼列**"(*Belial*)① 中体现得十分明确,这个名字的希伯来语写法是

XIV, 259　בְּלִיַעַל。其中 בְּלִי 表达出了一种否定,而根据阿拉伯语的转译,动词 יָעַל 的意思是突显、呈供、突出、出众。因此,彼列就是 id quod non prostat, non exstat[不呈现者,不实存者],也就是据其自然本性彻底退回到深渊中的非存在者。尽管创世的根基恰恰在于,这个本原从这种非 - **存在**,即这种自 - 在中绽脱了出来,**成了**存在者和实存者。然而整个创世的**最终**意义恰恰在于,把这个本原宣告**为**非存在者,而**作为**非存在者的这一本原**正是**在人类中得到宣告的;因为只有当那个本原成了非存在者,但恰恰也由此成为最高者(真正意义上的应在者)的设定者时,**人类才会产生**。但它不能摆脱自己自然本性的两义性;它再次绽脱,再次自行提升的可能性始终都保留着。这种可能性是根本无法被排斥在外的,而这正是因为它就是纯然的可能性,除了是可能性就不是其他了。当这个本原作为**现实的**本原时,这种两可特质就会由于纯粹的人类意识被排斥,

---

① 撒旦的多个名字之一。——译者注

进而在人类意识中获得现实性;但当它作为纯然的可能性之际,它恰恰也就因而是彻底无法被排斥在外的东西了。甚至可以说,凭着刚刚就已经道出并且也简要重温的那条法则,即一切生命都应经受住考验才能得到保存,这一可能性甚至也**必须**向人类呈现自己、展现自己;而它诚然只可能在人类面前把自己呈现为某种若无人类的意志就是**虚无**的东西,某种只有被人类的意志击中才是某物的东西,这一可能性就是意志的引诱者,把意志吸引向自身者,它是虚假骗人的魔术,但人类在其最内在之处,也就是在他的意志中根本就摆脱不了它(可能性、力量、魔术这三个词总是一道出现,我们也看到了,我们在展开过程的终点处是如何返回开端的,作为一切之起点的深渊又是如何被再次揭示的)。综上当然可以说,在后来**被认识**为人类的敌人、敌手,也就是撒旦的那个本原,跟在这一越轨发生**之前**,表现为这一越轨行为**的**促动者,表现为通过迷惑人的虚假魔术把人类意志引向自己的吸引者的那一本原,是同一个。在这一点上,我们偏离通常观点的地方仅仅在于,在后者看来,这个引诱着人类的本原已经是一个自身就是恶的,因而**在先前**就已经堕落的精神了。而根据**我们的**观点,这个本原并非一个先行的偶然行动的后果,并非一种主动发生的渎神的后果,相反,它是其自然本性的后果,**据其自然本性**,它就是引诱着这种越轨的本原(但据其自然本性,它并不会因此就被称为恶的)。

而且**我们的这一**观点,而非其他观点,逐字逐句来看跟《新约》中的那些最明确的说法(这些说法目前还没有来得及考察)甚至也是一致的,而这一点马上就可以得到指明;不过我首先还是得对我们的观点做进一步的分辨和讨论。

　　如果把人类的敌手,也就是撒旦理解为人类幸福或者说至福的敌人,那么就此而言,那个迷惑人的精神(在进行引诱的时候)也已经可以被叫作人类的敌手和撒旦了,在这个意义上,它跟那种崇高的并且在希腊人看来应该敬畏、被他们称为涅墨西斯的力量是同一个,而关于涅墨西斯可以说,她对于一切没有因经受住检验而得到了保藏的幸福都有敌意,正因为如此,它导致了那些幸福要由她来检验的状况,也就是说,她要看看,这些状况是否与某个人的幸福合适,与这种幸福**相称的**意想是否与这些状况有所关联。我说的是:**在这种**意义上,最初作为人类的引诱者的这位,如其所是来看也可以被称为人类的敌手。他是人类宁静幸福的侵扰者,是原初的,但也正因为如此人类实则不配的极乐的侵扰者。但它能够如此并不需要自身也去成为一个堕落的存在物,它据其**自然本性**并且依循某个**普遍的**法则就能够是这个侵扰者。尽管它是**预知着人类的恶**,一直在试图产出恶,并使之大白于天下的力量,就此而言它自身就是对恶——虽然不是对就其自身而言的恶,而是仅仅对被产生出来、得到了**明示**的恶——感到欣喜的原因,但它也无须因而就在这种意义上**自身就是恶**,仿佛它自身早就已经开始违逆神似的;以此方式存在并非它**当下的意志**,也不是某种**先行意志的后果**,相反,它的自然本性就是让被禁止的东西、应不存在的东西获得可能性,以便仅仅蕴藏在意想中的真正意义上的恶能得到明示。尽管人们通常不得不承认,在人类的自然本性中蕴藏的那种产出着恶,也就是明示着恶的原因自身是可以被称为恶的。但这只是一种纯然**主观**的判断。倘若撒旦就像通常设想的那样是就其自身而言的恶之自然,那么他怎么可能在天上跟其他的"神之子们"一起出现呢?神怎么可能亲自允许他,对一个像约伯那样对神热忱虔诚的人进行那么大的考验呢?就算说——**在此**我要重复一个先前讨论过,而且肯定更有说明效力的论点——撒旦是在已然持存的世界之进程中才被允许去诱骗虔诚者的,那为什么不能说他是从一开始就被允许,就被授权——这样还能避免自身成为通常意义上的那种"恶的"——去引诱最初的人了呢?如果他在约伯那个时代没有从天上,从神的座前被逐出来,我难道就必须把他设想为一个在先前,在引诱最初人类的时候就已经被放逐进而败坏的存在物了吗?我为什么不可以也把他设想为一个在神的经世中不可或缺,同时也服务于神之最终意图的本原呢?这整个假定——撒旦自身先前仍处在**纯粹**的境况中,之后才发生堕落——(它把对关于恶之起源的说明搅得乱七八糟)可以回溯到下面这点上,即这个本原在创世的**直接**后果中,曾经完全内在于人,它曾经处在全然的潜在状态,曾经处在自己纯粹的**自-在**中(然而正如已经说过的,这种状态只能被设想为环节,因为这一本原据其自然本性就是两可的存在物,进而必定会在它此时屈服于其下的人类意识面前把自己呈现为能够存在者,呈现为可能性,单独来看这个可能性诚然是无,但只消人类意志击中它,它就会成为现实),也就是说,在这一本原并未堕落的情况下,据其自然本性就是人类的诱惑者和引诱者。众所周知,关于神何以**允许**这种诱惑的发生的问题——在神的预见看来,人类必定对这一诱惑毫无招架之力,因而关于何以允许恶自身的问题是神学最大的难题之一。但下面这一点是一个意义巨大的区分:被允许进行这种诱惑的,是个**纯然**、确切说自身已然被放逐进而败坏的**受造物**,还是一个对神之启示和创世自身而言必不可少的**本原**——在它根本无法被排除的自然本性中就蕴藏着一种仿佛不可克服,或者说唯有通过**一系列**的灾难与重建才能被克服的两可性(因为这就是它在世界历史中要持续扮演的角色,我们稍后就会看到)。究竟是如人们假定的那样,被允许去吸引刚刚被创造的无罪人类与自己一道堕败的,是一个以作恶为乐的受造物,抑或被神允许这么做的是一个这样的本原——它唯一被神自身允许的功用就是,把就其自身而言可疑的东西实实在在地置入怀疑中,让尚不明确决然的东西得到决断,进而以此方式引发一次神自身必定也意愿的裁断,也就是说,因为神可能并不意愿恶始终是被掩藏的,神**必定**恰恰会由于自己的神圣性而意愿恶得到明示,而不是把它掩藏在由自己设定的善之下——究竟是哪一种情况,两者间的区分意义重大。

因此,这一整个观点——某个起初在刚刚被创造之际神圣的天使,之后反倒违逆了神,还拉着其他精神跟自己一起崩坏,因而被神驱逐了出去,从此对人类嫉妒无比,势要败坏人类而后快——在我看来必须取消,确切地说,就算以神学自身的旨趣来看也必须取消,因为跟这种观点比起来,以现在确立的观点来看,所有关于撒旦的说法都愈发完善了,甚至更令人满意了。

要确证刚刚说的东西,我们还得再进一步看看,在原典中,涉及对原初的人的诱惑和引诱时,撒旦是怎样被描述的。就这一点来看,经上说他是"**古蛇**",ὁ ὄφις ὁ ἀρχαῖος[太初之蛇](《启示录》,12: 9),因为某种轻微的、不易为人觉察的运动之情形,就跟悄悄接近人类、给人以致命伤害的蛇一样,那个引诱人类的本原的运动也是这种情形,当它从深渊中自行升起,向人类呈现自己之际,仿佛就是突然朝着人类侵袭而来,仿佛是作为未曾预料到的东西令人感到惊讶,这就是一种轻微的、不易为人觉察的运动,所以把这一本原比作蛇是一种极为普遍的情况,正如我们之前已经阐发过的①,甚至在"普罗塞庇娜"②这个名字中,也可以看到蛇的这种形象,而撒旦被称为**古蛇**,就意味着,它从不可预思的时代起就在引诱着人类,就在把**整个大地搅得一塌糊涂**,把它带入歧途——ὁ πλανῶν τήν οἰκουμένην ὅλην——对我们来说,蛇也意味着它要迫使我们人类经过它所有的曲折构成的巨大歧路,综上,"古蛇"这个称谓也就不需要更多特别的说明了。所以,已经讲过的《启示录》中那段关于王国现在完全属于神和他的受膏者这句话的前一句,"被逐出去、摔在地上的巨龙也被叫作古蛇"就是在这个意义上说的,这里被逐出去、等同为古蛇的巨龙既叫作 ὁ διάβολος[迪亚波罗],也叫作 ὁ σατανᾶς[撒旦]——这个具有两重性的名字,正如格老秀斯③强调的,并不是没来由的,它同时指向异教和犹太教,叫 ὁ διάβολος 的时候它是作为异教徒的引诱者,而叫 ὁ σατανᾶς 的时候则是作为犹太人的敌人和引诱者;所以《启示录》里要补充说,它引

---
① "神话哲学",第 160 页。——编者注
② 也就是上一卷讲过的珀耳塞福涅。——译者注
③ 胡果·格劳秀斯(Hugo Grotius),1583—1645,基督教学者,亦为国际法和海洋法的鼻祖。——译者注

诱着整个大地,也就是说,引诱着犹太人和异教徒——它被扔到了地上,他的天使也跟他一道被扔到了地上。这种从天堂中被逐出又被扔到地上的转变意味着什么,我再次只能捎带说明一下。诚然,伴随着基督的胜利,撒旦也就失去了宗教意义(所以说他从**天堂**中被逐了出去)。他被扔在地上,这并不是说他失去了**全部**力量,而是说他的力量从现在开始获得了另一种意义,也就是尘世性的意义。而这种尘世性的意义,除了他关联于世上的政治性王国所具有的那种意义之外,还可能是其他什么吗?而通过基督的胜利,撒旦的这种伴随着这些政治性王国和存在于它们彼此间关系中的意义,也发生了巨大且有力的改变。因此,在经历且完结了异教的全部疆界之后,也就是宗教上的错误已经穷尽之后,展现着撒旦各种影响的崭新舞台也就借此而开启了,这是不再有流血的崭新历史舞台。这里的这个转折点,在未来会引发一种更为宏阔的全新展开过程,不过我在这里没办法深入了。

至少现在来看,既然那个进行着引诱的精神已经在天堂中以蛇的形象呈现了,那它当然是以**现实的**蛇的形象呈现的,因为经上说:蛇比一切生活在旷野里的动物更狡猾(更有知识)。尼布尔① 在他的阿拉伯游记中(卷 II,344 页)提过一个确确实实地,确切说专一地敬拜魔鬼的族群,他们自称 Jesidîer 人,或者 Dawasin 人。而后面这个名称的意思是**聪明**,有知识;而有知识则属于非**存在者**的那一方面,而非存在者则是等同于原初状态的本原,正如之前已经看到的,它之后就会过渡为理智。所以蛇同样被表象为一个自然

---

① 卡斯滕·尼布尔(Carsten Niebuhr),1733—1815,德国数学家、制图师和探险家。——译者注

的诱因,而整个引诱和越轨的过程也在根本上被呈现为一个有其外在形象的过程。并非某种纯然的哲学论断给人类中恶与坏的起源人为地披上神话的外衣,一言以蔽之,这绝非人为的**任意**之举,相反,把这一内在过程呈现为一个有其外在形象的过程,是一种自然必然性的结果。这个故事源乎其中的人类意识的整体**境况**,也就是当时意识的整体境况,它不**允许**其他的呈现方式存在。如果想把这种呈现方式称为神话性的,那么如果人们无法把它与虚构或者任意的美化(通常认为的就是这样)概念关联起来,而是只能把它跟意识中的某种必然显现方式的概念关联起来,那么对于把它称为"神话性的"似乎也没什么好反驳的。**启示**尽管不**能**且不**必**迁就于**错误的**表象,但是它**能够**甚至**必须**迁就于意识当时的境况和意识中的某个过程由于这一境况而唯一可能显现的方式。所以并不是启示捏造出了这种神话性的东西,后者是某种独立于启示的现成存在,当然,启示完全能够穿透神话性的东西,但不能直接取消它。对象在某个进行着反映的媒介中显现的方式,不单由**对象**的情状决定,也由媒介的情状决定,而媒介的情状是反映着自己的对象无法改变的。摩西传统的所谓原罪历史叙事固然包含着一种纯粹的神性真理,但即便如此,这种真理也**只能**在一种仍处在神话立场上的意识面前显现。这种叙事包含了触及**事情**的最深刻启示,可即便如此,它仍把纯粹的内在过程呈现为一种有外在形象的过程。恰恰**因为**这种叙事传统把引诱着人类的本原以蛇的形象(以神话的方式)呈现,所以它仍与这一本原的**自然本性**有着至深纠葛。

如果我们现在把**我们**对这一过程的阐述与《新约》中其他更具教义性的说法比较一番，就会发现，后者无一处不与我们一致，有许多地方甚至**只有**以我们的阐述才能获得统一性。根据我们的说明，天堂里的蛇实际上就是据其自然本性的非存在者（应不存在者）之本原，它能够在人类面前呈现自己并引诱人类，因而它**实际上**也就是撒旦。就此而言，罪也确实是由撒旦的欺骗才来到世界上的。我请**诸位**在此回想一下，与之相应，在那些先行于**神话**的最初潜能阶次中，也出现了 ἀπάτη，即欺骗。根据《智慧书》的说法，由于魔鬼的**嫉妒**，死亡才来到世界上。但在这里，嫉妒并不能在比涅墨西斯的那种嫉妒更恶或者更坏的意义上来理解，后一种嫉妒就是对人并不配有的幸福的不满。诱惑是由于那个本原从人类意识中悄然且没来由的提升而产生的，它原先通过创世而服从于人类意识，原本是人类的主体 [cui subjectum erat]，因而当它从其掩藏状态中绽脱出来，使人类以自己为对象之际，它就不再想服从于人类了，东方宗教（波斯宗教和伊斯兰教）也就从这一点出发，认为撒旦不愿意敬拜人类了。因为在东方的概念中，以某物为主体 [alicui subjectum esse] 和敬拜某物 [aliquem adorare] 是一回事。

但最值得注意的表达仍然是约翰书信中的那些，我要引用的第一个是《约翰一书》(3: 8) 中的：谁要是犯罪，谁就属于对头 (διάβολος)，因为对头一开始就在**犯罪**：ὅτι ἀπ᾽ ἀρχῆς ὁ διάβολος ἁμαρτάνει。人们或许会倾向于引用这段话作为反驳我们的证据：撒旦**本人**一开始就已经犯了罪，他在把人类带向堕落之前就**已经堕落了**。不过我请**诸位**更仔细地来审视这段话。使徒说的绝不是：撒旦一开始就已经犯了罪 [ἡμάρτηκεν]，而是说他一开始就在犯罪 [ἁμαρτάνει]。说撒旦一开始就在犯罪，这就是在暗示，它据其**自然本性**必定犯罪；至于这里的"犯罪"是什么意思，我暂且搁下不谈，不过下面这点已经很清楚了：他一开始就在犯罪，说的是他除了犯罪不可能做**别的**。这里用的现在时，以及 ἀπ᾽ ἀρχῆς[一开始]也同样暗示了这点，因为倘若撒旦曾经在刚刚被创造的荣光中逗留过——不管时间长还是短，那使徒都不可能说：他**一开始**就在犯罪。根据通常的观点，撒旦一开始是无罪的。所以这句话的明确意义就是：**一旦撒旦存在**，他就在犯罪。仿佛对他来说，除了犯罪，再无其他活动可言了，他必定要么根本不活动，处在彻底的无活性状态中，**要么除了犯罪**，再无其他**可能的**活动。这与我们所假定的那一本原的自然本性完美贴合，甚至可以说，也**只能**跟它相符。因为只有对于一个**这样的**本原——正如我们先前已经明确说的①，**这个作为神之设定者的本原**，并非处在现实的活动中，而是处在非现实活动中，它作为设定者，并不因此就是自行活动的，而是自行非活动的——才能说"它犯罪了"，而它的"犯罪"就意味着它成了神的否定者，而"一开始"则意味着，**一旦它自行运动**。使徒的这一表达说服力已经很强了，**所以除了我们的这种说明**，不可能还有其他的说明能与之契合了。

但人们现在可能会问我们先前按下没讨论的问题：这种一开始就进行的犯罪意味着什么？现在我们已经有了下述结论（可能人们还需要再推论一下）：通常观点会断言，一个从一开始，也就是

---

① "神话哲学"，第118页及以下。——编者注

只要他存在就在犯罪的人,说的只可能就是**主动**犯罪的人。但我要强调,把 άμαρτάνει[犯罪] 理解为主动犯罪,根本就没有任何必然性可言。因为根据下面这条法则:quod quis per alium facit, ipse fecisse putandus est[假手他人如其亲为],人们可以说:qui peccare facit, ipse peccare dicitur[假手他人犯罪如其亲犯]。然而在这里不需要这么来理解。希腊语词 άμαρτάνει 既有特别的含义,也有一般性的含义。它特别的含义就是:真正意义上的犯罪。而在这里,是一般性的含义,即这个词原本的含义,跟希伯来语词 חטא 是对应的,意为 a scopo aberrare[错过,偏离]（箭矢偏离了目标,没有切中目标①）。因为目标被设想为一个由边缘围绕的点,所以偏离了目标跟偏离了中心点,即 a centro deflectere sive aberrare[偏离中心] 是一个意思。在这个意义上,对于某个本该保持在中心的开端之本原当然也就可以说,它偏离了中心点,因为它据其自然本性从一开始就有再度活跃起来的**倾向**。尽管单就其自身而言,若无人类的意志它无法再度活跃,但正因为如此,或许不论它是否被提升为现实,它都在试图吸引着人类。尽管从本原自身那方面来看,具有实在性的偏离尚不存在,但一种观念上的偏离仍然已经存在了;这个本原本该**内在地**保持在人类那里,因而当它向人类呈现自己,以自己为对象之际,它也就已经不在自己本应在的位置上了,也就是说,这种呈现已经是对其目标的偏离了,即偏离了作为目标的自己本应是的东西,因此这就是一种 άμαρτάνει[犯罪],因而在这个意义上才可以说, άπ᾽ άρχῆς 从一开始就在犯罪,从一开始就错失

---

① "神话哲学",第 319 页。——编者注

了自己的目标。因此，经上的这个说法根本就不是对下面这则传说的确证，根据这则传说，撒旦一开始是一个良善的天使，在时间流逝过程中才成为堕落天使。可经上的说法是：它 ἀπ' ἀρχῆς[一开始]就在犯罪，这就意味着，一旦他**存在**，他就在犯罪。

关于撒旦自然本性的另一处最富深意的表达，见于《约翰福音》XIV, 268 (8: 44)记载的基督对犹太人说的话：你们出自你们的父魔，他所欲求的事情你们偏要做。魔鬼是一个 ἀνθρωποκτόνος ἀπ' ἀρχῆς[一开始就在行谋杀者]，也就是说，他的**自然本性**就是要威胁人类的生命和意识——因为人类唯有在意识中才有生命——使它们面临危险的本原。经上接着说，魔鬼并不**是**持存于真理中的，即 ἐν τῇ ἀληθείς οὐκ ἔστηκεν，也就是说，他并没有在其真正的关系中停留过。而这一点也可以用我们的观点来表达：正如我们刚刚已经明确说过的，这个本原并没有停留在它被设定且本应保持在其中的位置上。而这里的完成时 ἔστηκεν[停留过]无疑与拥有完美语法的希腊语现在时含义相同。ἐν τῇ ἀληθείς οὐκ ἔστηκεν 的意思就是，它不**停留**，也就是说，它不**能**在真理中停留，**因为**（经上也随即补充了这点）在它之中没有真理，即 ὅτι οὐκ ἔστιν ἀλήθεια ἐν αὐτῷ。因为它的自然本性就是成为非**存在者**。在它之中只有非存在的真理，即 ἡ ἀλήθεια αὐτοῦ ἐστι τό οὐκ εἶναι。也就是说，只要它**存在**，它就会在真理**之外**存在。他的自然本性就是只能成为**谎言**，并且只能（作为进行着引诱的潜能阶次）说谎：只要它在说谎，那它就是 ἐκ τῶν ἰδίων，即基于其本己性，合于其本真的（本原上的）自然本性地在说谎，这既是因为它除了说谎根本就不可能干别的，也是因为它不可能有真理地——在真理中——存在。即是单凭 πατήρ τοῦ ψευδοῦς[谎言之父]这一表达,也足以说明魔鬼就是非存在者的**本原**,它据其自然本性就是迷惑者。而关联于人类来看,谎言尤其体现在下面这点上:这一本原**纠缠着**人类,并不断向人类**吹风**,表示自己能帮助他去获得存在;因而这个本原也能自我辩护,当人类以为如果得到它的帮助去获得存在,人类就能凭它而成为主宰,它也全因之被再度激起。然而发生的事情实际上恰恰与之相反,人类成了**它的**奴仆和囚徒——所有这些都是由人类的意志决定的。此外,我们在这里也不可以忘记,所有这些判断纯粹都是从人类的立场出发做出的,在基督完全成为人之际,他也完全以同样的方式为这个本原辩护说:一旦这个本原想去**存在**,那它就会成为非真理和迷惑,但这仅仅是对人类而言的;至于在神的眼里或者说意图中,它能起到怎样的**客观**作用,这一点在此并没有被问及;对人类它只有一种敌对关系,一种进行着迷惑和欺骗的关系。约翰所有的说法都建立在这种主观立场上。此外,除了约翰记载的基督的说法,也不可能再对撒旦的真正自然本性做一种更加明晰和更有哲学性的表达了。据其最终的根据来看,撒旦乃是就其自身而言、据其自然本性而言的非存在者,是只能通过迷惑和虚假把戏来渴望成为存在者的东西。正因为如此,尚在它获得现实存在以前,它从一开始就在进行着迷惑。

因此总的来看,到目前为止,对理解撒旦来说,从那个所谓的发生在时间中的堕落故事里,根本就得不出任何有益的东西。

但如果我们现在思考一下这个本原——它是从人类中走出的

精神，它获得了存在，也获得了支配人类意识的现实强力，那么它首先就具有 1) 一种与人类本身的**一般性**关系。鉴于这一关系，必定会产生**各个时期**的区分。基督教把整个前基督时代视为这个本原已得承认的统治时代，它是这个世界的君王，甚至这个时代，即这个世界时代的神。而基督则被视为一个更加强而有力者，它剥夺了这个本原对抗性的、它以之发挥作用直到基督降临为止的力量，但这个本原据其自然本性是无常无定的，进而绝不会与自身等同；在其自然本性中，它可以无穷无止地**转换**形象，当它在某个领域被战胜时，就会溜到下一个领域。而要通观这个本原的种种不同阶段或者说变形，并不在我们当下的任务中。我们在此只需考察那个以其种种激发而催生出整个异教的精神，据其根据来看，异教自身也是一种对人类有敌意的宗教。正如之前提过的，尽管抗拒，但狄米斯托克利不得不允许人祭——在这里，这一本原实际上也就表明了自己是对人类有敌意的本原。①

但除了这种直到这个时代之终点仍在许多不同形式下续存的与人类的一般性关系，基督教还赋予了这个本原一种 2) **与个别人**的特殊关系。每一个在那个本原统治时代之后出生的人，都是在这一本原的精神影响下出生的，这一精神不需要在这些人中重新**被唤起**。基于这点，或许可以在最终概念中采纳人们称为**原罪**或者人类自然本性中的根本恶的东西，只有一种浅薄的哲学才可能怀疑根本恶或者原罪的实存，这种甚至缺乏属于人类最一般常识的经验，也就是那些令人沮丧沉郁的经验的哲学，在一定程度上已

---

① 见上卷第 468 页。——编者注

经由康德在他关于根本恶的著作中提过了:即便对种种关于发自内心的善意的经验,也可以再审视一番,"即便是在我们最好的朋友的不幸中,也有某种我们并不反感的东西",也就是说,我们有关于甚至存在于最亲密友谊中隐秘的虚伪的经验——这种虚伪使得即便是最好的朋友之间,也要以适度的信任为准则,这样才是聪明之举。我们也有这样的经验,人有一种厌恶待人亲切友好之人的倾向,一旦这种人有能力明显支持另外一个人,我们可能很快就会确信,这个人成了我们心中秘而不宣、极为扎眼的敌人,至于人类自然本性中其他的类似品质,也会激起我们如此行事。在这种精神预感到或者说知道下面这点之前,撒旦仍是为人类所据有的:它自身就是无限的、永远不会完全实现的可能性,它在所有的形式、色彩和形态中呈现着这一可能性,但是若无人类,它就不能独自做成任何事情,所以它始终在试图耸动人类,试图实现包含在人类中的各种可能性,试图把它们施行为现实。作为这个**种种可能性**永不枯竭的源泉——而根据各种状况和关系的不同,也会有其他新的、不断进行转换的可能性产生——这一精神就是人类生命持续不断的激发者和推动者,也是倘若没有它,世界就会沉睡、历史就会荒疏停滞的本原。这就是撒旦真正意义上的哲学理念。一方面由于自己在可能性上永不枯竭的自然本性,另一方面由于自己的无能,这个精神就像是一种对于现实性的永恒饥渴,所以使徒才把它比作一头饥饿的狮子,它四处晃悠寻找猎物,伺机把猎物一口吞下,以满足自己永恒的渴念和永不餍足的需求,而这一渴念和需求,就是它身上作为纯然的可能性由人类意志实现出来的东西。如此一来，人类的意志仿佛被它持续地包围着、环伺着；它始终都在窥伺埋伏，时刻都在虎视眈眈，利用人类的一切弱点和可乘之机突入人类的意志中。根据《新约》中的说法，人类随时随地且每时每刻都在它的围追堵截中，而它既然能做到这点，就说明它的存在方式跟某种受限制的精神的自然本性，以及某个自身就是受造物的东西的自然本性根本无法统一。甚至从这种关系来看，《新约》自然也是完全站在实践立场上的。我刚刚提过的另一种哲学观点就据此认为，这一精神是一切历史的必然动力因。为了把握《新约》中关于这个危险且富有精神性的围追者的各种说法，必须假定一个这样的本原：它不被任何东西排除在外，而且随时随地都在偷偷与人类建立关联，人类不能摆脱它，它知道，自己凭着这种**相对的**无处不在能看到包含在自己之中的一切可能性。关于撒旦的这些花招，使徒保罗的说法最为意味深长（《以弗所书》，6：11）：穿起神的铠甲，方能**抵抗** πρὸς τὰς μεθοδείας τοῦ διαβόλου[迪亚波罗的诡计]，即恶之精神的阴谋和有所谋划的围堵。① 只有某种经验贫乏的哲学才会怀疑人类不得不与这个本原打交道的实情，它以一切样态的可能性环伺在人类周围，仿佛布下天罗地网，而它之所欲无他，正是要以这些呈于人前的可能性，使人屈从于自己，而一旦人类服从自己了，人类的这场灾难也就被称为**堕落**，因为人类落入了这一本原的统治下。人类或许会遭遇世界上的各种物质性诱惑，但它们并不能毒害人类最内在的核心，即

---

① 柏拉图曾经说哈迪斯拥有极高的 σοφιοτης[智术]。但对撒旦只能说，它是一个"智术师中的智术师"。——作者边注

他的意志**源泉**，人类与之斗争的并非单单是"血与肉"，也包括恶的种种精神性力量，有一些人之所以被称为"**好的**""**善的**"，是因为他们自身缺乏精神，进而也不具有任何对恶之精神的吸引力，这类人已经由于自己自然本性的粗糙顽愚而避开了恶的各种精神性力量，而当这些恶的精神性力量转而瞄准那些高贵的、更富精神性的人之际——一旦它们闯入这些人的内心——他们的内心就会遭到突如其来的破坏，进而成了上演最为致死的激情的舞台，所以人要与之斗争的是这些精神性的力量。只有一种**虚假的**博爱主义才可能怀疑那种欣喜于恶的精神会对人类毫无影响：我说的是，一种虚假的博爱，因为人类真正的福善并不存在于当下境况自己所臆想的幸福中，毋宁说，当下只不过**是**一重时间，它并非幸福的时间，而是斗争的时间。但难道就不存在最终的、由永恒的至福而加冕的胜利？人类难道就不可以不在其最内在的核心中被这些最富精神性的诱惑包围吗？不该忽视一种彻底的、影响深远的，同时也为生命而设的教训（每个人都应受此教训），那些参与到恶之秘仪中的人，也就是《启示录》(2: 24)说的 τὰ βάθη τοῦ σατανᾶ[撒旦的至深奥秘]——尤其要真心接纳这一教训，以免自己毫无经验地闯进世界，并且以为只需要跟血与肉斗争，人都要如基督命令地那样学习这一教训，以便能像蛇一样聪明，像鸽子一样无暇（这无疑是一种最高的矛盾，但只要实现了这一命令，这就是最高的境界），这更是为了能够不会对在经验中不可避免出现的更高贵自然物感到惊讶，因为每一个没吃过这种苦头、不知道自我限制的人，或许都会纯然靠着死记硬背把课堂上学到的东西原封不动地倒出来，或者毫不走心地把学到的东西表演出来,但只有**切切实实**摸索过世界的人,才能在遭遇那个无处不在的敌手时不致犯错,并与之斗争。

在《新约》中,进行着引诱的精神被设想为在人类**之外**存在着,并**始终在试图寻找**进入人类意识的切入口。它的自然本性就是成为无限的、真正的全部可能性,然而它不能从自身出发自行实现自身;所以它**必定**纠缠撩拨人类,被设想为出于持续的不安而不停地进行着搅动纠缠的东西,进而也被设想为唯有在人类意志中才能得到安宁的东西,正如基督说的(《马太福音》,12: 43):当不洁净的精神从人中离开,他就会为求得安宁而到处找寻,但它只能找到**贫瘠**之地,要是连这样的地方都找不着,他就会说,我想回到我离开的屋子里去。这一表达中的形象化要素在我们这里是不可能被误认的,而且这种要素还能让**概念**得到更加确切的认识。所以用"贫瘠的地方"——它实际上的意思是"**无水的地方**"——表达的,就是魔鬼的自然本性:自身的贫瘠,即渴求现实性的永恒饥渴。这个精神在人类之外就如同处在荒野中(这让人想到提丰),它渴求着安宁 [ἀνάπαυσιν],但求而不得,它的不安只有在人类中才会得到缓和;人类意志就是它的 ἀνάπαυσις[安宁之所],在人类意志之外,它就断离在了一切现实之外,处在绝对的无能状态中,然而一旦它被激起,它就会被唤起进入现实。因为种种无须任何手段就能实现自己的可能性,也就是精神,始终都会残存保留下来,大抵也正因为如此,荒野才会被设想为各种恶之精神的居所。所以它们获得凌驾于人类的强力,也被呈现为**进入了**人类。在背叛者犹大那里情况就是如此,在那位充满慈爱的教师递给他最后一块饼时,撒

XIV, 273

旦跟这块饼一道进入了犹大（εἰσῆλθεν ὁ Σατανάς[撒旦进去了]）。除此以外，关于撒旦突然进入人，以及给人带来了各种匪夷所思的灵感想法，还有许多其他记载（可参考：《约翰福音》，13:21;《历代志·上》，22:1)。

XIV, 274　　综上，我们现在已经指证了撒旦1)与初人的关系，2)与整个人类的关系，以及3)与个别人的关系，并且认识到了这个本原无处不在的实在性，不过这一本原还有一种完全不同于惯常理论赋予它的含义。然而我们得强调，这种说法从来没有成为一种**本真的**、能产生决定性影响的讨论对象。人们觉得把这种说法直接说成是异端就够了。比如摩尼教，它是一种全然反基督教的体系，因而并不是异端，而从另一方面来看，它产生的后果或许无非是这样一种观点：出于畏惧而不得不把撒旦视为一个绝对的、非受造的、先行于创世过程的本原。我们对撒旦的含义则有完全不同的规定，因为我们把它假定为这样一个本原：尽管创世中，尤其在人类中，它落入了受造物性质带来的限制里，但正因为它就其自身而言不受限制的自然本性并没有被克服，所以尽管在与创世的这种对立中它无法绽脱，而人类尽管固然也可以把它纳入自己的归秩之下，但也正因为如此，它据其自然本性（顺带一提）也成了威胁着人类意志的本原，因为它从一开始就试图迷惑人类并把人类吸引向自己，以便能成为凌驾于人的主宰，能转回到自己原初不受限制的自然本性中。但在这种与人类的关系中，我们同时也把它认作一种对于产生出创世完满且不可怀疑的真理来说必不可少的本原了，因为只要**一切**与创世对立的可能性还没有呈现出自己——而一旦它得以显明,同时也就被战胜了——创世就还没有获得完满的真理。根据这一立场,这个本原就是一个呼唤着潜藏之恶,并为恶的显明化而感到欢欣的原因,但它并不**自身**成为恶的,因为与其说神必须亲自忍受它,毋宁说神必须意愿它,至于神对它的意愿,则可以说并非意愿它自身,而是把它意愿为**手段**。这也就说明了,在《旧约》中以及甚至在《新约》的一些部分中(比如在约翰的文段中)撒旦何以表现为一个并没有被神彻底驱逐,反倒完全被神忍受,对神的事务而言不可或缺,就此而言被神承认的本原。从这一关系出发,还能推论出进一步的规定。也就是说,当它从由受造物性质而产生的限制中绽脱之际,撒旦就成了一个纯粹的本原,成了对立于一切具体之物的纯粹的精神,在真正意义上看,是与一切想要不经历检验就自行断定自己的存在,一切自以为是的存在——我们也可以说它是一切僵硬呆板的存在对立的精神(就此而言,它诚然表现为那些放任自己全然僵死不动的受造物的敌人),但这一精神也是为创世提供前提的精神;这一精神固然是**从**受造物**中**走出的,但它并不**因此**就是被创造的精神,毕竟它作为创世的**对立者**,不**可能**同时还是受造物。从这个本原——它被预设为摆脱了一切的自由者——非受造的自然本性出发,我们同时也就说明了撒旦的影响——根据《新约》中最明确的说法,这一影响必须被假定,而且在任何事物中它都无法被排除,而根据通常的观点,撒旦根本就无法得到说明。

但如果根据这整个展开过程,撒旦明确呈现出了一种双重性的面貌(他就是**那个**不仅可能拥有一种双重性的呈现,而且也必定拥有这种面貌的自然,撒旦是就其自身而言具有两面性的自然)。他一方面作为持续带来矛盾者,即矛盾的唤起者、一切分歧与不和的肇端者、恶的产出者等,另一方面则作为需要忍受,至少需要作为手段被意愿的本原,这就致使即便在基督的话里,也包含着这种反讽,对这种两重性的呈现,如此一来,难道就没有任何线索可以表明,基督在撒旦身上只看到并标识出了恶的、可憎的、无神乃至违逆神的精神吗?对此我简略回答如下。神子正是为了消解魔鬼的事工而得到启示的,也就是说,基督是撒旦的**直接**对立面,撒旦是基督直接的**对头**。基督就是这样来看待撒旦的,正如他在临近死亡的时候说:这个世界的君王来了,但它在我这里一无所有(《约翰福音》,14: 30),也就是说没有任何一种权利。而从另一方面来看,基督也知道,这个世界的君王要通过他才会受到审判,因为他说(《约翰福音》,16: 11):我即将遣来的圣灵(παράκλητος[保惠师])会让世界相信,ὅτι ὁ ἄρχων τοῦ κόσμου τούτου κέκριται,对这个世界君王的裁定已经开始了。至于这一裁定将会存在于何处,基督则在天上传来确保他未来荣耀的声音时明确说(《约翰福音》,12: 28):这个世界**现在**就在被裁定,它的君王现在已经被逐出去了(从内核中,从他在其中仍一直在宣称自己为宗教本原的中心中被逐出去了)。基督接着说,当我从世界中被提升之际,我就会吸引所有人(也就是异教徒和犹太人)都来归附于我(也就是说,会收回这个世界众君王的强权)。甚至在《路加福音》(10: 18)中,也记载了基督预见到了撒旦会被战胜:我已经看到了,撒旦会像一道闪电那样从天上落下。而撒旦从天上落下意味着什么,我已经说明过了。①基督与撒旦的斗争并不像在异教中那样,是纯然外在的斗争,在其中,撒旦这个本原仅仅在外部及其作用上被克服了。基督与撒旦的这一斗争触及这个本原的生命,内核和根源自身。这是一场生死之争。所以在这种情况下,这个正遭受攻击的本原会从自己这方面进行普遍且公开的反动,因为它还把自身延伸到了物理性的东西上。正如柏拉图所言,一切诸如罪、谎言和错误的东西都属于非**存在者**的领域,同样,疾病也唯有通过撒旦才会来到世上。但正如在自然中,只要有**某一个**潜能阶次,比如电被激起,那么通过纯然的传导,对立的潜能阶次就会产生,同样,在基督的临近中,各种样态特异的病态现象也会被唤起,但在它们中,值得注意的只有唯一一种;因为如果更细致地观察就会发现,大多数迷狂或者说所谓的入魔行为,都发生在**那些**接近异教徒居住地的地方,比如推罗、西顿、加利利和撒玛利亚②。在耶路撒冷,并没有出现过这种入魔行为,或者说最多只有屈指可数的痕迹。入魔行为对于犹太人自身而言是异教的潜能阶次。因为对他们来说,所有异教性的东西都是入魔的。异教要素的影响渗入了犹太教,而两者间的界限也被基督动摇了。入魔这种病征就是异教的垂死抽搐。古人在做预言的时候也伴有抽搐现象,至于这是为什么,我想我在这里也不用再做什么说明了,要是我立刻开始专门对于晚出的那些入魔现象,比如刚刚提到的异教时代晚期的抽搐现象再做一番详尽考察,那或许就有哗众取宠之嫌了。仅仅是基督的临近就足以唤起这些

---
① 前文第263页。亦可参见"神话哲学",第537页。——编者注
② 都是《圣经》中的地名。——译者注

现象,比如在迦百农①的会堂里也有一个这样的抽搐病人叫嚷着:走开,我们与你有什么相干?你来就是要折磨我们,我知道你是谁,你是神的圣者。②同样,在另一处也明确说到,基督尚且(ἔτι)仅仅靠近这样的人,这人的病症就会突然发作,恶灵③就要来撕扯他,把他扔来扔去。④

尽管关于疾病的一切仍可以用体液说和病理学来说明,但是在种种疾病中,人并非始终只跟血与肉打交道。尽管最确定无疑的真理是,除了通过产生出某种物质,任何疾病都不可能以其他方式对有机总体产生决定性的影响,但人并不因此就有理由把这种物质称为 materiam morbificam[致病的物质],因为它只是精神性的潜能阶次在有机总体中面对疾病而变得钝化和被动化的产物。谁能在我们展开过程的关联脉络中把握到变得相对具有物质性的东西——在相对意义上的自行物质化的东西——的概念,就是一个先前具有精神性的潜能阶次的概念,那他在其中也就会看到对所谓批判-考订性研究来说各种具有决定性意义的说明,尤其是刚刚提到撒旦的时候说过的,为什么某种疾病或者病因在被逐出(ἐκβάλλεται ἔξω)的时候会以物质的形式表现。因此,关于基督时代以及在他临近之际各种入魔现象的叙述,并非纯然只是犹太教的观点,因为这些观点或许更贴近基督的形象。这些疾病现象都

---

① 《圣经》中的地名。——译者注
② 《马可福音》,1:23及以下;《路加福音》,8:27及以下;《马太福音》,8:28及以下。——作者原注
③ 也就是这一讲里讨论的"恶的精神"。——译者注
④ 《路加福音》,9:42;同见《马可福音》,5:2。——作者原注

有实际性的含义。因为基督与撒旦的斗争,也就是基督与异教实在性本原注定进行的斗争,自然也要通过外在的物理现象得到预示。而既然正如已经说过的,这是一场生死斗争,所以这场斗争中的基督敌手也不再作为纯然实体性的本原与基督对立,而是作为**意志**来与**意志**对立,而基督仿佛彻底沉没入了作为人类的存在中,并且以全人类的名义在感受着这种意志,所以在他的对立者中,除了神与人类的**敌人**,不**可能**认出任何其他东西;基督的临在并不是为了宣告撒旦的存在,基督的使命是实践性的,在撒旦身上,基督只可能看到敌人,而要解救人类,基督就必须战胜撒旦,所以每一个被**基督**吸引的人,都会由此得到来自他具有客观性的权能的持续解救。而那个本原越是在客观方面走投无路、处境逼仄,它就会变得越发具有主观性,进而在与克服者的对立中也越发具有人格化的倾向,所以基督在其中谈到这一本原的那些说法的人格化色彩也愈来愈甚。随着基督逼入这一精神的中心,基督必定会制造一些与人类制造的彻底不同的经验,即更加活生生的且更具人格化色彩的经验,因为人类与恶的斗争在真正意义上无外乎只是纯然外在的斗争,所以这就导致在大多数情况下人类最终与恶媾和了。因此,如果认为基督的话根本上来说只道出了一种现实感受和实际性经验,那这其实根本就不是对基督的话合适的判断。我可以说——当然,不要误解我——自使徒时代以来,几乎没有一个人像路德博士那样,以最合自身特质和最具内在性的力量,更强有力地直击了撒旦的生命。众所周知,正是这个声称亲眼看到魔鬼的人,给出关于魔鬼最具人格化特色的看法。而关于路德的这些

XIV, 278

说法,那些从未经验过宏大之事,从未与恶的这种精神性力量斗争——这种力量在每一个时代,甚至在每一种别样的形式下都在发挥着作用——直至斗争到这种力量化为现实之物而与它狭路相逢的人,必定无法评价。如果**我们**能得到关于这一本原的一种更自由的观点,那么我们必须把这种观点的获得归功于基督自身的斗争,基督狠狠打破了这一本原的实在性强力,使它不再能像在斗争中那样**以片面的方式**就能被考察,相反,现在只有以完全的自由精神才能全方位地考察它。

第三十五讲　论天使

　　既然我现在不仅已经论证了宣讲过的观点,而且也正如我所希望的,这一观点现在也得到了全方位的完备讨论,那么在这之后,我们仍需做一个一般性的探究,因为既然我们一方面谈到了撒旦的天使,另一方面也谈到了神的天使,所以就必然引出了**天使**的**一般**概念,而我们在当下探究领域内最后的任务,就是把握《圣经》在天使的名义下确立的这个有其本己特性的世界,也就是说,探究这个世界的意义。就这一论题来看,下面这点似乎不需要我再来强调:天使世界是在启示中与神话有最高类似性的东西。所以我们凭着这一探究,又会再进一步地返回我们整个展开的起点。

　　首先我们要回顾一下,在之前的概念中是否已经有了与眼下探究的衔接点。

　　就我们暂先想到的概念来看,我们在前面讨论过的本原、潜能阶次 [ἀρχαῖς] 和强力概念 [ἐξουσίαις],已经有了某种与天使概念类似的东西,我们先前说的是:基督被提升到一切 ἀρχή 和 ἐξουσία 之上。因此问题就是,天使与这些 ἀρχαῖς 和 ἐξουσίαις 的关系是怎样的。《彼得前书》(3: 22)中一处关于耶稣基督的话毫无疑问就涉及这个问题:基督已经升到天堂,在神的右手边,天使以及 ἐξουσίαι

和 δυνάμεσι[权能者]都服从于他。也就是说在这里,天使跟 ἐξουσίαι 和 δυνάμεσι(δυνάμεσι 比 ἐξουσίαις 更准确地表达出了我们潜能阶次的概念)被放在同一个层次上。基督被提升到**所有这些**之上,这说的恰恰就是:基督被覆上了神性的荣耀;因为神是超越于一切潜能阶次的原因,更因为神是先行于一切潜能阶次的存在者。在这里,肯定哲学从中出发的那个概念的巨大意义最终得到了澄清:这个概念就是先行于一切潜能阶次的直接存在者。神先行于一切潜能阶次地始终存在,唯有通过这一点,他才是潜能阶次的主宰。

从《希伯来书》(1.3,4)中也能得出相同的结论,即天使与潜能阶次被等而视之,在这个文本里,在说了基督被置于崇高之尊的右边之后,接着补充说:既然基督继承了在天使之先、比天使更崇高的名,那么他的地位就比天使要高。而在另一处记载里,恰恰也是关联于 ἀρχάς 和 ἐξουσίας 来说,神为提升后的基督赋予了一个超越于一切名的名。但既然**天使**(跟 ἀρχαί 和 ἐξουσίαι 一道)同时也被放在作为一切受造物中最高受造物的人类**之上**,那么从这一点出发就能得出,天使作为**纯粹的**潜能阶次不可能是跟人类或者其他具体存在同类的受造物,所以无论如何在任何情况下都不能说,天使是**受造的**。不过人们习惯于援引诸如《歌罗西书》1:16 中用来描述基督的那种一般性记载认为天使是受造的:ἐν αὐτῷ ἐκτίσθη τὰ πάντα,一切在基督中被创造,不管是天上的还是地上的,可见的还是不可见的,而"不可见的"当然就包括精神和天使的王国了。然而这种"权威引用"根本就触不到**我们的**断言分毫。因为我们刚刚关于撒旦就说明了，他要以创世为前提，也就是说，若无创世，那撒旦也不会存在，sine creatione etiam Satanae locus haud esset（甚至可以说，这句话是不言**自**明的，即如果没有创世，那么创世的敌手当然就不存在了），如此一来，当然可以说，撒旦是在创世中被一并创造的，同样，创世无疑也是天使的前提，也就是说，**若无创世就不会有天使存在**。但从这一点出发绝不能推论出，天使自身就是创世的**对象**，因为在真正意义上来说，只有一种自由且有意进行的产出活动的**对象**，才能被称为**受造物**。因此，天使不能在这种意义上被叫作"受造的"，因为它们就是纯粹的潜能阶次，纯粹的可能性。纯然的可能性当然不是**受造的**，受造的只是**现实之物**，也就是具体之物。但伴随着每一种现实之物，种种可能性诚然也一道被允许参与其中了（我说的是**被允许参与**，也就是说，可能性并非创世的**对象**），但既然它们是作为可能性被一道允许参与其中的，那么它们也能在后来，**后于现实地**，也就是在创世**之后**凸显出来。而因为在人类中一切本该完结，一切本该完满，**人类**本该是创世的首脑，正如在《诗篇》第 8 章——使徒保罗（《希伯来书》，2: 7, 8)也在相同的意义上使用了《诗篇》中的说法——说的：你把他（人类）置于你亲手创造的之上，让一切都服于他的脚下。而之所以要这么说，正是因为一切都本该在作为唯一首脑的人类之下得到统一，但这种 ἀνακεφαλαίωσις（统一在唯一的首脑之下）由于人类的罪又被取消了，正是因为这样——从之前提过的使徒的各种论说出发可以明确看到——唯有通过耶稣**这个人**，一切才能重新被带到唯一的首脑之下，所以正如《歌罗西书》(2: 10)中所说，耶稣**这个**

XIV, 281

人就是 ἀρχῆς καί ἐξουσίας[有权能者的首脑]。因此,伴随着现实的创世——一旦它被设定,就会有数不清的可能性和潜能阶次被赋予存在。而既然世界的存在就其自身而言纯然只是一种可能的存在——就此而言是偶然的,并只有通过神的意志才是现实的,那么这一存在的一切对立物也恰恰与之一道作为种种可能性被承认了。这一点一定要强调。而这些作为可能性的东西,**诸位**可以通过下面的例子认清它们。比如伴随着国家的实存,就会有数不清的与它对立的可能性被设定,比如数不清的作为可能性的犯罪行为,这是人类理智无法穷尽或者说无法预计的。同样,当创世踏入现实中时,它所有的对立面都作为可能性和潜能阶次被允许参与其中了,但当一切都在首脑下保持在完结状态中的时候,这些对立面就既不会获得统治地位,也不会得到表达。正如我们之前说过的,在创世过程中,每一个王国,乃至这个王国的每一个省份,都有一个主宰被拥立,但在普遍的主宰面前,这个主宰就会沉寂,并完全服从于后者。但如果这个普遍主宰被剥夺了其荣耀(人类的堕落不是别的,正是他作为主宰荣耀的丧失),那么一切被归秩于下的可能性、潜能阶次和精神就能自行提升,进而人类就会落入它们的强力中,先前它们处在人类的强力中的情况就被取而代之了。甚至可以说,只要这些潜能阶次由于创世仅仅作为可能性被设定,那么在这个程度上,它们仍然是有序且**善的**(人们也可以在**这种**意义上来说某个原初的、纯粹且善的天使之境况),但当由于人类的罪,一切本该在其中完结于唯一首领(人类)之下的、由神设定的统一体分崩离析、四分五裂之际,这些可能性就会绽脱出来,确

XIV, 282

切说,是以它们注定不该获得、本不应该拥有的力量和强力绽脱出来,进而显现为**恶的精神**。这就恰恰如同只要机体的支配性要素(ἡγεμονικόν)仍然在其力量中持守自己,那么机体的境况就是纯粹、好且健康的;但如果机体性的支配性要素已经开始摇摆了,那么先前从未感觉到的致病"恶灵"马上就绽脱突显了。正因如此,人们不能说它们是"**受造的**",因为只有在这种情况下它们才会绽脱突显。在*之后*获得的强力中,天使或者说恶的精神也同样**不是**受造物,而是非受造的,而当使徒说"我们不是要与血和肉斗争"时,根据使徒在其他地方的语言用法,这其实就是在说:我们不是要与纯然的受造物(具体的存在物)斗争。因为不管怎么说,纯然的受造物不可能产生那种危险性会直渗入人类内核中的影响,而在《新约》中,这样的影响被归于恶的精神。

但如果人们拒不承认这种在道德和心智上能产生如此影响的本原——它们在创世之后,确切说,是在创世的过程中才绽脱突显,我要说的是,如果拒不承认这种在道德和心智上能产生如此影响的本原,那么人们对此就越发不得不把这种潜能阶次承认为是属于物理世界和自然王国的,在这一领域,这种潜能阶次首先表现为突然出现,仿佛突如其来。遍地蔓延、为人类带来可怕灾难的疾病,关于这种疾病,人们可以说,它们既不能纯然从血和肉出发来说明,也不能以纯然的物质手段去克服或者说消解。在大卫王时代,有一个毁灭天使要用大瘟疫惩罚耶路撒冷的人①,而在《旧约》

XIV, 283

---

① 《撒母耳记·下》,24: 16。——作者原注

中,有一位得到了神启的诗人吟诵这个天使道①:他处在全能者阴影的荫蔽下;全能者会帮你摆脱猎人(追踪尾随的敌人)的罗网,摆脱致死的瘟疫,你不必在黑夜的惊骇前战栗,也不必在白日的飞箭前害怕,不必害怕暗中悄然传播的瘟疫,也不必害怕在正午的日头下也难见的难避疫病——它们不可见的程度甚至到了在光天化日之下也看不到。而"疫病"(Seuche)这个词跟"渴念"(Sucht)有着相同的词源,而"渴念"在许多构词中,甚至也有"疾病"的意思,比如"肺结核"(Schwindsucht)等等。一切普全性、宇宙性的疾病都是一种渴念,是一个被激起的潜能阶次,它致力于实现的,就是要让事物和人类失去当下的立身境况,它仿佛被对现实的饥渴催逼,渴念着它能吞噬的东西。那些本该作为永恒的过去而在创世中得到完结的潜能阶次也是如此,它们只不过是由于作为**一切**之根基的原初潜能阶次的脱解或者说提升而绽脱突显,就此而言,所有这些殊异的潜能阶次之于原初潜能阶次仿佛就是子孙和后代,这样一来就能把握,为什么每个个别的恶的精神会被表象为撒旦的孩子和天使,也就是仆从了。

那么关于恶的天使就说这么多。恶的天使 = 不再处于他们曾经服从其下者的统治下的潜能阶次。

但我们该如何说明善的天使呢?他们也是作为纯然的潜能阶次吗?当然。只不过是在恶的天使的颠倒意义上作为潜能阶次。因为如果恶的天使就是本**不**该现实存在,但由于人类的堕落或者说罪而获得现实运作的潜能阶次,那么每一个善的天使都与之相

---

①《诗篇》,91。——作者原注

反,是据神的意图来看本该**现实**存在的东西,但他们反倒由于人类的罪被设定为了**纯然的**潜能阶次或者说可能性,被设定为了未得实现者。因此,善的天使**作为**天使,亦即作为纯然的潜能阶次,也同样不是受造的。神的意图本来是让他们现实地存在,但这一意图并未实现,故而使得这些天使始终保持为 merae potentiae[纯粹的潜能],因而他们作为这样的东西恰恰不是受造的。恶的天使是本不该存在的精神,但他们由以被允许获得现实性的过程,跟那些**本该**存在,但被阻止获得现实性,进而仅仅作为始终在潜能中实存的**纯然**潜能阶次由以如此的过程是同一个,这是因为这些潜能阶次即便不获得现实性,也仍无法被否定。由于堕落,人类与他的天使**分离**了,人类把本该存在的天使在自己之外设定为潜能阶次;在死后的精神世界中,这种关系会翻转过来。死后的人类无力与他的天使统一,也不能获得像天使那样的普全生命,而是被置入了至深至悲的潜在状态(= 黑暗)中。因为只有在此世生命中,人的本己性才被允许运作,但恰恰对于这种本己性来说,死后生命是它在其中不能再运作的夜之领域。在《路加福音》的叙述中,说拉撒路①的灵魂被天使给接走了,就可以用刚刚强调过的这点来说明。而适用于人类的情况,也能同样适用于一切受造物,因为它们都是在那个普遍的激起之后——作为这一激起的后果,大全一体的宇宙仅仅仍在其构成部分的彼此**排斥**中苟延,正因为如此,大全一体的宇宙不再永恒,而是处在流逝中——出现的机体,作为这种被一直

---

① Lazarus,这里说的拉撒路并不是《约翰福音》中被复活的拉撒路,而是一个穷人,见《路加福音》,16: 19—31。——译者注

引向世界中的激起之后果,每一个事物也都得经历一种机体要素的错乱转移和错置,而这并非本该存在的东西,也绝不合于事物的理念,因而也可以说,事物有一个在自己之外的原初理念。因此根据犹太人的观点,有无数善的天使能够把事物送到它的父亲那里去——基督关于天使军团也是这么说的。从这一说明出发,下面这点也就得到了把握:善的天使据其**自然本性**而言就是善的,就此而言也是**无意志的**;倘若还像今天这样,把善的天使视为受造物,那他们就会成为某种令人感到无限无聊乏味的东西,比如在所有那些他们在这种意义上作为服务性的舞台装置和工具人而出现的诗里,就是这种情况。善的天使是无意志的精神,因为他们不是其他,**就是**本该存在者。善之天使的这种无意志状态是一桩已被广为接纳的事情;深思且虔诚的阿尔布莱希特·冯·哈勒①在他的神正论中说:一个有所缺乏的世界好过一群无意志的天使。正因为善的天使没有本己意志,所以使徒(《希伯来书》,1:14)称他们为 λειτουργικὰ πνεύματα,即起服务作用的精神,他们被遣来服务于那些应得至福的人。因为正如人类被恶的精神依附时,人就帮助了它获得存在,而只要它被给予了**一个**可能性的空间,它就始终知道要去把更多新的可能性呈现出来,而当善的精神依附人类时也是如此,所以在这个时候每个人才在真正意义上开始在此世的正义生活,正如东方人尤其是犹太人教导的,每个人都会在此世摇摆于善和恶的天使之间;善的天使不会离开人类,也就是说,他们系缚

---

① 阿尔布莱希特·冯·哈勒(Albrecht von Haller),1708—1777,著名的百科全书式学者,曾写过《论恶的起源》等关于神正论问题的著作。——译者注

在人类身上，甚至在人类对神抽身而去时也陪伴着人，仿佛一直在看顾着人类。所以基督说那些恶在他们之中尚且静息，并未展开的孩子①：他们的天使在天上，随时随地都见着我天上父亲的面容，他们还没有抽身而去。善的天使，即便被现实性排除在外，也不是从创世中殊脱出来的存在物；即便被排除在创世之外，也未终止仅仅在与创世的关联中存在。每一个天使都是某个特定受造物或者说个体的潜能阶次－理念（所以因为各个族群被视为诸多个体，所以每一个族群也有它的天使和精神）。人所维系的与他自己天使的关联，是即便在人对神的疏异中也仍然得到保留的唯一关联。所以善的天使也被称为神的**使者**。但使者只有对于疏异而言才是必需的；从这一点出发下面这件事情也就清楚了，即善的天使在他们恰恰在其中是天使，亦即在其中是纯然潜能阶次的境况中不可能是受造的，因为与神的疏异并不发生在创世**中**，而是在创世之后才发生的。在那个命定把分崩离析的创世重新统一在唯一首脑下的人来临之前，善的天使是人类世界和神性世界之间唯一的关联环节。柏拉图主义者斐洛尽了一切努力来论证，在颁布律法的时候并没有天使参与，律法是由神直接亲自颁布的。这样一来，犹太人的傲骄矫情也就更加过分了。然而如果在基督那个时代，犹太人的看法是——使徒也确证了这一点②——摩西的律法是由天使居中递话而被授予的，那么这种看法只可能在一种**实际的**感觉中才有其根据。不过可以说，旧约时代的启示和基督显现之间的区

XIV, 286

---

① 《马太福音》，18: 10。——作者原注
② 《希伯来书》，2: 2;《加拉太书》，3: 19;《使徒行传》，7: 53。——作者原注

分恰恰就在这一点上,在旧约时代,神主要是通过天使来说话,而在基督显现之后,则是通过作为儿子的基督自身来说话,而基督也本来就该被提升到一切天使之上,而在他显现之际,所有的天使都侍奉他为主宰。善的天使在基督显现以前被阻碍和排除在现实性之外,而伴随着基督的诞生,他们也就从这种遮蔽的境况中绽脱了出来。在《路加福音》的记载中,有一群天使在基督诞生之际出现了,他们唱道"赞美至高之神",而在他刚开始传教的时候,基督对第一个把他认作神子、认作弥赛亚的人说的就是(《约翰福音》,1:52):从现在起,你们会看到天开了,神的天使上上下下降到人子身上。这话的意思就是,你们会看到,人子和神之间有一种持续不断、永不止息的共在关系。

　　谁要是已经完全掌握了我们的这一说明,谁就很难还会认为在《旧约》和《新约》中关于天使的那些说法里,还残留有某些不可说明的地方。这样的人有能力在**一般意义**上理解和把握天使,也同样能在这种意义上把握种种神话表象,也就是说,不是在托寓的意义上来把握神话,因为神话中的存在物就**获得了现实性**的恶之潜能阶次,它们本不该存在,但由于人类的堕落反被设定了,那些本该存在的善之潜能阶次也由于同样的事情反而始终保持为纯然潜能阶次了。然而具体来看,或许仍可以提出一个亟待解决、人们几乎没法绕过的问题。在使徒的意识中,充斥着 ἀρχῶν, ἐξουσιῶν 和 δυνάμεων[本原 / 潜能阶次 / 权能者]这些理念,亦即充斥着这些潜能阶次和天使的理念,这与**我们的**意识已经相距甚远了。诚然,某种时间性间隔(这当然不是偶然的)当然不能视而不见。那么,这种时间性间隔基于什么呢?宇宙性力量的强力——在异教和摩西律法中,它仍在某种程度上是不受限制的——恰恰只有在**通过**基督**而进行的取消中**才得到**把握**。只有在这个时候,只有在对它的取消中,每一个支配性的潜能阶次千篇一律的运作降低到了最小的程度,但同时也得到了最明确的感受。所以基督和使徒都必定寓居在对这些力量最明确的感受中。对那个使世界从这些潜能阶次的力量中解放出来的人来说,那些被错误激起的力量或者说强力——他曾与它们斗争——所构成的仿佛混沌无序的精神世界,必定具有最直接的当下性。然而,在面对这种情况之际,基督仍有一种支配这些力量的客观强力,而这种客观强力恰恰唯有**通过**基督才能**被施加**在这些力量上,因此,**对基督来说**,这些力量必定首先具有客观性,并且它们各自的客观性都有自己最为殊异的形态。作为异教和作为现实力量的伪神的摧毁者(这些伪神并不是在人类的纯然表象中被摧毁,而是客观地被摧毁),基督必定具有对这些力量的实在性最确定的感受,这种感受甚至还要比那些处在它们强力下的人更强。对使徒许多表达中包含的一定程度上的神话色彩,人们尤其不能视而不见。这些表达就是神话在基督教中的反映。人们绝没有胆子会想着去否认这些神话性质的表达;人们必须承认这些表达具有神话性质,并且必须尝试要以不同于通常的方式去说明它们。而使徒在关联于那些恶之精神时使用的这些有神话性质的表达,恰恰见证了异教的**实在性**,见证了我们关于异教观点的真理性。如果异教的表象自身竟强大到了**以这样的程度**迫入使徒意识的地步,那么它必定就是一桩**事情**,而绝不可能是纯然的想象。使徒彼得并没有读过赫西俄德的《神谱》,然而他却以完全类似的表达在言说。当片面且专断的犹太教要素在使徒心中自行取消之际,他们的意识也就对异教要素敞开了,而异教要素也就踏入了他们的意识。异教和犹太教这两种经世方式处在彼此对立的张力中;而当这一张力应被取消之际,其中一种就不再排斥另一种中的实在性要素了。

既然这种意识的大规模敞开是存在的,那么我就还是要从使徒书信中引用一些道出了这一点的记载。

关于天使,《犹大书》——我把它视为最古老的基督教文献之一——说道(第6节):那些不持守自己本己的开端,反倒放弃自己固有居所的天使,直到在那大日子得到裁定为止,都被永恒的锁链拘在黑暗中(δεσμοῖς ἀιδίοις ὑπό ζόφον)。这里的天使,指的就是恶的天使。关于他们,《犹大书》说到了三点:a)他们不持守自己本己的开端(τὴν ἑαυτῶν ἀρχήν)。我们也可以用"他们的潜能阶次"来代替"他们的开端",因为每一个开端首先仅仅是一个潜能阶次,一切潜能阶次仅仅是开端;他们不持守在自己的潜能阶次中,说的就是,它们从自己被曾经创造入其中的纯然潜能阶次中——这些潜能阶次是它们被指派获得的,为它们提供了自己曾经本有的存在(它们 ἰδία ἀρχή[本己的开端])——绽脱了出来。b)他们放弃了自己固有的居所。这不过是对同一个概念的另一种表达,而这个概念在根本上并不能**以形象的方式来理解**,这个表达就好比是我们说,他们不再 *eo loco*[处于本位],不再是 *quo initio fuerant*[曾经所是的本原] 或者说 *quo esse bedebant*[本应是者]。也就是说,他们放弃了自己由创世被赋予的位置,也就是作为纯然可能性的位置,他们仅仅不会被可能性的位置排除在外(因为只有现实之物会被现实之物排除在外,而可能之物不会被现实之物排除在外)。这跟基督在说到撒旦的时候是一个意思:ἐν ἀληθείᾳ οὐκ ἔστηκεν[他不曾存在于真理中],他不能持守在他唯有在其中才拥有真理的关系中。在这一关系之外,他就仅仅是谎言和非真理,而这一点也跟约翰在说到撒旦时暗示的是一样的:ὅτι ἀπ' ἀρχῆς ἁμαρτάνει[他离开了本原]。这就是说,他从一开始,从他存在开始,就从他通过创世而置于其上的位置中——他必须把这个位置视为中心,视为他一切运动的目的,亦即视为他本**不该**自行从中运动离开的点——自行运动出去了。c)直到在那大日子得到裁定为止,他们都被神用永恒的,亦即不可摧毁的锁链拘在黑暗中。也就是说,它们被创造而得的潜在性也是对它们的限制,它们绝不可自发跨越这些限制,只能凭借人类的帮助;他们**只能**以此方式**从**黑暗**中**摆脱出来,**从**他们被不可摧毁的锁链(因为这是以他们的自然本性为基础的锁链)固定于其中的非存在者之领域**中**摆脱出来;只有当人通过自己的意志使他们从中解开束缚之际,他们才可能绽脱突显出来。

在《彼得后书》(2.4)使用的一些表达中,仍有一些神话性的要素,比如:神甚至也没有宽容犯了罪的天使,犯了罪的天使就是不该从本该作为他们的中心中偏离出来的天使(即通过人类的意志倾向把自己从潜能阶次中提升了,而这是在对人类意志的引诱中发生的),神并没有宽容他们,而是(这是自然且必然的后果,这一后果被视为惩罚)以黑暗的枷锁把他们关在塔尔塔罗斯里,直至关押到最后的裁定之日。对《彼得后书》中的这句话,一定要读它的希腊原文:σειραῖς ζόφου ταρταρώσας παρέδωκεν εἰς κρίσιν τετηρημένους[把他们扔在地狱里,投到黑暗的坑中,直到审判]。这里尤为惹眼的是 ταρταρώσας[塔尔塔罗斯]① 这个词,除了在这一处,这个词既不见于《新约》的其他地方,也不见于《旧约》的希腊译本;把 ταρταρώσας 和克洛诺斯并置的只有塞克斯都·恩披里克一人。而阿波罗多罗斯② 则用这个词来形容诸泰坦之一。但在面对这里的这些说法的时候,人们**还是得**以赫西俄德用来谈论泰坦的方式来思考:

ἔνθα θεοί τιτῆνες ὑπό ζόφῳ ἠερόεντι
κεκρύφαται, βουλῆσι διος νεφεληγερέτα
[泰坦神们被囚禁在幽暗的塔尔塔罗斯深处
汇聚风云的神,宙斯的意愿就是如此]

(《神谱》,第 729-730 行)

在另一处则说:

τιτῆνας——μέν ὑπό χθονός εὐρυοδείης
πέμφαν καί δεσμοῖσιν ἐν ἀργαλέοισιν ἔδησαν
[泰坦——被囚禁在广袤的大地之下,

---

① 希腊神话中"地狱"的代名词,所以谢林觉得这处文本值得注意。——译者注
② 阿波罗多罗斯(Apollodor),古希腊学者和与法学家。——译者注

被捆绑在沉重的锁链中]

(《神谱》,第 717-718 行)

因此在赫西俄德这里,我们除了 ζόφος[黑暗]之外还有了"**沉重的锁链**"这个说法。看到了他的这个记载,如果还想否认使徒表述中的神话性要素,那就是真正的愚蠢,但如果恰当理解了这种神话性要素,那么下面这点就会非常明显:这一表达是一种**我们已经不再对之有所经验的实在感受**的流露。因为使徒恰恰就站在盲目却又得到了解放的意识之边缘;使徒的种种表象源自他们经历的危机自身,在这一危机中,那些力量恰恰被剥夺了其客观的强力。

在这里,由于材料的直接亲缘性,我又不可避免地触及了另一个重要问题:为什么充斥在《旧约》中的那么多**天使显现情景**,都尤其有**神明显灵**的意味?对此,人们大抵会一致认为,神性不可能作为自身显现,并且人们向来——尤其是教父们早就做过这种努力——想要在这种情况中找到一种救急手段,以便能把这些叙述断言为真的,并且还能把某些不合神性的东西排除出去。在诸多通常的说明中,有一种认为,在所有这些显现中存在的,其实仅仅是人子,正如他之后会完全成为人,所以完全成人以前,在《旧约》中,他就已经先行地接纳了人的形态了。如果显现的始终只有唯一一个人,这种说法或许也能令人满意。但这样的话,要如何解释有三个人到亚伯拉罕那里去宣告以撒的诞生呢?所以要如其所是地说明这些现象,只有唯一一种可能,就是它们唯有由于意识中的神话性张力才是可能的,而整个人类都曾处在这种张力中。同样的神话性张力,既使诸神的种种表象得到中介并产生,在《旧约》中也成了现实的神之显现的媒介,正如初代团契的馈赠就是圣灵的馈赠,但圣灵由以运作的手段(媒介)则由意识的某种境况决定,而意识的一切境况都会在之后取消并失落。对神话表象进行着中介活动,和在《旧约》的神明显灵中能够充当神性现实显现之媒介的,是相同的潜能阶次。正如根据先前的说明,神话和启示自身并不是通过实体性内容而彼此区分的,同样,在《旧约》的神明显灵中存在的实体性潜能阶次,跟在神话中运作的是相同的。《旧约》中的神明显灵之所以是神性者的显现,并非由于**质料性要素**,而是由于那个在这些显现中贯穿运作的东西。

  诸位自己就能把握下面这点:我们的这种说明方式和先前的不同,先前的把神明显灵说明为神话性的东西,也就是说,把它们根本上说明为纯然诗意的叙事,但即便人们把这些诗意的东西,视为源于更高贵的古典精神在心理上的必然后果,也不能因此就把它们跟**全然**的虚构等而视之。谁要是纯然主观地说明神话,谁就只能仅仅对这些显现做主观性的说明,因为很明显,在这些显现和神话过程之间存在着一种类似。但正如这种主观的神话说明方式不可能被接受,同样,人们仍须承认之前首先被用来说明这些显现的主观说明方式不可能成功,这种说明方式只不过是在暗示,本真的开解一定会在某个时候被觅得,然而那些千疮百孔的神话概念——它们不可能是以其他方式,只可能是根据曾经居统治地位的通俗哲学标准被捏造而来的——就在阻碍对**真正**开解的发现。

众所周知，**约翰·戈特弗里德·艾希霍恩**①几乎是第一个尝试把神话说明运用到《旧约》上的人。我之所以提他是因为，他确确实实是一个在上个时代有活生生创造精神的人物，他也是一个值得铭记的人物，因为他**指明了**一条道路，而他自己也是一个一旦上路就不知动摇的人。那些最初尝试去理解《旧约》中的这么多叙述和表象的人，无论如何都值得铭记。

此外我也希望，没有人会责备我花了那么多时间和功夫在刚刚讨论的材料上。各种关于撒旦的观点，以及关于善和恶的天使的观点，对基督教的整个内容影响极为深远，所以谁要是没有对此锚定自己的观点，谁就只能对整个基督教的意义产生摇摆不定的表象。但同时也正如我始终认为的，普遍的目标应当与处理特殊论题的演讲结合在一起，所以刚刚的展开也是在致力于把一个迄今为止都完全陌生的哲学概念引入科学，亦即**真正意义上的精神世界**概念。

人们常说，人的意义就是在当下的生命中成为联结自然和精神世界的中间环节。但在这个说法里，精神世界其实仅仅被理解为人当下已然实存或者说至少应当实存于其中的世界；但我在这里要谈谈**真正意义上的**精神世界。意识拥有与这样的一个真正意义上的精神世界的关联，意识尽管始终是一个宇宙中的存在物，但它也能感受到**这个**世界之外的快乐和痛苦，自然**自身**只有在其界限中才能被理解，这个时候它就有了一个在自己之外的世界，同

---

① 约翰·戈特弗里德·艾希霍恩(Johann Gottfried Eichhorn)，1752—1827，德国神学家和东方学家。——译者注

样，当意识理解到自己的界限之际，它就把人类提升到了大地之上，乃至提升到了自然之上。在50年前，康德曾经认为，自己已经完全度量并且穷尽了人类认识能力的整个领域；人们后来又以逻辑的圆圈，划定了概念以及所有可能的概念运动的整个王国。可如果人们更仔细地瞧瞧，就会发现这些概念所能囊括的，只不过是那些由于当时偶然的世界观而现成存在的概念。在我们当下进行的展开中已经出现的这些概念和概念运动，是先前的那些尝试根本就不曾预料到的。那些尝试仅仅囿于它们的开创者曾经碰巧存在于其中和认识到的世界，而在我们的演讲里，向我们敞开的世界是那些尝试根本就一无所知的世界，倘若不是通过一种全然的扭曲失真，这样的世界甚至根本就不可能被纳入那些尝试的概念圆圈里。对所有草率宣告哲学的终结并借此自吹自擂的行为来说，这不啻为一种警告。启示哲学的这一事实已经指明，仍存在一个整全的、无法被迄今为止的哲学囊括的世界。

到目前为止，一切在我看来必要的东西都已经包含在所宣讲的内容中了，也就是在形式和材料两个方面来理解启示，以及能对一种启示哲学要求什么。因为比如说，一种启示哲学并没有必要去——至少并非必然地——钻研基督教生活的实践性方面，也就是道德。只要依循理论上的理念，这些都是会自发产生的结论。或许人们会说，如果任何一种通常的教义都没有在启示哲学中得到特别的讨论，那么启示哲学仍需给出能够借以把握任何一种教义的科学手段。但我从一开始就声明过，事关宏旨的并非某个具有思辨性的教义，而是从更高的、历史性的关联脉络中去说明基督教。现在,这一更高的、直溯事物之开端的关联脉络已经得到了完备说明。仍待阐发的,或许只剩从这一更高的内在历史向外部历史的过渡了。而这一过渡是由**教会**来中介的,教会被委托的使命就是去阐发基督的事工。据此,我们最后探究的对象就得是基督教会的历史或者说展开。而为教会树立起**各种主导性理念**,就是下面两讲的内容和任务。

第三十六讲　论基督教的发展

当门徒们还在大地上行其事工之际,基督就曾预见到并且对他们**说**:你们亲自走遍大地的**这种**时候不可能持久;等时辰到了,就算你们再怎样渴望见到人子,哪怕只有一天,也见不到了。① 尽管直到异教被完全消解为止,在仍然持存的与异教黑暗力量的斗争中,秩序之外的特别馈赠本该仍然续存,但天资甚高的使徒保罗在他谈到**属灵之馈赠**的地方(在《哥林多前书》里)就已经预示了这样一个时刻②,在其中,种种预言、语言、认识以及 γνῶσις[灵知],所有这些仅仅建立在意识局部境况上的东西都会终止,正如他话里暗示的:ἐκ μέρους γάρ γιγνώσκομεν[因为所知的有限],只有在意识的这些特殊境况允许的情况下我们才会进行认识,我们的认识并不是无条件的,也不是自由和普遍有效的,而完满者何时到来,一切局部性的东西,一切仅仅作为某种处在仍非完满、仍在变易中的境况之结果的东西,就会在这个时候终结。伴随着意识在异教中曾屈于其下的张力的消解,仅仅在与异教的对立中被接纳的作为超自然之物的基督教要素也该终止了。那些绽脱出位的

---

① 《路加福音》,17:22。——作者原注
② 13:8及以下。——作者原注

境况自身——关于它们，使徒已经清清楚楚地表示，它们只能作为某种过去之物、次要之物，至多作为**手段**被承认——也一并建立在张力上，这一张力由宇宙性力量激起，处在与基督教本原的斗争中，所以这些境况也该终止，一切也该愈发转入彻底自由和得到完满自身意识的人类认识的轨道中。尽管基督应许门徒们，直到世界尽头都与他们同在。但这种"与他们同在"，无论如何都不是那种会阻碍基督播撒到世界中的种子自然展开的"同在"。当基督教在**世界**登场之际，它必定也会使曾经支配世界上全部展开过程的那些普遍条件和法则服从在自己之下。基督把自己比作播种者，把福音比作种子，他甚至还明确说（《马可福音》，4: 26）：就如人把种子洒在大地上，种子从此生发，人睡了醒，醒了又睡，其间却没法亲眼看到，果实自发长成了（αὐτομάτη γὰρ ἡ γῆ καρποφορεῖ），神的国也是一样。在基督通过他的生命、学说、受难和死亡，播下一颗生长直至永恒中的生命萌芽之后，他就得寄望于内寓在这个萌芽中的牢不可破的力量了，它会让这颗萌芽经受住世上的狂风暴雨和骄阳烈日，让它延伸拓展，让它逐步长成，直至变得无可匹敌。基督并不意在让这颗萌芽避开自然且必然的展开法则。基督本人就说过，**敌人**会来把杂草播种在麦子里，而杂草是不可以拔出来的，否则麦子肯定也要同时一并被拔出来，所以直到收割的大日子到来以前，人们必须允许杂草跟麦子一道长成（《马太福音》，13: 24-30）。基督本人（《马太福音》，24: 24）以及众使徒都一再明确地预告过，许多假使徒会兴起，许多伪奇迹伪事件也必定会来临，甚至可以说，这就是对一系列影响深远的大规模背弃信仰的行为，一种从真正基督教中的普遍堕落的预言。因此，基督教的展开也跟一切自然展开一样，同样要经受扰乱、阻碍和其他讨厌的事情。

如果人们要问，基督和使徒如何指定基督教的前进展开过程，那么可以说有两点：1)在于要在一切族群中进行普遍的传播。"去把福音宣告给整个世界。"但 2)基督教的内在成长，尤其是基督教的**认识**的成长也不可或缺。尽管除了耶稣基督本人奠定的基础，没有人能为基督教再奠定另一个基础，但是只有在他之后到来的圣灵才会引导进入**一切**真理，也就是进入整全完备的真理。所以在由基督奠定的基础上，一幢囊括**全部**人类的建筑也要被逐步修造起来，正如使徒所说，在基督奠定的基础上，要长出一座神庙，长出神真正的精神居所，任何东西当然都不会被它排除在外，在这个居所里，人类的全部欲求、意愿、思想和知识都能得到完满的统一。基督教世界必须在其中**长成**的那种认识不该仍是那种使徒通过启示，亦即通过一种特殊关系获得的认识，它应该是一种在一切状况下，在一切时间和地点都能为人类掌握和通达的认识，简言之，这是一种普遍－人类的认识，因而也是一种自由的科学性认识。没有什么能比紧随使徒时代之后，基督教的那种自由无度的认识所具有的非比寻常的羸弱更令人惊讶了。没有什么东西之间的隔阂，比使徒的著作和第一个后使徒时代的著作间的更大；一个显而易见的例子就是，存在着某种不同于源自使徒的自由人类认识的东西，而这些源自使徒的认识，仍然处在由基督教所引入的进程的影响和激发下。大部分所谓的使徒教父的基督教意识是何等羸弱！在他们身上可以清清楚楚认识到，紧随宏大的神性激昂之后的，却是程度最深的松弛懈怠！

这种松弛懈怠是一桩完全不同的事情,它不同于说"神的国仍然是纯然内在的",即便是说,"神的国现在就会**外在地**实存",它也是一桩完全不同的事情。在这里说的,是已经**内在地**取得了胜利,但也正因为如此——正如基督本人所说——现在已经被投向外部的精神,是它在注定不可避免地要重新进行运作之际,在其运作领域中的情况,在这种情况下(在外部)精神要在已经变化了的形态下寻求一种新的统治,并且要或公开或隐讳地迎向基督教。

如果有一种法则能在基督教会的一系列内部和外部命运中被揭示出来,确切说,如果能尽可能地揭示出类似于在一切历史性展开中起普遍支配作用法则的东西,这当然是最高的愿望。但如果当下的这个演讲也并不允许我们凭着由这一法则奠定的种种理念不仅去钻研教会历史,还去钻研其历史的细节,那么这一演讲或许仍至少会揭示出一条主线,并且也能暂先在一般意义上看清教会最初的或者说最早的境况,在其中,人们仍习惯于以理想的纯粹性和完满性来设想教会,而不能从教会的使命出发来设想教会。既然教会的**首脑**放任教会表现出这样的境况,也让教会掺和到了许多其他纠葛中,那么我们就必须预设,发生这种情况并不违逆教会的意图,因为教会的首脑已经考虑到,教会也会再次走出这些纠葛并走入一个终点,这个终点是经受住了考验的真正终点,只有通过斗争和胜利才能达到它。教会曾经经历的这个时代,是许多新加入的人希望复古的时代,是能被设想为无辜且处在潜在中、尚且在历史之外或者说前历史的时代。而教会的这一前历史境况不可能是它真正的,因而永存的境况,否则教会就不会走出这一境况了。

人们可以说,教会的这一最初境况是一种统一的境况,但这只是一种纯然否定性的统一,教会**必定**要从中走出来,而当下的境况则与之相反,是一种分裂的境况,但这种分裂不过是朝向自由、肯定的统一性的过渡。既然我们谈到了前历史的教会,那么当然也有历史的教会和后历史的教会。而我们要讨论的既不是前历史的教会,也不是后历史的教会(后历史的教会绝不会发生在我们这个时代里),而是历史的教会。而历史的教会只有在它自身成为世界宗教,占据了世界中的实存的那一刻才开启。但在历史的教会中必定也存在区分,在它之中必定也有一种各时期的序列。进而问题现在只可能就是,如何更加明确地**道出**教会的这**些**时期,并让它们得到更进一步的指证。如果首脑亲自道出这种时期的区分,或者预先把它们刻画为未来会完成的事情,那就最好不过了。所以我现在就要进入对这一问题的探究,但在这一点上,一种纯然的先天形式推理是不会让我满意的,相反,只有历史性的方法才能发挥效用,这是我在这整个演讲中对我自己定的规矩,也是我所选择的通达目标最直截明晰的手段。①

---

① 在我公开分享这个发现以前,我认为有必要强调,不仅我整体上的观点,而且我认为自己有权对此行使的最大程度的运用,都已经通过我们尼安德斯博士先生[即奥古斯特·尼安德斯(August Neanders), 1789—1850,德国神学家和教会史学家。——译者注]的《基督教与教会历史大典》卷 V,第 I 部,第 438 页以下)的最新部分得到了意料不到的确证。我的这一观点及其运用,都已经由这位学者在著名的弗洛拉的**约阿希姆**的著作中发现并指证了。当然,我并不是在先前的教会史——不过我肯定也是很懂——中揭示出我的观点和方法的。其他人或许会觉得我提这一点是虚荣,他们可能会以为我这是心虚,但我反倒相当高兴,看到我的观点竟得到了如此强有力的确证,竟然跟一位如此重要、在教会史上如此卓越的人物一致,竟然在 12 世纪中叶或者晚期就有了类似的观点以及一定程度上完全相同的表达,我肯定还是会有些害羞,但我就是高兴!——作者原注

认真读过耶稣**这个人**一生历史的人,也必定会一道读出这样的一种叙事,在其中,所有境况都是重要且富有意味的,如此认真读过的人无疑也会注意到一个有迹可循的现象,即在一些重要的场合,基督会把他的门徒,也就是未来的使徒中的三个招呼到自己身边来,进而以此方式突显他们高于其他人的地位,这三个人就是彼得、使徒雅各①和约翰。彼得,或者其实该叫西门②,是第一个门徒,他一听到基督的召唤,就即刻跟自己的兄弟安德烈追随了基督(《马太福音》,4: 18-20)。但彼得的地位崇高并非单单因为他之前的**职业**③,从安德烈不在这三人之列就能说明这点。几乎直接就在召唤了彼得和安德烈之后,接下来蒙召的是两兄弟,雅各——在任何地方他的名字都在前面,和约翰。这两个人连同彼得因而都是基督最先吸引到自己身边的人,基督信赖他们,也把最隐秘的事情托付给了他们。即便在基督遴选了**十二个人**做门徒之际,也就是说在这个时候,他们使徒的天命才在真正意义上开始,甚至在这个时候(见《马太福音》3: 14 及以下的叙述),**这三个人**也被列在其他人之前,这与蒙召的纯然时间顺序是相悖的,而从这个时候起,安德烈就被排在约翰后面了。值得注意的还有下面这点,基督仅仅为这三个人取了特别的名字,他给西门取名彼得,给雅各和约翰两兄弟取名半尼其 (Boanerges),意味雷霆之子。在他们领受使徒的天命后不久,有一个管会堂的人跑到耶稣那里对他说,自己的女儿

---

① 本卷以下出现的雅各均指使徒雅各,而非犹太神话中的雅各,不另加"使徒"二字说明。——译者注
② 彼得原名为西门(Simon),耶稣为其改名彼得,下文会提到。——译者注
③ 彼得先前的职业是渔夫。——译者注

命在旦夕了,之后又来了个仆人告知说,这个人的女儿已经死了。耶稣没有管他,直奔管会堂的人家里,并对他说:不要怕,但要信(《马可福音》,5: 36)。而本章第37节则记载道:他不让任何人(现在已经以使徒身份随同他的十二个人中的任何一个)跟他去,除了彼得、雅各和约翰。所以这里是在明确强调,耶稣肯定阻止了其他人跟着他。《路加福音》中对这个事件的记载也是相同的(8: 51)。之后耶稣又把他们三个单独拉到一边(《马太福音》[17: 1]说的是 κατ᾽ ἰδίαν[单独],也就是把其他人排除在外,而《马可福音》[9: 2]说的是 μόνους[只有],亦即**只有**他们三个),跟自己一起上到一座高山上,在那让他们见证自己的神圣化。在彼得、雅各和约翰这三个人中,甚至在基督升天之后,这三个人也是按这个顺序来列举的(《使徒行传》,1: 13),彼得无疑是第一个并且由基督本人认可和宣告的使徒。在《马太福音》(10: 2)中按顺序来列举使徒的地方,提到西门,也就是彼得的时候,很明显多加了一个词 πρῶτος[第一]。如果人们不愿意只把这个 πρῶτος 纯然当作副词来看待(意思等同于"第一个"),那么这里面自然也就暗含着一种突显,因为彼得总是首先**被提到**的,所以其实根本就没有必要多加这个词。作为第一个使徒,彼得的名字前通常都被附上了一个冠词 ὁ,被称为 ὁ πέτρος[那位彼得],其他使徒则没有或者很少有这种情况。① 大多数情况下,彼得都代表其他使徒说话②,并且在没提到其他使徒的时候,也会独独提到彼得。③ 甚至在基督的话里,在他斥责彼得的

---

① 比如《马太福音》,9: 2。不过在 13: 3 这三位的名字前都没有加冠词。——作者原注
②《路加福音》,8: 45。《马太福音》,16: 16。《使徒行传》,1: 15;2: 14;15: 7。——作者原注
③《马可福音》,1: 36。——作者原注

时候，也会发生这样的情况，这就使人们以此方式认识到，基督把彼得视为其他使徒的首领。比如下面的话里就是这种情况：西门、西门，撒旦渴求得到你们，他想要像筛麦子一样筛你们，但我已经为**你**祈祷，好让你的信念不会终止。等你今后自己回转了，你也要如此坚固你的兄弟。① 基督在这里是不是就所有人来说的这番话，这点并不确定，不过仍可确定的是，这番话指向作为首领的彼得，他怎么样，其他人也要怎么样。筛麦子的比喻并不像大多数人以为的那样，要从使徒的混杂和良莠不齐出发来理解，相反，撒旦在这里的形象是致力去引发危机，挑出并显明遮蔽在正义之下的不正义的人，正如筛麦子的时候，秕糠也会一并分离并绽脱出来。

  主就彼得以及他的优先性说的最明确的话，就是在彼得代表其他人回答主的问题"人们怎么看待他（人子）"之后对他说的话。彼得的回答是：你是基督（弥赛亚），是活生生的神子。耶稣随即就用下面这句常常被谈起的话回应他道（《马太福音》，16）：约拿之子西门，你是有福的，因为你说的这话不是血与肉启示给你的，而是我天上的父启示给你的。我还要告诉你，你是彼得，我要把我的教会建造在你这块磐石上，地狱之门也不可制服它。我还要把天国的钥匙给你，你要在地上捆绑的，在天上也当被捆绑，你要在地上释放的，在天上也当被释放。基督这番话对于圣彼得在使徒中的优先地位是全然决定性的。曲解基督这番话的证明性意义，或者为它强加上另一种意义，在宗教改革之前的所有时代里都有人在试图这么做，而这种行为完完全全属于出于党争而进行的精

---

① 《路加福音》，22: 31—32。——作者原注

神曲解。从另一方面来看，我也得同样直言不讳地强调，在那些由于恰当理解了这番支持彼得所有的持续优先性的话而得出的结论里，也有许多极为不同的概念被混淆了，尤其是**优先性**（*Priorität*）和**优越性**（*Superiorität*）这对概念。彼得由于这番话而获得的这种优先性，或者说首要性根本就没有在自身中包含一种持存和持续的统治含义。相反，因为基督已经把这个使徒比作一块要把自己的教会建于其上的磐石，也就是说，基督是想要他为自己的教会**奠基**，所以这里的这个首要性概念不可以被延展或者说延伸到超出下面这种意义的程度上，即在这种意义中，它只能被视为一栋建筑的**根基**，被视为第一位和最首要的东西。根基——尽管它是一切建筑第一位的东西——之为根基，就在于它不会**超出**它所奠基的东西，反倒必定已经预设了一个更高的东西，唯有通过这个更高者，建筑才会得到完成。根基这个概念绝不是排他的，所以说，它自身反倒只有在**需要**一个紧随自身之后并且在自身之外之他者的情况下才有意义。如此一来，通过对所涉记载的这种说明，我们也得到了以下结论：使徒中为首的应被视为一个演替进程的开端和根据，确切说是一个这样的演替进程，在其中，为首的使徒不仅在重复**自身**，而且要看到，在此进程中还有一个真正的他者（另一个本原）紧随在他之后，进而凭着这一点，我们也为这整个展开过程本身赢获了一个历史性的序列。始终保持为教会之根据的那个使徒，已得基督的宣告，自己的教会就要建立在他的身上，但他并不把第二个新的本原排除在外，通过这一本原，属于基督的共同体的一种更高、更自由的形态，一种彻底不同于纯然外部荣耀的形态就会迎面而来。既然彼得注定作为**开端**,那么必定还有第二个使徒紧随其后,而第三个使徒则必定要设想为终点。而这个紧随圣彼得之后的使徒,非雅各莫属,他在任何地方向来都是作为紧随彼得之后的使徒被提到的。但雅各是所有使徒中最早舍生成仁的,是第一个为了主的事情流血牺牲的。希律亚基帕二世①早就把他杀了头。但既然在他的生命旅程和使徒职分都如此短暂的情况下,雅各都仍始终被列在这三个人中并且作为第二号使徒被提到,那么设想下面这点就是合理的,即他的这一地位就其自身而言的意义在于,即便英年早逝,雅各的天命也在于为另一个人保留这一地位。而除了没过多久,或者说在雅各被处刑之前,就以如此例外且令人惊讶的方式蒙召领受使徒职分的保罗,这个"另一个人"还可能是谁呢?保罗蒙主拣选,从最初教会的迫害者和残害者成了它最伟大的光大者和颂扬者。在雅各被抓走那会儿,保罗这个人就已经被选中接替雅各的位置,甚至可以说,主之所以要这么早就带走雅各,或许是因为他想让使徒保罗作为更明决、更刚毅的工具来取代雅各的地位。既然雅各的地位并没有被空置,并且以如此例外的方式由保罗接替了,所以与这一地位相关联的,必定是一桩不可能由**彼得**来完成的使命。因此保罗就是作为一个对圣彼得进行补充的环节而被忝列在他之后,同样,甚至在**最古老**的教皇铅封上也可以看到,这两位使徒是彼此并列的,彼得站在左边,这是按照东方的方式以示其优先地位,保罗站在右边,所以在这种情况下也就谈不上第一使徒的优先性是**排他的**了,直到后来,教皇的封印上

---

① 希律王朝最后的国王。——译者注

才只有使徒彼得一个人了。

由此,使徒间次第关系的排序现在就是:**彼得**、**保罗**、**约翰**。这跟启示的历史进程也是完全吻合的,这也是认识启示进程的另一种方式,而这三个**名字**也可以被设想为对基督教会三个时代的代现。在相同的关系中,也能完全以这种方式来设想**前基督**的时代,也就是**摩西**、**以利亚**①和**施洗约翰**这三个时代。摩西奠定了基础。伴随着以利亚,先知兴起了(先知是律法的对立面),先知是奋力指向着未来、对未来进行着中介的潜能阶次。施洗约翰则是以利亚的继承者。"看哪,在主的大日子来临之前,我会先为你们遣来先知以利亚",在基督本人看来,这则古老的预言已经由遣来的施洗约翰实现了。基督说(《马太福音》,11: 14),施洗约翰就是应许到来的以利亚。摩西是《旧约》中持存、稳固、实在性和实体性的本原。以利亚则是活泼热烈的精神,它生机勃勃地运动和展开着,并朝着一个尚未得到认识的未来不断迈进。施洗约翰则如基督所说:在所有由妇人所生的人中,不会有比施洗约翰更大的来;但他又是天国里最小的,而之所以没人比他更大是因为他**完结了**《旧约》和**前基督**时代。在那三个使徒中,彼得和摩西是对应的,彼得也是立法者,是**稳固**的本原,是奠基者,至于保罗,则可以用《便西拉智训》中描述以利亚的话来描述他:他说话如一团火焰,他的言语就像烈火一般熊熊燃烧,保罗就是《新约》的以利亚,是教会中运动、展开和自由的本原。那么使徒约翰最后就是跟施洗约翰对应的;正如施

---

① 以利亚(Elias),《圣经》中最具代表性的先知之一。——译者注

洗约翰是指向着未来的先知,约翰也是未来的使徒。①

如果人们把前两个使徒相互间比较一番,那么圣彼得的精神样态也就非常明显了,这种样态不仅表达在他的想法中,而且也表达在他仿佛磐石一般坚不可摧的风格中,总的来说,他的精神样态拥有一种实体性的特质。在《新约》中,使徒彼得又成了相对意义上有旧约意味和律法意味的本原。没有任何使徒像他这样,给出了对于遥远的前时代中各种晦暗不明之事如此具有实际性的开解。比如下面这个比喻就**非常符合彼得的特质**:彼得把由基督而散播到整个世界的洗礼比作大洪水②;这一比喻不仅包含着对作为两个时代之界限的洗礼意义的深刻开解,而且或许也同样包含着对大洪水之自然本性的深刻开解,因为在大洪水中,古代人类,以及彼得提到的(《彼得后书》,2: 5) ἀρχαῖος κόσμος[古代世界]消亡了,先前曾经庞然无匹、自命比肩神明的那代人类落幕了,当今的人,也就真正意义上的**尘世**之人在那代人落幕之后才出现。而排他的实在性本原也死在了大洪水中;从**那个时候**开始(即**整个**在真正意义上属人或者说属狄奥尼索斯的时代),进行统治的是**第二潜能阶次**;而它——作为自然的潜能阶次——死在基督之中,正如保罗所说③,在洗礼中,我们也跟基督一并死而埋葬,也就是说,

---

① 当耶稣在山顶展示自己的神圣化之际,耶稣本人表现为这一序列中的第三位,彼得、雅各(充当今后的使徒保罗的临时代理)和约翰在何种程度上充当了这一展示的见证,整个过去(从《旧约》直到基督)和未来(《新约》)的整个历史也就在此以同样的程度得到了见证,前一段历史是通过摩西、以利亚和耶稣得到预示,后一段历史则是通过这三个使徒得到预示。——作者原注

② 《彼得前书》,3: 20。——作者原注

③ 《罗马书》,6: 4;《歌罗西书》,2: 12。——作者原注

同样经受自然性潜能阶次的死亡。洗礼和圣餐礼在这种意义中已然超出了纯然犹太教的要素。圣餐礼是基督在他死之前直接设立的，在其中他看起来似乎以此方式亲自把先前的所有关系又回顾了一遍。基督似乎在回忆第二个时代，也就是在最初的神排他统治之后的时代开端中的情形，所以在这里，面包与酒的馈赠也同样被视为一种与神全新的、得到了改善的关系之凭证，这是一种与已然废除的旧关系对立的 καινή διαθήκη[新约]：所以正如基督所言，这是他的身体和血，是凭着他而与神开启的新的 διαθήκη[约]，也就是新的关系的凭证，而这一新的关系只有通过基督的死才会来临。① 彼得对过去看得如此之深，正如约翰在另一端对未来看得如此之远。如果说在彼得那里，实体性的要素比重更大，那么根本上来看，保罗的精神性特质更为积极活跃。运动性、辩证性、科学性和争辩性的本原生息在保罗之中。他是《新约》中更具新约特质的本原。但彼得和保罗也彼此互为前提。彼得**始终保持为**根据，但这个根据也不应始终无所产出，所以必须在它之上有所建树。因而彼得也就需要保罗。但倘若没有彼得，保罗也什么都不是。因为彼得所

---

① 在酒中，有一种不属于这个世界的精神被强行物质化了（见上卷第436页）。同样，在基督的血中也有一种不属于这个世界的精神物质化了。正如酒是一个新时代的预兆（现象），同样，基督的血也刻画了一个新的时代，即 καινή διαθήκη[新约]的时代，这个时代之于它过去的时代，正如它过去的时代之于自己过去的时代。所以在最后晚餐上的酒和基督现实的血之间，存在着一种**自然性**、实在性的关联。甚至**面包**也是一个后来才在世界中登场的要素。就此而言，面包和酒不仅在作为纯然的**任意预兆**的意义上，**意味着**基督的肉与血，而且面包和酒**就是**基督的肉与血。面包和酒与基督的肉和血之间的，并非纯然外在的关系，而是一种**内在的**关系。这也就说明了，为什么基督还活着的时候就可以说：事已经**成了**；因为他的肉和血就是对另一个时代活生生的或者说 ἐκχυνόμενον[倾倒出来]的预兆。——作者边注

奠定的东西,恰恰需要保罗去展开,并且通过逐步展开延伸向整个未来的影响从其限制中摆脱。通过保罗以例外的方式蒙召为使徒,一个**独立于**彼得,同样具有自立性特质的本原也就被置入了,雅各或许也正是**因为如此**才必须把自己的位置让给保罗,因为从**他**出身的这种关系来看,或许自由且独立于彼得的程度还不够。神的精神并不被系缚在他的工具中,也不可能以一成不变的方式运作,相反,神 δι' ἐναντίων,即通过对立而成就伟大之事。在一切对立中,神仍然是强而有力者,仍始终保持为不可克服的唯一者。

  只要这两个使徒还活着,对立就已然在自行彰显了,但在基督中,这一对立是统一的;因为基督超越于任何个别的时代,他是阿尔法和欧米伽,他是最初和最终。在接下来的时代里,彼得的本原取得了统治地位。在《罗马书》里①,保罗也明确承认了在彼得中有一个**自己**不曾奠定的基础。因此,不论彼得是否在罗马,据实情来看罗马的团契都是在保罗之前存在的,亦即属于彼得的。但保罗同时也表示,他也被交托了在异教徒中传福音的使命,从这一方面来看,保罗享有特殊的自由并且无须顾及任何个人权威。跟他在这里可能表现出来的得体且顾全大局的形象相比,在其他地方保罗更加明确地声明过自己不依赖于彼得的独立性,这一点最明确地体现在《加拉太书》里。保罗开诚布公且不绕弯子地声称,福音不是通过任何**人**,而是唯有通过主才能被领受。他说②:"我并**没有**往耶路撒冷去见那些比**我先**做使徒的,而是往阿拉伯去,又往大马

---

① 15: 20;同见《加拉太书》,2: 7, 8。——作者原注
② 《加拉太书》,1: 17 及以下。——作者原注

士革去;之后过了三年(因此可以看到,在他蒙召之后过了这么久,而在蒙召之后,他也已经积极地宣告了这么久的福音)我才去耶路撒冷见彼得,跟他一起待了15天;而除了雅各①——大家把他叫作主的弟兄(这是为了跟那个之前已经成仁的雅各区分开)——我也没见着其他使徒。"保罗再回耶路撒冷已经是14年之后了,而这并不是应使徒的要求,而是如他自己所说(《加拉太书》,2: 2),是 κατ' ἀποκάλυφιν,即响应主的命令。即便在这场由于一些人想让异邦基督徒受摩西所创仪式之约束而引发的会面中,保罗也以最明确的意识在维护他的自由和相对于先前成为使徒之人的独立性,他在《哥林多后书》(12: 11)中说的 τοὺς ὑπὲρ λίαν ἀποστόλους[那些最大的使徒],仿佛就是在指地位比他高的使徒,甚至在同一封书信(《加拉太书》2: 6 及以下)中他也说:至于那些早已有威望的人 (τοὺς δοκοῦντας εἶναί τι),他们先前已经有的地位(也就是指那些更早追随基督的人)于我何益呢?因为神并不会顾及你是谁;这些人于我无益(也就是于我的认识和洞见无益),相反,他们也看到了,我也受托向异教徒传福音,这跟彼得受托向受割礼的人传福音是一样的,被视为柱石的 (οἱ δοκοῦντες στῦλοι εἶναι) 雅各、彼得和约翰都一致地向我和巴拿巴②行右手相交之礼,一致赞许我们在异教徒中传教,而他们在受割礼的人中传教。

但保罗也明确反对过彼得,在他后来前往安提阿③(《加拉太

---

① 并非使徒雅各,而是约瑟和玛利亚的儿子,耶稣名义上的兄弟。——译者注
② Barnabas,《新约》中记载的一个早期的犹太基督徒,是保罗传道时的合作者。——译者注
③ 黎凡特西北部的一个古老城市,其遗址在今土耳其城市安塔基亚,在使徒时期,基督教在这里曾有教会,而"基督徒"这个名称也源于这座城市。——译者注

书》，2: 11)时，他说:"我当面**抵制**他，因为在雅各的一些人到安提阿之前，他就已经跟异教徒在一起吃饭了。但那些人来了之后，他反倒由于害怕那些受割礼的人而退缩，把自己跟异教徒隔绝开了，其他犹太的基督徒也都跟着他这样装模作样，甚至巴拿马也被逼着跟他们一起装。所以我一看到他们这样，看到他们没有按福音的真理**正直**行事，就在所有人都在场的时候对保罗说:你既然是个犹太人，之前也已经按异教徒的方式过了，那你现在为什么又强迫异教徒按犹太人的方式过呢?"这些再清楚不过的迹象表明，保罗一般都是作为一个教会中新的本原被接受的。在柯林斯①的团契中(根据《哥林多前书》，1: 12)，有些人自称是保罗的追随者，另一些人自称是亚波罗(一位博学的来自亚历山大里亚的犹太基督徒)的追随者，还有一些人自称是属矶法(彼得)的，又有自称属基督的。既然保罗、亚波罗、矶法和基督在这里被相提并论，那么人们可以看到，在柯林斯已经有一些人在保罗的教导方式里认识到了一种**新的**本原，对他们来说，彼得在某种程度上是一个革新者，而其他人恰恰由于新旧矛盾而产生了迷误，所以就回到了基督那里。许多人可能被保罗自由、大胆、深刻，但过于超前的话弄得有些不明所以，《彼得后书》中有段话或许也明明白白地道出了这种感觉，在这段话里，彼得提到了保罗的书信，而且还是以合乎保罗深刻心灵的方式提到的。我指的是下面这番话(3: 15, 16) :就像我们亲爱的兄弟保罗，依照被赋予他的恩典而写作，他所有的信都是

---

① 在《新约》中又被称为"哥林多"，希腊历史名称之一，使徒时代曾有过教会，比如保罗著名的《哥林多书》就是写给这里的教会的。——译者注

如此写就的，ἐν αἷς ἐστι δυσνόητα τινα[他的信中也有一些难解之处]。不过在这里，似乎以另一种读法，即重点是 ἐν αἷς[他的信中]，而非"有一些难解之处"看起来可能性更大；但如果注意到，人们在先前时代曾如何致力于把一切看起来有损使徒崇高形象的东西遮掩起来，比如《马太福音》里就漏了一处《马可福音》中的对观文段：使徒的心思仍是锁闭的，他们没有理解主的许多话①，那么人们在这里也可以假定，在彼得的信里，重点放在 ἐν αἷς[他的信中]就是真正的读法，这一点从来没有被任何权威承认过，而拉赫曼②在还原文本的时候，也认为就是这种读法。因此彼得的意思就是：在这些信中有一些难解的地方，无知和不坚定的人会曲解它们并且在一种被颠倒了的意义中接纳它们，他们对其他的书信也会如此，当然了，这都是因为他们自己的败坏导致的。既然在这最初的关系中，一切接下来的事情就已经预先形成了，那么在彼得的这些话中，人们也就能发现后来限制并且禁止读《圣经》的端由了，这种限制通常都会饰以这么一段话：Cum experiential manifestum sit, si Biblia vulgari lingua passim sine discrimine permittantur, plus inde ob hominum temeritatem detrimenti quam utilitatis oriri[我们吸取过去的经验，如果把《圣经》翻译为浅白的文字，无视对象地任其阅读，那就会因为人的软弱而弊大于利]。然而彼得并没有过分到由于这种危险而禁掉保罗书信的程度，不过也不能忽视，彼得已经注

---

① 《马可福音》, 6: 52；同见 8: 17。——作者原注
② 卡尔·康拉德·弗里德里希·威尔海姆·拉赫曼(Karl Konrad Friedrich Wilhelm Lachmann)，1793—1851，德国古典语文学家，跨文本考订研究法的创始人之一。——译者注

意到了,保罗的书信能够轻易引发误解。在彼得时代之后,这种由于保罗而产生的危险仍在愈演愈烈,对此,克莱门①的证词就是对此最确凿的证据,在他的证词中,保罗尽管仍保留了名号,但他明显地被直接驳斥了,并且被认为地位远不如彼得。

但无论如何,既然教会一直持续存在,既然教会应当稳固自己,应当获得历史性的根据和发展,**那么彼得就必须**具有在先的统治地位;在彼得中存在的,是躯体、中心和进行着维系的要素,而在保罗中占上风的要素是理念,是离心性的要素(这个词不应该在消极意义上理解,而是要像我之前在这个和其他系列演讲中使用的那样,把它理解为自由且独立于中心,充满着勃发动力的本原)。但首先要有躯体,精神才会存在,这是自然的顺序,精神无法从任何注定踏入外部世界的东西那里自顾自抽身而去。实际上保罗在教会中也始终仅仅维系着一种在一定程度上边缘性的地位,不过在他被谈得多了,或者他的话被听得多了,他完全正直的力量被感受多了以后,在教会中就产生了一种运动,比如说在近代,**詹森派**②就在罗马教会的眼皮子底下产生了,而它之所以产生,不过是因为一些虔诚并且有深刻感受的人尤其被使徒保罗自由的、白白源自神之恩典的热情话语感染了。同样,那些通常都处在边缘地位的英格兰教派,比如卫理公会派③,主要也是从保罗书信中获得了自己充满生命力的信念之源。

---

① 即亚历山大里亚的克莱门,基督教早期教父。——译者注
② 罗马教会发生在17世纪的一场运动,认为教会最高权力不属于教皇而属于公议会,后来被斥为异端。——译者注
③ 源于英国的新教派别,后流传至美国。——译者注

主知道，在这个时代，在当下的世界境况下，基督仍必须被如此之多陌生异在的东西，甚至遮蔽他的东西环绕，被它们包围和笼罩，主知道这种必要性的理由和目的，主这么做，是因为世界仿佛无法经受住与基督，与赤裸纯然的基督的直接交往。众所周知，在卫理公会派的大型集会上，尤其在美洲，充满了绽出啊、迷狂啊这种真正东方风格的东西，这种东西甚至在一定程度上也被少数英格兰的卫理公会派信徒采纳了，可英格兰毕竟是被传过**纯粹**基督之道的地方，在那里宣讲的就是纯粹且无任何附加的赎罪之道。这类现象该如何与这样的一个时代相容呢？在这个时代里，捍卫教会的情势已经如此尖锐严峻，并且教会在多半情况下也被人充满狐疑地观望着，这种观望并不总是直接来自国家，相反，它甚至来自那些自诩有自由思想的人，但这些人反而就自由吗？他们难道自由于所有不与他们理念一致的东西？甚至可以说，他们难道自由于自己想做思想警察的欲望？归根到底，刚刚提到的这些现象都不过是那个独一无二最伟大变革的后果罢了，这一变革，也就**是宗教改革运动**，这个事件从使徒时代开始就已经在教会中发生了，它预备已久，据此来看，贯穿整个中世纪的无数牺牲所流的血其实都是为了它，而从它最深的根基来看，宗教改革运动不是别的，正是最终获得成功、把保罗的声望提升到圣彼得不受限制的权威之上的行动。如果所谓的新教徒，就是处于被奠定在彼得权威的教会**之外**的人，是保持对这一教会的独立性的人，那么使徒保罗就是第一个新教徒，新教为自己所举的最古老的原典，为自己所举的 magna charta[大宪章] 就是《加拉太书》的第二章。

XIV, 310

因此，在这里事关宏旨的，不可能是片面地去偏向于某个教会现在实存于其中的某一特殊形式。真正的教会并不单单存在于这些形式的任何一个里，相反，真正的教会是这样的教会：它**出自由彼得奠定的基础，经过保罗**而走向终点，而这一终点就是来临中的圣约翰的教会。如果在基督教这个最宏大和有力的现象中，只能看到一种可鄙的、不体面的偶然性，那这种考察方式就不配自诩有"哲学"的性质。以这种方式，当谈到罗马教会的时候——它似乎还在以其强权获得承认，接纳或不接纳它为自己赋予的世间政治地位就无所谓了。在罗马帝国的权力被打破和消解之际，在这个时候，在面对那些如同被一阵无形气息鼓动起来的滚滚波涛、仿佛要吞没西方世界的民众之际，**始终都在坚持存在下去**的教会取代了必不可少的政治权力已然被空置的位置。一旦教会本身成了外在的世界权力，基督的话也就应验到了教会自己身上：我来不是为了送来和平，而是刀兵。哪里有政治权力，哪里也就有刀兵，正因为如此，教会也同样是彼得所必需的**刀子**，而彼得也是唯一在基督被捕时动了刀的使徒，在他的性格特质里，已然蕴含着这种吞噬性的精神，后来正是这种精神把罗马教皇御座前的一切敌人——不管是真的还是假想的——都用火焰和利刃消灭干净了；尤其是在13世纪的时候，为了对付所谓的中世纪的异端，一会儿把波格米勒派①称为异端，一会儿又把摩尼教徒称为异端，甚至以闻所未闻的卑劣手段去迫害所谓的自由圣灵会②，以及方济各

XIV, 311

---

① 10世纪时的诺斯替主义教派。——译者注
② 公教内部的一个宗派，强调与圣灵的直接沟通。——译者注

会①中的那些所谓的性灵者,教会把这些人成群地绑到火刑架上,看着他们在火焰中咽气,在那个时候,只有在德意志皇帝巴伐利亚的路德维希②那里才能寻得庇护;正是这些人在当时首先传播开了这样一种看法:教皇才是真正的敌基督者,是《启示录》里的巨兽。人们对罗马教会的全部指责,在彼得的错误里就已经得到了预示,彼得的错误是福音的叙事,特别是《马可福音》无法隐瞒的。在紧接着基督以提升他做使徒之首的话回应彼得的忏悔这件事之后,彼得就显出了一种僭越。经上紧接着这件事的记叙是:从那时起,耶稣才开始指示门徒,他如何必须去耶路撒冷,如何必须受长老和文士的许多苦,如何必须被处死……这个时候彼得就把耶稣拉到一边,反倒开始指示他说:主啊,你要保护你自己,不要去遭遇那些事情。基督却转过来对他说:敌手(撒旦)快从我这里退去!你这是在让我跌倒,你不理解属神的事情,而是只理解属人的事情。在他被认为对作为神子的基督不可克服的信仰中,被称为教会柱石的彼得,又在他的世俗聪明里成了让主跌倒的人,还被主叫作撒旦。这就跟罗马教会常常被指责的地方一样,罗马教会是最为坚固、不可动摇的坚定信仰和最卑劣可鄙的世俗聪明的统一,除了这一点,还有什么能如此对应彼得的形象吗?基督还说了另一番话:"谁要是想追随我(彼得已被定为基督的直接追随者),谁就要主动舍弃自身。人要是赢了整个世界,但伤了自己的灵魂,那又有何益呢?"这番话

---

① 或译为"法兰西斯会",是公教托钵僧修会中最重要的派别之一,曾经向中国派出过传教士。——译者注

② Ludwig dem Bayern, 1282—1347,即神圣罗马帝国皇帝路德维希四世。——译者注

也同样适用于之后出现的,确实赢得了整个世界的教会。

彼得早早唱了高调,但过后三次不认主也是同样早有预兆的:就算所有人都因你而跌倒,我也不会跌倒,而在约翰那里的记叙是:我也会为你舍弃我的生命。在这三次否认中,有一种持续不断的加强。第一次被人叫到的时候,彼得回应道:我不知道你说的那个人。这个时候他仅仅以一种声明来拒绝。第二次被人叫到的时候他的回应是:我不认识这个人。这就是一种实实在在的否认了。而他第三次则站直了身子赌咒发誓说:我不认识这个人。人们也可以指责罗马教会说,它三次否认了主。第一次是在它力求政治上的无上权力的时候,接着是在它自身已经陷入了对这种强力的依赖,使它成为自己的工具,要求它执行血的命令,进而试图**通过**它来进行统治的时候,最后则是在它让自身降格成了政治权力的工具的时候。但恰恰正如被他否认了三次的基督,也曾三次说道:你来牧我的羔羊。在教会中,也同样有许许多多可敬的成员为一再上演、持续不断对主的否认而叹息,教会也同样没有终止过作为基督的教会而存在,它必须为所有的时代保藏根基,若没有教会的这种在各种政治风暴和永不静息的思想矛盾下实实在在的支撑,这一根基早就已经失落了。但或许在主的目光下,教会突然醒悟到主对它先前说过的话的那一瞬间并不会太远,正如经上关于彼得所记的那样:主已经**转过**身来在注视着彼得,而当彼得也想到了主已经对他说过的话之际:鸡叫以前,你会三次否认我。彼得就走了出去,眼里满是痛苦的泪水。

第三十七讲　论教会的三种形式：彼得、保罗、约翰

尽管彼得一再否认他的主，但在《约翰福音》的最后一章所记载的谈话中，仍被基督宣告为直接的追随者。在这处文段里，基督对彼得说：你追随我吧 [σύ ἀκολούθει μοι]。我认为，这话不**仅**要从彼得后来也被钉十字架而死这一点出发来理解——尽管彼得也确实追随基督到了这种地步，而且也要合乎这一根本上来看有预言色彩的最后一幕的整体精神来理解，也就是要在普遍意义上来理解。但基督重复了三次的"你来牧我的羔羊"，已然不仅把彼得宣告为信徒的头领，而且也在其他门徒在场的情况下，把他宣告为其他使徒的头领。因此，保罗的这一地位并不像人们通常想要哗众取宠、强词夺理说的那样，是一种没有权威认证的 πρωτοστασία [授权]，相反，这是一种真正意义上的 πρωτοστασία，即**有**权威认证的授权，而这并不是因为彼得为主所喜爱（因为主并不喜欢他），相反，这是因为彼得的性格首先堪当**这一职责**；毕竟在每一桩事业中，最艰难的使命就是开端和奠基。

基督的明确意图就是，一切权威都应**在**彼得身上，并且都要从**彼得**那里得到源头。但这样一来，保罗也借此获得了一种非凡的

使命，他作为使徒的职分是直接从主那里领受的，因而他也就由此被主宣告了一种相对于彼得的独立性，并且被宣告了与彼得处在矛盾中。保罗借以反对一切对彼得的依赖性的明确意图清楚表明了：保罗清楚地意识到，**自己**应当是一个自由于彼得的本原，一个独立于他的权威。然而这并不妨碍，在**这种**关系中，每逢教会要把握自己历史性根据之际，它始终都会愈发退回到彼得的独一权威上。如果某物应当展开，那么它必须首先包含自己的基础。这个独一的权威为基督教提供了一种否定性的效用，并延续至今，在这一过程中，保罗的教会越发成了一个处在遮蔽中的教会，尽管它从未终止作为一个可见的、人人都能把握的共同体而存在，并且也持续地在这种状态中维持自己，但是它已经很长时间不能作为这样的教会而出场了。在整个中世纪时期，保罗性质的本原尽管一直有所活动，也有一些强硬的激烈行为，但仍然徒劳无功。**因为实在性的本原越是面临着严峻的生死存亡，它必定也会越发明确地排斥理念性的本原**。所以，谁要是已经认识到了真正的关系，谁或许也就能看得更远：当保罗这个本原横空出世，在与彼得教会的自由对立中绽脱突显，并且把自己建构为本己历史的本原，建构为第二个新的时期的本原之际，一个新的时代也就即将来临了。

或许那些在历史中认识不到任何更高且具有神性的要素的人，会把某个诸如宗教改革这样的事件，从一些根本不值一提的原因中推导出来，甚至还会编造一些下流龌龊的阴谋论，比如认为宗教改革的原因是因为私利，是为了打击罗马教会的托钵僧团：不过这种人最好睁开眼睛看看，人们不可能在任何地方使用这种充满

XIV, 314

党争偏见的说明方法。只有到了寻求事件之原因的地步,几乎所有的事情才会不可避免地被即刻加上一些诸如上面这种纯粹偶然且不值一提的动机。但人类的事物并不由这种偶然的东西支配,而那些工具意义上的,或者说纯然随附性的原因——它们自身在基督教的最初奠基和散播中,诚然是不可被排除在外的,或许也会一并发挥效用,但现实的原因并不蕴含在这些偶然性的原因中,相反,它们蕴含在神性意志为每一种展开预先规定的更高法则中。

XIV, 315

一切在**世界**中登场的东西——不管是朝向世界、将会存在的,还是已然在世界中得到了实现的——都需要一个前提,一个开端,而这个开端并非真正的东西,并非真正意义上应该存在的东西。但真正意义上应该存在的东西是什么,也不是即刻就能被认识到的。**为了**能稳靠地扎根,这一开端必须把自己视作为自身之故而存在的东西。因此,为了使展开过程又能自由于它自己的前提,一个更高的潜能阶次是不可或缺的。如果是纯然根据的东西,以此方式获得了一种虚假的地位,甚至在与更高要求的对立中自身表现为一个 ἀντικείμενον,即碍事的东西,那么所有这些也并不能取消它作为根据的特质和作为根源、根据和开端而存在的正当性,甚至持续前进的认识恰恰也必须认识到,这样的东西的地位必须保持,以便在展开过程中同时也始终以某种稳靠的东西持存,所以在任何情况下,人们都不能质疑这样的东西的合法性。在宗教改革时代以前,基督徒们曾经产生过一种对于进行从头到脚全面改革的普遍渴望和哀叹。但如果教会的种种境况由于更早时代的所有冲突,已经使教会陷入了没有能力从自身出发来完善自己的现状中,那么一种断裂就必定会发生,一个使教会不能保持和安顿在自身中,也无法让教会把它接纳到自身中的本原,必定会单独地、独立于教会地绽脱突显出来,但这并不是为了取消作为基础的教会(路德博士仍把罗马教会自身称为他敬爱的母亲),而是为了阻止教会继续彻底衰朽下去,是为了帮助教会自身在此之后能得到更高的神圣化,得到最终的解脱。

  彼得的教会是严苛的律法性教会。一切都必定要以严苛的律法而开启。但一个自由且独立于已然变得专制的彼得教会的教会,已经由一位凭其蒙召所得的职分而独立且自由于彼得的使徒预见到了。因此,在面对已然变得卑狭的教会之际,新的共同体**迫不得已**而呈现出来的独立性,并不会导致对**真正**教会的分裂,而真正的教会也不会由于这种对立被取消,它反倒通过这种对立在更高的意义中得到了设定:不管是先前自称 κατ᾽ ἐξοχήν[真正意义上] **独一**教会的,还是新的共同体,它们各自单独来看都不是真正的教会,相反,两者只是终将生成的唯一真正教会的中介性环节。在彼得的教会那里,始终存在的仅仅是优先性,而它正是在自己的排他性中,自身成了另一个教会的必要前提。

  自由且独立于专制本原的教会产生在德意志,并首先在日耳曼诸族中传播开。因为很明显,罗马诸族与基督教的关系显然不同于日耳曼诸族。在罗马诸族那里,基督教几乎在根本上显得像是一种仅仅从外部来到他们那里的东西,而在德意志人那里,则看起来像是发自自然本性存在的。德意志就是《启示录》(章 12)中逃到旷野中的妇人,而巨龙,也就是敌手,一直在尾随并迫害她以极大痛苦诞

XIV, 316

下的儿子。在罗马的土地上,等级制自身作为一个彻彻底底的他者,作为一种近代神话取代了基督教的地位。对新柏拉图主义者和帕多瓦尔人来说,基督有多遥远,这些人的精神就有多么不愿意回到过去。相比于过去,里斯本的圣安东尼给人带来的慰藉是更切近和更当下的。①

人们不能把希腊教会和罗马教会对立起来,因为它们有同样的诉求,只不过没有办法完善和提高这些诉求而已,因为伊斯兰教的风暴压制着他们,也妨碍着它们进一步向前演进。不过在这阵风暴之后,希腊教会仍像它创立之初那样继续对抗罗马教会,希腊教会仍保持着自己作为一个有活力的矛盾方在对抗着罗马教会妄称的**普遍性**(罗马教会自称"公教"),而希腊教父早就致力去做的,就是否斥基督说的"你是彼得……"这句话专属彼得的个人含义,当然,这种否斥是徒劳的。希腊人断言,不能把基督要将自己的教会建于其上的柱石理解为彼得这个人,而是只能理解为他的教团。奥利金②和金口圣约翰③尤其坚持这个观点。奥利金还说:"如果你认为,神的整个教会就建在他一个人(彼得)之上,那对雷霆之子约翰和每一个其他使徒该怎么说呢?或者说,如果我们有胆量宣称,地狱之门仅仅特别地在彼得面前才算不得什么,那难道就要说,它在其他使徒面前就得算是某种强而有力、能够战胜他们的东

XIV, 317

---

① 里斯本的圣安东尼是一位公教圣人,曾经住在前一句提到的帕多瓦尔(意大利北部小城),曾经在那里讲道。——译者注
② 奥利金(Origenes),希腊教父的代表性人物之一。——译者注
③ 金口圣约翰(Chrysostomus),希腊正教会的君士坦丁堡大主教,重要的早期教父。——译者注

西略？"① 在我们的观点面前——我们支持基督这话的意义专指彼得这个人——奥利金的这种论说当然证明不了任何东西，因为即便是被理解为指彼得这个人，其中也并不包含要把约翰和保罗排除出去的意图。我们为后两者赋予的只不过是另一种不同于彼得在基督这番话里获得的功用罢了。根据基督的这番话，彼得恰恰只应是**根据**，坦白说，他也只应是教会的根据，亦即基督教在最初单单只能实存于其中特殊的，但也受到了限制的形式。但要论及其他使徒的话，下面这件事情诚然是值得注意的，即简短的《犹大书》被剔除出了《圣经》(不过现在还有人坚持认为作者应被视为使徒)——尽管正如已经说过的，我把《犹大书》视为一份属于使徒时代的极古文献，是一部具有最高价值的独一无二的著作，但从使徒间的关系来看，它仍可以说并不重要，甚至其主导思想也在《彼得后书》中出现过。也就是说，《犹大书》和《雅各书》不算来自使徒的文本，反而很有可能来自耶路撒冷团契的首领，来自主的兄弟雅各，他本人显然仅仅是由于受保罗书信的促动而写下这部文献的，因为除了三大使徒，没有其他任何使徒会写这种具有教导性质的著作：只有从三大使徒，彼得、保罗和约翰那里我们才得到了教义性质的著作。通过这一状况，下面这件事情实际上也已经由他们暗示了：这些著作的影响会一直延伸到最终的时代，甚至延伸到基督教进行最高展开的时代。此外，彼得还有两封短信传世，而这两封信很明显是受到了保罗的促动。如此看来，保罗似乎就是第一个想到要通过著作来影响同时代人的人，而这一点也间接证明了，

---

① 《〈马太福音〉评注》，XVI。——作者原注

保罗有一种朝向未来,朝向教会之后时代的使命。

在我看来现在是一个合适的时机,来讨论人们可能会对我们到目前为止的整个展开所做的指责。我指的是下面这种指责:我们竟把属于《新约》,并且有教会权威认证,因为也可以被称为"有教会法认证"的全部文本,不加区分地,如果人们愿意,也可以说不加批判考订地来使用。毕竟已经有越来越多的人早就开始怀疑这些文本的真实性,或者说怀疑它们是否来自使徒了,比如说对《彼得后书》的来源早就有人开始怀疑了,而这种批判考订的规模也在逐步增大,单单从之前已经给出的例子来看,人们或许其实已经**无法**再对《新约》中的**任何一卷**持确凿无疑的态度了。对此我只想简要地强调下面这几点:

1)如果在我们的种种展开中,我们确实使用了《新约》文本中的各种表达,那我们在此过程中也首先只是把这些表达视为基督教精神的原始文献,并且认为它们的作者充满并在实行基督教精神,这些文献需要在他们作者被基督教精神的启迪中被认识。就此而言,关于它们原作者的问题是一个完全次要的问题。就算作者确实是可疑的,并且或许就算作者跟传统认为的作者完全不同,也不影响我们运用这些文本的纯粹历史学目的,甚至也可以说我们的这一目的已经达成了。这种对于作者的确凿性的确立,仅仅对于那种独断的教条主义做法而言才有重要性,而这种做法之所以把基督教学说的首要命题视为真的,也并不是由于这些命题自身之故,不过是因为它们被写在经卷上,因为它们被视为由神启迪、使徒亲撰的,仅此而已。我们根本就不关心《新约》经卷的神启来源问题,至少从来没有明确涉及这一问题,而这并不是因为,我们把出现在这些文本中的这个或那个学说都视为真的,恰恰相反,因为我们把学说视为真的,也就是说,因为我们把学说视为在那个唯有从中出发才能把握基督教的宏大关联脉络中必然存在的,我们才把这些经卷视为真的,视为由基督教精神启迪而来的,唯有在这个意义上,我们才以这些经卷为基础。

但我们之所以要如此,恰恰也是因为 2) 对于任何一个现成的《新约》文本而言,使之成为一个基督教文本,尤其是使徒的文本的,其实并非外部证据,而是其**内容**。因此倘若那些批判考订者要怀疑某个迄今都被视为可信的文本的真实性,那他们首先就要表明,自己已经有了对这一文本**内容**的真正理解。因此,就一种对于《新约》的真正批判考订来说,某种比纯然外在的博学和以种种非历史的可能性而做出的轻率游戏之举更丰富的东西仍然必不可少,因为比如说,为了能够否认某封书信——其实保罗所有的书信都有一种彻底带有个人特质的明确烙印——出自使徒保罗之手,起码必须指证出它还有另一位作者的历史可能性。但在我看来,就算有一个后使徒时代的人可能才是某封被认为是保罗所作书信的作者——比如《以弗所书》或者《腓立比书》,就算真有这么一个不同寻常的绝妙之人存在,那他也不可能一直以来都完全籍籍无名,在我看来,恰恰是先前提过的使徒时代和使徒**之后**第一个时代文本间的差距,为使徒时代文本的真实性提供了最大的证明。但倘若人们就是想把某个后使徒时代的人设想为作者——这个人跟使徒始终有所关联,比如《希伯来书》里就有这种情况,人们要么属于跟保罗志趣相投的亚波罗,要么属于巴拿巴——,那么这对**我们的**立场而言,根本就没有任何区别。也就是说,在这一展开过程中,我们要做的既不是去进行批判考订或者处理批判考订性的问题,而且我也不认为,那种能够为恰当的批判考订提供真正支点和确凿根基的理解,唯有通过这些批判考订性的问题才能得到奠定。所以我最后 3)还要强调,这种几乎所有《新约》经卷在它面前不会再有任何确凿性可言的徒有其表的批判考订,其实早就没有人们佯装得这般危险了。比如说,我觉得我可以问这个或者那个批判 - 考订者,他是否已经理解了他要讨论的经卷,这种理解不是抖机灵的理解,不是语文学和语法上的理解,而是对它意义的理解。比如我问这个人是否理解了《腓利比书》的意义,是因为我十分怀疑这个人极有可能根本就没理解其中那处大大启发过我们的主要记载。或者说,这种人是不是在我说的这种意义上理解《希伯来书》

XIV, 320 的呢? 如果这种所谓的批判 - 考订者,做的就是几乎人人都能做到的对《新约》中每个文段做一些肤浅解释,如果**他**对文段的理解和其他大多数人就在一个层次上,那我完全可以断言,这种人在《希伯来书》里根本就没有发现或者说揭示出那些特属保罗、让人除了保罗不可能想到任何其他创作者的理念。但人们还可以更进一步看到,人类是怎样对在我们眼下发生的事件过程的真正原因一无所知,又是怎样在对这些原因进行排列组合的时候把自己弄得稀里糊涂:正是由于各种排列组合到了如此离谱,致使最大的混淆迷乱也根本不可避免的程度,在这种情况下,人们还能坚守住什么东西呢? 这不就是那些进行所谓的批判考订的彻头彻尾的"聪明人",把自己能对某种东西进行排列组合的天赋和严格意义上的文本考辨混淆起来之际,而做成的好事吗?

在做了这番插入性说明之后,我现在要回到先前强调过的东西上来:文本上的原材料,以及具有教导意义的文本,无疑仅仅源自那三大使徒,这一实情表明,这三人的使命同时指向未来,而非限制在他们自己的时代,他们的影响甚至会延伸到基督教最终的展开上。

基督教的天命会在德意志得到决断;德意志这个族群已经被承认为最具大全一体性的族群;长久以来,这个族群都被视为最热爱真理的族群,为了真理,这个族群什么都可以不要,甚至自己的政治价值也可以牺牲。在德意志王国,古老的教会和新的教团都以平等的政治权力毗邻而在。局面后来又有所改变,使两者不仅在整体上,而且在德意志的每一个地方彼此都被赋予了完全平等的权力。这种改变的发生并非徒劳,相反,就其自身而言,它自身就是对一个全新的更高展开的预示。微不足道的几个人几句无力的闲言碎语——这种人在一定程度上出于没有任何办法能把注意力收回到自己身上的绝望,现在又想,确切说,是以最软弱无力的武器,开启300年前就必定已然得到了明确裁定的争执——不会掀起什么反动的大浪。甚至即便由于这种历史观点和心志上的非德意志性而产生的羸弱,使得最邪恶的意志或许也在一个时代里成功播下了分裂的种子,它也仍绝不可能成功实现真正意义上的目的。我之所以要谈到非德意志的心志,是因为那一伟大的宗教变革,在真正意义上恰恰就源自德意志精神和心灵的本质;而

XIV, 321

唯有以**那种非德意志的心志**为工具，这一变革才会在德国的大部分地区遭到镇压，这是谁都无法掩饰的。我在这里并不是被安排来做新教的辩护士的，我的立场始终完全就是在其种种历史性展开之总体中的基督教本身，我的目标是那个真正意义上的**普遍教会**（在我所指的这种意义上，"教会"也仍不是恰当的字眼），而它唯有在精神中才能建成，并且只能存在于对基督教的完满**理解**，以及把基督教现实地与普遍的科学与认识融为一体的行为中。只要基督还处在奥秘中——只要基督不仅对个别的教会成员而言是奥秘，而且也对教会自身而言也是奥秘，那么在此期间，某个教会的整个使命就在于，仅仅远远地去展示基督，仿佛把他放在一个上了锁的、没人有钥匙的圣物匣里——那么在此期间，新教就还没有结出自己真正的果实。如果人们回溯基督教的起源，那就会发现，在 ἐκκαλουμένων[蒙召] 这个词里就已然蕴含着某种限制性的东西了。教会是 ἐκκαλουμένων，也就是从世界中被召唤出来的人的共同体，而教会以此也就恰恰把自己与世界对立了起来并使世界在自己之外。因此新教无论如何都得忍受，即从基督教**仅仅**作为教会才有的**那一**方面来看，新教存在的名义总是在被质疑和否定①；新教可以把保罗在面对人们质疑自己使徒名义时的自白用在自己身上：由于神的恩典我才是我今日之所是，神在我身上的恩典并非徒劳的，相反，我比所有使徒劳作得更多（《哥林多前书》，15.10）。

---

① 谢林在这里是在从"新教"这个词本身出发来做这一阐述，他的意思是"教会"首先就是罗马教会，所以基督教只要是教会，那就必须首先是罗马－彼得的教会，而"新教"（Protestantismus）这个词的字面意思就是"抗议"（故也被译为"抗罗[马教会]宗"），亦即抗议罗马教会，所以谢林在这里说，只要基督教是教会，新教本身就会被质疑。——译者注

新教可能也同样会被指责说,它是一个摧毁性的本原,对此新教可以回应说:这就是起中介作用的潜能阶次的效用,它要克服第一潜能阶次的排他存在,而正是通过这一点,起中介作用的潜能阶次所发挥的效用就具有最高的**肯定性**:它取代最初盲目且不运动的存在而产生出了自由且有自身意识的生命。新教应该认识到,自己**仅仅**是一种过渡和中介活动,它仅仅关联于某种还要更高、它自己必须对之进行中介的东西才是某种东西。但也正因为如此,新教自身也有一个未来,而这一未来对僵死的彼得教会来说是被隔绝在外的,彼得教会自身最终只有通过新教的帮助才能进达这一未来。而当罗马教会表明自己要反过头来再次把新教压迫入自己的桎梏中时①,这种一厢情愿是何等的愚蠢! 历史就是最不可抗拒的权威。席勒有名言"世界历史就是对世界的审判",现在有许多人都很熟悉这句话,但我在这里提这句话,恰恰是故意不跟别人在同一个意义上重复来提的,我认为这话的意思是:对历史的判断是神的判断;开历史的倒车是不可能的,正如也不可能让强而有力的风暴转头回到它的源头里去,或者也不可能让已有许多飞鸟在其顶上筑巢的大树返回到它纯然的萌芽中去。

---

① 教皇额我略七世(Gregor VII, 1020—1085,公教会史上的重要改革者之一,后死于流亡。——译者注)使精神性的东西完全从世界性的东西中解放了出来,他的决定使得在未来,精神性的位置绝不会再次被世界性的东西遮蔽,通过这一决定,他在真正意义上使得**世界性的东西彻底独立于精神性的东西**(世界性的东西先前仅仅被精神性的东西渗透,进而自身也是精神性的)**并且与之分裂了**,世界性的东西不再**在自身之中**由精神性的东西系缚;因为它先前仅仅通过精神性东西的系缚仍在外部——而非内部——具有精神性,由此才产生了外在的关系以及斗争。对**母亲一般的基督教**赤子一般的感觉已经一去不返了,没有任何教皇有能力再次唤起这种感觉。——作者1835年日记,原注,编者补全。

对于罗马公教必须承认的是,它曾拥有**事情**,而它现在已经不再拥有了;它的功绩在于,曾经保藏过事情,保藏过与基督的历史性关联脉络。从另一方面来看人们必须说:罗马教会曾经拥有过事情,但不曾拥有过它的理解。罗马教会曾经拥有,并且自己在其中取得基督教世界一席之地的那种统一性,仅仅是一种外在盲目的统一性,而非内在的、得到了理解和把握的统一性。这些并不是对罗马教会的指责;因为外在的东西始终都先于内在的东西。但如果罗马教会已经找到了自己的对立面,那么这一对立面的意义不可能是去取消统一性自身,而是仅仅去取消盲目的统一性,因此,这一对立面的意图只可能是对从盲目、纯然实在性的统一性,向得到了理解和把握,并恰恰因此而自由的统一性的过渡起中介作用。倘若在这一趋向中,就基督教那一方面而言的目的已经达成了,那么基督教也就能静息了,甚至是那些由彼得教会留给基督教的最后形式,也可能在现在一劳永逸赢获的认识基础上——这种认识在自身中当然必定不会再有偶然形式的特质,而是拥有必然性质的特质——被弃置,基督教曾经也由于这些认识带来的种种限制而不得不把自己困在这种半吊子的境况中,现在,这些限制也被基督教脱弃掉了;而在这些都实现之后,宗教改革才会得到**完成**。因此,不能再指责公教没有一致性,也不能再指责新教只知道去反对自然主义和唯理主义等等了,这种指责无非都是人的主观看法。彼得教会只能以拒斥和镇压来对待的所有东西,或许已经在公开的斗争中让彼得教会经受住了检验,因此,彼得教会或许也能用对手最喜欢的格言"公教就是有神论(众所周知,有神论等价

XIV, 323

于无神论)"来回应说:是的,公教是无神论,甚至是最极端的无神论——这是公教无法阻止的实情,但既然自由精神恰恰并没有在这种极端无神论的道路上一直走下去,而是有所折返,既然它并没有走向无规定的宗教本身,而是走向在其整全规定中的基督教,那么人类从现在开始,恰恰就在基督教中据有了自己最高的科学:如此一来,真正的,亦即内在的普遍性,也就是**真正"公教性质的东西"**恰恰只有作为**那一**宗教改革的结果和收获才会存在,而现在的公教反倒说宗教改革把真正公教性质的东西摧毁了。   XIV, 324

建立在彼得权威上的教会所需要的仅仅是一种外部统一性。而在保罗中,有一种本原已经得到了预备,它并不会使教会摆脱统一性,而是仅仅让教会能从它盲目的统一性中再次解脱出来。这一本原突显在宗教改革运动中,而宗教改革也不过是通向第三时期的中介和过渡,而这个时期中的统一性则是凭自由而持立、凭信念被意愿的统一性,因而它也就作为永恒且持存的统一性得到了恢复建立。这一没有任何外在强制地持立的最终统一性出现在第三个时代中,这个时代已经由三大使徒中的圣约翰先行暗示了,所以我还需对约翰及其关系再做一些补充。

如果人们把这三个使徒相互比较一番,那或许会在他们身上   XIV, 325
看到先知的形象——这一点我早就想过,请大家回忆一下:当主在先知面前走过,刮起了一场摧山裂石的风暴,接着又出现了地震和大火,最后才是平静温和的微风,而圣约翰就在这阵微风里,他没有彼得的暴烈激进,这始终是开端者的自然本性,他也没有保罗的震撼,保罗书信就是因这种宛如惊雷的天赋而卓异无匹,保罗的那些在一整个领域内都共属一体的概念既带来震撼,也产出许多硕果。而温和的,来自天上的精神则吹拂在约翰中。他被基督称为雷霆之子:他在先前写《启示录》的时候或许就是以这样的形象来写的,《启示录》让人们接触到基督教所带来的种种关系的全新特质,并且也让人接触到,在何种程度上基督教仍有一个未来。在福音书和书信中,他则是以已然得到了神圣化,被接纳到基督之中,宛如一个被独立出来的精神的形象同我们讲话。即便是此时此刻也能清楚听到的雷霆,人们也只是听到它在天上响起,而不是听到它落在地上。约翰有彼得的天真,而这种天真也结合了保罗思辨的犀利。而最惹人注目的始终都是前三部对观福音书和《约翰福音》之间形成的鲜明对照——当然,具有保罗风格的《路加福音》在一些文段上也接近于《约翰福音》。人们不可能认为,对观福音和《约翰福音》这两种叙事能同时是真的。在近代,人们回想起在苏格拉底身上也有与之相似情况;因为《马可福音》中的基督和约翰那里的基督不可能是不同的基督,正如色诺芬的苏格拉底和柏拉图的苏格拉底不可能是不同的苏格拉底。从这种在本质上无疑同等真实,但也有极大差别的阐述出发,除了下面这点不可能得出其他结论:以苏格拉底的伟大,足以填平色诺芬和柏拉图的阐述之间的整个鸿沟。真正的伟大在于,能够屈尊,能够在一直降低到最低的立场的同时,无损于自己的高贵。我们在色诺芬的回忆中注意到,苏格拉底的这种屈尊的秘密就在于,即便是他最高且最具思辨性的概念,也无一例外具有德性意义,这使得阿尔喀比亚德夸赞苏格拉底说,每一个从苏格拉底那里来的学生都觉得自己在德性上不仅变得更好了,而且也得到了提高。唯有德性才可以使人能升至最高处和降到最低处。

不可否认,在《约翰福音》中有一种全然不同的精神在吹拂;在古代,就已经有了 τό πνευματικόν τῶν εὐαγγελίων[福音精神]这种说法。但需要注意的是马可、路加和约翰这三部福音书和三大使徒的对应关系。《马可福音》设定了尤其关联于彼得的最早传统,我确信《马可福音》是最早的福音书。而《马太福音》则显然在表达和叙述上对《马可福音》进行了改良,并且对之进行了更丰富的明辨,但也正因为如此,反倒使《马可福音》的本源性变得模糊不清了。有保罗风格的《路加福音》则已然构造了一种过渡,而《约翰福音》明显超出了最初的时代,它是为遥远的未来而写的。约翰和其他某个使徒之间很有可能围绕《约翰福音》而产生了对立,这种情况是蓄意编造在马太的名下而发生的;通过下面这件事情,两方的关系至少也能得到一个明确的说法:在拉丁语抄本中,紧随马太之后的是约翰,其次才是马可和路加。人们早就注意到,关联于基督学来看,保罗和约翰是更为接近的。而他们之间的一致性,并不像人们通常设想的那样在于这两个人认为基督具有神性的尊严(这一点所有使徒都同样认识到了),而在于这两个人准确认识到了基督的那种居间境况,唯有这一居间境况才给予对基督这一人格的开解。我认为,关于使徒约翰在一般意义上必须强调的东西这些就足够了。但我们仍需对我们已经暂先把约翰设定入其中的相对于另外两个使徒的**特殊**地位进行指证。

正如在神自身中存在三重区分,在基督教中也同样呈现出了三大使徒。正如神并不纯然存在于独一的人格中，教会也同样不会单单存在于独一的使徒中，彼得不过是父亲的使徒。他最深地观入了过去。而保罗是儿子真正意义上的使徒，约翰则是圣灵的使徒——只有约翰在他的福音中拥有既不为彼得风格的《马可福音》认识，也不为保罗风格的福音所认识的道语，这是源自将由儿子从父亲那里遣送来的圣灵的主宰性道语，而圣灵则是出自父亲的真理精神，唯有圣灵才会引导进入**全部**真理，亦即进入整全完满的真理。如果说，从上一讲末尾提到的犹太人和异教徒在耶路撒冷的会面来看，在彼得和保罗之间已经产生了分裂，那么约翰——我们当然都知道作为以弗所某个已然存在的团契之主教的约翰，但对于作为使徒的约翰真正意义上的事工，我们却知之甚少或者一无所知——似乎就可以被视为来自那个异教徒和犹太人已经完全合而为一的教会的使徒。但这个教会在真正意义上也仍始终属于未来，因为直到眼下异教和犹太教这两种要素在教会中仍是可区分的。对此只需一个证明！异教基督徒当然不会把自己的事工视为自己蒙选的前提，他们认为自己获救 χωρὶς ἔργων [无须事工]，而是出自纯然的恩典，正因为如此，异教徒的使徒也就一再富有热情地强调这一点。而犹太人则至少会把严格遵守由神授予的律法视为自己蒙选的前提，所以不太会倾向于去接纳一种自由的、无关事工的独立恩典。在这两种看法中——第一种在保罗书信中有过明确表达，另一种则体现在雅各的书信中——不可能有任何一种不是偏见，也没有任何一种不可能不带有构成对方反题的意图（而这恰恰也是《新约》中值得注意的一点：在《新约》自身中，所有后来的分歧已然显露了),在这两种观点中——在宗教改革的时候,它们又彼此对立地登场了,并且直到现在仍持续处在彼此分立的状态中——人们在其中一种中认出了异教要素,在另一种认出了犹太要素。因此,约翰就是被选定(这样看起来,约翰的一生也就跟保罗充满劳绩的一生形成了鲜明的对比)成为在未来才真正具有普遍性的教会之使徒的那个人,当这个教会第二次开启之际,那些先前已经以犹太人的方式在教会中的人,以及直到这个时候都在教会**之外**,进而在这种意义上是**异教徒**的人,都能被接纳到这一教会里(甚至在今天还有许多以基督教方式受洗的人,被那些心志上属犹太人的称为异教徒,比起通过犹太式的严苛狭隘,通过这些异教徒,教会反倒显然更能得到荣耀)。约翰就是新的第二耶路撒冷教会——这个未来的教会才是真真正正的普遍-公教会——的使徒,这座新耶路撒冷是约翰亲自从天上向下看到的,它已经预备好,就像是为她的良人盛装打扮的新娘,这是一座不会再把任何东西排除在外的上帝之城(犹太人与异教徒的对立会一直持续到这个时候为止),犹太人和异教徒都可以进入这座城,异教和犹太教都被平等地囊括于其中,在这座城里,它们都不会再有各自当下存在具有的那种限制性强制和外部权威特质,而是通过自身获得持存,因为每一个人都会凭着自由意志和自己的信念来选择是否亲近它们,在这个时候,每一个人的**精神**在这座城里也就找到了让自己有所归属的家乡。正因为如此,约翰才是主喜爱的使徒,并且一直都跟他最亲近;因为主所爱的人,会被赋予把一切带向完满的使命。

XIV, 328

就算约翰始终都没有在对使徒的列举中被称为第三大使徒,

他也会通过他自身,通过他的生平,通过他的著作成为第三使徒,成为未来使徒,成为最终时代的使徒,在最终的时代里,基督教就成了**一般**认识的对象,它不再是迄今教义学课本里狭隘、古怪、不再鲜活的干巴巴的东西,更不是在见不得光的贫乏套话中,以蹩脚的方式强行胡诌出来的东西,同样也不是为某种所谓"私人基督教"而削足适履捏造出来的东西,相反,基督教在这个最终的时代里才会成为真正的**公共**宗教,它不再作为**国家**宗教,不再作为高教会派①拥有繁复的教仪,而是作为全人类的宗教,人类在它之中同时也据有了最高的科学。若非**如此**,基督教就不会再具有德意志气派。在宗教改革之后,我们要尊重基督教就只能以这种德意志的气派来尊重它,否则我们根本就没法再把基督教尊重为"我们的"了。

基督把未来指派给了约翰,这一实情最为明确地出自《约翰福音》最后一章的叙述,不过这段叙述或许一般看来还是颇为难解。这段叙述说的是,基督在升天之后第三次向他的门徒们显现时问彼得:约拿的儿子西门,你比爱这些人(其他使徒)更爱我吗?基督这话显然跟彼得之前说的话有关:就算**所有人**都否认你,我也不会否认你。而这个时候已经有了深刻体悟的彼得只是以下面这话来回答这个问题:是的,主,你知道我爱你。第二次主则避开了那段痛苦的回忆直截地问他:约拿的儿子西门,你爱我吗?彼得以相同的话回答。主第三次问的时候,彼得悲伤地回答说:主,你知道一切,你知道我爱你。在彼得每一次回答之后,基督都说:你来牧我的羔羊。但在第三次,基督在这一命令之外还多说了一番指明

---

① 新教中的一个传统,主张向公教会学习,恢复古老繁复的教仪和教阶。——译者注

彼得未来的死状的话，他说：你追随我吧。而这个时候彼得把头转过去，看到了主所喜爱的使徒，随即问道：主啊，他要怎样？彼得并没有把握到，基督给了自己这种先于他所喜爱的使徒的优先性；彼得自己知道，他不如这个使徒与主亲近，他也期望，这个使徒会像主的其他使徒那样，最终也与自己做伙伴（不过彼得和约翰确实也共同被吩咐过去准备逾越节的晚餐）。但耶稣回答彼得说，我要是想直到我回来以前，他都待在那，又与你有什么相干呢？**你追随我吧** (σύ ἀκολούθει μοι)。约翰本人的这一叙述已经强调了，"约翰是不会死的"这种说法不过是从基督这番话中产生的谣言罢了，这种看法持续了相当长的时间，它曾经在不同时代里一再死灰复燃，同时也遮蔽了事实自身的真理，也就是说，基督实际上说的是：我想直到我来以前，他都待在那。不过这一谣言所设想的状况，倒是同时也驳斥了所有对这番话的说明中最没营养的那种：基督要求彼得跟自己到一边去，这个时候彼得问，约翰要不要一起过来，而耶稣对此的回答是：我要是想直到我跟你讲完了回去以前，他都待在那里（也就是说，待在那里不要动）等等。如果这番对话说的真是这样无关紧要的事情，约翰有什么必要把它记下来呢？而这里的 ἕως ἔρχομαι 说的并不是直到我回来以前，而是说直到我**来**以前，而从其他的文段中也可以知道，基督如何理解他的"**到来**"。但如果人们真的把这里的"**到来**"理解为基督在世界终点的到来，而把约翰的"**待在那**"理解为不死和生命的持存，那么约翰根本就不会死（因为当基督来了，死亡也就不再存在了）当然就是唯一可能的解释了。但约翰终究还是死了。甚至通过福音书自身就能反驳这

XIV, 330

种解释。不过人们要用什么手段来消解这里的理解难题,还是得详细地来说说。我们现在的问题就是,人们基于什么理由,把基督话里的"待在那"(μένειν)理解为**生命**的持存。人们这么理解是因为μένειν在别处确实也在这种意义上被使用过①,而在这里也是先谈到了彼得之死。但人们单单忽略了,彼得的问题"他要怎样?"并不直接紧跟着那番暗示了他未来死状的话。经上明明白白写的是,在说了死状之后,耶稣对彼得说:追随我吧。所以面对这里的情况,人们必须根据后文这样来想:基督**确实现实地**走到了一边,而让彼得追随他的要求也是一个现实的要求,这仿佛就是以一种象征的方式把彼得单独挑出来(把彼得和其他使徒隔绝开)。而在这个当口,根本就没注意到自己已经被排除在外的约翰现在也在跟着基督,所以彼得才说:"他要怎样?"这话的意思就是:他不该也跟着你过来吧?倘若这里μένειν的意思是"继续活下去",那么基督的回答就是完全不合情理的。除非彼得问的是:"他也会像我那样死吗?"在这种情况下,才可能设想基督会这样回答。倘若在这一问答之前说的是ἀποθανεῖν[赴死],那么μένειν的意思就不可能是其他,正是μή ἀκολουθεῖν[不去死]。但既然之前说的是ἀκολουθεῖν[追随],那么μένειν的意思就不可能是其他,正是μή ἀκολουθεῖν,即不追随。所以这里的意思是:如果我愿意他不跟我过来,那与你何干呢?你跟我过来吧,σύ ἀκολούθει μοι。因此,彼得直接就是基督的追随者,约翰只有在基督来的时候才是他的追

---

① 比如《哥林多前书》,15:6:ἐξ ὧν οἱ πλείους μένουσιν ἕως ἄρτι, τινὲς δὲ καὶ ἐκοιμήθησαν[其中一大半如今还活着,但也有已经睡了的]。——作者原注

随者；这样一来，这番话想必已经清楚了，并非约翰在基督现实到来的瞬间才登场（否则就不再需要任何代理者了），而是说，圣约翰的职能在主来临的时代中，也就是在教会最终的时代才开启。

在我离开这一叙述以前，我还想强调，《约翰福音》的最后一章从格老秀斯那时候起就已经被视为一个后来追加的部分或者说补录了。倘若假定了这一点，那么纯粹且不可怀疑的事实就始终只剩下面这个唯一的情况了，即"约翰不会死"的看法，作为主所说的这番话的后果，已经在基督徒中广为流传了。但正如这一叙述自身强调的，意义不可能是这个样子，所以这番话的意义只可能是，约翰会在另一种关联中得到保藏，直至基督未来的时代，如果这话并不涉及约翰的**实存**，那么它只可能涉及他的事工，他的职责，并且据关联脉络看来，只可能涉及下面这一实情：他并不像彼得那样是基督直接的追随者，只有在最后的时代，他才会成为教会统治性的潜能阶次。在彼得的排他性被全然克服以前，在教会已然获得自己最终的统一性以前——这个时候牧者和牧群都会真真正正地是唯一的——约翰的职能当然还不可能开启。基督的这番话单单只见于《约翰福音》。这难道是对约翰属于教会最后时代的预感吗？有许多教堂尊奉其他使徒和圣人，尤其尊奉施洗约翰，但少有教堂尊奉使徒约翰。罗马拉特兰的圣约翰大教堂①就级别来看是罗马和公教世界的教堂之首，它的拉丁语铭文写的是：Sacrosancta Lateranensis ecclesia, omnium urbis et orbis ecclesiarum mater et caput[至圣拉特兰教堂，全罗马和全世界教堂之母和教堂之首]，

---

① 修建于公元4世纪，公教的四大教堂之一，宗教地位极高。——译者注

它最古老的部分是一座洗礼堂,不过只有**一间**小礼拜堂用以供奉福音书作者约翰。坐落于罗马城中心的圣彼得大教堂则富丽堂皇,而这栋建筑必定也是引发宗教改革的最切近原因之一。而在城郊的圣保罗教堂在庇护七世①统治的末期遭遇了大火,直到现在也没有得到完全修复。倘若我要在我们这个时代建一座教堂,那我就要建一座尊奉圣约翰的教堂。一座把三大使徒统一起来的教堂早晚都会建立起来,在这里,最终的潜能阶次并不会去取消或者排斥先前的潜能阶次,而是以对它们进行神圣化的方式把它们纳入自身之中。这样的一座讲堂或许会成为基督教堂史上真正的万神殿。

在我已经把展开过程向前引入这一未来中之后,我认为,我们已经在各种状况允许的情况下,最大程度地把一种启示哲学必须经历的整条道路走了一遍,所以我还要再以一些一般性的说明来结束我们的整个系列演讲。

对基督教的预备出自对世界的奠基,基督教不过是对已然蕴含在世界本原自身之关系中的构想的阐明。因此,在此秩序**之外**不可能存在拯救,我们必须让自己顺从这一秩序,把自己遭送到其中。②一切都处在这一秩序中,对于个别之物而言,不可能发生什么特殊的事情。除了自开端以来就被奠定的根据,没人能为事物奠定另一种根据,我们必须让自己投身于这一根据的**必然**后果

---

① Pius VII, 1742—1823,于 1800—1823 年任教皇。——译者注
② 对此可参考拙文《谢林晚期哲学中的基督教概念》,载《基督教文化学刊》,2021 年秋。——译者注

中。我们生活在这个有所规定的世界里，我们并不处在一个抽象或者普遍的世界中，当我们仅仅守着事物**最普遍**的特质不放，而不去探入它们的现实关系中时，我们就会乐于装出世界就是普遍的样子。我们也不能取消支撑着当下的无限过去。在世界上，并非一切都如许多人想象的那样是直接简单地关联在一起的；事物和世界的当下境况依赖于无限的条件。那种先前纯然落入了广袤无际普遍性中的人，或许会说我们投入的这一秩序狭窄并且受限：但世界并非以其他方式存在，世界并非一个无限制且无界限的东西，相反，世界就存在于一种有着极为特定限制的自成一体性中。最高的事情当然是在精神中认识和尊敬神，但这只有在真理中才会发生，这也是基督的要求，真理需要的，是一个现实的、通过行动得到启示的神，而非某个我们敬拜的抽象偶像。甚至使徒也把**这个时代**的终点刻画为下面这幅景象：在这个时候，儿子服从于让一切屈从于他的那位，在这个时候，神会成为一切中的一切，也就是说，所有这种伴随着被设定在神之外、独立于神的儿子而设定的外部行为，都会终止。不过尽管使徒把这个时代设定为终点，但神的这种一切在一切之中的最终存在，绝非我们的有神论者和唯理主义者意义上的纯粹**有神论**，相反，我们这里说的神，是以这整条神的道路为前提并把它包含在自身中的神。古代神学家就已经区分了 ἄκρᾱτος θεολόγια，即纯粹的神学，和 οἰκονομία［神的经世］。大巴斯利乌斯①在他的一封信中就如是说道：我们有理智的人，必定要通过圣灵而始终牢记，我们不能因神学而遗忘神的经世，关于

---

① 4世纪的教会领袖，该撒利亚大主教，被公教会尊为圣师。——译者注

神,我们不能因抽象的学说而遗忘历史性的学说。而我们被引向的,正是这一历史性的过程。对于在教会中流传的思辨教义学、宗教改革运动存而不论,它首先朝向的是内心过程和救赎学说的方面,因为救赎学说具有最为独一无二的重要性,并催生出了虔敬派。至于内心过程,则要靠每一个人独自去经历;为所有人共有的,单单只是道路,是通过恰恰应为所有人共有的学说,是甚至通过象征性行为和固定的仪轨(通过仪式)而应保存在当下的历史性过程,教会自身只有凭着对这一过程的认识才保持着自己的客观性,教会一方面面临着被消解到纯然——即便这种主观性号称"虔诚"——主观性中的危机,另一方面也面临着被消解到纯然唯理论的空洞普遍之物中的危机,教会正经受着这两重危机的考验。

最后我要感谢**诸位**,先生们,我感谢你们的耐心参与,我感谢**诸位**以耐心跟随我走过了这条长长的道路,我或许更该赞美这所大学和这座城市,这里竟有这么多杰出的、能倾注如此坚忍不拔的毅力来专心投入内容如此严肃艰深演讲的听众。现在到**我感谢各位**的时候了,我兑现了我的诺言,我不是要让诸位**强行接纳**些什么,而是要**赠与**诸位些什么,诸位被赠与的,就是某种现实的肯定性之物,唯有它才是能够令精神感到长久满足的东西,我确信,它在今后也仍会继续激励着**诸位的**精神。①

---

① "我兑现了我的诺言……"这句是在呼应"柏林首讲"[汉译见:《启示哲学导论》,王丁译,北京大学出版社,2019年。——译者注],作者在1841/1842冬季学期的"启示哲学"讲座就是以这篇"柏林首讲"开场的。——编者注

人名索引

(说明:条目后面的页码是指德文版《谢林全集》的页码,即本书正文中的边码,因本卷内容全部集中在第 XIV 卷,故只给出页码。)

A

Aaron 亚伦 137,138

Alkibiades 阿尔喀比亚德 326

Abraham 亚伯拉罕 46,76,120,122,123,126,128-129,130,133,148,190,233,291

Aemilianus 埃米利阿努斯 239

Ahab 亚哈 144

Alexander 亚历山大 27

Amos 阿摩司 127

Anaxagoras 阿那克萨戈拉 98,178

Andreas 安德烈 299

Angelus Silesius 安格路斯 72

Anselmus 安瑟伦 68

Antiochus Epiphanes 安条克四世 243

Antonius 里斯本的圣安东尼 316

Antonius 圣安东尼 139

Apollodor 阿波罗多罗斯 290

Apollos 亚波罗 307,319

Aristoteles 亚里士多德 248

Arius 阿里乌 104

Asasel 阿撒兹勒 137,138,140

Assa 亚撒 95

Astharoth 亚斯塔禄 143

Ate 阿忒 249

Athanasius 阿塔纳修斯 66,68,70

B

Baal 巴力 127,143

Balbis 巴比斯 21

Barnabas 巴拿巴 307，319

Belial 彼列 258

Benhadad 便哈达 95

Bileam 巴兰 243

Bochart, Samuel 伯查特 135

Basilius 大巴斯利乌斯 333

Böhme，Jacob 波墨 6

C

Cäsar 凯撒 141

Ceres 刻瑞斯 135

Chrysostomus 金口圣约翰 316

Cicero 西塞罗 175

Clemen 克莱门 308

D

Darius 大流士，27

David 大卫 179，283

Demosthenes 德摩斯梯尼，43

Dionysos 狄奥尼索斯 91，135，147，244

E

Eichhorn, Johann Gottfried 约翰·戈特弗里德·艾希霍恩 292

El Olam 伊勒俄南 129

Elias 以利亚 303

Epitherses 埃庇忒尔西斯 239

Euklides 欧几里得 97

Eusebius 该撒利亚的尤西比乌斯 134

Eutyches 欧迪奇 184

F

Fichte 费希特 17-18，101-102，103-104

Ficinus，Marsilius 费奇诺 16

G

Gilbert von Poitiers 普瓦捷的吉尔伯特 69

Goethe 歌德 199

Gregor VII 额我略七世 322

Grotius, Hugo 格老秀斯 263，331

H

Haller, Albrecht von 阿尔布莱希特·冯·哈勒 285

Hamann, J. G. 哈曼 24

Hegel 黑格尔 103，216

Heliodoros 赫利奥多罗斯 42

Helios 赫利俄斯 141

Herakleitos 赫拉克利特 110

Herodes Agrippa 希律亚基帕二世 302

Herodotos 希罗多德 133-134

Hesiodos 赫西俄德 249，288，290

Hierosolymos 希罗索律摩斯 126，127

Hiob 约伯 247-249，261

I

Isaak 以撒 122，128，291

J

Jacobi 雅各比 18

Jakobs 雅各 114，133

Jakobus 使徒雅各 298-299，302，305，307，317，327

Jehovah 耶和华 93，123，127-128，130-131，135，137，139，144-145，248

Jeremias 耶利米 128

Jerobeam 耶罗波安 144

Jerobeam 耶罗波安王 127

Jesaias 以赛亚 85，183，198

Jesus 耶稣 32，46，47，81，92，102-103，156-159，161，164，177，181，183，187，197-198，200，204，206，208，222，224-226，232-233，251，280-281，296，298-300，303，329

Joachim von Floris 弗洛拉的约阿希姆 69，72，298

Johann XXIII 教皇约翰二十三世 151

Johannes des Täufers 施洗约翰 114，115，303，331

Johannes 约翰，73，84，89-94，104，107，111-113，115，118，157，160，162，174，179，237，

251，266，269，274，289，298，
299，303，305，307，310，312，
317，324-332
Jonas 约拿 300，329
Joram 约兰 144
Joseph 约瑟 176
Judaios 犹达乌斯 126
Judas 犹大 144，237，273

K

Kains 该隐 122
Kant 康德 18，104，216，270，292
Kiun 科完 127
Klopstock, Friedrich Gottlieb 克洛普施托克 246
Kronos 克洛诺斯 127，134，290
Kybele 库柏勒 134，143

L

Lachmann, Karl Konrad Friedrich Wilhelm 拉赫曼 308
Lagrange 拉格朗日 97
Lazarus 拉撒路 284
Leibniz 莱布尼茨 17

Lessing 莱辛 71
Lucas 路加 41，326
Lucullus 卢库鲁斯 140
Ludwig dem Bayern 巴伐利亚的路德维希 311
Luther 路德 278，315

M

Maria 玛利亚 93，182
Matthäus 马太 47，326
Marcus 马可 326
Michael 米迦勒 245，252-253
Milton, John 弥尔顿 246
Moläch 摩洛 127
Moses 摩西 26, 122，125，130-131，133，136-137，145，149，190，252-253，256，303
Müller, Johannes 约翰纳斯·穆勒 16，20

N

Neanders, August 奥古斯特·尼安德斯 150，298
Nemesis 涅墨西斯 248，260，265

Nestorius 聂斯托利 184

Newton, Isac 牛顿 67

Niebuhr, Carsten 尼布尔 264

Noah 诺亚 208

O

Origenes 奥利金 316，317

Osiris 奥西里斯 126

P

Pan 潘 139，140，240

Parmenio 帕曼纽 27

Pascal 帕斯卡 33

Paulus 保罗 11，40-42，47，61，82，147-149，159-160，162，226，228，239，241，246，251-252，255，281，294，302-310，314-315，317，319-321，324-325，326-327

Petavius 佩塔乌斯 156

Petrus 彼得 208，224，251，288，298-317，324-327，329-331

Pfaff, Christoph Matthäus 克里斯托弗·马特罗斯·普法夫 66,162

Philo 斐洛 89-92，133，286

Philoponos, Johannes 约翰·菲洛普诺斯 69

Platon 柏拉图 12，17，91，92，271，276，325

Plinius 老普林尼 139

Plutarch 普鲁塔克 126，136，140，239，244

Politicus, Angelus 波利齐亚诺 17

Proserpina 普罗塞庇娜 263

Pius VII 庇护七世 332

R

Roscelin 洛色林 68

S

Salomo 所罗门王 13

Sanchoniathon 桑楚尼亚松 134

Satan 撒旦 241-256，259-263，265，267，269，271，274-278，280，289，292，311

Saturnus 萨图努斯 127

Satyr 萨提尔 139

Schedim 谢迪姆 139，140

Schiller 席勒 16，322

Schöttgen, Johann Christian 绍特根 95，253

Seirim 赛里姆 139

Sextus Empiricus 塞克斯都·恩披里克 290

Shakespeare 莎士比亚 19，200

Sokrates 苏格拉底 26，27，33，175，214，325

Spencer 斯宾塞 134，138，142，145

Stephanus 司提反 41

Strabo 斯特拉波 125

Sueton 苏埃托尼乌斯 141，184

T

Tacitus 塔西佗 75，126-127

Thamus 塔慕斯 240

Themistokles 狄米斯托克利 270

Thucydides 修昔底德 43

Tiberius 提比略 240

Typhon 提丰 126，127，136，138，140，273

U

Urania 乌拉尼亚 136，171

X

Xenophon 色诺芬 175，325

主要译名对照

A

a posteriori 后天地
a priori 先天地
Abgrund 深渊
Ableitung 推导
absolut 绝对的
Absolute das 绝对者
actus 现实
Actus 现实
Akt 行为
Allheit 全体
an sich 自在,就其自身而言
Anderes 他者
Anfang 开端
anfangen 开启,开始

anheimfallen 归落
Ansicht 观点
aufheben 取消,扬弃
Auseinandersetzung 分辨
auslegen 解释
ausschließen 排除,排斥
aufheben 取消,扬弃
Abgeschnittenheit 断离
allegorisch 托寓的

B

Befreiung 解救,解脱
Belehrung 训诫教导
begreifen 把握,包含
Begriff 概念

behaupten 断言，坚守
bei sich 自依，依于自身
besetzen 据有
bestätigen 确证
Bestimmung 规定
Beweglichkeit 动荡
Bewegung 运动
beweisen 证明
Bewußtsein 意识
Beziehung 关联
Bleibende 持存不变者
bloß 纯然的

C

Ceremonie 祭仪

D

darstellen 阐述，呈现
Darstellung 阐述
Daß 实情，如此实情
Ding 事物
Dreieinheit 三一性
Dialektik 辩证法
Denken 思想

Demiurgisch 德穆革式的
Dasein 此在，实存
Differenz 差异，差别
Dogma 教义，教条

E

Eigentlich 真正意义上的，本真的
Eigentümlich 特有的
Einerleiheit 一样性
Eine das 一体，一体者
Eingeweiht 入仪者
Einheit 统一体，统一性
Empirismus 经验主义
einfach 质朴的
das Eweige 永恒者
empiristisch 经验性的
Empiristiche das 经验性之物
Etwas 某物，某事
Ergreifen 攫握
erweisen 证实
Existierende 实存者
endlich 有限的
Endliche das 有限者
Einkleidung 外装

einsetzen 创设

eintreten 突现，踏入

Einweihung 进入仪式

Element 要素

Elohim 以罗欣

Ende 终点

Entstehen 产生

Entwicklung 展开过程

Erkenntnis 认识

erklären 说明

Erzeugniß 产物

esoterisch 隐微的

etwas 某物

exoterisch 显白的

F

Formelle das 范型性要素

für sich 独立的，自为的

G

Gedanke 构想

Gegenstand 对象

Geist 精神，圣灵

Gelassenheit 泰然让之

Gengensatz 对立，对立物

Gengenteil 对立面

genus 类

Gehorsam 顺从

gerecht 称义

Gesetz 律法

Geschehen 发生事件

Geschichtliche das 历史性要素

Gewalt 强制，强力

Gott 神

Grund 根据

Grundlage 根基

Göttervielheit 诸神复多体

göttlich 神性的

Göttliche das 神性者，神性之物

Göttlichkeit 神性

H

Herr 主宰，主

hervortreten 绽脱

hypotetisch 假设性的，假定的

Heidentum 异教

I

ideal 理念的,理想的
ideell 观念的,有观念性的
Identität 同一性
Ich 自我
Idealismus 唯心主义

J

Judentum 犹太教

K

Können das 能够
Könnende sein das 能在者
Kraft 力量
Kritik 批判,考订
Kategorie 范畴

L

lauter 纯净的
leer 空虚,空洞
Leben 生命,生活
logisch 逻辑性的,逻辑的

M

Macht 力量,强力
Materie 质料,物质,材料
Mehrheit 多重性
Mittel 手段
mittelbar 间接
Möglichkeit 可能,可能性
Moment 环节
Monotheismus 一神教,一神论
Moral 道德
Müssende sein das 必在者
Mysterien 秘仪
mystische 神秘主义的
Mythologie 神话
menschlich 人类的,属人的

N

Natur 自然,自然本性
Natürliche das 自然的东西,自然之物
Negative das 否定性的东西
negative 否定的
nicht sein Sollende das 应不存在者

Nichts 无，虚无

Notwendigkeit 必然性，强制

O

Objekt 客体，对象

Offenbarung 启示

Orgiasmus 狂欢

Ökonomie 经世，经世计划

P

persönlich 人格的

Persönlichkeit 人格

Person 人格，人

Posterius 后来者

Phallos 阳具

Polytheismus 多神教，多神论

positive 肯定的

potentia 潜能

Potentialisierung 潜能阶次化

Potentialität 潜在性

Potenz 潜能阶次

Prinzip 本原

Prius 在先者

Prozeß 进程

Q

Quelle 源泉

R

rational 唯理论的

rationalisieren 唯理论化

Rationalismus 唯理主义

real 实在的

Realität 实在性

Recht 权力，正当性

Rechtsfertigung 确证正当性

reell 实际的，有实际性的

Reformation 宗教改革运动

Reich 王国

rein 纯粹的

Repräsentant 代现

S

Sache 事情

Schluss 推论

Schöpfung 创世，创造

Seiende 存在者

Selbst 自身

selbstisch 自身性的

Selbstlosigkeit 无自身性

setzen 设定

sittlich 伦理的

Sollende sein das 应在者

Spannung 张力,紧张

species 属

Stoff 素材

Streit 争执

substantiell 实体性的,实质性的,实体上的

Substanz 实体

Supernaturalismus 超自然主义

suspendieren 悬置

System 体系

T

Tat 行动

Tatsache 事实

Theosophie 神智学

transtiv 及物的

transzendent 超越的

Theophanien 神明显灵

U

Überexistierende 超实存者

Übergang 过渡

Übernatürliche das 超自然的东西,超自然之物

Überseiende 超存在者

übersinnlich 超感官的

überwinden 克服

unbedingt 无条件的

unendlich 无限的

Unendliche das 无限者

ungeheur 庞然可怖

unmittelbar 直接的

Unnatürliche das 非自然之物,非自然的东西

Unterschied 区分

Unwissenheit 无明

Untersuchung 探究

unterwerfen 屈从

unvordenklich 不可预思的

unvordenkliche Sein das 不可预思之在

Urheber 开创者

Ursache 原因

Ursein 原初存在
ursprünglich 原初，原本

V

verbinden 联结
verknüpfen 结合
vermitteln 中介
vermittelnd 起中介作用的
Vernunft 理性
Verstand 知性，理智
verursachend 具有引发作用的
Voraussetzung 前提，前提预设
Vorgang 过程
Vorstellung 表象，设想，观点
Verhältnis 关系
Veranstaltung 举动

W

Was 什么，所是
weiblich 女性的
Weisenheit 本质
Wesen 本质，存在物
wesentlich 本质性的
Wesentliche das 本质性要素

Widerspruch 矛盾
Wille 意志
wirken 运作
Wirkliche das 现实之物
Wirklichkeit 现实，现实性
Wissen 知识
Wissende 知识者
Wissenschaft 科学
Wollen 意愿
Wort 道语
Wahrheit 真理
Wahre das 真的东西
wiederherstellen 重建

Z

Zabismus 萨比教
Zeugung 生育
Ziel 目标
zufällig 偶然的
Zufällige das 偶然之物，偶然的东西
Zufälligkeit 偶然性
Zukunft 未来
Zukünftige das 未来者，未来之物

Zusammenhang 联络，关联脉络　　Zustand 境况

Zusammennehmung 统括　　　　Zweck 目的

Zusammensetzung 统合　　　　　Zweiheit 二重性

Zusammenstellung 并置